U0473200

印巴构建和平的方式及和平模式探析

张超哲 著

四川大学出版社
SICHUAN UNIVERSITY PRESS

图书在版编目（CIP）数据

印巴构建和平的方式及和平模式探析 / 张超哲著
. -- 成都：四川大学出版社，2024.11
ISBN 978-7-5690-6325-7

Ⅰ．①印… Ⅱ．①张… Ⅲ．①国际关系－研究－印度、巴基斯坦 Ⅳ．① D835.12 ② D835.32

中国国家版本馆 CIP 数据核字（2023）第 169931 号

书　　名：	印巴构建和平的方式及和平模式探析
	Yin-Ba Goujian Heping de Fangshi ji Heping Moshi Tanxi
著　　者：	张超哲

出 版 人：	侯宏虹
总 策 划：	张宏辉
选题策划：	刘　畅
责任编辑：	刘　畅
责任校对：	于　俊
装帧设计：	何思影
责任印制：	李金兰

出版发行：	四川大学出版社有限责任公司
	地址：成都市一环路南一段 24 号（610065）
	电话：（028）85408311（发行部）、85400276（总编室）
	电子邮箱：scupress@vip.163.com
	网址：https://press.scu.edu.cn
印前制作：	成都墨之创文化传播有限公司
印刷装订：	成都市火炬印务有限公司

成品尺寸：	165 mm×238 mm
印　　张：	20
字　　数：	409 千字

版　　次：	2024 年 12 月 第 1 版
印　　次：	2024 年 12 月 第 1 次印刷
定　　价：	88.00 元

本社图书如有印装质量问题，请联系发行部调换

版权所有 ◆ 侵权必究

扫码获取数字资源

四川大学出版社
微信公众号

国家社科基金后期资助项目
出版说明

后期资助项目是国家社科基金设立的一类重要项目,旨在鼓励广大社科研究者潜心治学,支持基础研究多出优秀成果。它是经过严格评审,从接近完成的科研成果中遴选立项的。为扩大后期资助项目的影响,更好地推动学术发展,促进成果转化,全国哲学社会科学工作办公室按照"统一设计、统一标识、统一版式、形成系列"的总体要求,组织出版国家社科基金后期资助项目成果。

全国哲学社会科学工作办公室

序 一

1947年印巴分治以来，双方围绕克什米尔争端爆发了3次战争和8次重大危机。两国因民族、宗教、政体、社会文化等方面深层次原因，导致矛盾和冲突不断，成为南亚乃至世界最不稳定的地区之一。印巴"安全"问题因此一直是短波段研究的"显学"。张超哲副研究员的专著《印巴构建和平的方式及和平模式探析》，聚焦印巴"和平"问题，而非如大多数研究以"安全""冲突""战争"为主要研究对象，通过长波段的梳理和研究，认为印巴关系史总体上可以说是一部和平关系史，只是没有营造出一种安全关系形态。毕竟，在1947年至2022年的75年里，印巴之间的3次战争和8次重大危机时间只有3.5年，而印巴非战状态维持了71.5年，也就是说两国和平状态占到历史轴的95.3%。这样的研究视角和研究观点非常有新意，较好地体现了学术求异精神，该成果可谓新形势下"安全学"领域的有益尝试。

张超哲以"印巴和平与印巴安全之辩"开篇，首先阐明了"和平"和"安全"二者在概念、目标、实现途径、产生实现顺序、范围等方面具有明显的差异。他认为，和平指的是非武装暴力，与战争相对，相对属于是长波段的研究，和平状态必然是双方共享的；安全指的是没有危险和恐惧，与威胁或者冲突相对，是相对短波段的研究，安全是建立在有拒绝对立国要求的实力基础之上的，是可以单方独享的。进而，张超哲指出，对于75年的印巴关系来说，任何一方都不具备有拒绝对方要求和挑衅的强大实力基础和处置能力，换句话说，任何一方都没有强大到认为自己之于对方是安全的，可以无视对方的威胁，因此，印巴并没有构建起"安全"关系，反而共享了71.5年的非战状态，即和平状态。这是该书研究的起点和立足点，研究视角非常新颖，研究观点也非常独到，也具有一定的说服力。

本书的重点是梳理出印巴双方实现71.5年相对和平的6种方式及维护和平的3种模式，6种方式即：问题解决式、后战争式、对话式、冲突协调式、全面对话式、冷对峙式；3种和平模式即：恐怖型和平、核威慑型和平、发展型和平。这具有很强的理论创新性和大胆探索性，也是目前所知的首次对印巴和平方式与和平模式进行系统总结的学术研究。张超哲认为，冷战时期，印巴在44年的时间里维系了42年多的和平状态，这种和平是军事威慑和战争治下的和平，是一种恐怖型的和平模式，这种模式主要是通过"问题解决"和"后战争"两种方式实现的。他重点选取了印巴就分治初期的英印遗产分配谈判、河水资源分配谈判作为"问题解决式"的支撑案例，选取了卡奇冲突、3次印巴战争前后的努力作为"后战争式"的支撑案例进行了分析。张超哲认为，在后冷战的头10年里，印巴通过"对话"和"冲突协调"两种方式来缓解矛盾、维护相对和平，逐步构建起了相互核威慑下的和平模式。他重点选取了1997年印巴缓和、1999年巴士外交作为"对话式"的支撑案例，选取了1998年印巴核试爆危机管控和卡吉尔冲突管控作为"冲突协调式"的支撑案例进行分析。张超哲认为，新世纪以来的20余年，双方通过"全面对话"和"冷对峙"两种方式，探索构建了一种基于多元主义和平观指导下的发展型和平模式。他选取了印巴2004—2012年间的"5+2"轮全面对话作为"全面对话式"的支撑案例，对2013年以来双方"试探接触+冷漠对立"的重要事件进行了梳理以支持"冷对峙式"和平方式的分析。

张超哲的《印巴构建和平的方式及和平模式探析》一书，某些印巴问题研究的内容还需要拓展、资料还有待丰富，某些观点也还有待验证。但总体上看，这是在"整体安全观"指引下的一个系统性、创新性的研究成果。我很高兴地看到中国年轻学者在学术道路上敢于挑战、勇于创新的学术努力。

是为序。

邱永辉

四川大学中国南亚研究中心首席专家

序 二

1947年分治以来，印巴和平与安全问题长期是国际社会广泛关注的焦点问题，也是学界研究的重要课题，但经常将"和平"与"安全"混用或结合在一起研究，鲜有单独对印巴"和平"问题进行专门阐述。正是出于这一好奇和疑惑，张超哲副研究员对和平、安全、传统和平理论、多元主义和平观等几个概念进行了重新研究，对印巴1947—2022年75年间的和平状态进行了统计，发现双方在75年的时间里维持了71.5年的和平状态。他进一步对印巴"和平"和"安全"二者之间的关系进行研究，发现印巴安全问题始终得不到解决，很重要的原因在于印巴双方更急于短波段的危机处理。为此，他认为，印巴更应该重视长波段的"和平"建设，因为和平是安全的基础和保障，没有和平就不会有安全。印巴安全关系的构建首先应从避免战争和大规模武装冲突入手、实现相对和平开始。这个研究主题和研究视角非常有新意，也非常大胆，值得深入探讨。

张超哲的《印巴构建和平的方式及和平模式探析》一书，在许多方面有一定的创新和可取之处。比如，他对国际关系中"安全"与"和平"的区别与联系进行了深度理解阐释，在此基础上对印巴和平与印巴重大危机的概念进行了首次界定。这非常明智，也非常有必要，也是开展下一步研究的理论前提和框架基础。又如，他把印巴和平放在国际域场进行分析，认为印巴和平问题在全球和地区两个维度上呈现一种"冷""热"两重天的状态，即国际格局中的印巴和平是一种"冷"和平，地区格局中的印巴和平是一种"热"和平，这非常新颖，也很有必要，为后文梳理印巴和平问题的脉络提供了空间感和历史感。

该书最核心也是最精彩的内容就是把71.5年的印巴和平史进行了三段分期，正好对应三种和平模式。一是冷战时期，张超哲认为印巴和平是一种战争治下的和平，它以硬实力为基础，以武力为后盾或者直接以战争为手段来实现的，也就是印巴维系和平的6大方式中的"问题解决"和"后战争"两种方式来实现的，属于恐怖型和平模式。该种和平是建立在非平等基础上的，是不持久的，成效不明显。二是后冷战时期，张超哲认为印巴和平是一种核威慑下的和平，它通过双方同步公开拥核、构建相对核对称来实现的，也就是印巴维系和平的6大方式中的"对话"和"冲突协调"两种方式来实现的，属于相互核威慑型和平模式。该种和平虽然有了较为平等的筹码和威慑，但基础脆弱。三是新世纪以来，张超哲认为印巴和平是一种多元主义安全观指导下的和平，它虽然仍然以现实主义理论和实践为基础，以核威慑为后盾，但更多地开始考虑结构、人、制度等因素，也就是印巴维系和平的6大方式中的"全面对话"和"冷对峙"两种方式来实现的，属于发展型和平模式。这种模式还在路上，虽然会有挫折往复甚至是倒退，但从历史长周期来看，将会有长久的生命力。这是该书最大的创新之处，是对南亚问题研究特别是印巴和平关系研究的重要拓展和重要贡献。

张超哲还就印巴和平问题的涉我性进行了专门阐述，认为中国在印巴问题直接涉我性议题、间接涉我性议题、非涉我性议题上的角色应该是在"有限合作者""劝和者""局外人"等不同角色中进行转换。他对中国"一带一路"倡议与印巴和平进程关联性进行了专门解读，认为中国"一带一路"倡议与印巴和平进程的强正相关性未得到充分显现，推动二者实现强正相关，将是下一步我国外交重大课题。这骤然增强了该书的应用价值和现实意义，是国内首次将中国"一带一路"倡议与印巴和平进程关系以及印巴和平问题的涉我性进行公开系统分析的一次学术尝试和努力，值得鼓励。当然，有些分析还需要继续深化，这是下一步的事。

总的来看，张超哲的这部《印巴构建和平的方式及和平模式探析》一书，研究视角非常独特，研究主题非常新颖，研究视野比较宏达，研究观点也比较有新意，应该算是近年来关于印巴问题研究的一部优秀作品、创新之作。是为序。

荣鹰
四川大学国际关系学院讲席教授

目 录

引 论 …………………………………………………………… 1
　第一节　研究目的 ………………………………………… 2
　第二节　研究对象 ………………………………………… 3
　第三节　研究意义 ………………………………………… 5
第一章　印巴和平与印巴安全之辩 ………………………… 7
　第一节　几个概念 ………………………………………… 7
　　一、和平与安全 ………………………………………… 8
　　二、传统国际和平理论与多元主义和平观 ………… 13
　第二节　印巴和平与印巴重大危机的概念界定 ……… 18
第二章　印巴和平的国际视野 …………………………… 21
　第一节　印巴和平问题研究现状 ……………………… 22
　　一、巴基斯坦关于印巴和平问题的研究 …………… 22
　　二、印度关于印巴和平问题的研究 ………………… 25
　　三、其他国家关于印巴和平问题的研究 …………… 28
　第二节　国际格局中的印巴和平 ……………………… 36
　　一、印巴分治 ………………………………………… 37
　　二、国际格局中的印巴和平——"冷"和平 ………… 43
　　三、地区格局中的印巴和平——"热"和平 ………… 50
第三章　冷战时期的印巴和平——进程、方式及分析 … 55
　第一节　背景阐释 ……………………………………… 56
　　一、国际层面 ………………………………………… 56
　　二、地区层面 ………………………………………… 56
　　三、国内背景 ………………………………………… 58
　第二节　问题解决式的和平 …………………………… 60

V

  一、英印遗产分配谈判 ·················· 60
  二、河水资源分配谈判 ·················· 62
 第三节 后战争式的和平 ·················· 64
  一、两个民族理论 ·················· 64
  二、第一次印巴战争及战争前后和平努力探析 ·················· 66
  三、库奇兰恩冲突及第二次印巴战争前后的和平努力探析 ······ 70
  四、第三次印巴战争及战争前后的和平努力探析 ·················· 74

第四章 后冷战时期的印巴和平——进程、方式及分析 ·················· 79
 第一节 背景演变 ·················· 80
 第二节 对话式的和平 ·················· 80
  一、1997年印巴缓和及成因 ·················· 81
  二、1999年巴士外交及评价 ·················· 83
  三、对话方式维护和平的特点简析 ·················· 87
 第三节 冲突协调式的和平 ·················· 87
  一、印巴核战略概述 ·················· 88
  二、1998年印巴核试爆及危机管控 ·················· 89
  三、卡吉尔冲突及危机管控 ·················· 93
  四、简析冲突协调方式的优缺点 ·················· 98

第五章 新世纪的印巴和平——进程、方式及分析 ·················· 99
 第一节 背景演变 ·················· 100
 第二节 阿格拉峰会 ·················· 100
  一、会议概况 ·················· 101
  二、成效分析 ·················· 101
 第三节 全面对话式的和平 ·················· 103
  一、新世纪印巴五轮全面对话及成因分析 ·················· 103
  二、孟买袭击案及危机应对 ·················· 114
  三、对话重启而第二轮对话没有"终点" ·················· 117
  四、全面对话成效分析 ·················· 122
 第四节 冷对峙式的和平 ·················· 126
  一、善意的"试探+接触" ·················· 127
  二、冲突对峙+冷漠对立 ·················· 129
  三、冷对峙式和平简析 ·················· 131

第六章 印巴和平模式探析 ··· 133

第一节 战争阴影下的恐怖型和平 ··· 134
一、概念的界定 ··· 134
二、恐怖型和平模式的构建 ··· 134
三、评析 ··· 135

第二节 均势治下的相互核威慑型和平 ··· 136
一、概念的界定 ··· 136
二、印巴相互核威慑模式的构建 ··· 137
三、评析 ··· 140

第三节 多元主义和平观指导下的发展型和平 ··· 142
一、概念的界定 ··· 143
二、发展型和平模式的探索 ··· 145
三、评析 ··· 154

第四节 总体和平、基础脆弱 ··· 155

第七章 印巴和平低水平徘徊的原因透析 ··· 157

第一节 克什米尔问题结中之结 ··· 157
一、问题的由来 ··· 157
二、印巴的努力 ··· 160
三、难解之结的根源探析 ··· 164
四、未来的方向 ··· 167

第二节 冲突解决型问题难度巨大 ··· 169
一、乌拉尔大坝问题 ··· 169
二、锡亚琴冰川问题 ··· 172
三、塞·克里克湾划界问题 ··· 175

第三节 信心建设型问题严重缺乏互信 ··· 178
一、和平与安全信任措施建立问题 ··· 179
二、恐怖主义及毒品问题 ··· 180
三、友好交流问题 ··· 182
四、经贸合作问题 ··· 183
五、人权问题 ··· 186

第四节 领导人个人差异巨大 ··· 188
一、印度领导人风格 ··· 190

二、巴基斯坦领导人特质 ………………………………… 191
　第五节　第三方因素的消极影响 ……………………………… 193
　　一、美国 …………………………………………………… 193
　　二、俄罗斯 ………………………………………………… 195
　　三、日本 …………………………………………………… 197

第八章　印巴和平前景 …………………………………………… 199
　第一节　印巴和平的四点有利条件 …………………………… 199
　　一、国际主题的利好驱动 ………………………………… 200
　　二、区内机制化进程的助推作用 ………………………… 201
　　三、印巴对外战略调整的积极作用 ……………………… 203
　　四、外部力量的积极努力 ………………………………… 206
　第二节　低水平螺旋式的机制化过程 ………………………… 211
　　一、低水平的螺旋式发展进程 …………………………… 212
　　二、不可逆转的机制化进程 ……………………………… 213

第九章　中国"一带一路"倡议与印巴和平的关联性 ………… 217
　第一节　印巴和平问题涉我性分析及启示 …………………… 217
　　一、印巴和平问题涉我性分析 …………………………… 218
　　二、印巴和平问题对我国的启示 ………………………… 223
　第二节　中国"一带一路"倡议与印巴和平进程关联性解读 …… 226
　　一、中国"一带一路"倡议提出的背景 ………………… 227
　　二、中国"一带一路"倡议在印巴推进情况 …………… 231
　　三、中国"一带一路"倡议与印巴和平进程关联性分析 ……… 235

结　语　超越安全：实现从恐怖型和平、核威慑型和平到
　　　　发展型和平的跨越 …………………………………… 241
附　录 ……………………………………………………………… 245
参考文献 …………………………………………………………… 289
后　记 ……………………………………………………………… 305

引 论

1947年印巴分治是南亚"两个民族理论"实践的成功体现。巴基斯坦建国虽然助推了民族国家理论的发展，但印巴之间随之爆发并持久加剧的民族、宗教、政党、政体、领土、文化矛盾，特别是东巴基斯坦对巴基斯坦的离心运动及最终被印度肢解为孟加拉国，严重影响了巴基斯坦立国根基和安全稳定局面。印巴自分治以来持续冲突甚至兵戎相见，成为南亚乃至世界不稳定因素的重要表现之一，特别是克什米尔（Kashmir）问题成了南亚"火药桶"，成为印巴持久的痛，印巴之结真难解。分治75年来，印巴爆发了3次战争，8次重大危机，人员伤亡和对彼此造成的有形无形损失无法衡量。[①]印巴关系成为国际社会广泛关注的焦点问题。但梳理研究发现，在75年的印巴关系史中，印巴战争和重大危机冲突时间只有3.5年，印巴非战状态维持了71.5年，也就是说印巴75年的关系史上，和平状态占到历史轴的95.3%。因此，从时间占比的角度上看，印巴关系史总体上可以说是一部和平关系史，但的确没有营造出一种安全关系形态。因为截至目前，印巴任何一方之于对方，都不认为自己是安全的，任何一方都还不具备独享安全的实力，更没有实现共享安全的机制。所以印巴"安全问题"更加吸人眼球，成为短波段上的"显学"，印巴长波段的"和平"建设被忽视。但从历史宏大叙事和民族国家存续角度来讲，"和平"问题更加重大、更加具有深层次的影响、更加具有根本性的指向性意义。基于此，本书研究对象为印巴"和平"问题而非"安全"问题，聚焦印巴和平关系史研究，主

---

① 3场战争指的是1947年10月—1949年1月的第一次印巴战争、1965年9月的第二次印巴战争、1971年11—12月的第三次印巴战争。8次重大危机分别是：1965年2—6月的库奇兰恩冲突、1986年初—1987年初的铜钉军演危机、1990年1—6月的克什米尔地区实控线军事对峙、1998年5—12月的印巴核危机、1999年5—7月的卡吉尔冲突、2001年12月—2002年初的边境百万大军对峙事件、2008年11月孟买恐怖袭击事件引发的双边危机、2019年8月印度废除印控克什米尔地区特殊地位事件引发的双边危机。当然，除此以外，印巴之间爆发的冲突和摩擦非常多，比如2007年的"友谊快线"爆炸案、2016年乌里恐袭事件都非常出名，影响深远。不过，本书认为该类冲突还没有上升为重大危机的程度。

要探讨印巴双方管控危机、实现71.5年相对和平的六种方式（问题解决式、后战争式、对话式、冲突协调式、全面对话式、冷对峙式）及维护和平的三种模式（恐怖型和平、核威慑型和平、发展型和平）。本书的研究目的在于梳理分治以来印巴双方在管控重大分歧、冲突甚至战争方面的努力，探究印巴维持相对和平的方式及模式，总结印巴和平的特点及成效，分析影响印巴持续和平的主要问题根源，提出新形势下印巴实现更高质量和平的出路，同时就中国"一带一路"倡议与印巴和平的关联性进行研究并开展涉我性分析，提出建议。本书研究意义在于努力为国际社会共同关注印巴和谈、维护南亚地区稳定提供一定的历史资料及参考借鉴价值，为我国处理周边纠纷，维护周边和平，推进新时期以"一带一路"倡议为抓手的周边外交大战略提供一定的经验或教训，特别是印巴和平问题中的涉我性分析，可为我国在未来处理与南亚有关国家的相关双边问题提供参考。

第一节　研究目的

1947年，英帝国退出南亚次大陆，印巴实现分治，但也客观破坏了古印度的完整性，破碎了印度大一统的美梦，降低了其对南亚其他小国的吸引力。巴基斯坦以"两个民族理论"立国，印巴分治打开了印度次大陆本就复杂多元的潘多拉盒子，导致南亚地区长期被压制的民族矛盾、宗教矛盾、政党矛盾、政体之争、领土之争、文化之争日益暴露在前台。南亚地区自此成为世界动荡不安的主要地区之一，而南亚几乎所有的不稳定因素都与印巴两国有关。不同历史时期，印巴和平问题所受关注程度不同，表现形式不一，但始终在国际格局中具有重要影响。冷战时期印巴的3次战争，后冷战时期的巴士外交和相互核试爆，新世纪的5+2轮全面对话，2019年印度废除印控克什米尔地区特殊地位而导致的印巴剧烈紧张，等等，无不牵动国际社会广泛关注。特别是随着所谓"印度洋世纪"的到来，美国大力推动所谓"印太战略"，国际社会对印度外交战略特别是印巴和平问题的研究兴趣越来越高。中国作为南亚邻国，在印巴75年的和平进程中，无论在主观上还是客观上，都不同程度地留有身影。鉴于中国与印巴和南亚地理地缘因素，印巴和平进程值得我们持续关注。

当前，国内外对印巴关系研究的趋势有两种，一种是全景式的内容梳理，包括从冲突、处突，到对话谈判的全过程，是一种历史性的介绍，缺少国际关系专业所需要的战略分析和宏观横向比较；一种是热点性研究，比如对印巴分治、三次印巴战争、印巴水资源谈判、克什米尔问题、锡亚琴冰川争端等热点进行分析，是"点"的介绍。两种研究都对印巴管控危机、追求和平缺少历时性的描述，对印巴追求和平的方式以及维持相对和平的模式缺少系统的思考和总结，对印巴实现长久和平的主要障碍缺少全面的梳理，对印巴超越安全、实现更高质量和平的前景缺少深入的分析。就研究资料所知，截至目前，还没有以印巴和平为题开展历时性、总结性研究的专著和文章。分治以来的印巴关系虽然伴随着纠纷、冲突甚至是战争，但从历史长轴上看，和平才是双方的真正主题和真实政治形态，因为75年来，印巴非武装冲突的时间持续了71.5年。只不过印巴和平水平很低，质量较差，成效不够显著，国际社会反倒被双方持续不断的冲突和危机吸引了注意力，印巴寻求安全显得更为抢眼、更为紧迫，导致国际社会更加关注短波段上的印巴安全问题，而不是长波段上的和平问题。其实，和平是安全的基础和保障，没有和平就不会有安全。印巴安全问题始终得不到解决，很重要的原因在于印巴双方更急于短波段的危机处理，而没有重视长波段的和平建设，致使和平质量较差，成效不明显，和平对安全的基础和保障作用没有充分发挥。本书对印巴保持相对和平的状态做了描述性、分析式的研究，旨在梳理分治以来双方在管控重大分歧、冲突甚至战争方面的努力，探究印巴维持相对和平的方式及模式，总结印巴和平的特点及成效，分析影响印巴持续和平的主要问题根源，提出新形势下印巴实现更高质量和平的出路。同时，本书就中国"一带一路"倡议与印巴和平的关联性进行了简要分析，提出了"理论上的正相关和现实中的弱相关"的论断。

第二节　研究对象

和平与安全是世界史研究和国际关系理论研究中两个永久的概念，也是国际关系实践中的两种状态，是国际行为体极力追求的两种国际政治形态，二者有着千丝万缕的关系，但也有本质的不同。学界对其理解存在较多争议，见仁见智。

安全与威胁相对，简单说，是指免于危险、免于恐惧的一种状态。从武装暴力程度来看，安全状态可分为三种：和平、非战非和、战争。

和平与战争相对，虽然至今没有一致的定义，但基本的共识是：和平是没有战争的一种状态。阎学通将和平定义为"人类团体之间有限延续的无武装暴力行为但也无绝对安全保障的相互关系"。和平实质上是一种安全状态，理论上可以分为不安全、不太安全、较安全、绝对安全四种程度。和平肯定是一种共享状态，但是安全是可以单方独享的，特别是当一国追求国家安全时，就是一种单方独享的模式，极易导致"安全困境"，即一方安全对另一方构成威胁。[①]

基于以上分析，本书在第一章第二节对印巴和平的概念以及印巴重大危机的概念进行了界定，认为，印巴分治75年来，虽然伴随着纠纷、冲突甚至战争，但双方非战争和非重大危机状态维持了71.5年，从历史长波段的角度看，和平才是双方真正的主题和真实政治形态，印巴历史是一部相对和平关系史。不过现实是，印巴双方自分治以来就成为历史冤家，加上民族、种族、宗教的不同，经济、军事实力的巨大悬殊以及独立以来的非同向发展，印巴双方国内政治生态和社会结构差异越来越大，双方安全认知和现实威胁增加了印巴实现关系正常化的可能性，也导致印巴双方忽视了长波段的和平建设，而更多局限于短波段的危机管控。印巴分治以来先后爆发3次战争以及8次重大危机的历史与现实说明，印巴轻视长波段和平建设而只着眼短波段的危机管控，试图以危机管控思维代替和平建设思想，一步到位实现印巴共同安全的二元安全思维模式是有问题的，因为对任何陷入历史纷争的行为体来说，想跨过和平而直接实现集体安全是不现实的，历史上的德法，当前的巴以（巴勒斯坦－以色列）都是很好的例子。[②] 印巴双方要走出安全困境，跳出二元安全思维，首先应从避免战争和重大危机冲突入手，认真总结印巴历史上保持相对和平的方式和模式，分析成本成效、吸取经验教训，重视印巴和平建设及其长久维护，在实现印巴持续高质量和平的前提下去最终寻求双边安全、集体安全。

因此，本书的研究对象是印巴"和平"而非"安全"，以"印巴和平进程研究"为视角，聚焦印巴和平关系史，主要探讨印巴双方管控战争、危机和冲突，实现71.5年相对和平的六种方式以及维护和平的三种模式，并对其成效进行评析；同时，归纳了影响印巴和平进程及成效的主要障碍并研判了印巴和平进程的前景，还就我国"一带一路"倡议与印巴和平进程的关联性进行了简要分析，提出了印巴和平的未来出路：超越安

---

① 本段思路和观点学习借鉴了阎学通教授的研究成果。参见阎学通的《和平的性质：和平≠安全》，载《世界经济与政治》，2002年第8期。
② 尽管当前巴勒斯坦身份还有些特殊，自其1988年11月15日正式宣布建国以来，目前只取得了联合国观察员国身份，还正在积极争取正式会员国席位，但将其作为国际关系行为体之一是成立的。

全，实现从恐怖型和平、核威慑型和平到发展型和平的全面跨越。

第三节　研究意义

自印巴分治以来，南亚成为世界动荡不安因素的主要来源之一，而南亚几乎所有的不稳定因素都与印巴两国有关。75年来，印巴和平与安全问题长期是国际社会广泛关注的焦点问题，也是国际关系学界研究的重要课题，但学界经常将"和平"与"安全"混用或结合在一起研究，鲜有单独对印巴"和平"问题进行专门阐述。中国与印巴以及克什米尔地区接壤，在南亚、在印巴的利益逐渐增多，存在的潜在安全风险也在增大。①因此，研究印巴和平问题意义重大。一是系统性、全景式的研究有助于国际社会对印巴关系中的和平努力及成效有个较为全面清楚的了解，对印巴争取和平的六种方式及维护和平的三种模式有个系统性的比较，对影响印巴和平成效的障碍有个全面的认知，为国际社会共同关注印巴和谈、维护南亚地区稳定提供一定的历史资料及参考借鉴价值。二是本书研究可为我国处理周边纠纷，维护周边和平，推进新时期以"一带一路"倡议为抓手的周边外交大战略提供一定的经验和教训，特别是在2021年8月美国重演阿富汗"西贡时刻"、阿富汗塔利班重新掌权并展现出有别于上次执政的温和包容姿态的情况下，在南亚各国对2022年以来涉台问题以及我国政府对台政策的态度发生微妙变化的情况下，对印巴和平问题开展涉我性分析显得特别有价值，这可为我国在未来处理与南亚（包括阿富汗）有关国家的双边问题提供参考。因此，本书的理论意义和实践意义较大。

---

① 2019年8月5日，印度政府突然宣布印度《宪法》今后将完全适用于先前具有特殊地位的印控克什米尔地区，实质上废除了印度《宪法》的第370条"给予印控克什米尔特殊地位"的规定，宣布将原"查谟－克什米尔邦"的拉达克地区分出，新建一个拥有地方立法机构的"查谟－克什米尔直辖区"和一个没有地方立法机构的"拉达克直辖区"。其中，所谓的"拉达克直辖区"涉及中印边界西段领土。清朝以来，中国政府从来没有承认被侵占的拉达克属于外国领土。我国外交部发言人华春莹2019年8月6日就此答记者问时表示中方一直反对印方将中印边界西段的中方领土划入印行政管辖范围，印方以单方面修改国内法律的形式，损害中方的领土主权，这一做法不可接受，也不会产生任何效力。不过，印度通过这一宪政手段不断蚕食我方领土，无疑将影响未来中印关系，将进一步增加中印日后谈判解决边界问题的难度。

第一章　印巴和平与印巴安全之辩

和平与安全虽有联系，但有很大区别，特别是在国际关系研究日益深入和细化的背景下，和平与安全的概念、研究方法和观察视角都在发生变化。就印巴75年的双边关系来说，大致上，印巴发生了3次战争，8次重大危机，但时间总计只有3.5年，非战状态维持了71.5年。那么，71.5年之于75年，算作和平的状态呢，还是应该列入安全的范畴？从对和平、安全、传统和平理论、多元主义和平观等几个概念研究来看，和平与安全的概念、实现途径、先后顺序、范围都不相同，最关键的是和平指的是非武装暴力，与战争相对，相对属于是长波段的研究，和平状态必然是双方共享的；安全指的是没有危险和恐惧，与威胁或者冲突相对，是相对短波段的研究，安全是建立在有拒绝对立国要求的实力基础之上的，是可以单方独享的。对于75年的印巴关系来说，任何一方都不具备有拒绝对方要求和挑衅的强大实力基础和处置能力，换句话说，任何一方都没有强大到认为自己之于对方是安全的，可以无视对方的威胁，即使在71.5年的非战状态里，也就是本书认为的71.5年印巴和平关系史里，印巴双方，特别是巴基斯坦一方从来都不感觉自己是安全的。因此，75年的印巴关系，印巴实现了71.5年的非战状态，印巴关系从时间轴的角度可以算是一种和平状态，是一种低水平的和平状态，但绝对不是安全状态。印巴安全关系的构建还任重道远，首先应该从避免战争和大规模武装冲突入手，实现相对和平开始。

第一节　几个概念

本书以印巴和平关系史为主题进行论述，涉及史学和国际关系理论研究中多个概念，比如和平、安全、多元主义和平观等。

一、和平与安全

和平与安全历来就像一对孪生姐妹，一体同胞，不可分开，和平研究与安全研究是时代发展和历史研究的永久课题，无论怎么强调都不过分。但国际社会对什么是和平、什么是安全、和平与安全的区别是什么，至今都没有形成比较统一的答案。

和平的概念由来已久，贯穿整个人类历史进程。在不同语言文化中，和平的含义不尽相同。[1] 和平研究最早是以暴力研究为基础的，而马基雅维利（Niccolò Machiavelli）关于暴力的六原则为后世的暴力研究以及和平研究提供了重要遵循。[2] 直到近世，国际社会对和平内涵的认识逐渐深化，但和平研究都离不开暴力的讨论。麻省理工学院阿尔克（Alker）认为，和平在消极层面的定义是没有精神痛苦、内部冲突、群体间的暴力或战争。[3] 莱顿大学埃弗茨（P.P.Everts）认为和平指的是一种情况，即民族国家和其他大型社会集团之间的关系中没有公开使用或准备使用暴力或威胁。[4] 西欧、北美学派从和平的对立面界定其内涵，认为"和平就是不存在战争、敌对和暴力的状态"。雷蒙德·阿伦认为，"和平是两个敌对的政治团体之间对暴力模式的长期搁置"[5]，安德鲁·瑞格比（Andrew Rigby）则从"战争和身体暴力的消除""人类潜能实现和我们创造性力量增长的必要条件""人类和谐的必要条件""与万物和谐统一、内心平静的必要条件"等核心要素对和平进行阐释。[6] 可见，无论是西欧、北美学派，还是埃弗茨、雷蒙德·阿伦、安德鲁·瑞格比，都将"消除暴力"作为"和平"含义至关重要的部分，而他们所强调的"暴力"主要是指直接暴力。直到著名的和平学泰斗人物约翰·加尔通（Johan Galtung）提出"和平即是用非暴力的方式实现和平"，并在"直接暴力"的基础上提出了"结构性暴力""文化暴力"，拓展了暴力的内涵，为和平研究提供了别开生面的思考范式，一度引起了学者们对"积极和平"

---

[1] Andrew Rigby, "Peace, Violence, Justice: Core Concepts", *Academia Bimestris*, Vol. 3, No. 3, 2004, pp. 17-18.
[2] 即：暴力是一种普遍存在，暴力是成功驾驭权力的工具，暴力是政治的最终根源，冲突通过权力和暴力得以解决，国家和政府是重要事件的主要承担者，独立国家的主权是暴力分析的根本出发点和国家的最终目标。见韩洪文著的《二十世纪的和平研究：历史性考察》，当代中国出版社，2002年，第31-33页。
[3] Alker, "Defifinitions of Peace", *Hiroshima Peace Science*, 1(1), 1977, pp. 235-245.
[4] P. P. Everts, "Defifinitions of Peace", *Hiroshima Peace Science*, 1(1), 1977, pp. 235-245.
[5] 转引自William Maley, "Peace, Needs and Utopia", *Political Studies XXXIII*, 1985, pp. 578-591.
[6] 安德鲁·瑞格比，熊莹译，《和平、暴力与正义：和平研究的核心概念》，载《学海》，2004年第3期，第18页。

与"消极和平"的热烈讨论。虽然关于和平的定义很难达成共识,但从不同角度思考,可以不断接近和平的本质。

安全是最容易与和平混淆的概念,甚至有学者认为和平是安全的充分条件。[1]国际关系学界各理论流派基于不同的理论假设,对安全内涵的强调也不尽相同。最初在罗马语中,"安全"意为"幸福生活所依靠的没有悲痛的状态"。《国际社会科学百科全书》(International Encyclopedia of the Social Sciences)认为"安全是国家保卫其内部价值不受外部威胁的能力",主要强调了国家行为体的客观能力。而《战略词典》认为,安全是一个主体认为自己没有面临某种危险的威胁,或者认为即使危险变成现实,自己也有办法应对,可见其对主体范围做了扩大,不限于国家唯一行为体,从主客观两个方面对安全进行了界定。从理论流派的研究来看,现实主义强调"国家安全、国际安全",自由主义强调"全球安全、共同安全",而建构主义更多强调"安全化",批判学派着眼于"人的安全、言论安全"。其中,以巴里·布赞(Barry Buzan)为代表的哥本哈根学派提出的"影响人类集体安全的政治、经济、环境等五个领域""安全化"及"去安全化"等理念,使得安全研究的视野焕然一新,安全的指涉对象进一步拓展,安全被视为社会建构的结果。我国学者崔建树在综合巴里·布赞、沃尔特·李普曼(Walter Lippmann)、阿诺德·沃尔弗斯(Arnold Wolfers)、斯蒂芬·沃尔特(Stephen Walt)、罗伯特·曼德尔(Robert Mandel)等人之言的基础上,给安全的内涵界定为"通过消除外部的客观威胁或挑战和心理上的恐惧感,实现对国家政治经济体制、权力、财富、生活方式等已获价值的保护",同时提出了安全内涵模式图(已获得价值—外部威胁—安全观—安全主体—安全成本)[2],对安全进行了较为完整的阐释。总体上,我国学者将安全内涵的讨论较少,主要采用西方学者的定义。不过,通过对其研究,可以发现,安全内涵呈现出了一条显著的发展路径,即指涉对象开始朝着"国家—集体—个人"的方向纵向延伸,安全议题开始朝着"军事—社会—经济—文化"的方向横向拓展。其内涵发生如此演变的原因主要在于:一是以往的安全观仅强调"国家安全"的研究方法受到了严重质疑;二是国际社会面临的现实形势与问题更加复杂化,单纯的国家一元安全观无法较好地解释国际现象。因此,随着全球化进程的演进,学者

---

[1] 吴志成,《全球和平赤字治理与中国的责任担当》,载《国家安全研究》,2022年第1期,第142页。
[2] 崔建树,《战略研究、安全研究与和平研究——概念内涵、研究范式与学科议题》,载《世界经济与政治论坛》,2018年第5期,第99-102页。

们日益开始思考全球化背景下的"安全观"。郑先武认为,在全球化的背景下,现实主义国家安全观发生了变化,核心是"延伸"(extending security)和"拓宽"(broadening security)现实主义传统的安全观,即安全的指涉对象从国家向下延伸到次国家和个人,向上延伸到全球和整个人类,安全议题从军事领域拓展到政治、经济、社会、环境、移民、性别等新的安全领域。[1]克里斯托夫·布劳赫(Christoph Blocher)认为安全的含义变化是对全球化、全球环境变化的回应。总的来看,安全的内涵与相关研究在争论中不断丰富和发展。

其实,直到20世纪八九十年代,和平研究与安全研究在理论层面才开始汇合并轨,安全与和平问题研究呈现出一种相互补充的关系。阎学通认为,"和平作为一种安全状态在理论上可分为不安全、不太安全、较安全、绝对安全四个程度等级"[2]。和平本身蕴含着安全与不安全,战略研究与和平研究是长频谱的两端,中间是安全研究。正如奥利·维夫(Ole Waeve)与巴里·布赞所言,"和平研究有时被视为安全研究的'左翼',其他情况下则不被视为(在很大程度上)安全研究的范畴"[3]。巴里·布赞认为,在无政府状态和军备竞赛层面,安全是一个比和平更全面的概念。国内学者周王启、张晓明立足于国际系统结构与国际系统进程的角度对概念进行分析,认为和平具有多边性,而安全存在两种情况:在国际系统结构视角下是独享的,而在国际系统进程层面则是共享的。阎学通对和平与安全的研究比较深入。他认为,和平与安全在性质方面是有区别的,和平不能证明国际社会或是国家就没有战争危险或没有外部军事威胁,即使同在和平状态下,国家安全和国际安全的程度可能不同。安全是建立在拒绝对立国某种要求的能力之上的,和平是建立在接受敌国要求之上的。如果仅从国家安全程度上观察,和平状态下的国家安全程度甚至可能低于处于战争状态下的国家安全程度。

基于以上分析,可以得出,无论是从康德的"永久和平论"到具有争议的均势和平论,从理想主义的和平民主论到现实主义的国际安全理论,从建构主义的共同体和平论到新自由主义的民主和平论,再到马克思与恩格斯的社会主义和平思想,无论是实证的研究,还是规范的研究,都没能就和平与安全的定义和概念达成统一共识,关于和平、安全的联

---

[1] 郑先武,《全球化背景下的"安全":一种概念重构》,载《国际论坛》,2006年第1期,49-50页。
[2] 阎学通,《和平的性质——和平≠安全》,载《世界经济与政治》,2002年第8期,第5页。
[3] 奥利·维夫、巴里·布赞,高旺来译,《回到理论之后:安全研究的过去、现在和未来》,载《国外理论动态》,2014年第1期,第69页。

系与区别的研究，也比较缺乏系统性。最早，学者们简单地认为和平就是非战状态。20世纪50年代以来，学者对和平的认识不断深化，有学者认为，和平就是不发生大规模核战争；法国学者雷蒙·阿隆（Raymond Aron）认为，"只要国家之间矛盾未激化到军事冲突的程度，便可以说是和平"[①]；也有学者提出，和平就是实现社会正义。毛泽东将和平定义为"不流血的政治"。可见，和平由简单的"非战状态"延伸到"非军事冲突状态"再到"非武装暴力但无绝对安全保障的状态"，由高级政治延伸到社会和人，表明国际社会对和平与安全的认知在逐步深化、细化，逐步从建构模式向解构模式转变。

尽管国际社会至今没有对和平形成统一的概念认知，但有两点是可以肯定的：一是和平的根本特性是免于战争和暴力，而安全的根本特性是免于危险和恐惧，和平与安全有区别也有联系。二是不管有意还是无意，国际社会研究多是将和平与安全等同看待，经常是混合使用、一并提及，因为安全与战略、和平的边界非常模糊，他们都一定程度涉及使用武力与国家军事力量，且研究议题大量重叠，具有高度相似性。[②]因此，西方有关和平与安全的理论多是重叠的，国际社会尚缺少判断和平的基本标准。不过，和平的性质及范围是明确的。这也是本书讨论和平的出发点。

首先，和平是不同行为主体间非武装暴力的一种关系状态。按照马克思、恩格斯的和平思想，战争与和平都是基于一定的利益关系而引起的。当存在着各个不同利益主体都能接受的平衡点、彼此之间的利益能够协调时，矛盾和斗争将被局限在一定的程度和范围内，此时的状态即为和平状态。[③]因此，和平与战争相对，和平首先是非武装暴力。

其次，和平可能具有不安全性，和平不等于安全。阎学通认为，和平的非安全性指的是和平状态下行为体之间仍可能存在危险或威胁。[④]和平其实只是一种安全状态，即行为体双方的非武装暴力状态，但这并不表明行为体双方不存在分歧、猜忌，并不能排除行为体双方存在着互为危险或威胁的认知，并不排斥对方存在对己方构成危险或者威胁的力量。就印巴来说，双方保持了71.5年的相对和平，但是印巴之间并没有安全感，反倒是危险意识和威胁认知持续存在并在一定时期加剧，印

---

① 转引自陈汉文，《在国际舞台上——西方现代国际关系学浅说》，四川人民出版社，1985年，第499页。
② Terry Terriff, et al., *Security Studies Today*, Polity Press, 1999, p. 1.
③ 王兰芳，《马克思恩格斯和平思想浅析》，载《山东师范大学学报》，2010年第3期，第147页。
④ 阎学通，《和平的性质：和平≠安全》，载《世界经济与政治》，2002年第8期，第5页。

巴之间从来都存在着不对等的、互为威胁的力量。因此，和平关系，并不表明行为体之间的分歧完全消除、双方不对等的力量结构得到改变，只能说明双方努力将分歧和矛盾的程度控制在非武装暴力状态，即和平状态。

再次，和平是处理不同行为体关系的重要原则。由于行为体双方不同形式的危险、威胁和意外事故不可能绝对消除，行为体之间无论在硬实力、软实力还是巧实力、锐实力①上，都不可能完全对等，双方的相互认知也不可能完全一样，故理论上的绝对安全状态，在现实行为体之间是不存在的。因此，追求和平，通过和平手段来实现更多目标显得更为现实，自然成为行为体处理相互关系的重要原则。和平所具有的目的性、工具性、正义性三重功效，使之在现代社会作为一种处理国际行为体相互关系的手段和方式也是有效的。②和平既是一种政治目的，也是一种政治手段，又是一个政治过程。

和平的范围是不同的。根据行为体的不同，可以将和平划分为阶级、民族、国家内部的和平状态以及阶级之间、民族之间、国家之间的和平状态。③国家间的和平状态，指的是国家之间由于综合实力或者核心威慑力处于势均力敌或相对制衡状态，行为体双方外在关系呈现的一种相互妥协、相互缓和的非暴力态势。尽管在这种态势中，双方也可能存在着尖锐的矛盾和非安全认知，但仍能够基于多种考虑形成某种共处秩序、追求共同安全，从而使和平状态得以维持。

尽管和平与安全犹如孪生姐妹，有诸多联系，比如，和平是安全的

---

① 硬实力、软实力、巧实力、锐实力概念其实最初都是由西方学者和媒体提出，从维护西方霸权的立场出发，带有明显的意识形态和价值偏见，但在学术研究中进行中性的使用，是可以的。"硬实力"和"软实力"的概念由哈佛大学教授约瑟夫·奈于1990年在《注定领导世界：美国权力性质的变迁》一书中首次提出，硬实力是指一国利用其军事力量和经济实力强迫或收买其他国家的能力；软实力是指一国通过吸引和说服别国服从其目标从而使其得到自己想要的东西的能力；巧实力最早由美国学者苏珊娜·诺塞尔于2004年提出，强调综合运用硬实力和软实力来实现美国的外交目标，2009年，美国时任国务卿希拉里在国会听证会上使用了该词，提出要通过灵巧运用美国所有政策工具，包括外交、经济、军事、政治、文化等各种手段恢复美国的全球领导力；锐实力一词最早出现在2017年6月《澳大利亚金融评论报》的一篇文章里，后在2017年底美国国家民主基金会发布的《锐实力：上升的威权主义影响》报告里使用了"锐实力"这一概念，称中国和俄罗斯十多年来耗费巨资，采用"分化、收买和操纵"等"非常手段"，对目标国家和群体施加影响，以影响和塑造全球舆论和民意，将中国和俄罗斯的正常公共外交活动比作攻击西方民主价值观的"刀尖"和"针尖"。参见李林，《四种"实力"的定义》，载《参考消息》，2018年1月10日第12版；史艾斌，《透析所谓"锐实力"》，载《人民日报》，2018年3月26日07版；谢韬，《"锐实力"背后的霸权逻辑和双重标准》，中国社会科学网，http://www.cssn.cn/gj/gj_hqxx/201804/t20180425_4212593.shtml，登录时间：2022年9月3日。
② 和平的目的性是指和平是人类追求的社会目标；和平的工具性是指行为体通过和平实现更多目的；和平的正义性是指行为体利用和平来实现目标的做法是正义和道德。此处吸收了阎学通教授的观点。
③ 王兰芳，《马克思恩格斯和平思想论析》，载《山东师范大学学报》，2010年第3期，第148页。

一种状态和实现手段,安全是和平的最高形式,但二者还是有区别的,这也是本书写作的出发点和亮点。

首先,二者的概念不同。和平是指非武装暴力,与战争相对,相对属于是长波段的研究,更多倾向于是历史学领域的研究话题;而安全指的是没有危险和恐惧,与威胁或者冲突相对,是相对短波段的研究,多是国际关系学领域的研究话题。

其次,二者的目标不同。和平追求的目标是消除战争、暴力以及加强对产生暴力环境的治理,简单来说就是追求实现"没有暴力"的目标。这种价值是面向未来和发展的,不以取胜为目标,旨在促成冲突双方和解,进而超越分歧,迈向一个新的共同未来。[1] 安全追求的目标是使已经获得的价值免于危险,简单来说就是追求实现"没有危险"的目标。这种不危险意味着既在客观上不存在威胁,也在主观上不感到恐惧。[2]

第三,二者的实现途径不同。和平可以是由双方或者单方的妥协来实现,和平状态必然是双方共享的;而安全则相反,安全是建立在有拒绝对立国要求的实力基础之上的,是可以单方独享的。

第四,二者的产生和实现顺序不同。和平问题远远早于安全问题,安全研究是在和平研究基础上对研究领域和主题的进一步细化和发展。行为体之间必先实现和平才可能实现相互安全,世界上不存在没有和平的安全状态。

第五,二者的范围不同。和平范围小于安全范围,和平状态只能说明没有发生战争和武装暴力,但并不能说明威胁和危险的有无;而安全的范围要大于和平,安全状态不仅表明行为体双方是和平的,而且也不存在威胁、危险或者冲突。

二、传统国际和平理论与多元主义和平观[3]

如前文所述,笔者认为,西方关于国际和平与安全的研究多是重叠的,至少安全研究是建立在和平研究基础上的,是对和平研究的深化和拓展。单独的和平理论研究自康德的"永久和平论"到20世纪初的民主和平论,到现在已经萎缩,更多的研究方法和理论被归并到安全研究

---

[1] Andrew Rigby, "Peace, Violence, Justice: Core Concepts", *Academia Bimestris*, Vol. 3, No. 3, 2004, p. 21.
[2] 王凡、卢静,《国际安全概论》,世界知识出版社,2010年,第16页。
[3] 本书使用巴里·布赞的多元主义和平观来分析印巴和平与安全问题的思路在一定程度上借鉴了刘红良在其博士论文《冷战后印巴安全关系研究》中使用区域安全复合体理论解释南亚地区安全的成果,在此表示感谢。

当中。理由是：第一，西方国际安全理论研究的起点基本都是战争与和平，研究对象基本都是战争与冲突，研究目的多是构建避免战争与冲突，实现永久和平与安全的指导理论。①第二，西方国际关系理论的名称本身就有和平的意思，比如权力均势论、霸权稳定论、相互依存论等。第三，理论的阐述中始终都有和平的字眼，基本都是与安全同时出现。第四，在和平与发展成为当今时代主题背景下，和平理论作为一个宏大的叙事，不能从深度、细度上很好地解释并指导解决复杂的国际和地区问题，而安全研究可以下沉。第五，现实实践中，学者在讨论和平和安全问题时，其实也都有意无意使用同样的理论做支撑。②因此，本书试图用巴里·布赞的多元主义安全观来分析印巴和平问题是合适的。

1. 西方传统国际和平理论三大流派

发展至今，西方传统国际和平理论大概可分为三个流派。

一是现实主义和平观，以汉斯·摩根索（Hans Morgenthau）、肯尼斯·沃尔兹（Kenneth Waltz）、罗伯特·吉尔平（Robert Gilpin）等学者为代表。尽管现实主义理论经历了从古典现实主义到新现实主义不断完善的过程，但其核心仍然考量的是权力与和平。汉斯·摩根索认为，在主权国家靠追求权力作为发展动力的国际社会里，维护和平与安全的一个重要手段是靠社会力量的自我约束机制，在国际舞台上的表现就是各主权国的权力斗争，即权力均衡。③新现实主义的核心要义是"结构选择"，即国际体系中物质权力分配决定着战争与和平等国家行为。该流派创立的均势和平论、霸权稳定论是现实主义和平学说的核心代表。

二是自由主义和平观，以诺尔曼·安吉尔（Norman Angell）、罗伯特·基欧汉（Robert Keohane）、约瑟夫·奈（Joseph Nye）、罗斯克兰斯（William Rosecrans）等学者为代表。该理论首先被使用在经济学领域，认为经济相互依赖使得战争成为非理性的手段，战争过时的一天终将到来。④基欧汉、约瑟夫·奈将其引入国际关系学领域，指出，随着行为体之间相互依存度的加深，实现国际和平与安全的手段不仅仅是权力和均势，而更多的靠经济和制度。该流派创立的相互依存和平论、

---

① 比如康德的《永久和平论》、汉斯·摩根索的《国家间政治：权力斗争与和平》、比特·沃伦斯泰恩的《结构与战争：论1820—1968年的国际关系》等
② 比如张深远的《西方国际政治中的和平学说评析》与刘胜湘的《西方国际安全理论主要流派述评》，其实都是以现实主义、自由主义、建构主义等主要国际关系理论为分析内容的。
③ Hans J. Morgenthau, *Politics among Nations: The Struggle for Power and Peace*, Alfred. A. Knopf, 1961, p. 23.
④ Robert O. Keohane & Joseph S. Nye, *Power and Interdependence*, Pearson Education Asia Limited and Peking University Press, 2004, p. 215.

复合相互依存和平论、国际制度和平论、三角和平论、共同体和平论等，是自由主义和平观的核心代表。

三是建构主义和平观，以尼古拉斯·奥勒夫（Nicholas Onuf）、亚历山大·温特（Alexander Wendt）为代表。该学说经历了温和建构主义和安全共同体和平论两个时期。建构主义理论强调规范、文化和认同，认为国家利益不是由权力界定，而是由认同或身份来界定的。[①] 国际体系文化建构国家的身份，国家身份建构国家利益，国家利益决定国家的行为。体系互动可以建构无政府文化，亚历山大·温特将其归纳为三种：霍布斯无政府文化——"所有人反对所有人"，洛克无政府文化——"生存和允许生存"，康德无政府文化——"一人为大家，大家为一人"。

不过，三种传统流派的和平安全理论无法完全解释日益复杂的国际与地区冲突。因为和平与安全的内涵不只是军事，研究主体不再是单一行为体——国家。因此，当前，国际和平安全理论研究强调多元主体、多元内涵、多元要素，随之，多元主义和平学说逐渐兴起。

2. 多元主义和平观

巴里·布赞是多元主义安全研究的集大成者，是西方国际关系理论研究中的大师级人物。他采用"多元主义"视角，将新现实主义、新自由主义等与"哥本哈根学派"、"英国学派"、社会建构主义等社会学方法相结合，并吸收了传统的历史主义和新兴的国际政治经济学方法，来分析和平与安全问题。[②] 其多元主义和平观的核心内容，是提出了新综合安全分析框架和区域安全复合体理论。

新综合安全分析框架的主要内涵是使用多层次、多领域、多元行为主体互动分析的方法来分析安全问题。巴里·布赞将安全视为权力与和平的中间地带，并提出了"宽泛的安全概念"，即：纵向上，他摆脱了"国家中心"本体论和客观主义认识论，引入层次分析，将安全的指代对象明确为"有限集体"，向下延伸到个人，向上延伸到整个国际体系，从而形成了一个完整的层次分析框架；横向上，他引入领域分析，揭示了安全可能受军事、政治、经济、社会和环境等不同类型的威胁，并强调，尽管五种安全领域确实有独特的逻辑，但它们实际上是不能被分开的。[③]

[①] 郭树勇，《建构主义与国际政治》，长征出版社，2001年，第17页。
[②] 2004年，布赞在新著《美国与诸大国》中公开声称他的观点本质上是一种理论多元主义。参见 Barry Buzan, *The United States and the Great Powers: World Politics in the Twenty-First Century*, Polity, 2004, pp. 8-9.
[③] 闫健，《巴里·布赞的安全理论解读》，载《当代世界与社会主义》，2009年第4期，第109页。

这大大拓展了安全研究的内容和范围。在此基础上，他认为，实现安全有两种选择，一个是建立在被威胁国家基础之上的国家安全战略，另外一个是有赖于国家间关系调整的国际安全战略。国家安全战略与国际安全战略的结合需要采用"多层级方法"。国家层面，从领土防御战略开始，制定一系列自助措施，旨在解决国家在政治、经济和军事等领域的脆弱性。国家集团之间的安全安排，包括防御共同体、军备控制协定、联盟、冲突解决程序、区域安全共同体等。全球层面，联合国这样的组织，可以提供讨论和谈判的论坛，可以提供能够产生国际法、冲突解决、国际检查、国际军备与信息服务等更成熟体系的机构。[1] 总之，新综合安全分析框架是巴里·布赞综合新现实主义、社会建构主义等多种观点，试图构建一种新型安全研究理论体系而采用的一种方法，在该分析方法的指导下，他创立了区域安全复合体理论。

区域安全复合体理论是融合物质主义与社会建构主义的分析方法，以整体安全观为起点，以综合安全分析框架为工具，来分析研究区域安全的理论体系，最适合分析多领域环境中的区域安全问题，主要内容包括六大方面。[2]

一是四大变量构成的基本结构。（1）边界。它依据地理接近性、友善—敌意关系、安全相互依存模式等，将"区域安全复合体"与其邻国进行了区分。（2）无政府结构。即"区域安全复合体"至少由两个以上的自主行为体组成。（3）极性。它由单元之间的权力分配构成，在全球和区域层面有不同类型大国来界定。（4）社会结构。它有赖于敌人、对手和朋友等不同角色由强制、利益及对合作信任内部化的程度。巴里·布赞强调，所有结构都是社会建构的，权力结构可以影响但不能决定安全关系的特征。[3]

二是四大变体组成的四个类型。（1）"中心区域安全复合体"。这是一种单极模式，有四种形式，即超级大国、大国、区域国家和制度一体化的区域等。（2）"标准区域安全复合体"。包括两个以上的国家，它的极性完全由区域大国来决定。因此，其内部安全关系主要是区域大

---

[1] Barry Buzan, *People, States and Fear*, University of North Carolina Press, 1983, p. 106, p. 218, p. 254.
[2] 此部分参考了郑先武2006年发表在《国际政治研究》第4期上的《安全研究：一种"多元主义"视角——巴里·布赞安全研究透析》一文及 Barry Buzan, "Regional Security Complex Theory in the Post-Cold War World", in Fredrik Söderbaum and Timothy M. Shaw, eds., *Theories of New Regionalism: A Palgrave Reader*, Palgrave Macmillan, 2003, p. 157.
[3] Barry Buzan and Ole Waever, *Regions and Powers: The Structure of International Security*, Cambridge University Press, 2003, pp. 49-50.

国之间的关系。它可以是单极也可以是多极。(3)"大国区域安全复合体"。其极性由内部两个或更多的世界大国来决定，是全球和区域两个层次合成的。(4)"超复合体"。指的是大国权力外溢到周边而形成的强有力的区域间层次。[1]

三是五大领域互动的安全议题。如前文所述，五大领域是指：经济、军事、政治、社会和环境。巴里·布赞认为，从其与地理接近性来考量，安全议题表现最为强烈的领域是军事、政治、社会、环境，而经济领域缺少连贯。[2]

四是四层互动的安全集合。(1)全球层次。主要指世界大国在该区域中的作用，即全球与区域安全结构之间的互动。(2)区域间层次。指该区域与相邻区域之间的安全互动。(3)区域层次。主要是国家间的关系。(4)国内层次。主要指区域内国家自身产生的代表国家强弱的能力。[3]

五是结构变化的"安全连续统一体"。其基本结构可以从"冲突形态"经由"安全机制"向"安全共同体"进行演变。这表明，其消极一端存在"冲突形式"，即其内部的相互依存产生于恐惧、竞争和对威胁的共同感知；在中间，存在不同形式的"安全机制"，即其内部的国家仍然把彼此看作潜在的威胁，但它们之间为消除安全困境作了再保证安排；其积极一端，存在"多元安全共同体"，即其内部的国家不期望在彼此的关系中使用武力。[4]

六是"1+4+区域"的国际安全新结构。巴里·布赞采用不同方法解析了不同国家与区域安全复合体结构变化的内在关系。在下撒哈拉非洲等"前现代国家"占主导的区域，因其弱国家特征，该区域安全结构总体上处于"冲突形态"；在中东、南亚等"现代国家"占主导的区域，因其拥有强大的政府和独立而自立的实体，其安全结构是"冲突形态"和"安全机制"二者的混合体；在西欧和北美等"后现代国家"占主导的区域，强国不再集中关注传统的军事安全，这些区域安全结构正从成熟的"安全机制"走向"安全共同体"乃至一体化的政治实体。这种变

---

[1] Barry Buzan and Ole Waever, *Regions and Powers: The Structure of International Security*, Cambridge University Press, 2003, pp. 55-62.
[2] Barry Buzan, "The Logic of Regional Security in the Post Cold War World", Palgrave Macmillan, pp. 1-25.
[3] Barry Buzan and Ole Waever, *Regions and Powers: The Structure of International Security*, Cambridge University Press, 2003, p. 72.
[4] Barry Buzan and Ole Waever, *Regions and Powers: The Structure of International Security*, Cambridge University Press, 2003, pp. 53-58.

动的格局开始形成一种"强烈的、区域构成的全球性世界秩序"和一种"1+4+区域"("1"代表美国,"4"代表欧盟、中国、日本和俄罗斯等国,"区域"表示上文提及的地区)的区域化国际安全新结构。[①]

"区域安全复合体理论"被称为"现存唯一的区域安全理论",既是巴里·布赞"多元主义安全观"的集中体现,也是其"新综合安全分析框架"的具体运用。

通过对和平、安全概念及传统国际和平理论及多元和平观的阐述,本书旨在说明,和平与安全是有区别的,印巴和平关系的存在并不说明印巴成功构建了安全关系框架。印巴自分治以来的双边关系伴随着战争、冲突和危机,但非武装暴力时间维持了71.5年。因此,历时地看,印巴关系史的主流是和平的。但鉴于印巴和平是建立在双方各要素不对称基础之上,建立在印巴争端没有实质解决基础之上,印巴始终无法走出安全困境,因此,印巴和平层次很低,也不是永久的,印巴无论从认知还是战略实践上,都是将对方视为潜在或者现实的威胁和敌人,双边始终没有实现双边安全。本书旨在对印巴和平问题进行梳理、分类及分析,在评价印巴和平成效的基础上,指出印巴低效和平的原因及实现高效和平的障碍,通过以多元主义和平观为指导,为印巴最终实现更高质量的和平也即实现安全提供一种可能的研究与实践范式。

第二节 印巴和平与印巴重大危机的概念界定

基于国际社会对和平与安全理论和概念的分析,本书首先将印巴和平概念界定为:印巴没有战争和重大危机的一种双边形态;将印巴重大危机概念界定为:导致双方重新考虑军事部署、调动军事力量、使用小规模常规武器的双边冲突。基于此,本书认为,印巴75年的关系史上发生过3次战争和8次重大危机,时间总计为3.5年,除此以外的71.5年间,双方虽然存在着矛盾和各种冲突,但没有演化为战争和重大危机,71.5年是非战状态,因此,印巴维持了71.5年非武装暴力关系,实现了71.5年的相对和平状态,尽管这种和平状态更多是一种形式上的,是低水平的。

印巴维持了71.5年的和平关系,但印巴双方并不认为自己是安全的,印巴双方也没有构建成安全关系。印巴和平多半是由于巴基斯坦单方妥

[①] Barry Buzan and Ole Waever, *Regions and Powers: The Structure of International Security*, Cambridge University Press, 2003, pp. 20–27, pp. 42–43.

协（或者印度古杰拉尔主义式的"慷慨大度"）实现的，但整个和平状态是由印巴双方共享的。在 75 年的和平关系史上，印巴双边特别是巴基斯坦一方从来都没有安全感，一方始终认为对方是自己的威胁。因此，印巴历史可以说是一部相对和平关系史。但这种和平充其量处于加尔通所说的"消极和平"的底部，因为对照加尔通对消极和平与积极和平的分析（见表 1-1），若将政治、军事、经济、文化四个维度的 36 项指标放到印巴双边和平进程中一一对应，印巴维系 70 年和平的手段和举措，都包括在了消极和平的 18 项指标当中，其中，12 项指标可以在印巴和平历史进程中找到具体的表现。政治层面表现最差，只有"地方分权"可以找到相应表现支撑（见表 1-2）。因此，印巴和平是非常消极的，印巴和平水平非常低效。印巴这部相对和平关系史绝不是一部安全关系史。

表 1-1　21 世纪的和平策略表

不同层面	消极和平	积极和平
政治的	1. 政府民主化 2. 普遍人权，但非西方化倡议权 3. 公民表决 4. 直接民主 5. 地方分权	1. 联合国民主化 2. 一国一票 3. 无大国否决权 4. 第二联合国大会直接选举（1 席/百万人） 5. 邦联
军事的	1. 自卫防御 2. 禁用武力 3. 非军事化防御	1. 维和部队 2. 非军事化技能 3. 国际和平旅
经济的	1. 自力更生 I 2. 内化外部效应 3. 利用自身要素 4. 也是本地的	1. 自力更生 II 2. 分享外部效应 3. 横向交流 4. 南南合作
文化的	1. 挑战 2. 一元论 3. 普遍性 4. 上帝选民的观念 5. 暴力和战争 6. 对话在强硬和温和两者间	1. 全球文明 2. 各处皆"中心" 3. 舒缓的时间 4. 整体的全球的与自然的伙伴 5. 关系平等，正义 6. 生活的改善

资料来源：约翰·加尔通，《和平论》，陈祖洲等译，南京出版社，2005 年，第 5 页。

表1-2 印巴消极和平的具体表现

消极和平策略	在印巴和平中的具体表现
地方分权	印巴相关纠纷中的分而治之案例
自卫防御	对来自对方多次武力挑衅的应对
禁用武力	印巴多次危机的武力克制
非军事化防御	除克什米尔停火线以外的印巴边境线部分区域
自力更生	印巴双边经贸长期经贸低迷
内化外部效应	被动应对对方挑衅后的对内政策
利用自身因素	被迫挖掘自身优势寻求第三方合作与支持
也是本地的	多个议题停滞不前后的自我循环
挑战	两大宗教文明的对立与冲突
一元论	都谋求南亚战略优势甚至是霸主
暴力和战争	两个民族理论之争
对话在强硬和温和两者间	对话式和全面对话式两种方式和谈努力

资料来源：作者自制。

第二章　印巴和平的国际视野

对印巴和平的国际观察，从全球和地区两个不同层面来看，表现出"冷热两重天"的状态。全球层面，鉴于第二次世界大战后全球有更多主题，同时印巴分治的"始作俑者"英国已经退出世界大国争霸，印巴关系相对处于世界议题的从属地位，南亚地区受关注程度不高，印巴和平相对世界议题而言主要处于非核心位置，是一种"冷"和平。比如，冷战时期，印巴和平问题始终淹没在美苏两极对抗之中。即使在印巴分治后的第一次印巴战争期间及其后的调解阶段，作为其"宗主"和"领主"的英国试图积极将印巴争端拉入联合国，拉入国际社会视野，但美苏刚刚开启冷战模式，都在积极扩大势力范围，英国也如"百足之虫，死而不僵"，也在积极带领英联邦试图发展成为美苏阵营之外的第三股力量[1]，印巴作为与英国有强关联的英联邦成员，战后初期，自然没有被美苏纳入两极格局视野。后冷战时期，虽然苏联不复存在，世界开始进入"一超多强"的格局，发展日益与和平一道成为国际两大主题，但印巴无论是国力和经济发展潜力，都不在这一行列。尽管如罗伯特·卡普兰所预言的那样，印度洋地区将成为"21世纪世界权力的中心"，21世纪以来，印度日益走向世界聚光灯下，但印度志在走出南亚，不想和巴基斯坦继续一起"玩"，不想限于与巴基斯坦无尽的纠缠之中，于是开始与巴基斯坦渐行渐远，这导致印巴和平"戏份"更少，苍凉无力，了无生机。

不过，从南亚地区层面来观察，印巴和平问题又是一种"热"的场面。既有3次印巴战争和8次重大危机的"热战"状态，又有印巴自我救赎的多轮和谈和南盟加持的"热闹"场面。比如，第一次印巴战争，印度、巴基斯坦和查谟－克什米尔两国三方军人就伤亡多达2.6万余人；

---

[1] 姚远梅，《困境与反应：英国与印巴克什米尔争端（1947—1948）》，上海三联书店，2013年，第7页。

第二次印巴战争，印度伤亡11479人，巴基斯坦战死1033人；[①]第三次印巴战争，印军伤亡1.13万人，巴基斯坦伤亡和被俘9万人。[②] 又如，1985年至2014年的18届南盟首脑峰会上，成员国几乎每次都呼吁印巴作为区内大国，应带头消除分歧增进合作，着手改善双边关系，为南盟真正一体化扫除主要障碍。此阶段，南盟本身也成了印巴积极开展对话的平台，特别是2004—2008年间，印巴也确有积极进展的全面对话，就是从2004年1月印度时任总理瓦杰帕伊赴伊斯兰堡参加第12届南盟首脑峰会期间与巴基斯坦时任总统穆沙拉夫达成的共识开始的。[③] 也因此，印巴和平问题研究的脉络与印巴不同观察视野呈现的"冷""热"不同状态有很大关联性。

第一节　印巴和平问题研究现状

如前文所述，印巴和平问题更多处于地区和双边视野，属于中低层级的国际热点，因此印巴当事国研究双方和平发展趋势的相对较多，而作为第三方的其他国际行为体研究印巴和平问题的相对较少。特别是"和平"与"安全"边界的模糊性与国际问题研究的动态性特点，更加导致冠以"和平"问题研究的更少，更多偏重于印巴关系全景式研究或印巴短波段的"安全"研究。

一、巴基斯坦关于印巴和平问题的研究

巴基斯坦国内学者对印巴问题的研究非常多，既有"面"的研究，也有"线"和"点"的评析，有部分内容涉及印巴和平的著作和文章。不过，专论印巴和平的著作和文献不是很多，特别是以印巴和平为主题的研究更少。原因可能有两点：一是大部分学者从现实主义角度出发，对印巴和平努力的成效及和平现状不满意，对印巴和平模式探索的前景不乐观，因此不愿倾注更多精力在毫无波澜看不到尽头的"长波段"和平研究上。二是印巴双方"热"战与"冷"和平长期并行的现实，导致学者们特别是当事国双方不愿或者不敢以和平这么醒目的标题进行研究，顾虑更多的是怕被

[①] 其中，第一次印巴战争期间，印度战死1135人，负伤3152人；巴基斯坦战死6000人，负伤14000人；查谟－克什米尔土邦军伤亡1990人。参见：胡烨，《复燃的冰川——印巴战争1965》，中国长安出版社，2019年，第3页和172页。
[②] 李梦一，《论第三次印巴战争及其影响》，载《湖南科技学院学报》，2006年，第27卷第4期，第120页。
[③] 不过2016年本应该在巴基斯坦举行的第19次南盟领导人峰会，因印度的抵制而停摆至今未能重启，不禁让人唏嘘，印巴全面对话真的有点儿"成也南盟，败也南盟"的悲壮成分。

扣上"离经叛道"或"不识时务"的帽子。但这并不代表印巴和平关系研究应该被弱化、淡化，反倒更加显示出印巴和平问题研究的紧迫性和必要性，更加凸显研究者为印巴逐梦和平咨政建言的责任担当，更加凸显印巴和平问题研究的理论和实践意义。巴基斯坦作为当事国，绝对是印巴和平问题研究的主要权威资料来源之一，尽管巴方立场特别明显。

巴基斯坦有关南亚地区及印巴关系研究的著名机构主要有巴基斯坦国际事务研究所（PIIA）、巴基斯坦政策研究所（IPS）、巴基斯坦和平研究所（PIPS）、巴基斯坦伊斯兰堡战略研究所（ISSI）、巴基斯坦地区研究所（IRS）、伊斯兰堡战略研究所（SSII）、伊斯兰堡政策研究所（IPRI）等，这些机构发表的大量研究为本书写作提供了丰富的研究资料。不过，这些研究机构就其独立性而言，明显可以分为第三方独立和浓厚官方背景两大类。其中，巴基斯坦国际问题研究所、巴基斯坦政策研究所及巴基斯坦和平研究所属于第一类，是巴基斯坦非营利的第三方独立学术研究机构。巴基斯坦国际问题研究所成立于1948年，其前身是1936年在德里成立的印度国际问题研究所，是巴基斯坦历史最悠久的国际问题研究智库，主要研究巴国内政治现状、外交政策与对外关系、恐怖主义和安全、中东问题、伊斯兰教、人权、性别与赋权、环境问题、国际热点等；巴基斯坦政策研究所成立于1979年，是巴基斯坦国内研究政策问题与伊斯兰经济文化的先驱，致力国际、地区和国际政策研究，为公众透视公共政策解读，为咨询方提供政策建议；巴基斯坦和平研究所则旨在通过研究分析和决策咨询为推进巴基斯坦国内及地区和平提供咨询服务。因此，该类机构发布的一系列研究资料及报告相对比较中立、客观。

而巴基斯坦伊斯兰堡战略研究所、巴基斯坦地区研究所、伊斯兰堡战略研究所、伊斯兰堡政策研究所则属于第二类，不同程度有巴基斯坦军方、政府或政党背景。比如，巴基斯坦伊斯兰堡战略研究所与巴基斯坦外交部关系非常密切，现任主席是巴基斯坦前驻美大使艾则兹·艾哈迈德·乔杜里（Aizaz Ahmad Chaudhry），理事会主席哈立德·马哈茂德（Khalid Mahmood）历任巴基斯坦前驻伊朗、伊拉克、中国、沙特阿拉伯和蒙古国大使。又如，伊斯兰堡政策研究所于1999年6月成立，直接设立在巴基斯坦政府国家安全局（NSD），理事会多数由外长、大使、将军组成，现任理事长是前巴基斯坦外交部长伊纳姆·哈克（Inamul

Haque）。① 这类研究机构，其实掌握了更多官方权威档案资料，并公开发表了系列研究成果，比如，1982年成立的巴基斯坦地区研究所藏有1942年至1947年政权转移文档（Documents on Transfer of Power 1942－47）、印度年鉴、政治家年鉴（Statesman's Year Books）、真纳系列文档（Jinnah Papers）、印度名人录（India Who's Who）等，出版的期刊《区域研究》（Regional Studies）、《区域文摘》（Selections From Regional Press）、《聚焦》（Focus）、《焦点》（Spotlight）均以南亚地区为主要研究对象，力图从地缘政治角度对区内重大问题提出深刻而独到的见解。又如，伊斯兰堡政策研究所着重研究与巴基斯坦国家利益相关的战略问题，特别是对南亚等区域问题和印巴克什米尔争端等国际热点着墨很多。这类机构的研究领域和陈述式信息非常权威，不过其研究观点和立场难免有倾向性，资料使用时需要甄别。②

巴基斯坦国内研究关涉印巴和平问题的著作较多。比如，阿卜杜拉·萨塔尔（Abdul Sattar）的《巴基斯坦外交政策：1947—2005》（Pakistan's Foreign Policy 1947－2005）虽题为巴基斯坦外交政策，但全文基本以巴基斯坦寻求生存及安全为核心，历时性地对印巴关系进行了全景式叙述，特别就印巴分治、印巴1965年战争、西姆拉协议、克什米尔问题、印巴争端与危机、卡吉尔冲突、阿格拉峰会以及新千年印巴关系进行了专章或者专节论述。穆萨·汗·贾拉勒扎伊（Musa Khan Jalalzai）的《巴基斯坦外交政策：克什米尔，阿富汗及国内安全威胁（1947—2004）》[The Foreign Policy of Pakisan: Kashmir, Afghanistan and Intrernal Security Threats (1947－2004)] 以双边关系为纲，分18章横向介绍了巴基斯坦与主要邻国间外交关系，其中专门论述印巴关系的就多达5章，分别着眼于印巴克什米尔冲突、印巴越境恐怖主义、穆沙拉夫的对印政策、印巴核安全等热点。尼鲁福尔·马赫迪（Niloufer Mahdi）的《巴基斯坦外交政策1971—1981：寻求安全》（Pakistan's Foreign Policy, 1971－1981 the Search for Security）介绍了巴基斯坦在10年里与阿富汗、印度、中国、美国、苏联以及伊斯兰国家间的关系，并最后指出巴基斯坦感受到来自印度对其生存的威胁，因此，巴基斯坦试图通过与国际及周边主要国家加强关系来抵消印度方面的威胁。由巴基斯坦国际事务研究所的茉荷茹妮莎·阿里（Mehrunnisa Ali）女士

---

① 上文提到的各机构负责人的职务统计时间为2019年，有些至今可能已有变化，但这不影响问题的说明。
② 该部分关于巴基斯坦智库的介绍主要参考了由四川大学南亚研究所课题组编写，时事出版社于2018年、2019年分别出版的《南亚智库研究》第一辑、第二辑中的内容。

主编的《巴基斯坦外交政策选读：1971—1998》（*Readings in Pakistan Foreign Policy 1971 - 1998*）论文集，论述了该时期巴基斯坦与各主要大国外交关系，其中当然包括了巴基斯坦与印度的关系。

巴基斯坦国内研究关涉印巴和平问题的文章非常多，不仅有主要媒体上的专题评论，更多的是上文提到的巴国内学术机构发表的专题文章。比如，里兹万·扎布（Rizwan Zeb）发表在《区域研究》杂志上的《印巴和平进程的推进者、破坏者和搅局者》（"The Makers, Breakers & Spoilers in India-Paksitan Peace Process"）一文认为，印巴60多年的打打谈谈，也使双方清楚了解到对方的战略预期和谈判目标，把争端摆在桌面上，公开化、透明化本来就是和平进程走向成功的重要一步。又如，巴基斯坦地区研究所每年编辑的《印巴和平进程及阿富汗局势》简报（双月刊），全面汇编了印巴和平进程的几乎全部最新情况，为本书写作提供了丰富的原始素材。还如，巴基斯坦和平研究所发布的《冲突与和平研究》（季刊）及《巴基斯坦安全年度报告》也有很多内容涉及印巴和平问题；伊斯兰堡战略研究所出版的《战略研究》杂志及各种报告也刊载了不少印巴关系方面的文章。

二、印度关于印巴和平问题的研究

与巴基斯坦国内研究情况相似，印度学者对印巴关系的研究很多，其中关涉印巴和平问题的内容占有很大分量。但总体讲，专论印巴和平问题的著作并不多。现状是：有的从宏观上对印巴战略问题进行研究，有的从印巴具体矛盾入手进行分析，有的散落到有关外交战略研究文献当中，成为其中一个重要章节。与巴方相比，印度学者对印巴关系，特别是印巴和平问题研究也有自己的特点：第一，印度研究力量更加庞大，研究机构以及研究人员数量更多；第二，印度学者的研究相对更加深入细致，微观深度研究和分析更多，影响传播也更大；第三，印度学者事实性的研究比较客观，但评价性观点多贬巴护印。

印度相关的研究机构主要有：观察家研究基金会（Observer Research Fund）、辩喜国际基金会（VIF）、印度基金会（India Foundation）、尼赫鲁大学南亚研究中心（Center for South Asia Studies, Jawaharlal Nehru University）、南亚分析集团（SAAG）、和平与冲突研究所（IPCS）、印度国防研究分析所（IDSA）、印度世界事务委员会（ICWA）、印度政策研究中心（ICPR）、印度三军协会（又被称为印度联合服务机构，USII）、印度德里政策团体（IDPC）等。这些机构的研究成果为本书写作提供了多种素材。不过，这些研究机构背景不同，研究倾向各异，出版刊物较多，需要甄别使用。

比如，成立于1990年的观察家研究基金会，是印度综合排名最杰出的印度智库，日常工作人员达160多人，一直侧重政策问题和外交事务研究，专设有邻国研究方向，对印度政府决策具有重要影响作用，已成为印度"二轨"外交的重要代表，著名的瑞辛纳对话（Raisina Dialogue）即是由其牵头，与印度外交部联合举办，影响巨大。再如，辩喜国际基金会是印度享有盛誉的知名智库，以印度著名哲学家辩喜命名，在国家安全与战略、国际关系与外交、经济问题等八个领域取得了丰硕的研究成果，但其与印度国民志愿服务团（RSS）和执政的印度人民党关系极为密切，一些观点认为，辩喜国际基金会服务于印度政坛的右翼势力，基金会由多名离任的军政高层担任研究员。又如，印度基金会与印度人民党和莫迪政府关系甚密，2014年莫迪主政后，印度基金会频频参与印度对重大国际事件的应对。2017年9月，印度基金会成员一同随从莫迪赴我国厦门参加金砖会议；莫迪2018年访问孟加拉国前，印度基金会组织两国多位部长参会，印度铁道部长普拉布（Suresh Prabhu）公开强调，自己"不是以联邦部长的身份，而是以印度基金会主任的身份站在这里"。[①]还如，印度高级文官P. R. 查利（P. R. Chari）和原印军少将班纳吉（Dipankar Banerjee）于1996年联合创立和平与冲突研究所，不隶属任何机构，特别关注印度国内安全，集中体现在对克什米尔问题和"纳萨尔运动"的研究，在对外政策方面则集中研究中印关系、印度同南亚其他国家的关系以及印度与东南亚国家的关系，专业性很强，对本书写作帮助非常大。再比如，印度三军协会及印度国防研究分析所更倾向于国防军事安全研究，更多关注印巴安全问题研究，印度国防研究分析所出版的《战略分析》（*Strategic Analysis*）属于此类。而印度世界事务委员会及印度政策研究中心更倾向于外交、政治、经济、社会、教育等综合研究，其发行的《印度季刊》（*India Quarterly*）、《外交报告》（*Foreign Affairs Reports*）属于此类。

印度方面分析印度外交与安全战略的大量著作基本都涉及了印巴和平问题。比如，乔廷德拉·纳特·迪克西特（Jyotindra Nath Dixit）编著的《跨越国界：印度外交政策五十年》（*Across Borders: Fifty years*

---

① 参见四川大学南亚研究所课题组2021年11月15日发布在"南亚评论"微信公众号上的对周惠芳、谢斐斐著的《印度智库研究——机制、影响与案例》的书评，登录时间：2021年11月24日。

of India's Foreign Policy）一书就对印巴 50 年的关系进行了梳理，并对印巴和平前景作了简单预判；I. K. 古杰拉尔（I. K. Gujral）的《延续与改变：印度的外交政策》（Continuity and Change: India's Foreign Policy）一书全面剖析了独立以来印度对巴关系的演变历程及原因；G. K. 巴布（G. K. Babu）的《印度外交政策：延续与变迁》（India's Foreign Policy: Continuity and Change）主要涉及后冷战时期的印度对巴关系研究；C. 拉贾·莫汉（C. Raja Mohan）的《印度外交政策的转型》（India's Foreign Policy Transformation）一书虽旨在呼吁印度跳出印巴、跳出南亚去追求大国地位，但仍然对印巴问题着墨不少。

专论印巴关系的著作也有，其中很大分量是关涉和平问题。比如，伊恩·塔尔博特（Ian Talbot）的《印度和巴基斯坦》（India and Pakistan）一书，分析了英印殖民统治时期和后殖民时期的印巴两国关系，介绍了在南亚次大陆当代史中的重大问题；罗伯特·维尔辛（Robert Wirsing）的《印度、巴基斯坦与克什米尔争议：地区冲突与解决》（India, Pakistan, and Kashmir Dispute: on Regional Conflict and Its Resolution）一书从克什米尔问题入手，阐述了印巴实现地区和平的途径；麦塔卜·阿里·沙巴（Mehtab Ali Shab）的《印巴关系的新进展》（New Thaw in Indo-Par Relations）阐述了冷战结束后印度和巴基斯坦两国关系发展的历程，并着重分析了两国之间缓和关系的举措以及和平进程的动因和障碍；卡尔·因德弗斯（Karl F. Inderfurth）和 S. 阿米尔·拉蒂夫（S. Amer Latif）的《印度与巴基斯坦：实际进展与收益》（India and Pakistan: Practical Steps, Transformational Benefits）分析了印巴两国关系发展的历史，指出印巴两国关系在新世纪的新特征，认为经贸关系的提升对两国关系发展有着重大影响；桑托克·辛格（Santokh Singh）的《第三任军人总统统治下的巴基斯坦》（Pakistan Under Third Military President）一书，从印方的角度介绍了齐亚－哈克（Zia-ul-Haq）执政时期的外交，当然涉及对印外交战略；阿米特巴·马托（Amitabh Matto）等编辑出版的《印巴关系：前方的路》（India & Pakistan: Pathways Ahead）论文集，收录了分别来自印度、巴基斯坦和法国的大学、研究机构、媒体、军方、政府机构等不同部门 21 位作者的文章，对印巴关系实现和平的急迫性、必要性和可能性进行了探讨。

印度方面研究印巴和平关系的文章较多。时任印度外秘的迪克西特于 1995 年在《国际研究》（International Studies）上发表《巴基斯坦的印度政策：国内政治因素的作用》（"Pakistan's India Policies:

Role of Domestic Political Factors"）一文，从印度的角度分析了巴基斯坦国内政治政党因素对印政策的影响。但是，研究印巴关系的文章更多来自媒体观点和学术机构出版物。印度几大主要媒体，比如《印度时报》（*Indian Times*）、《印度教教徒报》（*The Hindu*）、《印度斯坦时报》（*Hindustan Times*）、《印度快报》（*Indian Express*）都发表过大量的社论以及学者专栏文章，不过，这类文章的"印度中心论"倾向性比较明显，其事实性论述的借鉴价值较大，但其观点的倾向性值得甄别。比如，印度著名评论员在《印度时报》发表的《耍花样》（"Out of Trun"）一文形象地指出，印度的对巴政策，长期以来带着如一个受虐妻子般强烈的紧张情绪和对婚姻宿命般的承诺，极度的感性，试图用"绥靖"来代替"正义"以实现所谓的更高目标。相对来说，更加学术、更加权威、更加专业的研究文章多来自上文提到的众多研究机构。比如，印度和平与冲突研究所发表罗曼娜·胡基尔（Roomana Hukil）的《印巴争端会否持续百年？》（"Will the India-Pakistan Dispute Last for Hundred Years?"）一文认为，印巴最坏的两个结局：一是巴基斯坦遭到灭顶之灾，对印度产生溢出效应。二是印巴暴力冲突最终导致核战。除此以外，印巴关系正常化是最可喜的结果，但印巴关系正常化的过程需要高度的理性。苏巴什·卡皮拉（Subhash Kapila）发表在南亚研究集团网站上的《印度的对巴政策：充满瑕疵》（"India's Pakistan Policy: A Saga of Flawed Approaches"）一文认为，自从1947印巴分治以来，印度的对巴政策就充满瑕疵，印度最高决策者以及顾问团队从没有真正读懂巴基斯坦政治生态，对巴采取的绥靖政策不会收到任何效果。

三、其他国家关于印巴和平问题的研究

由于南亚地区的特殊性以及印巴关系的不稳定性，国际社会比较关注印巴关系的发展，特别是全球第一大国美国、地区利益攸关国中国等更是给予其更多的关注。除此以外，其他有较强历史渊源的英国、加拿大也有不少相应的研究。不过，专论印巴和平问题的成果同样很少。

1. 美国方面

美国对印巴关系的研究较多，出现了三次高潮。第一次是从20世纪50年代开始，在巴基斯坦1954年签署《美巴共同防御协定》、1955年先后加入《东南亚条约组织》（SEATO）和《中央条约组织》（CENTO）之后，巴基斯坦成美国在亚洲地位超过韩国、南越，仅次于日本的重要

盟友，美国对南亚地区特别是对印巴两国的关注度急剧上升。第二次是20世纪90年代，虽然冷战结束，但印巴核竞赛引起美国高度关注，特别是1998年印巴双双实现核试爆，迈入事实上的有核国家，美国的关注点集中在制裁和引导两个方面。第三次是从新千年美国发动全球反恐战争开始到2021年美国撤军阿富汗，巴基斯坦被绑上美国战车20年，美国扬巴稳印，对印巴两国合作特别是安全合作给予了特别投入。总体上，美国对印巴问题的研究有四个特点：一是研究机构众多，既有大量高校，也有很多官方半官方智库。二是研究资料和成果非常丰富，既有学者纯学术性研究，也有智库应用性研究。三是研究观点多元化，既有中立性的，也有偏向性的，既有"美国中心论"的，也有为印度或巴基斯坦开脱的（美国生活着不少印巴裔学者）。四是研究成果影响较大，美国学者在相关场合的曝光率高，美方观点被引用率高，对其他国家学者研究的影响大。

  美国关注南亚、关注印巴关系的原因有五点：第一，美国作为全球第一大国，国家利益遍布世界各地，认为其国际关系研究必须放眼全球各地，以服务美国全球战略。第二，印巴战略地位独特，美国对印巴多有倚重。巴基斯坦是唯一拥有核武器的伊斯兰国家，又是反恐前线国家，对全球反恐有重要的作用；印度是紧邻中国的金砖国家，更是印度洋上的大国，是美国所谓"印太战略"[①]的重要拼图，战略支点作用重大。第三，印巴持续争端导致南亚成为世界不稳定因素的重要源地，美国不论从道义还是从维护霸权地位来考虑，都有关注印巴、维护地区稳定的必要。第四，美国自认为有大量印巴移民，特别是智力移民，这部分南亚裔群体对母国的关注度很高，其对美国战略研究和外交选择的影响力越来越大。第五，第三方因素导致美国产生尽力争取印巴的紧迫感，从而加剧了美国力量投放南亚的力度。比如中国的崛起以及周边外交战略的大调

[①] "印太战略"构想是由美国前总统特朗普在2017年11月视察日本横田军事基地时首次提出，这是美国奥巴马重返亚太的"亚太再平衡战略"的延续，也是美国官方首次用"印太战略"代替"亚太战略"的构想。在美国构想里，印太包括整个印度洋、太平洋及其沿岸国家，是对其亚太战略、岛链战略的补充和扩展，其真实目的是通过在东北、东、东南、南、西南方向扶持友美势力，对我国进行骚扰和围困，从而起到延缓甚至严重影响我国发展的战略意图。2018年2月，美国政府批准了《美国在印太地区的战略框架》。2021年1月12日，美国白宫网站公布本应在2043年才解密的《美国在印太地区的战略框架》文本，其中包含"保卫台湾""帮助印度崛起来制衡中国""维持美国在印太地区的主导地位"等内容。我国外交部发言人赵立坚13日随即表示，这份文件的内容恰恰暴露了美国借"印太战略"遏制打压中国、破坏地区和平稳定的险恶用心，这实质上是一份"维霸战略"。

整,伊朗地区战略调整以及中亚、西亚形势的变化等。①

美国关注南亚、研究印巴关系的机构主要有:哈佛大学(Harvard University)、耶鲁大学(Yale University)、斯坦福大学(Stanford University)、普林斯顿大学(Princeton University)、哥伦比亚大学(Columbia University)、密歇根大学(University of Michigan)、加利福尼亚大学伯克莱分校(University of California, Berkeley)、杜克大学(Duke University)、加利福尼亚大学洛杉矶分校(University of California, Los Angeles)、芝加哥大学(University of Chicago)、肯尼迪政治学院(Kennedy Political School);史汀生研究中心(Hery L. Stimson Institute)、布鲁金斯学会(The Brookings Institution)、美国传统基金会(The Heritage Foundation)、福特基金会(Ford Foundation)、卡内基国际和平研究会(Carnegie Endowment for International Peace)、美国企业学会(The America Enterprise)、兰德公司(The Rand Corperation)、皮尤公司(Pew Corperation)等。

美国相关研究成果丰富,有关印巴关系的著作和文章很多,比如:2006年由美国外交官丹尼斯·库克斯(Dennis Kux)编著、美国和平研究所出版的《印巴谈判:历史的重演?》(*India-Pakistan Negotiations: Is Past Still Prologue?*)一书,对印巴独立以来的和平谈判进行了专门叙述,并将印巴谈判类型进行了分类,对本书写作启发很大。苏米特·甘古力(Sumit Ganguly)的《无休止的冲突:1947年以来的印巴紧张关系》(*Conflict Unending: India-Pakistan Tensions Since 1947*)从印巴两国紧张关系与冲突入手,全面阐述了50多年的印巴关系,其中大量涉及了印巴危机处理以及试图维护和平的努力,并探讨了印巴实现和平的可能性;他的另一部力作,《印度外交关系:回溯与展望》(*India's Foreign Policy: Retrospect and Prospect*),以印度为轴,花大量笔墨探讨了印巴关系的历史,并对和平前景进行了展望。罗伯特·G. 沃斯(Robert G. Wirsing)的《印度、巴基斯坦和克什米尔争端:边界冲突及其解决》(*India, Pakistan, and the Kashmir Dispute: On Regional Conflict and Its Resolution*)全面介绍了印巴之间存在的问题及当前印巴冲突的发展情况,

---

① 比如,美国拉拢印度加入美、日、澳、印四边安全对话机制(Quadrilateal Security Dialogue),并于2021年3月、9月以及2022年5月举行了3次领导人峰会(第一次线上,第二次线下、第三次线下),三次峰会,中国议题分量很重,美国通过各种方式拉拢印度,试图将"四国机制"打造成以美国为首、盟友+伙伴共同参与的新型联盟集团,以围堵中国出海、压制中国地区影响力。

对整个南亚的政治情况尤其是中国对冲突者的影响以及美国所发挥和能够发挥的作用进行了分析,并针对如何打破僵局提出了自己的建议。V.P.杜特(V.P.Dutt)的《变化世界中的印度外交政策》(*India's Foreign Policy in a Changing World*)指出,印度应当随着后冷战时期世界格局的变迁,采取更务实的外交政策,特别是要调整对巴政策,才能跳出南亚,提升印度在国际舞台上的地位。萨布吉特•卓哈尔(Sarbjit Johal)的《印巴关系中的冲突与一体化》(*Conflict and Integration in Indo-Pakistan Relations*)一书,选取印巴这两个冲突不断的发展中国家做案例来研究一体化理论,最后得出,印度有一定的能力作为地区大国来推动地区一体化进程,但是印巴都没有表现出积极的意愿,承担应有的责任,印巴冲突仍在继续。印巴推进一体化的前提是解决主要争端、实现南亚和平。

美国学者发表了很多涉及印巴关系的文章,内容详实,观点多元,后文中将会有所涉及,在此不做赘述。

2. 中国方面

鉴于中国与南亚特别是与印度、巴基斯坦的关系,国内对南亚地区发展关切逐渐增多,特别是对印巴关系的关注度更高。不过,专论印巴和平关系的著作和文章还是很少,特别是对印巴数十年的和平进程作历时性的研究还没有。当前,国内就印巴研究的现状可以概括为四点:第一,南亚整体研究著作多,专论印巴著作少。第二,学术论文多于学术著作。第三,没有专论印巴和平问题的著作。第四,关于21世纪以来的印巴和平问题研究的文章在增多。

国内南亚研究机构主要有:中国社会科学院亚太与全球战略研究院、中国国际问题研究院亚太研究所、中国现代国际关系研究院南亚东南亚及太平洋研究所、四川大学国际关系学院、四川大学南亚研究所、北京大学国际关系学院、复旦大学国际问题研究院、上海国际问题研究院、国防科技大学国际关系学院、云南社科院南亚研究所、云南大学国际关系学院、清华大学巴基斯坦研究中心、复旦大学巴基斯坦研究中心、四川大学巴基斯坦研究中心、北京大学巴基斯坦研究中心、深圳大学印度研究中心、西华师范大学巴基斯坦研究中心等。国内有关南亚及印巴关系的研究绝大多数出自这些机构研究人员之手。

国内关于南亚地区研究的著作中,史学著作对印巴问题涉及的较少,比如,金永丽等主编的《新世界史:新时代的南亚史研究》(社会科学文献出版社,2020年)一书,从历史的视角,重点关注南亚的政治、经济、社会、文化等议题,展示了南亚研究的最新成果,但更多是分论式,也即没有专篇论述印巴问题的内容,有关巴基斯坦的内容,仅收录了巴基斯坦学者穆罕默德·塔亚布·苏海尔(Muhammad Tayyab Sohail)的《巴基斯坦的水资源管理》一文。

但国内关于南亚地区研究的国际关系学类著作,较多涉及印巴问题的研究。比如,管银凤所著的《南亚问题研究》(时事出版社,2018年)一书,以第二次世界大战后国际格局大变动为背景,以丰富的资料、独特的视角向读者展示南亚印、巴两个国家及与其利益攸关的美、俄等国家在一定时期外交政策的发展变化状况,对印巴和平问题涉及不少。杨焰婵所著的《南亚地缘政治历史演变研究》(中国社会科学出版社,2017年)一书共五章,用了两章四节篇幅对印巴以及印巴分别与南亚地缘政治的关系进行了研究。吴永年所著的《南亚问题面面观》(时事出版社,2015年)一书,以散文、杂记、评论、论文等各种方式,从各个角度去发现、剖析、研究印度与南亚国家,其中印度与巴基斯坦的关系占了大量篇幅。孙士海、江亦丽主编的《二战后南亚国家对外关系研究》(方志出版社,2007年)一书,论述印度与巴基斯坦的关系篇幅占印度与南亚国家关系的48.5%,作者分四小节历时性地描述了印巴关系。赵伯乐主编的《当代南亚国际关系》(中国社会科学出版社,2003年),以一章半三小节的篇幅侧重论述印巴争端、战争及发展趋势。胡志勇所著的《冷战时期南亚国际关系》(新华出版社,2009年)一书在第七章以一节的篇幅论述了冷战时期印度与巴基斯坦的关系。陈继东主编的《当代印度对外关系研究》(巴蜀书社,2005年)一书,第四章全面论述了印度与巴基斯坦的关系。

国内以印巴为主题的专著不多,还没有以印巴和平为研究主题的论著。相关的论著主要有胡烨所著的《复燃的冰川——印巴战争1965》(中国长安出版社,2019年),聚焦印巴双方因为克什米尔地区的归属问题而酿成的第二次战争,详细解读第二次印巴战争的前因后果、来龙去脉,生动再现这场影响深远的旷世之战。陈继东所著的《巴基斯坦对外关系研究》(巴蜀书社,2017年)一书,用第三章一章四节的篇幅专论了印巴关系,在第一、第二章总论巴基斯坦对外关系时部分涉及印巴关系。兰江等所著的《"911"事件后的美印巴关系研究》(四川大学出版社,2015年)一书,以美国为轴心,主要研究2001年以来的"911"事件发生以后美国与印度及巴基斯坦的安全关系,其中,第三章的第一节历时性地阐述了1947年以来印度与巴基斯坦的外交关系,但未专论印巴和平问题。另外,吕昭义主编的《中印边界问题、印巴领土纠纷研究》(人民出版社，2013年)、姚远梅著的《困境与反应：英国与印巴克什米尔争端1947—1948》(上海三联书店，2013年)、陈继东主编的《印巴关系研究》(巴蜀书社，2010年)、曾祥裕著的《巴基斯坦对外政策研究：1980—1992》(巴蜀书社，2010年)、程瑞声著的《南亚的热点：克什米尔》(国际文化出版公司，2007年)、谌焕义著的《英国工党与印巴分治》(社会科学文献出版社，2004年)、陈延琪著的《印巴分立：克什米尔冲突的滥觞》(新疆人民出版社，2003年)、赵德喜著的《印巴对抗何时休》(中原农民出版社，2000年)、王联主编的《南亚上空的蘑菇云：印巴核试验前前后后》(新华出版社，2000年)、李志民著的《中国核科技报告：印巴核武器系统能力分析》(原子能出版社，1999年)、田源著的《印巴核爆冲击波》(昆仑出版社，1998年)、肖敬民著的《南亚核风云——印巴核试验扫描》(长虹出版公司，1998年)、周广健等著的《南亚风云——印巴三次战争始末》(世界知识出版社，1997年)等著作，涉及了印巴和平的内容。可以看出，国内学者多是就印巴有关克什米尔问题、印巴三次战争、印巴核问题、印巴领土纠纷等专题进行研究，没有对印巴关系进行系统全面的阐述，更没有突出印巴和平状况的主题。不过，陈继东主编的《印巴关系研究》对印巴独立以来60多年的双边关系进行了梳理，对印巴纠纷、冲突甚至战争进行了总结，并对印巴试图维护和平的谈判进行了分析；刘红亮所著的《冷战后印巴安全关系研究》(社会科学出版社，2017年)一书，聚焦于冷战后印度、巴基斯坦两国在安全领域的互动，集中阐释了印度与巴基斯坦的国家战略及安全上的不可分割性，虽然未区分"安全"与"和平"概念，研究重点不同，但实际上涉及了印巴和平问题研究的大部分元素，这两本著作对本书研究启示较大。

国内学术论文多是对印巴在某一冲突后的和平努力进行研究，而对印巴和平问题的全面研究和全景式概括非常少，即都是"点"的研究，"线"的研究很少，没有"面"的研究，且还很少直接以印巴和平问题为题。胡高辰等的《核均势视角下的印巴常规冲突研究》(《南亚研究》，2021年第1期)一文，聚焦1998年印巴拥核后印巴常规冲突案例，分析了印巴两个实际拥有核武器国家之间为什么时常爆发常规冲突的原因，认为印巴两国各自使用核武器的"红线"框定出了核"红区"，致使领土争端等问题的冲突烈度和强度在核"红区"内。同时也指出了严重对抗的安全竞争态势难以对突发危机实现理性且有效的管控，南亚地区爆发冲突甚至升级为核冲突的可能性仍存在。吴孟克的《"极限施压"

对阵"战争边缘"——莫迪执政以来的印巴关系》(《中国国际战略评论2019(下)》)一文,梳理了莫迪2014上台以来至2019年之间的对巴政策,认为2014年开始,印度对巴政策逐渐走出"徘徊期",逐渐转入"极限施压"轨道,2019年2月的普尔瓦马危机和8月废除宪法第370条、取消印控克什米尔地区自治地位的举动,直接导致印巴濒临"战争边缘",至今印巴关系仍处低谷。刘红良的《试析莫迪执政以来的印巴关系与"单边解耦"》(《南亚研究》,2018年第2期)一文,梳理了2014年以来印巴关系,认为印巴关系的发展不符合公众预期,陷入合作与对峙的反复循环,莫迪政府对巴外交的强硬及单向性逐渐暴露,在对巴政策的推行上"单边解耦"的特征较为明显。另外,陈继东的《印巴关系:难解之结》(《南亚研究》,2002年第1期)、宋德星的《印巴国家理念的对立与外交战略冲突》(《世界经济与政治论坛》,2001年第3期)、刘艺的《印巴关系缓和:原因与趋势》(《当代亚太》,2004年第3期)、陈继东的《印巴关系发展态势述评》(《南亚研究季刊》,2007年第3期),都是以印巴历史积怨或者印巴纠纷为出发点进行研究,并没有从整体上就75年来印巴和平方式及和平模式进行探讨分析。

21世纪以来,印巴双方建立了"全面对话"机制,试图开启印巴和平新进程。因此,国内出现了以"新世纪印巴和平进程研究"为主题的话题,但还没有强关联的著作,学术类文章也少,多是新闻讯息。比如,以CNKI数据库为例,截至2022年8月21日,以"印巴和平"为篇名关键词搜索,仅有29篇文章,包括周绍雪的《新时期印巴和平进程的演进与前景》、李群英的《印巴和平对话进程中的美国因素》、荣鹰的《印巴和平进程演变及前景》、程瑞声的《关于印巴和平进程的思考》、陈小萍的《印巴恢复和平进程:动因与制约》、周戎的《印巴和平进程柳暗花明》《穆沙拉夫时期待加开印巴和平进程》、阮宗泽的《和平的悬念——反恐战争阴影下的印巴关系透视》、钱峰的《印巴总理表示继续和平进程》、胡仕胜的《印巴:和平的福音何时降临》等。其中,只有5篇发表在学术期刊上,属于真正意义上的学术文章,其他24篇都是发表在《人民日报》《光明日报》《当代世界》《瞭望新闻周刊》《新华每日电讯》《世界知识》等报纸杂志上,更多算是新闻讯息。同样,以"印巴对话"为篇名关键词的,只有16篇文章,如李群英的《印巴和平对话进程中的美国因素》、吴兆礼的《印巴全面对话:进程、成果与未来走向》、胡志勇的《美国与印巴战略对话比较分析》、范名兴的《印巴全面对话任重道远》、周戎的《美国与印巴战略对话成效几何》《印巴恢复对话引人关注》、任彦的《印巴对话喜忧参半》、朱旌的《印巴板球外交 重启对话在门》、陈一鸣的《印巴：从对抗到对话》《印巴对话步伐暂缓》、江亚平的《印巴和平对话：能坐下来谈就是进步》、荣守俊的《印巴重启对话》、舒嘉颖的《"我们将书写历史"——印巴首脑2月就克什米尔问题展开全面对话》、覃里雯的《印巴对话随时可以开始》、张静宇的《印宣布印巴对话新举措》、魏莱的《印巴首脑对话了》等。其中只有4篇文章发表在学术期刊上，其他12篇文章发表在《人民日报》《光明日报》《当代世界》《环球军事》等不同报纸杂志上，同样属于新闻讯息范畴。从内容上来看，这些文章从印巴和谈入手，对印巴追求和平的努力进行了简单涉及，但仅止步于此，没有更进一步对印巴和谈的方式及印巴和平模式进行深入的总结和归纳，着眼范围仍是21世纪以来的二十几年光阴，没有拓展到75年的历史长度去研究。

学位论文方面，国内专论印巴关系的博士学位论文极少，以印巴和平问题研究为题的博士论文至今还没有，诸如《国体·政体·认同——巴基斯坦国家构建进程研究（1947—1988）》（2020年）、《印度莫迪政府大周边外交政策研究》（2017年）、《领土争端对国家间安全与合作的影响：中印关系与印巴关系比较研究（1991—2013）》（2015年）、《领土争端对国家间安全与合作的影响：中印关系与印巴关系比较研究（1991—2013）》（2015年）、《后冷战时期的印度周边外交》（2014年）、《冷战时期印美关系研究》（2013年）、《冷战后时期印巴安全关系研究》（2013年）《中国对印度与巴基斯坦的外交政策》（2010年）、《美国对巴基斯坦政策研究（1941—1957）》（2009年）、《地缘政治与1947—1974年的克什米尔冲突》（2008年）、《印度的核战略》（2007年）、《冷战后时期印度的外交与战略安全》（2006年）等，虽涉及一些印巴关系的内容，但都是从印巴与其他国家关系或者从印巴国内战略入手进行研究的，仍然缺少对印巴和谈方式及印巴和平模式的研究。

硕士学位论文方面，仅有张超哲的《新世纪印巴和平进程研究》（2011年）一文，以印巴和平为题进行了研究，但时间跨度限定在21世纪以来的11年，且研究深度还不够。除此以外，没有以印巴和平为题的其他硕士学位论文研究。相关论文有《特朗普政府的南亚政策对中印巴三角关系的影响研究》（2021年）、《莫迪政府执政以来的印巴关系探析》（2019年）、《冷战后印度与巴基斯坦的关系及前景分析》（2015年）、《印巴、印孟水资源争端的比较研究》（2014年）、《冷战后印度南亚外交战略的转变与发展》（2010年）、《冷战后的印巴冲突与大国关系》

（2008年）、《安全两难与冷战后的印巴关系》（2008）、《印度与巴基斯坦关系的新进展及前景解析》（2006年）、《第二次印巴战争对印巴美三角关系的影响》（2004年）、《论冷战后印度对外战略的调整》（2000年）等，但都不是专题研究印巴和平问题，且都有明确的时段选择和内容限定，对印巴和平问题要素的关涉比较少。

3. 其他国家

除了美国、中国，其他国家如英国、瑞典、加拿大等也有不少印巴问题研究机构和学者。知名研究机构有伦敦国际问题研究所（International Institute for Strategic Studies）、斯德哥尔摩国际和平研究中心（Stockholm International Peace Research Institute, SIPRI）、加拿大国际事务研究所（Canadian Institute of International Affairs）等。这些国家的学者也出版和发表了一些研究著作及文章，比如，2006年由加拿大学者T. V. 保罗（T. V. Paul）整理出版的论文集《印巴冲突：持久的敌人》（*The India-Pakistan Conflict: An Enduring Rivalry*），收录了十几位美国、加拿大学者撰写的11篇文章，作者们从不同角度对印巴冲突进行研究分析，对印巴和平谈判以及印巴和平前景进行了探讨；1996年，加拿大前驻巴基斯坦高专路易斯·德尔瓦（Louis Delvoie）在加拿大国际事务研究所主办《国际杂志》（*International Journal*）上发表的《巴基斯坦外交政策的伊斯兰化》（"The Islamization of Pakistan's Foreign Policy"）一文，分析了伊斯兰因素对巴基斯坦外交政策的影响，其中涉及了巴基斯坦的对印度政策。

不过，就当前资料所及，没有找到这些国家以印巴历史为轴，专论印巴和平问题的研究成果，相关的文章仍然限定在短波段的事件性分析上。

第二节　国际格局中的印巴和平

印巴问题虽然从1947年印巴分治缘起，但在分治前，其实英印的两大政党——国大党和穆斯林联盟也有过和平的努力。由于各种原因综合作用，印巴分治在所难免。从印巴分治过程来看，尽管分治的实践是血淋淋的，但印巴分治的宪政过程其实是一种相对和平的模式，即穆斯林联盟、印度国民大会党、英印政府三方在相互协调妥协中基本通过和平方式达成了印巴分治、分别加入英帝国自治领的政治协定。即使之后的1950年和1956年，印度和巴基斯坦分别退出英帝国自治领，宣布成立共和国，也都是以和平的方式实现的。在分治之后的75年间，印巴大致维持了71.5年的和平状态，在国际关系史上，对两个积怨很深、存在大量实质性冲突的两个邻国来说，95.3%的相处时间里能够维持非战非冲突状态，也是历史罕见的，尽管这种和平水平很低。这种和平状态，放在国际和地区视角上来看待，分别呈现出"冷"和平和"热"和平两种形态。

一、印巴分治

1947年6月3日，蒙巴顿在全印广播电台发表讲话，《蒙巴顿方案》（Mountbatten Plan）正式公布于众，这就是有名的《1947年6月3日声明》，也称《印巴分治方案》。其主要内容是：英国将英印政权移交给其自治领。若穆斯林聚集地区的代表希望单独建国，就可以建立一个单独的自治领。在实施分治前，各有关省需要就归属问题进行投票表决。[①]在该方案的推动下，7月18日，《印度独立法案》获得英王批准而成为法令，按照独立法案，巴印分别于8月14日和15日获得独立，成为英帝国的两个自治领，同时也开启了事实上的印巴分治。

（一）分治前后各方为和平实现印度独立或印巴分治的努力

国际社会对印巴分治的研究越来越多，尽管对分治原因和观点有异，但对分治前英国政府、印度国大党和穆斯林联盟之间的互动关系的史料解密和梳理是比较客观的。从中可以看出，分治前后，三方其实对和平实现印度独立或印巴分治都做出了努力，只是努力的方向并不一样。英国政府努力让印度保持统一并在英联邦体系内独立，试图把英联邦构建成美苏阵营之外的第三股世界力量。[②]而印度国大党力争实现全印度独立，但在发现自身已经无法代表全印人民主张之后，逐渐倾向于接受分治原则。穆斯林联盟成立之初并未追求分治，更多希望与国大党合作为全印穆斯林争取更多权益，但随后的政治实践中，由于国大党的傲慢、英印政府长期"分而治之"的诱导以及自身政治目标的膨胀，穆斯林联盟开始全力争取印巴按照"两个民族"理论实现分治。

---

① Text of Broadcast by Mountbatten on 3 June 1947, TP, XI, pp. 86-88.
② Nicholas Mansergh, *Survey of British Commonwealth Affairs: Problems of Wartime Cooperation and Post-War Change 1939 — 1952*, London: Oxford University Press, 1958, pp. 181-188. 转引自姚远梅的《困境与反应：英国与印巴克什米尔争端（1947—1948）》，上海三联书店，2013年，第8页。

1. 英国方面

更多档案史料显示，英国政府在印度长期实行的"分而治之"政策更多是从维护殖民统治的角度考虑的，并不是主观上有分裂印度的图谋。其实从1942年，随着英帝国殖民地纷纷取得独立，其围绕解决印度问题，先后出台了"克利普斯方案""内阁使团方案""蒙巴顿方案"，核心内容都体现了英国试图通过和平手段来实现印度在英联邦体系内独立的努力。从英国工党一贯政策来看，其也一贯主张印度统一，尽快给印度以自治和独立。[①] 理查德·艾德礼（Richard Attlee）政府上台后，非常关心印度问题，决心加快进度通过和平方式给予印度自治。其实从当时英国的长远利益和战略需要考虑，统一而强大的南亚比分裂而弱小的南亚更符合英国的最大利益。

艾德礼本人是一个极富同情心的人，对印度问题有着很深的渊源。克里普斯也因对印度持同情态度而一直被视为印度的老朋友。1942年初，克里普斯作为掌玺大臣进入英国战时内阁，随即被派往印度，与印度各主要政党派别领导人就印度未来走向进行协商。在他的牵头组织下，很快公布了《与印度领袖会商之草拟宣言》，即被后世称为《克里普斯方案》。该方案的核心内容有3点：一是印度境内各种势力停止敌对后，立即着手成立经选举产生的某个机构，制定宪法。二是若有地区不准备接受新宪法，该地区有权保持现有宪法地位。三是英国政府同意为这些不加入印度联邦的地区制定新宪法，给予其与印度联邦同等的地位。[②]《克里普斯方案》发布后，从克里普斯和国大党领导人的说辞来看，其都承认该方案的核心点就是英国政府希望看到一个自由而统一的印度，印度人民应该享有充分自治，以什么形式管理自己应由印度人民决定。1945年，艾德礼代表工党组阁后，强调要加快印度宪政改革的进程。他宣布，英国政府将按照1942年《克利普斯方案》的精髓和意图行事。首先是尽快在印度实行代议制民主制，采取一切可能的措施在印度举行自由和公正的选举。在选举之后，采取积极主动的步骤，设立一个由印度人选举的代表组成的制宪会议，以制定新的印度宪法。担心制宪会议进程受阻，他还特别呼吁印度人民要像在反法西斯斗争中那样以团结与求同存异的精神来实现这一目标。在此基础上，1946年3月，艾德礼政府派遣由内阁印度事务大臣劳伦斯、内阁贸易委员会主席克利普斯、第一海军大臣亚历山大组成的内阁使团赴印度继续调解，最后通过了著名

---

① 谌焕义，《浅析有关印巴分治的若干观点》，载《学海》，2008年第4期，第155-156页。
② Mansergh, N., *The Transfer of Power 1942–47*, Vol.I, London, 1970, pp. 565-566.

的《内阁使团方案》。该方案的核心内容是希望印度在英联邦体系内独立,这样印度可以实现完整的独立,否则印度新政府无权继承原英王对印度土邦的最高权威,印度土邦恢复自由。[1]国大党为了避免次大陆因土邦问题形成四分五裂的局面,接受了暂时留在英联邦内部,以自治领的身份获得完整独立的安排。从中可以看出,尽管英国政府的目的是自私的,即要挟印度在英联邦内独立,但其确立的原则和方式仍是和平的,即:民主原则、自决原则;其承诺的只要接受自治领地位,留在英联邦内,就可以全面继承英国对次大陆的全部权利特别是对土邦的权利。不过,正所谓计划赶不上变化。印度内部的党派斗争和宗教矛盾愈演愈烈,穆斯林联盟以"巴基斯坦"建国的实践已经不可避免。因此《蒙巴顿方案》呼之欲出。如前文所述,其核心内容同样也是有3点:第一,英国将英印政权移交给其自治领。第二,若穆斯林聚集地区的代表希望单独建国,就可以建立一个单独的自治领。第三,在实施分治前,各有关省需要就归属问题进行投票表决。从当时蒙巴顿的谈话中可以看出,艾德礼政府维护印度统一的立场以及对分治结果感到失望和遗憾,但已无能为力。[2]

从以上三个方案发展来看,英国方面在当时条件下,上策是靠英国的优势和魅力,试图通过英国民主、自由优势以及对英属殖民地和土邦的保证,让印度次大陆各种势力主动向英国靠拢。中策是想通过和平调解甚至是拿土邦作威胁的方式争取印度接受在英联邦体系内实现完整的独立,以尽量保证印度独立后英国在该地方的利益最大化。下策就是在无法控制穆斯林单独建国的情况下,退而求其次,同意印巴在接受英国自治领地位的前提下实现分治,土邦归属问题模糊处理以避免过分刺激印巴矛盾。

2. 国大党方面

国大党其实无论在对待穆斯林联盟合作问题,还是与英国政府和穆斯林联盟共同讨论印度未来,基本都是采取了温和的方式来进行,这更多地可以从甘地(Mohandas Karamchand Gandhi)、尼赫鲁(Jawaharlal Nehru)等的举动和言行中可见一斑。当然,其采用温和方式的原因比较复杂,既有"非暴力不合作运动"的理念指引,也有印度教文化的传承,

---

[1] Memorandum on States' Treaties and Paramountcy oresented by the Cabinet Missions to His Highness the Chancellor of Princes on 12 May 1946, 载于 Nicholas Mansergh, *Documents and Speeches on British Commonwealth Affairs 1931-1952*, Vol. II, London: Oxford University Press, 1953, pp. 642-643, 转自姚远梅《困境与反应:英国与印巴克什米尔争端(1947—1948)》,上海三联书店,2013年,第20-21页。

[2] Collins Larry, *Mountbatten and The Partition of India*, Vol.I, New Delhi, 1982, pp.14, 22, 34.

还有部分国大党要人对穆斯林联盟"巴基斯坦"梦想的不屑和怀疑。[①]

国大党一直宣称代表全部印度人民的利益。不过，自穆斯林联盟1906年成立后，国大党还是在一定程度上承认其诉求的合理性。1942年，经甘地同意，国大党通过了"尼赫鲁方案"，其中，尼赫鲁写道："他们应给予印度独立，然后让印度教教徒和穆斯林自己解决宪政问题"。[②]特别是在1945—1946年的中央和地方立法议会选举中，穆斯林联盟在信德和孟加拉两省大胜，而国大党失去了几乎所有穆斯林选民支持，尼赫鲁似乎已经意识到国大党必须放弃代表全印穆斯林利益的主张。[③]因此，在接下来的谈判中，国大党内部虽然有不同派系主张，但还是表示要通过和平手段推进两党在印度未来走向上的谈判。

在"内阁使团方案"出台后，以甘地为首的国大党稳健派劝导大家，不要从一个小地区的角度，而要从整个国家的角度去看待内阁使团方案。甘地甚至认为内阁使团方案是英国政府在当时情况下所能做出的最好安排。[④]国大党于1946年6月25日通过决议，有条件地接受了内阁使团方案。蒙巴顿方案出台后，尽管分裂不能令人满意，但正如甘地所说，政治的现实主义要求国大党接受蒙巴顿方案。[⑤]1947年4月22日，尼赫鲁表示："穆盟可以有巴基斯坦，如果他们想要的话，但是有一个条件，即他们不能拿走那些不想加入巴基斯坦的印度地区"。[⑥]在1947年6月14日，国大党委员会全体表决，157票赞成，29票反对，36票弃权，通过决议，接受分治方案。[⑦]

3. 穆斯林联盟方面

穆斯林联盟在建立之初，更多的想通过与国大党和英印政府合作，通过和平渠道为全印穆斯林争取更多权益，并没有想与国大党决裂，走分治独立的道路，"巴基斯坦"更多是一种美好的想象，还没有进入政治纲领和政治实践。

但在长期过程中，一方面受到英印政府"分而治之"策略的挑拨，同时也切实受到高傲自大的国大党的长期排斥打压，穆斯林联盟的政治

---

① 国大党的领袖们普遍认为，蒙巴顿所给予穆盟的"虫蛀的巴基斯坦"是无法长期生存下去的，过不了多久又会与印度合二为一，因此，国大党才接受蒙巴顿方案。参见谌焕义，《论艾德礼政府实施印巴分治政策》，载《广西师范大学学报（哲学社会科学版）》，2004年第40卷第2期，第155页。
② Sandhaher M.M., *Gandhi, Gandhism and the Partition of India*, Delhi, 1982, p.22.
③ *Wawell to Pethick-Lawrence*, New Delli, 15 Jan. 1946, TP, VI, p.796
④ *Mr Gandhi's Article in Harijian*, New Delhi, 20 May 1946, TP, VII, p.646
⑤ *Azad, India Wins Freedom*, Calcutta, 1959, pp.197-198.
⑥ Lumby, E.W.R., *The Transfer of Power in India 1945-47*, New York, 1954, p.155.
⑦ 林承节，《印度近现代史》，北京大学出版社，1995年，第726页。

目标逐渐从穆斯林自治走向了独立,"巴基斯坦"开始从学理概念进入了政治实践层面。谌焕义甚至认为,1940年通过拉合尔决议要求建立巴基斯坦的诉求,很大程度上就是穆斯林联盟长期受到英印政府和国大党不公待遇的一种政治反弹,并不是策划已久的建党目标。即使要求建立巴基斯坦,穆斯林联盟也一直坚持要通过和平谈判方式来实现。在内阁使团方案出台过程中,穆斯林联盟积极参与。穆盟领袖侯赛因·伊玛姆在1947年4月12日会见蒙巴顿时表示:"为了印度未来的强大和繁荣,我们应该尽一切努力成立一个印度联盟。而内阁使团方案似乎是最佳的方案"。[①] 穆斯林联盟于6月5日很快宣布有条件地接受内阁使团方案,因为他们认为内阁使团方案有利于他们和平地解决印度宪法问题。[②] 在蒙巴顿发表印巴分治的全印广播讲话后第6日,全印穆斯林联盟委员会即召开会议,以460票赞成、8票反对接受了这一方案。[③]

（二）印巴分治的原因

针对印巴分治的原因,国内外学术界对此研究较多,但观点却差异较大。[④]

1. 印度方面

印度普遍观点认为,印巴分治,主要由穆斯林联盟的分离主义和教派主义造成的,而这种分离主义和教派主义,又主要受到英帝国主义的支持和怂恿,巴基斯坦独立是英国"分而治之"的产物。[⑤] 印度史学家比较中立客观的看法也认为,英国即使没有人为制造教派问题,但至少是大大利用了印度的宗教矛盾,才导致印巴分治。

2. 巴基斯坦方面

巴基斯坦学者普遍认为,印巴分治是必然的。因为承认印度穆斯林有建立巴基斯坦的权利是印度所有人民摆脱英国殖民主义、实现民族独立的大前提,"两个民族理论"是指导穆斯林人民争取民族独立的指导思想。他们认为,穆斯林联盟从一个弱小政党逐步成为仅次于国大党的全印第二大党,本身在全印政治上的成功就表明穆斯林人民为国家所作的贡献,表明在穆斯林占多数的省份建立巴基斯坦是全印穆斯林的共同

---

① Mansergh, N., *The Transfer of Power 1942-47*, Vol.X, London, 1981, p.210.
② Resolution of the A.I.M.L.C., 6 June 1946, TP, VII, pp.837-838.
③ Sardar Patel to Mountbatten, 10 June 1947, TP, XI, pp.245-249.
④ 该部分的分析及观点总结主要参考了袁传伟的《国外关于印巴分治几个问题综述》,载《史学集刊》,1983年第4期。
⑤ S·米拉斯,《印度的宪政发展和民族运动（1919-1947）》,巴特那,1978年,第331页。

愿望。

3. 英国方面

英国学者的观点基本与英国官方的态度一致，即：印巴分治是印度国内矛盾不可调和的产物。他们认为，国大党缺乏与穆斯林联盟的合作诚意导致穆斯林联盟激进派建立独立的巴基斯坦的呼声日益占据主导地位，并最终走向了不可调和的地步，蒙巴顿方案正是满足双方的政治主张而已。①

4. 中国方面

国内对印巴分治的看法是一个发展的过程。在冷战时期，学者们几乎一致认为印巴分治主要是英帝国主义"分而治之"政策的产物。这可能更多的是出于对帝国殖民主义的憎恶以及对受压迫民族争取民族独立和解放的同情。随着冷战的结束、国际主题的转变，特别是随着历史档案的解密和史学资料研究的丰富，国内更多学者开始使用综合研究方法重新看待印巴分治问题。②湛焕义认为，"导致印度分裂的深层次原因是南亚次大陆历史发展过程中印度教教徒和伊斯兰教徒之间不同的宗教信仰和文化传统、已经表面化的矛盾和冲突"，直接原因是"国大党和穆斯林领袖为了党派和个人利益而不顾民族利益，不愿意为了印度的统一而放弃党派和个人利益造成的，甘地、尼赫鲁和帕特尔等人对印度分裂应负的责任比真纳应负的责任大得多"。③

综上分析，本书认为，印巴分治是历史的必然和时事的偶然双重因素作用的结果。印巴分治的宪政过程本来是一种相对和平的模式，穆斯林联盟、国大党、英印政府三方在相互协调妥协中基本通过和平方式妥协达成了印度独立、印巴分治的政治协定。但印巴分治的实践是悲惨的，伴随着种族的仇杀和政治遗产的纠纷。印巴分治不能简单归结为英国政府"分而治之"的狡猾政策，更多的应该结合国际反殖民地反封建社会的国际背景，从印度的社会、民族、宗教、政党以及政治人物方面找原因，既有深层次原因也有直接原因；既有必然因素也有偶然因素。印巴分治基础的不对等，分治原则的瑕疵，分治内容的随意性，注定印巴日后问题不断，也注定了印巴和平进程不会顺利，印巴和平方式、模式以及和平成效都是动态变化的。

---

① 参见谌焕义的《英国工党与印巴分治》前言部分，社会科学文献出版社，2004年。
② 陈继东教授在《当代印度对外关系研究》一书中，对印巴分治的原因分析属于此类。
③ 参见谌焕义的《英国工党与印巴分治》前言部分，社会科学文献出版社，2004年。

二、国际格局中的印巴和平——"冷"和平

考察印巴分治历史,印巴分治进程以及最终敲定分治方案基本都是在英国政府的参与甚至主导下通过和平的方式实现的。尽管在印巴分治实践与印巴独立相处过程中伴随了不同规模的冲突和战争,但印巴在未实质性解决几大分歧的基础上,整体维持了 71.5 年的和平状态,本身也是一种进步。不过,将印巴和平放在国际和地区视角上来看待,呈现出两种不同的状态,也即:有"冷"和平状态及"热"和平状态之分。

以国际为视角,无论是冷战前还是冷战后,由于世界有更多其他重要主题,印巴关系相对处于从属地位,南亚地区受关注程度不高,印巴和平相对世界议题而言主要处于非核心位置,是一种"冷"和平。

(一)冷战时期——淹没在美苏两极对抗之中

随着 1946 年 3 月 5 日时任英国议员的丘吉尔在美国演说中首次公开使用"铁幕"一词攻击苏联和东欧社会主义国家,世界很快演变成以美国为首的资本主义阵营和以苏联为首的社会主义阵营之间的对抗局面,冷战时期正式开始,直到 20 世纪 90 年代初的东欧剧变、苏联解体。[①] 冷战时期的国际主题就是美苏争霸,尽管英国试图依托英联邦组建第三种世界力量。印巴分治发生在世界冷战开始之后,印巴关系注定只是美苏争霸的配角和两大阵营对抗的一个环节。印巴和平努力及演变也多少只是两大阵营博弈的一种显现形式。

整个冷战时期都以美苏争霸为主旋律,印巴和平问题处于从属地位。美苏争霸大致分为三个时期。三个阶段中,南亚及印巴关系虽然在国际社会中的地位和影响力有所变化,但始终处于从属地位,是美苏两大阵营角力的一个场地而已。第一阶段从 20 世纪 40 年代末期到 60 年代初。这一阶段的国际特征是美强苏弱,国际主题是美苏既缓和又竞争,其他地区热点都被美苏的缓和与竞争所覆盖。该阶段苏联的综合国力与美国存在较大差距,特别是在军事实力上,因此其采取试探性的外交战略,即寻求全局缓和、又伴有局部强硬政策,试图希望实现"美苏合作",共同主宰世界。比如,1959 年,赫鲁晓夫对美国实现了访问,而不久后 1961 年的柏林墙建立和 1962 年的古巴导弹危机又导致美苏关系

---

① 1940 年 5 月,时任英国首相张伯伦被迫辞职,由丘吉尔组成战时内阁,持续到 1945 年第二次世界大战结束。1945 年 7 月,英国大选,本来信心满满的丘吉尔被工党领袖艾德礼击败,丘吉尔以议员身份开展政治活动。

恶化。这一时期，美苏并没有明确的南亚战略。[1]苏联历代领导人虽然都能意识到"想打破地理上的限制，获得同西欧乃至世界国家直接通商的权力，引进西方的文化和技术，改变俄国落后的状况，使自身迅速强大起来，就必须解决出海口问题，使俄国由内陆国家变为海洋国家"，[2]但其主攻方向是波罗的海和黑海，即使南下印度洋，第一选择并不是巴基斯坦，而是经阿富汗、伊朗进入印度洋。因此，这一时期，苏联虽然声称"南亚地区各国长期受帝国主义和殖民主义的侵略与奴役，均是战后独立的民族主义国家"，[3]但鉴于南亚非美苏冷战核心利益区的考虑，并没有投入实质性的力量。美国试图拉拢印度，但遭遇尼赫鲁"不结盟运动"的世界第三股力量的冲击；艾森豪威尔出于拓展遏制"共产主义"阵地的需要，虽然调整杜鲁门时期的对巴"友好，而非结盟"政策，[4]邀约巴方加入了"东南亚集体防御条约组织"和"巴格达条约组织"，结成美巴军事同盟，但美巴却是同床异梦。该时期印巴爆发的两次战争和多次冲突都被淹没在美苏缓和与竞争的主旋律中，并没有吸引美苏介入其中，反而是1962年10月中印边界武装冲突期间，美国没有恪守先前对巴基斯坦作出的承诺，在未与巴方协商的情况下，向印度提供紧急军事和经济援助，令巴方对美巴同盟关系大失所望，因为巴基斯坦时任总统阿尤布·汗担心"美英匆匆运到印度的大量军事装备，最终将会用于对付巴基斯坦"。[5]因此，该时期印巴和平进程没有进入美苏大国议程，没有上升为世界主题，没有引起国际社会高度关注。

第二阶段从20世纪60年代中期到80年代初。这一阶段的国际特征是苏强美弱，国际主题是苏攻美守、局部冲突不断。该时期，苏联整体实力有所上升，特别是军事实力增速较快，几乎超过了美国。与此同时，美国陷入越南战争泥潭，遭遇1973年石油危机，面对资本主义阵营内部分化而力不从心，美国实力严重动摇。该时期，美苏在南亚都有进一步的举动。苏联加强了与印度的关系，无论是在政治上、经济上还是在军事上，苏印关系都得到了进一步发展，特别是1971年8月9日，苏印签订和平友好条约，建立起了涵盖政治、经济、军事和安全等领域的具有

---

[1] 刘红良认为，南亚在美国的全球战略布局中从来都不是核心利益所在，因此美国的南亚政策是在冷战后全球战略调整的大背景下形成的。参见刘红良的博士论文《冷战后印巴安全关系研究》，2013年，第16页。
[2] 海运、李静杰，《叶利钦时代的俄罗斯——外交卷》，人民出版社，2001年，第284页。
[3] 方连庆、王炳元、刘金质，《国际关系史（战后卷）》，北京大学出版社，2006年，第442页。
[4] 李晓妮，《美国对巴基斯坦政策研究1941—1957》，吉林大学出版社，2010年，绪论部分第9页。
[5] 阿尔塔夫·高哈，《阿尤布·汗——巴基斯坦首位军人统治者》，世界知识出版社，2002年，第143页。

军事同盟性质的特殊关系。该种准同盟关系在1971年印巴第三次战争中，为印度成功肢解巴基斯坦增加了大量有形和无形的支持。另外，苏联于1979年入侵阿富汗，对阿富汗进行了长达10年的军事占领，对巴基斯坦边界和民族宗教问题产生深远的影响。美国方面，开始收缩南亚政策，减少介入。主要有3点表现：一是美国减少对巴基斯坦的经营力度，中巴关系得到改善的机会，美方认为中巴友好导致"自由世界"团结一致遏制中国的"政治底线"被打破了。二是1965年印巴第二次战争期间，阿尤布·汗要求美国履行1959年《双边军事合作协定》，立即采取行动"击退和粉碎印度的侵略"，但遭到美国约翰逊政府的拒绝。① 三是在1971年印巴战争期间，美国以所谓调停人的身份出现，保持中立，特别是对巴停止军售，并计划"如果中国支持巴基斯坦并对印度构成军事威胁时，将考虑依据1964年《美印空中防御协定》，与印度协商，对印度提供军事装备"。② 美国调整南亚政策的主要原因仍出于全球战略4点考虑：一是苏联攻势凶猛。二是美国深陷越战泥潭。三是中巴关系的密切改善。四是巴方对美巴同盟关系的日益不信任甚至是放弃。可以看出，该阶段，虽然美苏都在南亚有了一定程度的介入，但是其出发点和目的仍然是争夺世界霸权，具体来讲：一是拓展"共产主义"势力范围与遏制"共产主义"的新舞台。二是防范和限制中国在这一地区影响力的提升。因此，印巴关系仍然处于从属地位，印巴和平问题仍然是国际社会主要议程中被忽视的话题。

第三阶段从20世纪80年代中期直至苏联解体。该阶段国际生态整体特征是美强苏弱，国际主题就是美国开展全面攻势，而苏联则是全面收缩，美苏对抗日趋激烈。针对苏联入侵阿富汗，美国奉出"卡特主义"，实行对苏遏制，并开始大幅度增加军费，大力加强军事力量。③ 里根就任美国总统后，强调"以实力换和平"，全面加强经济、军事力量，试图拖垮苏联日益恶化的经济。虽然戈尔巴乔夫上台后，试图缓和美苏关系，但是戈氏国内改革的失败，以及美苏关系缓和的有限性加速了苏联的衰弱直至解体。该阶段，美苏的南亚政策有了调整和变化。苏联方面，出于全球收缩战略及缓和美苏关系的考量，在南亚的战略攻势下降，特

---

① Roedad Khan, *The American Papers(Secret and a Confidential): India-Pakistan-Bangladesh Documents: 1965-1973*, New York: Oxford University Press, 1999, p.226.
② 《国家安全研究备忘录第133号文件：南亚应急预案——印巴战争》（NSSM-133: Contingency Planning on South Asia—India-Pakistan War），美国国务院，1971年，转自张威的博士论文《1971年南亚危机与美巴关系》，2009年，第235页。
③ 张也白，《评八十年代美苏关系的发展》，载《美国研究》，1987年第1期，第69-70页。

别是入侵阿富汗并没有得到准盟友——印度的支持,[①]开始逐渐淡化与印度的关系,这在很大程度上迫使印度开始奉行"两个朋友的政策",即一边继续保持与苏联的"盟友"关系,强调苏联是印度的"患难之交",一边加强与美国接触,积极与其建立新型的"实质性伙伴关系"。美国方面,虽然对齐亚·哈克在巴基斯坦实行军事管制表示不满,但出于依仗巴基斯坦对抗苏联入侵阿富汗的考虑,美国加大对巴的经济、军事等全面援助力度,培养激进势力向入侵阿富汗的苏联实施"圣战"。[②]同时,鉴于苏印关系的下降,美国借印度试图加强美印关系之机,加强与印度的外交关系,进一步孤立苏联。

(二)后冷战时期——暗淡在大国外交之下

冷战的结束以1991年苏联解体为标志。[③]苏联解体,意味着美苏两大阵营以意识形态为主的对抗结束,长期受压抑的民族宗教矛盾和地区冲突井喷式爆发,权力政治再次成为国际行为体博弈的主要手段和目的,世界开始进入"一超多强"的格局,印巴都不在这一行列。[④]南亚地区,由于民族、宗教矛盾长期存在,印巴纠纷没有实质性解决,南亚地区安全与印巴和平日益引起国际社会高度关注。但是印巴关系不是国际社会的主题。第一,南亚及印巴和平只是国际和平主题中的一部分。中东、东欧、朝鲜半岛及非洲地区安全都是国际热点。第二,后冷战时期的国际主题除了和平,更有发展。世界各国都逐渐摆脱意识形态束缚,通过南北竞争及南南合作,加快经济发展,富国强民。而南亚地区的发展一直比较滞后,特别是印巴关系很难突破安全困境,走上正常合作与发展的道路。就世界大势来讲,印巴和平虽然引起国际社会关注,双方加快了和平谈判进程,但并没有快速走上共同发展的轨道。

1.世界大国的南亚政策

(1)美国。冷战结束以来,美国的南亚政策调整主要表现在三个方面:第一,在南亚地区积极塑造战略平衡,防止印巴进行核军备竞赛

---

① 1982年英迪拉·甘地(Indira Gandhi)访美时曾表态说:"我们没有加入(在阿富汗问题上)谴责的行列,但我们并不同意苏联在那地方的军事存在,我们已经私下告诉他们了,正如我们公开说的。"参见Ramesh Thakur,"India After Nonalignment",Foreign Affairs,Spring1992,p. 165.
② 20世纪90年代的塔利班势力就是在这样的背景下成长起来的,因此国际社会一度认为美国应该对之后出现的国际恐怖主义负主要责任。2021年8月,在美国发动阿富汗战争20周年前夕,美国总统拜登宣布美国撤出阿富汗,在21世纪再次上演了美军"西贡时刻"的狼狈与无奈。
③ 对苏联解体、苏共倒台的原因分析,中西方的观点绝大多数都是截然相反的。作为中国学者,一定要坚持马克思主义历史观,要有自己鲜明的立场,不能被西方的话语牵着走,迷失自我。
④ "一超"是指美国,"多强"指的是欧盟、日本、中国、俄国等。

和核扩散。第二，发挥南亚地缘战略作用，对竞争对手实现战略空间压缩和包围。第三，抢占南亚市场，促进美国与南亚国家的经贸及军购生意。需要指出的是，美国南亚政策调整是服务于其全球战略的，即维持单极霸权、遏制中国崛起，并不能反映说南亚及印巴关系已上升为世界主题。理由在于：冷战后，美国外交战略继续受现实主义权力均势观的支配，面对俄罗斯地位的衰弱、中国的日益强大及政治体制优势的日益体现，美国开始将中国作为下一个竞争对手和安全威胁。[①]而南亚及印巴作为中国的周边地区和国家，自然成为美国抑制中国周边战略，压缩中国外交空间的支点。这在新千年以来的奥巴马政府、特朗普政府以及当前的拜登政府表现得更加明显。

（2）俄罗斯。冷战后，俄罗斯的南亚政策是服从于其世界战略的。冷战结束后初期，俄罗斯曾实行亲西方的外交战略，但企图依靠西方援助来实现经济转型和政治改革的计划很快就失败了。俄罗斯开始调整对外政策，实现了从"双头鹰"到"务实"再到"重振大国"的外交战略调整，特别是普京上任以来的俄罗斯，其全球战略有重大调整和转向，主要体现了四个特点：一是以可预见性的非对抗为原则，与世界各国通过对话和合作建立正常关系。二是连续性地推行平衡战略，不仅在东西方之间寻求平衡，也要在双边关系中实现利益的平衡。三是采取国家利益主导下的实用主义务实外交，制定政策目标时强调量力而行，与国家实力相符合，目的是通过外交来获取经济实惠，赚取实际利益。四是在日益受到以美国为首的西方阵营的排挤和打压情况下，在以强大军事实力为后盾给予回应的同时，更多采用"联合"外交弥补综合实力的不足。因此，俄罗斯的南亚政策的具体表现也随之有不同程度调整，可归纳为4点：第一，不介入南亚地区纷争，更多以中立姿态呼吁双方和平解决争端。第二，以苏印时期的密切合作为榜样，切实加强与印度的务实合作，更多的是延续军工合作。第三，推行南亚平衡战略，与各国保持友好关系，以便在与其他大国南亚博弈白热化的情况下能有更多回旋余地和主动权。第四，以上海合作组织为抓手推进俄罗斯南亚政策的实施。

（3）日本。整个冷战时期，日本与南亚互动很少，双边基本保持了"漠不关心"的状态。不过，随着冷战的结束，特别是进入新千年，日本南亚战略日益明朗，特别是加快了与印度关系的发展。日本调整南亚战略

---

① 美国学者 Schildt 认为，冷战后，中国崛起给世界带来了不确定性，美国应该采取竞争与合作的混合平衡战略，接触诱导中国与之合作。见：Christopher E. Schildt, "Managing Uncertainty: Formulating a U. S. Grand Strategy for China, " http://www.princeton.edu/jpia/past-issues-1/2006/12.pdf，登录时间：2021 年 10 月 20 日。

的原因同样不全是基于南亚国家实力变化的本身,而更多的是出于其亚洲战略的考量。第一,与中国争夺南亚国家,压缩中国南亚战略布局,同时借中印矛盾遏制中国。第二,借助印度的东向政策,企图合力限制中国在东亚及东南亚的影响。第三,中日贸易过于脆弱,印度作为新兴市场,经贸合作潜力巨大,特别是印度作为扼守印度洋的海上通道,对严重依赖资源能源进口的日本来说,维系印日关系意义重大。[①]第四,美国的拉拢促进了印日的合作,最典型的就是当前美国所谓"印太战略"框架下的美日印澳四方合作以及双方的各类部长级对话机制和海上联合军演。

(4)中国。冷战结束后,中国实行睦邻周边外交战略。一是改善和发展同印度的睦邻友好关系,积极求同存异,努力增强双方在经贸、能源以及国际事务中的合作。二是继续保持并深化中巴全天候友谊,特别是积极拓展双边合作领域,开展全方位互惠合作。三是积极与南亚其他国家拓展合作关系,营造和谐稳定的周边。四是以公正的姿态劝和印巴,共同维护南亚地区稳定。五是莫迪执政以来,面对印度对华咄咄逼人的强硬政策特别是边界政策,中国在保持南亚政策整体平衡的基础上,采取更加务实做法,据理力争、主动作为,即持续推进基于公平公正公开透明基础上的与南亚各国友好合作,特别是与巴基斯坦合作。中国南亚政策的调整同样是基于国际格局的演变,以及应对大国对中国的战略压缩和包围。

2. 大国应对印巴大事件的选择性态度

冷战后,印巴相继发生了1998年核试爆、1999年卡吉尔冲突、2001年议会大厦恐怖袭击、2002年百万军队边境对峙、2006年孟买火车爆炸案、2008年孟买恐怖袭击案、2016年乌里恐袭事件、2019年印度取消印控克区特殊地位引发新一轮紧张等。[②]这些重要事件虽然曾一度引起国际社会高度关注,特别是1998年印巴核试爆、2008年孟买恐怖袭击案和2019年印度突然取消印控克区特殊地位等,包括美国、中国、

[①] 从形式上来看,印日海上安全合作主要包括三类,即海上联合军演、海战装备和技术转让、海洋安全交流。参见杨震的《"印太战略"框架下的印日海洋安全合作》,载《南亚研究季刊》,2020年第3期,第12页。

[②] 2019年8月5日,印度在8月2日以安全为借口向印控什米尔地区增兵2.8万之后,印度司法部以总统科温德的名义突然发布官方文件,宣布适用于印控克什米尔地区的1954年宪法中条款将被新的《2019年宪法令(适用于查谟和克什米尔)》所取代,废除当前执行的宪法第370条,并决定将原"查谟—克什米尔邦"的拉达克部分分出,新建一个拥有地方立法机构的"查谟—克什米尔直辖区"和一个没有地方立法机构的"拉达克直辖区",宣布新宪法令即刻生效。此前印度的宪法第370条规定,赋予印控克什米尔地区特殊地位,除国防、外交和通信等领域外,印度宪法中的所有规定在这一地区都不适用。

俄罗斯在内的世界大国都表了态并积极介入，但这只是世界格局演进中的点缀，对美国等世界大国纵横捭阖开展国际大外交来讲，这些都只是一个意外或者是大国博弈中的小插曲，包括"9·11"恐怖袭击，因为大国外交志不在南亚，不在印巴，也不在反恐，而在维持和攫取世界霸权。比如，印度核试爆之后，虽然美国反应极为强烈，将印度发给美国的阐述印度公开核试爆原因的私信公之于众，与中国一道强烈谴责印巴核试爆，并对印巴实行制裁，但不久后的2000年，美印双方首脑即实现了互访。美国时任总统克林顿（Bill Clinton）成行印度，成为20多来年第一位访问印度的美国总统，双方签署了旨在指导两国发展新型关系的框架文件——《印度与美国关系：21世纪展望》；印度时任总理瓦杰帕伊（Atal Bihari Vajpayee）访问美国期间，克林顿认为"美国和印度已经建立起了两国间历来最牢固而又最成熟的伙伴关系"。[1] 再比如，直接导致新世纪印巴第五轮和平进程中断的孟买恐怖袭击案，虽然中、美都进行了积极斡旋，但是双方也都没有也不太可能有比较完整的解决方案，故此，印巴至今就该袭击案没有定论。同样在2019年印度单方面突然宣布废除宪法第370条、取消印控克什米尔地区特殊地位时，世界主要大国集体沉默，基本都发言谨慎，并未实质介入其中。其实在印度宣布废除第370条款前，巴基斯坦一直争取时任美国总统特朗普介入调停，但事件发生后，美国仅表示密切关注印控克什米尔地区的局势，呼吁冲突各方维护印巴克什米尔地区实际控制线附近的和平与稳定。俄罗斯外交部在回答记者提问时也仅仅表示，莫斯科希望印度和巴基斯坦不会允许由于印度改变克什米尔地位，而使该地区的局势恶化。中方因印方新成立的所谓"拉达克中央直辖区"涉及中印西段边界问题，在呼吁印巴保持克制的同时，更多强调了我一直反对印方将中印边界西段的中方领土划入印行政管辖范围的鲜明立场。

综上所述，以国际为视角来考察印巴和平进程，无论是冷战期间还是冷战后，印巴关系在国际关系中都是从属地位：冷战期间，以意识形态划线，美苏两大阵营对抗，美苏争霸，掩盖了南亚地区和平发展进程；冷战后，国际格局一超多强，和平与发展成为国际两大主题，印巴和平关系受到国际关注，但没有上升为国际议题。因此，以国际为视角，印巴和平相对世界议题而言主要处于非核心位置，是一种"冷"和平。

---

[1] 陈继东，《当代印度对外关系研究》，巴蜀书社，2005年，第189-191页。

三、地区格局中的印巴和平——"热"和平

以地区为视角，南亚地缘战略突出，印巴战略地位重要，地区影响较大，牵涉议题较多，矛盾复杂，印巴双边互动频繁，和谈较多，印巴关系动态变化明显，印巴和平问题处于地区稳定的核心位置，是印巴双边关系的主要话题，印巴和平是一种"热"和平。

（一）南亚地缘战略地位

地理区位上，南亚是亚洲的一个亚区，泛指喜马拉雅山脉以南到印度洋之间的广大地域，包括印度、巴基斯坦、孟加拉国、斯里兰卡、尼泊尔、不丹、马尔代夫和阿富汗8国，总面积达448万平方公里，占世界陆地总面积的3%，人口约17亿人，占世界总人口的近24%。南亚以印度板块为主体，从海平面升起成为印度次大陆及兴都库什地区。南亚地区是世界上人口最多和最密集的地域，同时也是全球最贫穷的地区之一。南亚地区东临孟加拉湾，南临印度洋，西濒阿拉伯海，北部与中国、阿富汗接壤。由于喜马拉雅山把它同亚洲其他部分分开，因此在地理上形成一个独立的、三面被印度洋环绕的次大陆，像一个楔子插入印度洋，俯瞰着东西方之间的海上通道，战略地位十分重要。[1]

以地理因素作为分析要素，以此为出发点研究制定一国在地区和全球范围内的外交战略的理论被称为地缘政治理论。从地缘政治出发，南亚地区的地缘重要性日益显现，"南亚的命运将日益影响世界的命运，这个地区可能会发生影响国际关系的问题，必须从宏观和长远的角度来看待南亚。"[2] 南亚地缘战略的重要性可以简单归纳为5点：第一，从欧亚大陆、印度洋和西太平洋全局来看，南亚是东南亚至西南亚陆上交通的重要通道，处于欧亚大陆外缘中央，连接欧亚大陆、印度洋和西太平洋，控制着印度洋战略通道，是所有能源资源大国海洋战略中都必须考虑和倚重的地方。第二，南亚紧邻西亚、中亚，历来就是世界大国相互角逐、互相战略牵制的重要支点，特别是在当前美国日益将中国作为主要竞争对手的情况下，美国、日本、法国、英国等都加大了在南亚和印度洋的战略力量投放。第三，南亚民族、宗教、边界等矛盾复杂，是世界最不稳定的地区之一。第四，南亚印巴两家独大但却构不成均势，

---

[1] 传统的划分方法不包括阿富汗，不过，随着阿富汗和印巴等传统南亚国家有牵扯不清的关系，最新的战略分析家多将阿富汗列为南亚国家来考察。
[2] 郑羽、蒋明君主编，《普京八年：俄罗斯复兴之路（2000—2008）》，经济管理出版社，2008年，第277页。

印巴都是事实上的拥核国家，巴基斯坦是世界唯一拥核的伊斯兰国家，南亚核安全引起国际社会高度关注。第五，南亚人口众多，经济发展活跃，印度与巴基斯坦、孟加拉国分别有金砖国家和新钻国家之称，未来发展潜力较大，蕴含着很大的国际市场。①

（二）印巴和平关系地区动态明显

印巴分治以来，印巴关系始终是地区稳定的主要议题，印巴和谈始终是南亚国家间关系的主题之一。

地区层面上讲，印巴和平动态明显，印巴和平进程演变主要有三种推动力量：一是国际社会调解，二是印巴双边自我内生和谈动力，三是地区组织推动。

1. 国际社会调解

国际力量参与调解的主要标志性事件有4个：一是第一次印巴战争后的印巴卡拉奇会谈。二是印度河水资源谈判。三是20世纪50-60年代的克什米尔问题谈判。四是第二次印巴战争后的塔什干谈判。②

在因克什米尔土邦归属而引发的克什米尔内部穆斯林民众反对王公专制的抗争演变为第一次印巴战争后，巴基斯坦邀请英国出面调停。英国极力劝说将克什米尔问题诉诸联合国解决。最终，在联合国的调解下，1949年7月29日，印巴双方在卡拉奇签署《卡拉奇协议》，划定了双方在克什米尔的停火线。印巴很快实现停火，虽然部分原因可能是印度的"大度"与"自信"，③但本书认为，主要原因还在于刚刚独立于英国殖民的两国民众珍惜来之不易的独立与和平。

就印度河水资源问题，印巴一开始是双方自我主动谈判。未果后，邀请世界银行介入，最后通过6年谈判，于1960年9月19日在卡拉奇达成一致，签署《印度河河水条约》，美国时任总统艾森豪威尔评价说："在如此令人沮丧的世界里，唯一值得我提到的一抹亮点就是印巴之间有关印度河水问题的圆满解决"。④

---

① "金砖国家"和"新钻国家"概念都是由美国高盛公司提出的，"金砖国家"指的是中国、印度、巴西、俄罗斯四国（实践中，2011年12月，南非加入）；"新钻国家"指的是墨西哥、印度尼西亚、尼日利亚、韩国、越南、土耳其、菲律宾、埃及、巴基斯坦、伊朗和孟加拉11国。见维基百科网，http://en.wikipedia.org/wiki/Next_Eleven，登录时间：2022年8月12日。
② 此处的国际力量参与调解指的是印巴双方主动或者公开同意第三方进行的调解。其实，印巴后来的很多纠纷和事件多少都有第三方的作用，不过很多并没有得到印巴双方至少是其中一方的同意，并非双方所愿。
③ 印度时任内政部长帕特尔（Patel）自认为迟早印巴应该会再次统一。见：Gulzar Ahmed, Pakistan meets India challenge, Rawalpindi, Al Mukhtar Publishers, 1967, p.35.
④ Text of Eisenhower September 9, 1960 statement, Foreign Relations of the United States (FRUS), 1958-1960, Vol. XV, p.212.

就克什米尔问题，联合国分别于1949年、1950年、1951-1952年、1957年和1958年进行了5次调解斡旋，美国分别于1949年、1953年、1958年进行3次调解，未获成功。肯尼迪上台后，借助中印边界战争对印度的打击，希望迫使印度能够放低姿态与巴方和谈，印巴从1962年12月—1963年5月就克什米尔问题再次进行了6轮会谈，未获进展。肯尼迪在新闻发布会上无不沮丧地说："克什米尔问题解决前景现在比6个月之前更加渺茫"。①

第二次印巴战争之后，苏联在南亚地区比较活跃，某种程度上承担了调停人角色，时任苏联总理柯西金邀请印巴首脑于1966年1月4-19日到苏联塔什干进行会谈，双方发表了《塔什干宣言》。不过，从这个宣言9条内容来看，只是保持各方面子的妥协产物。②

2. 印巴双边自我内生和谈动力

印巴双方靠内生动力进行和谈的主要有：分治初期的英印遗产分配问题，数次克什米尔问题谈判及新世纪印巴全面对话。

分治初期，印巴在继承英印遗产上分歧明显，印巴开始主动通过谈判解决。一是双方同意成立由一名英国人为首的最高司令部负责武器弹药、军需装备和库存物资等军产的公平分配。二是双方在撤退人员财产交换与保护方面进行了谈判，1955年4月，在卡拉奇就双方可动产财产签订协议。1956年1月，双方同意移交两国撤离人员的银行存款和保险寄存。三是关于水资源争执，双方主动进行谈判，虽然迟迟未得到解决，但长达数年的谈判为1954年世行介入谈判成功奠定了基础。四是关于卢比现金分配，双方举行了谈判，巴方可获得40亿卢比现金中的7.5亿。尽管印度方面一再威胁剩余现金支付与否取决于克什米尔问题能否解决，③但在甘地的无限期绝食抗议下，印度政府很快于1948年1月17日付清了所有款项。五是关于巴基斯坦卢比不贬值问题，导致印度单方面的贬值造成印度进口巴基斯坦黄麻、棉花和粮食成本的大幅度上升。在印度的努力下，双方展开谈判，在满足巴方汇率的基础上于1951年2月25日签订了新的印巴贸易协议。六是关于旁遮普一分为二造成的种族、文化割裂而导致分离主义势力抬头问题，双方相互指责。不过双方还是在1986年启动了会谈并发表了联合公报，双方表示反对一切形式的针对对方的恐怖主义活动。

---

① "Text of Kennedy's Press Conference", *New York Times*, September 13, 1963.
② 孙士海、江亦丽，《二战后南亚国家对外关系研究》，方志出版社，2007年，第172页。
③ 印度时任副总理兼内政部长帕特尔曾如此威胁说。参见：J. B. Das Gupta, India-Pakistan Relations(1947-1955), p. 46.

就克什米尔问题，印巴历史上主动进行了数次谈判。比如在第一次印巴战争之后，在国际社会推动的同时，印巴之间也主动进行了谈判，尼赫鲁还就此提出了建立"南亚联邦计划"的构想。再比如，1997-1999年，印巴就克什米尔问题开始新一轮试探性接触，在马累声明和拉合尔宣言的向好推动下，双方在克什米尔问题上的立场、观点和诉求有了一定的松动和变化，双方就此保持了持续的接触和谈判。2004年以来，印巴将克什米尔问题作为全面对话八大议题之一，开展了全面而深入的谈判，双方都曾提出过具体解决方案并无限接近解决克什米尔问题，尽管最终没有实现，但为双方继续谈判提供了参考和样板。[1]

21世纪以来的印巴全面对话主要也是印巴内生动力促成的结果，尽管外在形势起到了一定客观作用。2003年，印度时任总理瓦杰帕伊在印控克什米尔地区主动向巴基斯坦伸出"友谊之手"，双方有了更多友善的互动。2004年，双方主动启动新一轮和平进程谈判，决定在全面对话框架内谈判解决双边所有矛盾和纠纷。截至2013年，印巴主动开展了5+2轮全面对话，[2]取得了不少成果。尽管期间发生过多次意外恶性事件，但双方没有停止全面对话机制，而是主动通过这一平台相互表达观点和立场。2014年以来，特别是印度人民党领导人莫迪上台以来，印度对巴采取了"表态友善、内核强硬、单边解耦"的策略，对巴释放出了一些缓和的立场，但未能延续。2018年伊姆兰·汗即任巴基斯坦总理后，也曾对印开启"和平攻势"，未得到印方的积极回应。此阶段，因为面临的国内外形势以及双方新任领导人个人风格原因，双方的善意是非主流的，是姿态性的，甚至是虚假的。印巴全面对话始终处于停滞，特别是2019年以来，双方关系跌落冰点，至今未有实质改变。

3. 地区组织推动

2014年南盟峰会停摆之前，南盟平台在推动印巴通过对话寻求和平出路的作用比较明显。

首先，提出成立南盟倡议的不是印度也不是巴基斯坦，而是由区内的孟加拉国的时任总统齐亚·拉赫曼于1980年5月首次提出。在经过1981年的7国外交秘书卡伦坡会晤、1983年的7国外长新德里会议之后，

---

[1] 巴基斯坦前外长卡苏里曾披露说："截至2007年，在双方最大争端的克什米尔问题的谈判中，印巴政府已经完成90%，最后只差印和克什米尔代表三方签字。"巴基斯坦前总统穆沙拉夫2010年在英国上院演讲时也说道："我们与辛格总理已经接近解决克什米尔问题。"分别参见：Mohammad Waqas Sajjad, Mahwish Hafeez and Kiran Firdous,"The Search for peace-Pakistan and India", *Reflections*, ISSI, No.7 2010, p.19; "India Pakistan were close to solve Kashmir issue: Musharraf", *The Nation,* February 26, 2010.
[2] 2004—2008年的五轮全面对话，是双方持续性、递进式的对话，2008年因孟买袭击案被中断三年后得以重启，又开展了两轮对话，更多属于重启性、试探性对话。

1985年第一届南盟首脑峰会在孟加拉国首都达卡举行，会议发表了《达卡宣言》，制定了《南亚区域合作联盟宪章》，宣布南亚区域合作联盟正式成立。《南亚区域合作联盟宪章》明确了其成立的7大宗旨和5大基本原则。[①] 可见，南盟成立，本身就说明其在助推印巴在南盟平台内搁置争议、协商合作、寻求和平的积极作用。

自1985年举行第一届南盟首脑峰会至2014年，已有18届。[②] 几乎历届南盟峰会上，各成员国都呼吁印巴作为区内大国，应带头消除分歧增进合作，为南亚区域合作一体化作出主要贡献；各成员国呼吁印巴停止敌视，从经贸与人员交往等容易突破的领域入手，着手改善双边关系，为南盟走向真正一体化扫除主要障碍。

同时，南盟也成为印巴对话的平台。比如，1990年11月第5届南盟首脑会晤期间，巴基斯坦时任总理纳瓦兹·谢里夫（Nawaz Sharif）与印度时任总理钱德拉·谢卡尔（Chandra Shekhar）举行会谈，推动印巴核谈判，《互不攻击对方核设施协定》于1991年1月正式生效。再比如，2004年1月瓦杰帕伊赴伊斯兰堡参加第12届南盟首脑峰会，巴基斯坦时任总统穆沙拉夫与瓦杰帕伊举行了会谈，双方发表联合声明，决定开启新时期印巴全面对话进程。随后的7轮全面对话也是从这次双方最高领导人会晤开始的。

总之，就地区格局来讲，无论自然地理区位，还是地缘政治战略，南亚地区都是非常重要的，而印巴作为区内两个大国，印巴和平不仅对区内稳定与发展，而且对周边地区的战略选择具有重要作用。因此以地区格局为视角，印巴和平进程动态明显，印巴本身、区内组织、外部第三力量等三重因素互动，对印巴和平进程起到了积极的推动作用，"雷声挺大"。在此意义上，印巴和平是一种"热"和平。

---

① 南盟的七大宗旨是：促进南亚各国人民的福祉并改善其生活质量；加快区域内经济增长、社会进步和文化发展，为每个人提供迈上体面生活和实现全部潜能的机会；促进和加强南亚国家集体自力更生；促进相互信任和理解及对彼此问题的了解；促进经济、社会、文化、技术和科学领域的积极合作和相互支持；加强与其他发展中国家合作；在国际场合就共同关心的问题加强合作。五大工作原则是：协商一致；不审议双边和有争议的问题；尊重主权平等、领土完整、政治独立、不干涉别国内政和互惠互利；不取代双边和多边合作，而是对其进行补充；不与双边和多边义务相抵触。见中华人民共和国外交部官网，https://www.fmprc.gov.cn/web/gjhdq_676201/gjhdqzz_681964/lhg_682662/jbqk_682664/，登录时间：2022年8月12日。
② 2014年，第18届南盟峰会同意之后每两年举办一次峰会，2016年计划在巴基斯坦伊斯兰堡召开第19届南盟峰会。后因印巴边境越界恐怖袭击问题，印度抵制参加拟在巴基斯坦举行的第19届南盟峰会，尽管2018年伊姆兰·汗就任巴基斯坦总理后向印方释放了善意，比如2018年11月28日，伊姆兰·汗高规格出席印新边境通道奠基仪式，但印方态度强硬，印度时任外交部长斯瓦拉吉当天在新闻发布会上表示，"在巴基斯坦方面停止对恐怖主义活动的支持之前，印度方面不会派代表参加未来的南盟峰会"。迟至今日，莫迪政府对巴强硬政策未有转圜迹象，第19届南盟峰会停滞8年之久未召开。

第三章　冷战时期的印巴和平——进程、方式及分析

所谓冷战，是指国际主要行为体通过局部代理人战争、科技和军备竞赛、外交竞争等"冷"方式而非战争"热"方式处理问题、进行对抗的一种国际政治生态，即"相互遏制，却又不诉诸武力"。国际关系史中，冷战时期特指 1947—1991 年间，以美国为首的西方资本主义阵营国家和以苏联为首的社会主义阵营国家除直接交战以外，在经济、政治、军事、外交、文化、意识形态等各方面都处于对抗状态的历史时期。按照时殷宏教授的观点，美苏冷战对抗有 4 个基本性质：一是地缘政治和地缘战略特征明显。二是具有非常强烈的意识形态色彩。三是军备竞赛贯穿始终。四是自我控制机制不断完善。[①] 这些特征使得美苏斗争无论如何激烈都不至于爆发全面热战，也即"斗而不破"，故此曰"冷"。

印巴在冷战时期得以分治建国，印巴和平较大程度受冷战大局的影响。从国际格局讲，印巴关系从属于美苏两极争霸，双方和平关系史上有避免"热战"的影子，比如双方在分治初期就分治遗留问题进行的和平谈判。同时，在区域层面来讲，印巴关系又有其特殊性，因此，在国际冷战的背景下还是发生了 3 次"热"战，印巴和平关系史上又增加了后战争式的和平努力。总体来看，冷战的 44 年，印巴爆发冲突和热战时间累计不足 2 年，通过主动和谈试图解决遗留问题以及战后和谈试图维持现状，印巴保持了冷战时期 95% 以上时间的相对和平状态。不过这种和平是军事威慑和战争治下的和平，冷战时期的印巴和平模式是一种恐怖型的和平模式，是通过问题解决式和后战争式两种和平努力方式来实现的。

[①] 时殷宏，《美苏冷战史：机理、特征和意义》，载《南开学报》（哲学社会科学版），2005 年第 3 期，第 7 页。

第一节 背景阐释

印巴分治于冷战时期，印巴和平模式构建来自国际、地区和国内三重背景因素的塑造。

一、国际层面

冷战时期，美苏两国围绕全球霸权与地区主导权进行了反复的博弈与争夺，在这样的国际背景下，任何微观的矛盾都在两个超级大国的利益纷争中不断异化与演变。印巴分治于这个时期，印巴立国于这个时期，印巴和平问题产生于这个时期，印巴构建和平也产生于这个时期。美苏冷战时期的国际背景突出表现为两个特征：

一是"针锋相对"。这是冷战时期美苏全球对抗的主要表现，也是地区国家利益纷争的具体表现形式。冷战时期，美苏两国冲突大于共识，在诸多议题上往往采取的是"针锋相对"的策略，也即一方所支持的必将遭遇另一方的抵制、一方所反对的必将得到另一方的支持，是一种"零和"的阵营对抗。因此，在众多热点地区的冲突中，美苏往往以"代理人"的形式介入到不同派别的利益争斗当中，并试图获取竞争优势以主导地区秩序。

二是"战略拉锯"。这是冷战时期美苏战略态势的主要趋势，也是美苏势力范围的战术弹性。20世纪50至90年代，美苏的争霸态势经历三个阶段，分别是冷战初期的美攻苏守、中期的苏攻美守以及后期的苏联全面收缩，可以说冷战是在美苏两国的反复拉锯中不断演绎的，因而两国的势力范围与利益格局是存在相当的战术弹性。

这两大国际特征在地缘政治格局中有所折射和体现，构成了南亚地区印巴纷争的主要国际背景，同时也在南亚的地缘政治变化中进行着解构与重构，映射出了印巴的民族矛盾与宗教冲突，同时也有美苏"冷战"的影子，一定程度上折射出了美苏的争霸态势与趋势。

二、地区层面

冷战初期，南亚地区被美苏两大阵营相对忽视，印巴和平的努力更多处在内生驱动层面。这一时期，印巴分别建国，两国虽然围绕克什米尔的领土争端爆发了第一次印巴战争，但南亚地区关系总体稳定，这主要是因为南亚地区并非是美苏对抗的前线，而南亚诸国独立于英国殖民

第三章 冷战时期的印巴和平——进程、方式及分析

地,通过和平妥协方式取得了英国自治领地位进而脱离英联邦取得了完全独立,这些国家在采取亲西方立场的同时,也与苏联保持了密切的关系。这一时期,印巴两国在一定程度上都采取了亲西方的立场,但态度与程度上是有差异的。巴基斯坦建国后表现出强烈的亲西方立场,呈"一边倒"态势,并通过1954年美巴《共同防御援助协定》、1959年美巴《双边安全协定》正式由"朋友"（Friend）转向"盟友"（Allies），并于1954年和1955年先后加入了美国主导的东南亚条约组织和巴格达条约组织。与之不同的是,印度虽然同样表现出亲西方的立场,但却更倾向于开展独立自主的"等距离"与"不结盟"外交。[①] 印度时任总理尼赫鲁甚至还试图领导第三世界创立"不结盟运动"以打造世界第三股力量。[②]

进入冷战中期以后,南亚地区被域外美苏等大国渗透程度加深,印巴和平更多通过后战争式的形式来呈现。这一时期,南亚地区由于印度的扩张政策而渐趋紧张,美国与苏联则加大了在南亚地区的投入,南亚地缘政治格局发生剧烈动荡,成为战争与裂变的地缘破碎地带,印巴和平构建更多烙上了美苏争霸的影子。这一时期南亚地区相继发生了1962年的中印边界冲突、1965年的第二次印巴战争、1971年的第三次印巴战争。这一局面的出现主要是因为印度奉行了冒险的扩张主义政策,试图以南亚霸主的身份来提升自身在南亚地区以及世界的话语权。这一时期,美国同时维持了与印巴的稳定关系,并通过联印制中、协巴抗苏的策略来实现自身在南亚地区利益的稳固。但受困于冷战大局,印巴各自承担的角色发生了变化,巴基斯坦日益成为美国维持全球均势的重要一环,并且在1979年苏联入侵阿富汗之后,巴基斯坦的情报价值更是日益凸显。印度则是逐渐向苏联靠拢,双方还于1971年签订和平友好条约12条,成为事实上的同盟。

冷战后期,南亚地区大局平稳但内生问题导致印巴和平面临更多困难。这段时期,苏联的解体以及美国共和党政府的战略忽视,使得南亚地区处于总体稳定的地缘政治格局当中。但这一时期,印巴因克什米尔领土争端而持续紧张,印巴两国都已经出现了进一步发展核武的倾向,

---

[①] 印度当时与苏联和新中国都展现出了友好立场,比如：印度在新中国成立2个月后即宣布承认新中国政权、作为唯一的非共产主义国家在1951年1月的联合国大会中反对美国将中国列为侵略国、尼赫鲁作为第一位非共产主义国家领导人于1955年访问苏联并在电视直播中向苏联人民发表演讲。
[②] 第二次世界大战结束前后,英国努力让日不落帝国的殖民地国家在英联邦计划内实现独立,将殖民地转变为英国自治领,试图将英联邦发展为美苏阵营之外的世界第三股势力。但随着民族独立运动浪潮的持续高涨,到20世纪50年代,英联邦自治领纷纷宣布脱离英联邦实现完全独立,英国这一梦想逐渐破灭。

逐渐成熟的核技术成为加剧两国紧张关系的新来源。随着苏联的收缩与解体，地区的权力真空导致了诸多恐怖主义组织的诞生，南亚地区的大部分国家都面临着恐怖主义的现实威胁。印巴两国并没有本着本地区的实际利益而共同打击恐怖主义，反而更多时候是以恐怖主义的名义来指责与攻击对方，进一步破坏了地区的和平稳定与经济发展。

三、国内背景

（一）印度方面

冷战时期，印度国内发展风格深深打上尼赫鲁、英迪拉·甘地、拉吉夫·甘地（Rajiv Gandhi）三人的烙印，在内政外交上也显示出了不同的政策取向，可以据此划分三个时期。

尼赫鲁时期的印度秉持"理想主义与道义外交"。尼赫鲁作为印度独立建国的元勋，具有浓厚的独立自主、大国地位的民族主义情绪，因而在对外交往上积极倡导不结盟运动，以"道义外交"的形式来促进世界和平。但是，尼赫鲁执政的后期则奉行"寇松主义"指导下的地区扩张政策，在中印边界地区不断制造事端，最终导致了1962年中印边界战争的爆发与政府危机。这体现在对巴关系上，更多的是道义基础上的和谈。

英迪拉·甘地时期的印度则是以理想主义的旗号继续推行地区扩张的英迪拉主义政策。英迪拉·甘地继承了尼赫鲁的理想主义成分，继续奉行不结盟外交、支持不结盟运动，俨然以第三世界国家领袖的身份反对帝国主义、殖民主义以及种族主义，反对核武器并支持裁军，作出了继续维护和支持联合的道义姿态。但在此外表下，以地区权力政治顶峰而著称的"英迪拉主义"则是英迪拉·甘地的国内与地区政策的实质。一是英迪拉·甘地加强了对国内的控制与对反对派的打击；二是促成了巴基斯坦的肢解，并将孟加拉国逐渐纳入印度的势力范围；三是继续冰封中印关系，甚至表现出了更为强硬的立场。正是在英迪拉·甘地的直接影响之下，南亚的冷战格局逐渐形成，美苏两国都加快争取印度的步伐，加剧了在南亚地区的利益争夺。在对巴关系上的体现，主要就是印度对巴基斯坦的实力打压。

拉吉夫·甘地继续延续了英迪拉·甘地主义风格，但却表现出相对缓和的立场。拉吉夫·甘地继承了尼赫鲁与英迪拉的政治遗产，继续高举不结盟的道义外交旗帜，在形式上反帝反殖民、根除种族主义、裁军与反对核武器，积极推进不结盟运动与国际新秩序的构建，尤其是"新德里不结盟运动领导人峰会"的召开使得印度的国际声望达到顶峰。与此同时，拉吉夫·甘地逐渐开启了与中国关系正常化的进程，并积极支持"南亚区域合作联盟"来推动南亚地区的"畸形发展"。但是，拉吉夫·甘地在斯里兰卡民族问题上的"双轨政策"引发了民族主义情绪的不满，他本人也因此丧命。这在对巴关系上的体现，主要就是印度大国梦想下的对巴缓和。

（二）巴基斯坦方面

相较于印度"家族政治"的稳定，巴基斯坦政局极其不稳定，政治危机不断，"民选政治"与"军人政治"的更迭与轮替使得国家的政治经济发展面临着较大的困境。巴基斯坦独立后的最初十年是议会民主政治时期，但民选政府更迭频繁，无法应对国内的实力派与外部的印度威胁，因而军人集团逐渐成为国家重要的政治力量。但是议会与军权的抗衡使得巴基斯坦的内部一直处于政治活跃状态，双方的交替以及对印战争的消耗使得巴基斯坦逐渐濒临经济崩溃的边缘。20世纪90年代中期，巴基斯坦的外债一度高达320亿美元，而外汇储备最低时则只有15亿美元，无论是政府还是民众都处于极端窘迫的状态。

这一时期，巴基斯坦政府虽然在内政上有更迭，但"亲西方"与"全面友华"的外交立场始终没有改变。一方面是为了争取西方国家经济援助与发展帮助的需要，另一方面也是为缓解印度与苏联南北战略挤压的需要，尤其是苏联入侵阿富汗使得巴基斯坦的安全态势极为不利，因而也有了允许美国将白沙瓦地区作为情报基地的策略性举措。与此同时，巴基斯坦的地区与全球政策是基本稳定的，坚持与发展中国家共同的立场，并积极参与到中美关系的改善当中，为地区的稳定与全球的和平发展作出了贡献。[①]这体现在对印关系上，始终是陷在"和谈—冲突—对峙—冷却—又和谈"的无休止循环，即使有穆沙拉夫的大胆妥协和平方案，但巴基斯坦国内以及把控克什米尔地区的各种势力始终无法达成一致，巴基斯坦突破自我束缚还需要时间，印巴和平任重道远。

---

① 1971年，在时任美国总统特使基辛格（Henry Alfred Kissinger）绕道巴基斯坦实现秘密访华的整个过程当中，巴方作出了重要贡献，包括：巴时任总统叶海亚·汗4月21日向美方转达了中方"愿意公开接待美国总统特使如基辛格博士，或美国国务卿甚至美国总统本人来北京直接商谈"的邀请；4月21日至7月9日期间，积极协调筹备基辛格绕道巴基斯坦秘密访华事宜；7月11日，积极迎接基辛格顺利完成秘密访华任务返航巴基斯坦；之后的中美沟通中，巴方继续发挥了桥梁作用。

第二节　问题解决式的和平

印巴分治初期，印巴双方就英印遗留问题分歧很大。不过，双方延续了分治前会议谈判解决双方分歧的方式，就分割英印遗产、河水资源分配等问题进行了主动谈判。这种和谈，虽仍建立在印巴实力极度不均的前提下，但在印巴历史上仍属于一种相对平等的问题解决式谈判，构成了印巴历史上实现双边和平的六大方式之一。

一、英印遗产分配谈判[①]

印巴分治前后，双方对英印遗产分配进行了多次谈判，其中，主要是关于英印遗留军产分配、分治导致的迁徙人员的财产清算、英印遗留的卢比现金分配、应对卢比贬值以及旁遮普一分为二后的边界安宁等问题。

一是英印遗留军产分配。分治前，在英印政府的调解下，国大党和穆斯林联盟双方同意分治后，原来由英国人指挥的军队一分为二。双方同意成立由英国人为首脑的最高司令部负责公平分配武器弹药、军需装备和库存物资，任期到1948年1月。不过，后来，国大党方面要求提前撤销这个机构，由印度自己负责。印度时任国防部长巴尔戴夫·辛格曾信誓旦旦地保证说："我代表我的政府宣誓，我将担负起全部责任，将应分给巴基斯坦的那份资产交付给它。"[②] 最终，最高司令部被撤销，时任总司令克劳德·奥金莱克（Claude John Eyre Auchinleck）无不悲观地表示："如果仅存的一个不偏不倚的机构被撤销，资产的公正分配将毫无希望"。[③] 虽然印巴有关军产分配不近公平，印方盛气凌人、傲慢无礼，但是，很大程度上也得益于印方的傲慢和对新生"巴基斯坦"能否存活的怀疑，双方通过和平谈判还是基本解决了军产分配问题。

二是分治迁徙人员财产清算。分治前后，整个南亚次大陆有成百上千万的穆斯林和印度教教徒为躲避仇杀，在极大恐慌中丢弃了住房、田地、金银、存款和其他各种各样财产，以保全性命。据不完全统计，印巴分治造成当时需撤退迁徙人员过亿，印巴双方各有大量人员撤离和移入。因此，各方地盘都有对方民众大量财产滞留。当时，印方声称，印度教教徒和锡克教教徒滞留在巴方的财产约有50亿卢比，而穆斯林丢弃在印方的财产只有10亿卢比。巴方则反驳印度夸大了印度教教徒和锡

[①] 本部分内容借鉴了孙士海、江亦丽的《二战后南亚国家对外关系研究》第162-166页的观点和内容。
[②] John Connel, Auchinleck, London, Cassell, 1945, p.928.
[③] S. M. Burke, Pakistan's Foreign Policy, 1973, p.10.

克教徒的财产而有意缩小了伊斯兰教徒遗留在印度领土上的财产。印巴双方于1947年8月29日开始就此问题展开谈判。1955年4月，双方就可动产财产在卡拉奇签订协议。1956年1月，双方同意移交两国撤离人员的银行存款和保险寄存。①

三是英印遗留卢比现金分配。英印政府退出南亚时账面留存的卢比现金余额约有40亿卢比。印巴就如何分配展开了谈判，1947年12月，双方达成协议，印巴分别获得32.5亿、7.5亿。印方先期交付给巴方2亿卢比。虽然此后印巴在克什米尔问题上争端加剧，印方也曾威胁说要将剩余的5.5亿卢比与克什米尔问题的解决挂钩，但在甘地的干预下，印度储备银行于1948年1月17日很快付清了余款给巴基斯坦

四是有关卢比贬值谈判。该问题产生于印度单方面的卢比贬值。1949年，英镑兑美元的汇率贬值近1/3，随后，印度将卢比单方面贬值，但巴基斯坦并没有同时贬值国内卢比，这导致印巴贸易摩擦加剧。因为印度严重依赖进口巴基斯坦的黄麻、棉花和粮食等初级原料，特别是印度的黄麻工业对巴基斯坦的原料依赖度很高。印度单方面卢比贬值意味着印度进口巴基斯坦的原料成本增加了近30%。该问题一度导致印度西孟加拉邦和东巴基斯坦的教派敌意，在1950年几乎酿成一场战争。在印度的一再要求下，印巴双方就这一问题展开谈判，在满足巴基斯坦汇率的基础上，印巴双方于1951年2月25日签订了新的贸易协定，一定程度上缓解了双边贸易摩擦和印巴紧张关系。

五是旁遮普一分为二后的边界安全谈判。印巴虽然整体上以两个民族理论立国，进行了领土划分，但是由于旁遮普地理面积大，地缘位置重要，省内民族宗教情况复杂，该省最后被一分为二。不过，基于历史原因，省内的不同民族宗教长期杂居交往，语言和生活习惯逐渐趋同，同为旁遮普人的族群意识越来越强。因此，人为的地域分割阻挡不住双边旁遮普人的跨界交往。特别是印度加紧管控的20世纪80年代，跨界活动，包括跨界极端活动不断。印巴双方均高度关注对方可能操纵和支持本国内部的分离主义运动。为此，印巴双方就此展开了沟通和谈判。1986年，印巴两国举行内政秘书级会谈，发表了联合公报，均表示反对一切形式的针对对方的恐怖主义活动。尽管印巴在这一问题上的谈判没能完全消除旁遮普边界上的跨界活动，但双方持续的和平谈判，维持了总体的边界安宁。

---

① 不过，在双方达成一致协议之前，印巴分别单方面开始利用撤离人员滞留的财产用于补贴迁入人员生活，比如，1954年10月，印度议会通过《转移人员（赔偿和安置）法》，授权印度政府使用巴方撤离人员的财产救济和安置迁移来印度的人员，并用于赔偿那些将财产丢弃在巴方的迁来人员。

二、河水资源分配谈判

印巴分治前不存在河水争端问题。因为那时,印度河及其6大支流是一个灌溉整体。由于印巴分治把旁遮普一分为二,导致印度河及其6大支流分布于印巴两侧,印度河主体不在印度,而上游水源不在巴基斯坦,印度水资源问题也就随之产生。

印度河水系主要有拉维河(Ravi)、比阿斯河(Beas)、苏特拉季河(Sutlej)、印度河(Indus)、奇纳布河(Chenab)、杰赫勒姆河(Jhelum)6大支流(见下图)。其中5条发源于印度或印控克什米尔地区,并向西汇入印度河主干。印度控制着这5条河流上游水源,巴基斯坦的旁遮普平原主要靠这些河水供给水源。因此,巴方急需印方就对巴供水作出保证。随着印巴分治,印巴双方就此矛盾逐渐凸显,印巴双边谈判也就此展开。

一是前半期的双边谈判。巴方的诉求主要有3点:第一,继续按照分治前的分配比例获得河水资源。第二,根据国际法,处于下游的国家有权获得上游的供水。第三,反对印度在印度河上游通过修建水坝等方式截留水资源。印度主要有4点主张:第一,印巴要重新修订河水资源分配方案。第二,巴基斯坦可修建连接西部支流的运河,减少对东部支流的依赖。第三,巴基斯坦没有如期如数向印度上交使用费用。[①]第四,印度完全有权利在上游修建大坝,不是针对巴基斯坦之举。谈判中,巴基斯坦作为被动和弱势一方,于1948年5月作出让步,同意在适当时候开拓水源,但并没有得到印度妥协性回应。1947-1952年期间,印巴双方主动开展了长达5年的和平谈判,但进展甚微,双方军队曾在边境运河管理工程周围长期对峙。

二是后半期的世行斡旋。印巴谈判难有进展,巴方积极寻求第三方介入。比如,在印度修建巴克拉(Bhakra Dam)大坝时,巴基斯坦呼吁国际法庭(International Court of Justice)出面调解,印度坚决反对,坚持双边谈判解决该问题。[②] 不过,印方的压迫性姿态受到国际社会的谴责,印方后来同意世界银行代表进行调解。1952年5月谈判开始,印巴各持己见,世行主要借用了美国田纳西河流域管理局前局长利连撒尔

[①] 1948年4月,印度声称巴方没有交付使用费而关闭了印控旁遮普邦内的运河。参见:Dennis Kux, *India-Pakistan Negotiations: Is Past Still Prologue?* United States Institute of Peace Press, Washington, DC, 2006, p.23.

[②] W. Norman Brown, *The United States and India, Pakistan,and Bangladesh,* Cambrighe, Harvard University Press, 1972, pp.165-166.

（David Lilienthal）的建议，希望印巴共同管理印度河水资源，通过修建大坝和运河，实现更多互惠互利。① 鉴于进展甚微的现实，1954 年，世行提出新的分配方案力图打破僵局，即将印度河水系一分为二，印度对东部三条支流、巴基斯坦对西部三条支流分别拥有绝对的使用权；印度需要帮助巴基斯坦修建新的运河和大坝以改善巴基斯坦水资源紧缺现状。尽管巴基斯坦对此不够满意，但双方还是原则上接受。随后几年主要是就细节进行进一步讨价还价。在世行的帮助下，经过 8 年谈判，双方终于达成一致，于 1960 年 9 月 19 日在卡拉奇签署《印度河河水条约》。根据条约，东部支流——拉维河、比阿斯河、苏特拉季河归印度支配，西部支流——印度河、奇纳布河、杰赫勒姆河归巴基斯坦使用，印度有义务保持河水供应；双方成立印度河水永久委员会，在监督实施本条约的同时，扩大双方的合作；双方承诺，任何相关争端及异议都首先限定本委员会内部协商解决。② 尽管双方在大坝建设及水电站开发方面仍存在争议，但此条约大体上解决了双方的激烈争执，维持了数十年的基本和平。美国时任总统艾森豪威尔得知印巴就河水分配问题取得实质性进展时无不兴奋地表示：“在如此令人沮丧的世界里，唯一值得我提到的一抹亮点就是印巴之间有关印度河水问题的圆满解决”。

总的来说，分治初期，印巴问题解决式的和平努力有一定的成效，比如卢比现金分配问题，在甘地的干涉下，双方在分治后的 5 个月内就如数解决。再比如，双方在印度河水资源分配方面的谈判比较成功，特别是双方签订的《印度河河水条约》成为日后双方解决细节谈判的基础，也为其他问题的实质性推进提供了范例。不过，问题解决式的和平方式没能解决印巴分歧最大的克什米尔问题。另外，由于印巴双方实力上的不对等，在分割英印遗产方面，印方还是占了不少便宜。印巴问题解决式的和平方式为印巴问题解决型纠纷提供了较好范式，不过，在对印巴双方冲突型纠纷的解决上，没有多少建树，这也是催生其他 5 种和平方式的主要原因之一。

---

① Dennis Kux, *India-Pakistan Negotiations: Is Past Still Prologue?* United States Institute of Peace Press, Washington, DC, 2006, p.23.
② "Abridged Text of the Indus Waters Treaty", Dennis Kux, *India-Pakistan Negotiations: Is Past Still Prologue?*, APPENDIX 1.

第三节　后战争式的和平

印巴分治的遗留问题远不止上文提到的英印遗产分配以及河水资源纠纷。巴基斯坦独立运动的理论基础是"两个民族"理论，即认为印度次大陆应建立印度教教徒的印度和伊斯兰教徒的巴基斯坦两个国家。"两个民族"理论把宗教和民族混为一谈，认为宗教属性是民族认同的唯一特征，在民族集团和宗教集团之间画等号，因此认定，印度的两个主要民族就是伊斯兰教徒和印度教教徒。建立在这样的理论基础上的印巴分治实践产生了更加深远的问题。一是"两个民族"理论与"一个民族"理论的长期对立。二是伊斯兰教徒和印度教教徒的长期敌视和仇杀。三是印巴跨境恐怖安全问题。四是印巴持续的领土争端。印巴核心问题上的争端难以通过问题解决式的和平谈判来化解，因此，在冷战期间，印巴就以上核心争端，通过战争的方式，以打促谈，造就了印巴推进实现和平的第二种方式，即后战争式谈判。

一、两个民族理论

1. 两个民族理论的提出

"两个民族"理论的核心是南亚的穆斯林和印度教教徒分属于两个不同的民族。该理论产生于南亚穆斯林争取更多权益的英印殖民时期。最早由穆斯林启蒙思想家赛义德·艾哈迈德·汗（Sayyid Ahmad Khan, 1817-1898）于19世纪80年代提出。他认为，伊斯兰教徒与印度教教徒的宗教信仰、语言文化、生活习俗各不相同，各自构成了一个单独实体，各自形成了独立的民族。[①] 不过，逐渐将"两个民族"理论用于政治实践的是巴基斯坦思想家伊克巴尔和巴基斯坦国父真纳。1930年，在穆斯林联盟年会上，伊克巴尔提出印度穆斯林要寻求自治、建立西北印度伊斯兰国家的设想。1940年以前，真纳政治主张仍倾向于维护穆斯林和印度教教徒的团结，力求印度实现统一。但由于各种原因导致的种种失败以及个人对印度形势发展的再估计，最终促成了真纳在1940年拉合尔年会上的重大政治理念转向：即由维护印度教教徒与伊斯兰教徒的团结到公开要求建立伊斯兰国家的政治主张。他说："对于所有人来说，唯一的道路就是通过将印度划分成为几个自主的国家，给予其主要民族以单独建国的机会"，"无论如何定义，穆斯林都是一个民族，他们必

[①] 王希，《巴基斯坦国父真纳政治思想初探》，载《南亚研究》，2011年第4期，第34-35页。

须要有属于自己的家园、领土和国家。我们希望以自由和独立的民族身份与我们的邻居平静和谐相处"。① 该年会通过了巴基斯坦独立运动史上著名的《拉合尔决议》，其核心内容就是在穆斯林人口占多数的地区，也就是印度的东部地区和西北地区，建立独立的巴基斯坦国。自此之后，穆斯林联盟坚持"两个民族"理论立国，在与国大党、英印当局谈判中毫不让步。

2. 国大党的"一个民族"理论及失败

国大党坚称印度是一个统一的民族，不存在多民族的概念。不过，其"一个民族"理论其实并不成体系，也没有真正的理论基础和历史演进过程，主要是针对穆斯林提出"两个民族"理论的一种回应和对抗。② 国大党提出"一个民族"理论的原因可以简单概括为3点：第一，国大党历来声称自己代表包括印度教教徒和伊斯兰教徒在内的全印民众，若承认穆斯林联盟的"两个民族"理论，就是对自己政治口号和理论的否定。第二，国大党其实代表的是印度民族资产阶级，特别是民族资产阶级的上层利益，该集团力量的强势导致国大党更加倾向于建立一个中央集权而非联邦性质的国家机关，若接受了穆斯林联盟的"两个民族"理论，南亚次大陆会引起多米诺骨反应。第三，"一个民族"理论的提出更多的是国大党面对穆斯林联盟领导的来势汹汹的巴基斯坦运动的一种应对之策，是为了能增加国大党与穆斯林联盟谈判的筹码，尽量在不可逆转的分治中占尽便宜。不久后国大党接受印巴分治的"蒙巴顿方案"即是例证，这也标志着国大党"一个民族"理论的失败。

国大党接受"蒙巴顿分治方案"的原因可以归纳为四点：第一，国大党认识到，穆斯林民众要求实现自治，建立自己家园的愿望和要求不可改变，他们为此已经并将继续付出惨重的代价，巴基斯坦独立的趋势已经不可逆转，国大党若一意孤行，坚决阻止只能造成更多流血，印穆两派更加对立。第二，国大党已经不能真正代表穆斯林民众，因为穆斯林联盟经过40余年的发展，已经成为具有广泛群众基础的强大政治力量，特别是成为真正代表全印穆斯林利益的政党，在1945-1946年的印度中央和省立法议会选举中，穆斯林联盟大胜，在中央层面获得了全部的30个穆斯林席位，为总票数的27.6%，穆斯林票数的86%；在省级层面获得了494个穆斯林席位中的439个，占穆斯林总票数的88.8%。这

---

① Jamil-ud-din Ahmad ed., *Some Recent Speeches and Writings of Mr. Jinnah*, Lahore: Kashmiri Bazar, 1952, pp.177-180.
② 对印度"一个民族"理论和印度教是一个独立民族观点的详细反驳，参见：陈继东、晏世经主编的《印巴关系研究》，第9-14页。

使得穆斯林联盟成为仅次于国大党的全印第二大党，上升为绝大多数穆斯林支持的第一大党，"真纳要求代表全印穆斯林发言的权利得到了压倒优势的证明"。第三，这是国大党直接掌权的机会。因为，国大党意识到，如果不接受分治，国大党应付不了国内局势；同时，也担心不与英印政府及穆斯林联盟合作，很可能重演1939年和1942年的悲剧：国大党会丧失一切权力，无权、无地位，甚至无人身自由，只有囚禁和牢房。这在1960年尼赫鲁与一学者谈话中得到了验证，他说："倘若像我们所希望的那样，仍然坚持一个统一的印度，则很显然，等待我们的将是牢房，我们目睹旁遮普的熊熊烈火，并听到各处的一片厮杀之声，分治计划提供了一条出路，所以我们接受了"。① 第四，印度部分领导人，比如尼赫鲁和巴特尔（Sardar Vallabhbhai Patel），都认为"印巴分治"只是暂时的状态，巴基斯坦不会存活太久，它迟早还是会并入印度，尼赫鲁曾不无傲慢地说："就让我们看看它到底能撑多长时间"。②

但印巴分治以来的政治实践表明，印方一开始认为"巴基斯坦迟早会并入印度"的想法只是印方的一厢情愿，而巴基斯坦的"两个民族"理论却长久不衰。这导致了印巴几乎所有的矛盾都与"两个民族"理论立国有关。比如，印巴三次战争，第一次直接因克什米尔归属问题而引起；第二次导火索虽然是库奇兰恩（Rann-of-Kutch）领土摩擦，其实质还是立国分歧所致；第三次印度参与肢解东巴，直接挑战的就是"穆斯林是一个民族，应建立一个国家"的理论基础。

二、第一次印巴战争及战争前后和平努力探析

1. 简要概况

克什米尔全称为查谟与克什米尔，是印度分治前最大的土邦，位于印巴北部边界。印巴分治前，克什米尔一直被誉为世外桃源，西方人称之为"东方瑞士"，尼赫鲁说它是"一个充满童话与梦想的地方"。③ 但在印巴分治过程中，由于英印政府希望印巴在英联邦之内以自治领身份实现独立，故而几易土邦政策，以此引诱和要挟国大党以及穆斯林联盟。即使在《蒙巴顿方案》中，也只是模糊提到"英王政府希望土邦都能够在两个自治领中找到自己的位置"，并无具体的法理性方案。穆斯林联盟甚至一度主张土邦可以自由决定自己命运，选择独立。也正是因

---

① 莫斯莱·利昂纳特，《英国统治的最后日子》，伦敦，1961年，第248页。
② 贾斯万特·辛格，《印度的防务》，麦克米兰印度有限公司，1999年，第33页。
③ Osef Korbel, Danger in Kashmir, Karachi: Oxford University Press, 2002, p.4.

为英国政府、国大党、穆斯林联盟三方就印巴分治中土邦的安排一直没有达成过完全一致，因此给了土邦特别是较大土邦以更多的遐想空间，即使国大党的态度很坚决，但部分较大土邦在其中一直有分离倾向，包括克什米尔。印巴开战前，克什米尔土邦因为归属问题出现区内分歧。以时任克什米尔大君哈里·辛格为首的克什米尔王公上层几乎都是印度教教徒，希望独立。① 但是克什米尔地区78%的民众是伊斯兰教徒，印度教教徒只有20%。② 克什米尔部族武装和大部分民众希望加入巴基斯坦。1947年9月3日，在查谟地区的部族武装与克什米尔土邦军队发生冲突。10月24日，部族武装势力宣布成立自由克什米尔政府，并宣布加入巴基斯坦。10月25日，在印度土邦事务部长梅农（V. P. Menon）会晤辛格后，辛格签署了《加入证书》，于10月26日宣布加入印度，希望印度出兵稳定区内形势。印度遂于10月28日出兵克什米尔，巴基斯坦也派兵支援部族武装，印巴第一次战争随即爆发，双方打打谈谈，最后于1949年初实现停火。

2. 印巴和谈及成效

第一次印巴战争前后其实包括了不少和平因素，比如，战前的和谈努力、战中的磋商及战后的斡旋式谈判。

一是战前的和平努力。在得知真纳准备派兵参战的严重时刻，印巴联军总司令克劳德·奥金莱克于10月28日飞赴拉合尔与真纳会谈，并威胁说，如果巴基斯坦军队采取任何行动，那他就不得不撤退全部英国军官，包括他在内。他建议印巴召开圆桌会议，由真纳、利雅格特（Liaquat Ali Khan）、蒙巴顿、尼赫鲁、克什米尔的大君和首相共同参加，讨论克什米尔问题。③ 真纳接受了该建议。在受到国内巨大阻力后，尼赫鲁称病拒绝了于10月28日赴巴基斯坦参加该会议的邀请。为了不导致此次会谈破裂，11月1日，蒙巴顿一人以个人名义与真纳进行了会谈。蒙巴顿建议在联合国的主持下，在克什米尔进行公民投票。真纳不希望通过公投来决定克什米尔归属，按照分治原则，穆斯林占大多数的克什米尔理应加入巴基斯坦。不过真纳提出了自己的三点临时和平建议：（1）为了促成立即停战，两个自治领应该给予两国总督充分的授权，让他们

---

① 明确表示不在1947年8月15日前加入印度或巴基斯坦而希望独立的只有海德拉巴、朱纳格特和克什米尔三个土邦。参见：谌焕义的《英国工党与印巴分治》，社会科学文献出版社，2004年，第354页。
② 赵德喜，《印巴对抗何时休》，中原农民出版社，2000年，第31页。
③ Dasgupta, C., *War and diplomacy in Kashmir, 1947-48*, New Delhi: Sage Publications, 2002, p. 70.

立刻通知敌对双方的武装在48小时之内停火。巴基斯坦总督对正在战斗的克什米尔临时政府（注：地方武装成立的自由克什米尔政府）和部落民武装没有控制力，但自己愿意以最明晰的言辞警告他们，如果他们不遵守立刻停火的命令，两个自治领的部队将向他们开火。（2）印度自治领和部落民的武装同时以最快速度撤离查谟和克什米尔邦的领土。（3）由两个自治领政府批准，给双方两位总督以充分的授权去恢复和平，负责查谟和克什米尔邦的临时行政管理，在其共同控制和监督下立即组织公民投票。①该建议虽得到英国政府的赞赏，但遭到了印度政府的拒绝。印巴随即进入了激烈的交火状态，战前紧急和谈的努力付之东流。

二是印巴各自释放缓和信号。11月2日，尼赫鲁发表广播讲话，就克什米尔问题，建议在联合国之类的国际支持之下进行公民投票。11月16日，真纳发表声明，呼吁联合国应该任命代表帮助解决克什米尔问题。12月中旬，尼赫鲁与利雅格特进行电报交往，呼吁联合国出面和平解决克什米尔问题。其间，巴基斯坦曾请求英国政府出面干预克什米尔争端，但艾德礼政府婉拒了这一请求，他在给巴基斯坦时任总理利雅格特的回信中说："经过全面考虑，我倾向于认为，要在独立人士监督之下建立并管理与克什米尔人民协商机制的最快捷办法或许是求助于联合国的某个特殊机构，也就是说国际法庭"。②美国也不愿直接介入，而倾向于联合国出面调停。1947年12月2日，美国国务院为美国驻联合国安理会代表准备的《关于印巴克什米尔争端的意见书》中说："我们宁愿克什米尔问题通过印巴两国直接谈判得到解决。但是，要求联合国介入，以及特别是要求联合国监督克什米尔公民投票的决议，如果是印度或者巴基斯坦提出的，而且还得到英国的支持，美国的代表就应该支持该决议……美国或任何其他某个第三国也不宜承担这种角色，由联合国来解决这一问题的设想就成为首选了"。③双方释放的停战善意以及呼吁第三方介入的姿态为后面联合国调停斡旋提供了前提条件。

三是联合国调解斡旋。由于美国担心印巴全面开战，1947年12月31日，美国国务院给印巴两国政府发去紧急照会，要求双方保持克制，

---

① Lakhanpal, P. L., *Essential Documents and Notes on Kashmir Dispute*, Delhi: International Books, 1965, p. 73.
② Lakhanpal, P. L., *Essential Documents and Notes on Kashmir Dispute*, Delhi: International Books, 1965, p. 84.
③ Jain, Rajendra Kumar, *US-South Asian Relations, 1947-1982*, Radiant Publishers, 1983, Introduction.

第三章 冷战时期的印巴和平——进程、方式及分析

建议将克什米尔问题提交联合国来解决。① 当天，在美英的支持下，印度根据联合国宪章第35条，正式把克什米尔问题提交给联合国安理会调解。为了尽快实现停火，1948年1月17日，联合国通过了第一个临时决议案，要求印巴两国停止任何有可能恶化局势的行为，尽快在克什米尔成立中立行政机构。1948年4月21日，联合国通过第二个决议，主要内容有四点：（1）巴基斯坦应利用影响，使部落民武装退出克什米尔，印度随之把军队减少到能维持治安的最低限度。（2）为了进行公决，克什米尔的现任政府应扩大，以容纳克什米尔地区所有党派。（3）由联合国任命一个拥有实权而且负责的公民投票负责人，负责克什米尔地区公投工作。（4）成立联合国印巴委员会（由英、美、阿根廷、比利时、哥伦比亚和捷克斯洛伐克六国代表组成）来承担主持和监督公民投票的使命。② 不过，印巴都对此表示无法接受。经过多轮谈判，8月13日，联合国安理会通过了第三个决议，即印巴委员会提出的停火决议，主要内容包括6点：（1）包括印巴两国在内的一切武装立即停火。（2）巴基斯坦立刻从克什米尔撤军。（3）非正常居住的部族民和巴基斯坦国民立即撤出克什米尔地区。（4）巴基斯坦军队退出的地方，暂由当局在印巴委员会的监督下进行管理。（5）当部落民和巴基斯坦国民已经撤出以及巴基斯坦军队正在撤出之时，印度应开始撤出其大部分军队。（6）印度政府可在停火实际控制线内保持最低限度的军队以协助当局维持法治。③ 12月11日，联合国印巴委员会就此决议进行4点补充：（1）在印巴委员会同意下，联合国秘书长将推荐一位具有崇高地位和值得广泛信任的人担任公民投票行政官，该行政官由查谟和克什米尔政府正式任命。（2）为保证公投的自由和公正性，该行政官必须从查谟和克什米尔当局获得所必需的权力。（3）该行政官将有权任命自己的助理员和观察员。（4）克什米尔地区内所有民政当局和军事当局以及主要政治单位均须与公民投票行政官合作。其实该补充协议就是在8月13日决议基础上增设公民投票行政机构，可见，当时联合国调解其实已经很深入，和平解决克什米尔的曙光是比较明显的。1949年1月1日，印巴双边发布停火令，实现停火。1月5日，联合国对之前的决议进行修正后，通过了第四个决议，重点安排任命公民投票行政官事宜。随后双方经过

---

① 照会具体内容可参见：Jain, Rajendra Kumar, *US-South Asian Relations,1947-1982*, Radiant Publishers, 1983, p.5.
② Ahmad, Bashir, PhD, "The Politics of the Major Powers Toward the Kashmir Dispute: 1947-1965", Nebraska University, 1972, p.143.
③ Hingorani, R.C., *Nehru's Foreign Policy*, New Delhi: Oxford & IBH Pub., 1989, p.16.

多次谈判，最终于 7 月 27 日签署《卡拉奇协议》，对克什米尔地区实现了分割，双方划定了停火线。① 该停火线奠定了印巴几十年来在克什米尔的基本格局，该停火线也基本成为印巴在克什米尔的实际控制线。

第一次印巴战争前后，印巴、英国政府特别是联合国的确作了不少和平努力。但《卡拉奇协议》的签署以及停火线的划定是伴随着印巴间歇性战争的，可以说主要还是以战争的方式，在恐怖威慑下，边打边劝边谈实现的，因此，它的落实成效是有问题的，尽管基本和平态势可以维持，但是双方特别是巴基斯坦一方是没有安全感的。

三、库奇兰恩冲突及第二次印巴战争前后的和平努力探析

1. 库奇兰恩冲突

第二次印巴战争的导火索不是克什米尔冲突，而是发生在库奇兰恩沼泽地的武装冲突，持续了 4 个月，库奇兰恩冲突因此被称作第二次克什米尔战争在外交计划中进行的一次彩排。②

库奇兰恩地区位于巴基斯坦信德省和印度古吉拉特邦之间，是一片荒无人烟的内陆湖区，面积约 1.8 万平方千米，是印度河入海口附近的一块盐碱沼泽地，雨季期间大部分地区会被洪水淹没，历史上属于以前的库奇土邦。分治前，当时的英印信德当局就与库奇土邦在此有争议。1938 年，信德当局公开宣称对库奇兰恩一半以上地区的领土拥有主权。分治时，由于库奇兰恩地区大部分人信奉印度教而留在了印度。1948 年 7 月 14 日，巴基斯坦时任总理利雅格特致信印度，指出信德－库奇"边界仍然存在争议，必须迅速解决"。③ 分治以来，特别是进入 20 世纪 60 年代，苏联帮助印度在该地区发现了石油及其他矿产资源，印巴争夺更加激烈。巴基斯坦声称北纬 24 度以北的 3500 平方英里为其领土，印度方面则坚称整个 8400 平方英里的沼泽地区全部是其领土。1965 年 2 月，印度陆军在航空兵的支持下突然占领了库奇兰恩的北部地区；3 月，印度以代号"箭头演习"的名义向当地持续增兵，使地区的兵力达到 3 个旅，并夺取了巴基斯坦的几个哨所，同时还出动了"维克兰特"号航空母舰威慑巴基斯坦；4 月 6 日，巴基斯坦出兵作战；4 月 26 日，巴基斯坦增援一个坦克连进入库奇兰恩，第 8 师制定了代号为"沙漠之鹰行动"

---

① 具体人口与面积划分见第六章第一节第二部分第二点"战后式的处置"部分。
② Nandamudi, Israel., PhD., "Perceptions and Policy Choices of the United States towards India: A Case Study of Indo-Pakistan War of 1965", Washington State University, 1998, p. 126.
③ 胡烨，《复燃的冰川——印巴战争 1965》，中国长安出版社，2019 年，第 14 页.

的作战计划,库奇兰恩冲突达到顶峰。6月30日,在国际的调停下,印巴两国签署了《库奇协议》,7月1日6点生效,主要内容有4点:(1)双方自1965年7月1日起实现停火,并在7天之内撤出所有军队;(2)恢复1965年1月1日前的现状;(3)停火后1个月内举行部长级会谈讨论边界划界问题;(4)若以上措施均未奏效,则将问题提交国际法庭,由其作终审裁决。①

不过,随着1964年5月尼赫鲁逝世给印度造成的权力真空、1964年12月印控克什米尔首府斯利那加哈扎拉特巴(Hazaratbal)清真寺圣物盗窃案、1965年5月谢赫·阿卜杜拉(Sheikh Muhammad Abdullah)再次被捕处决②以及克什米尔新的动乱,单单靠一纸《库奇协议》无法缓和印巴紧张局势。《库奇协议》内容并没有得到遵守,国际仲裁结果也没有得到双方特别是巴基斯坦一方的遵守,反倒是各种原因促成了巴基斯坦就克什米尔问题挑起了第二次印巴战争。

2. 第二次印巴战争概况

到1965年,印度国内形势发生较大变化,巴基斯坦领导人认为解决克什米尔问题的有利时机已经来临。1965年7月24日,巴基斯坦时任外交部长阿里·布托(Ali Bhutto)在内阁会议上坚定地说,假如此时巴基斯坦仍对克什米尔的局势袖手旁观,它就永远不会得到历史的饶恕。③在国内大部分领导人取得一致意见的情况下,阿尤布·汗总统批准了主要由时任巴基斯坦外交部长的阿里·布托、外交秘书长阿齐兹·艾哈迈德以及巴基斯坦陆军第12步兵师师长侯赛因·马立克少将共同拟定的解放印控克什米尔的"直布罗陀军事行动",巴基斯坦支持的地方武装部队3万余人开始向前方集结,并于7月28日越过停火线渗透进入印控克什米尔,于8月9日正式向印控克什米尔发动进攻。印度军队开始展开镇压,并于8月24日越过印巴停火线,拿下了巴军3个哨所。巴基斯坦于9月1日开始实施代号为"大满贯行动"的对印反击战,投入1个步兵师和2个装甲团的兵力对查木布地区停火线上的印度哨所展开攻击,掀开了1965年印巴第二次战争的序幕。9月6日,巴基斯坦正式宣布对印开战,第二次印巴战争全面爆发。战争持续了近20天。在联合国的呼吁下,印巴分别于21日和22日宣布接受联合国安理会第211号停火决议,9月23日,印巴两国正式实现停火,第二次印巴战争结束。

---

① 习罡华,《地缘政治与1947—1974年的克什米尔冲突》,北京大学博士论文,2008年,第142页。
② 被称为"克什米尔之狮",时任印控克什米尔地区民族国大党领导人,为克什米尔签署《加入协定》,印度获得印控克什米尔实控权提供了重要帮助,是尼赫鲁的好朋友。
③ 阿尔塔夫·高哈,《阿尤布·汗》,世界知识出版社,2002年,第233页。

但之后的零星战斗仍持续到 1966 年初。直到 1966 年 1 月签署《塔什干宣言》，双方维持了一段时期的相对和平。

3. 第二次战争前后的和平努力与成效

一是战前的和平努力。印巴之间就落实第一次印巴战争后签订的《卡拉奇协议》精神，解决克什米尔问题，先后进行了六轮会谈，虽无大的进展，但进行了艰苦的努力和探索。之后，尼赫鲁另辟蹊径，仿照欧洲共同体的发展模式，提出了建立"南亚联邦计划"，即随着时间的推移，印巴及其邻国将组成一个大的联邦。他认为，联邦对印巴都有利，巴基斯坦可以维持与克什米尔的关系，抑制东孟加拉的复国主义情绪；对印度，可以堵塞教派主义之路，削弱"两个民族理论"的影响，为印巴和平合作提供前景。[①] 不过，巴基斯坦对尼赫鲁的"南亚联邦计划"反应平淡。在印巴库奇兰恩冲突后，在英国等国际社会的斡旋下，1965 年 6 月，巴基斯坦时任总统阿尤布·汗和印度时任总理夏斯特里在参加英联邦首脑会议期间开展外交努力，两国领导人分别同英国时任首相哈德罗·威尔逊（Harold Wilson）和英联邦关系部秘书亚瑟·波腾姆会谈，在英国的帮助下，印巴两国通过和谈于 6 月 3 日签订了《库奇协议》。之后，印巴双方从 8 月 20 日起开始举行长达近 50 天的双边谈判，未取得实质性进展。

二是战中的国际社会促谈努力。苏联在保持中立姿态的情况下，积极呼吁印巴保持克制，通过谈判解决两国纠纷。8 月 20 日，时任苏联总理柯西金（Алексе́й Никола́евич Косы́гин）写信给阿尤布·汗和夏斯特里，呼吁双方采取措施避免两国形势进一步恶化。9 月 4 日和 17 日，柯西金两次表示，印巴两国领导人应该通过谈判协商解决所有矛盾，苏联愿意提供会谈场所，比如塔什干。美国出于更宏大全球战略考虑，没有履行美巴军事同盟的承诺，决定终止对印巴双方的所有援助，公开声称支持联合国呼吁印巴实现停火的决议。9 月 18 日，美国时任驻联合国常任大使亚瑟·戈德伯格说："我们把安理会看作解决该危机合适而最有效的代理处。"[②] 中国对第二次印巴战争的尽早结束起到了至关重要的作用。特别是 9 月 17 日中国向印度发出的最后通牒，直接促成了 20 日联合国

---

① Sarvepalli Gopal, Jawaharlal Nehru: A Biography (Vol. 3, 1956-1964), London: Jonathan Cope, 1984, p. 143.
② Lamb, Alastair, *Kashmir: A Disputed Legacy(1846-1990)*, Hertingforbury: Roxford Books, 1991, p. 267.

安理会要求印巴停火的决议。①尽管在印方以及西方看来,中国以比较偏向巴基斯坦的姿态出现在此次印巴战争当中,但在促成第二次印巴战争尽早结束上,中国的作用是毋庸置疑的,这一点,西方社会也是心知肚明的。第二次印巴战争期间,联合国一直扮演着调停角色,但直到9月20日,联合国安理会才通过了要求印巴实现停火的决议。战争中的和谈,国际社会除了作出止战的努力外,也在积极调解双方库奇兰恩领土争端,1965年10月7日国际法庭正式开始对库奇兰恩边界争端进行仲裁。直到1966年2月29日,经过四个半月的仲裁努力,印巴双方最终接受了国际法庭仲裁结果,即印度获得库奇兰恩2万平方公里土地,巴基斯坦获得828平方公里土地,只相当于巴基斯坦先前主张的1/10,至此,印巴在此地区的争端画上了句号。

三是战后和谈。苏联在本次印巴战争期间的中间人姿态积极,不仅在战中进行了积极斡旋,特别是战后积极呼吁印巴谈判,促成印巴在塔什干举行首脑会晤并成功签署了《塔什干宣言》。在苏联政府的斡旋下,印度时任总理夏斯特里和巴基斯坦时任总统阿尤布·汗于1966年1月4日在塔什干开始举行会谈,双方就两国恢复正常外交关系、部队撤军以及讨论经济、难民和其他一些问题达成协议。1月10日,双边签署了《塔什干宣言》,主要内容有三点:(1)双方通过和平手段解决一切争端;(2)双方军队最迟在不晚于2月25日前撤回到1965年8月5日前所在地区;(3)巴基斯坦承诺在克什米尔问题上"不使用武力而用和平手段解决争端"和"互不干涉内政的义务"。不过,按照印度的意思,本次会议不讨论克什米尔归属问题,《塔什干宣言》也不包括根据联合国决议和克什米尔人民的愿望在克什米尔举行公民投票的内容。

第二次印巴战争是在南亚格局发生变化,巴基斯坦错误估计地区形势、对印采取进攻性策略引起的,但是印巴全面开战是由于印度军队采取先发制人、首先越过边境公开重击巴基斯坦所导致的。第二次印巴战争前后以及战争期间,印巴及第三方力量为缓和南亚局势,落实联合国决议作出了不少和平努力,也形成了一些在法理上和历史上影响较大的文件,但实践成效甚微。克什米尔问题的悬而未决以及"两个民族"理论的实践之争决定着印巴再一次冲突或战争不可避免。

---

① 该通牒照会全文发表在1965年9月17日《人民日报》第一版上,主要内容为:中国政府要求文到之日三天内,印度拆除它在中锡边界中国一侧和跨中锡边界线上的所有侵略工事,并且立即停止在中印边界和中锡边界的一切入侵活动,送回被劫走的中国边民,归还被抢走的牲畜,保证今后不再越境骚扰。否则,由此而产生的一切严重后果,必须由印度政府承担全部责任。

四、第三次印巴战争及战争前后的和平努力探析

第三次印巴战争发生于1971年11月21日至12月16日,因东西巴基斯坦分裂、印度参与肢解东巴而引起。

分治以来,巴基斯坦由东巴和西巴组成,尽管东西巴人民都是穆斯林,都属于巴基斯坦中央政府管辖,但东西巴矛盾很深,主要表现在四个方面:(1)政治权力分配方面,东巴人民长期受到挤压,比如,印巴分治时,全巴133名文官中,孟加拉人只有1名。[1](2)经济上,中央政府的政策有损东肥西的倾向,比如,巴基斯坦中央政府长期忽视农业的发展,而东巴基本以农业为主,特别是大麻。分治初期,巴基斯坦不顾及东巴大量大麻需要出口的现实,不与印度同步实行卢比贬值,曾一度导致印度进口巴基斯坦大麻比例大幅下降,东巴对中央政府极为不满;(3)东西巴语言差异较大,但巴基斯坦中央政府强力推进乌尔都语母语化运动,大力打压孟加拉语的传播,引起东巴人民的强力反抗;(4)巴基斯坦中央政府对东巴的社会政策长期比较淡漠,导致东巴基础设施建设、社会福利、国民财富都远远落后于西巴。[2]

1970年12月的议会选举中,代表东巴人民利益的人民联盟党在穆吉布·拉赫曼(Sheikh Mujibur Rahman)的领导下获得历史性胜利,得到了东巴省议会310席中的288席,得到全国议会317席中的167席,[3]而由阿里·布托于1967年创建的人民党获得全国议会82个席位,成为仅次于人民联盟党的巴基斯坦第二大党。巴基斯坦穆斯林联盟由于多次分裂不合,大选惨败。但时任总统叶海亚·汗在阿里·布托的极力建议下,拒绝承认选举结果,宣布人民联盟党为非法,并声称要逮捕拉赫曼,导致东巴严重的政治危机。同时,叶海亚·汗只任命阿里·布托任副总理兼外交部长,总理一职继续空缺。[4]1971年12月7日,受到国内巨大舆论压力,叶海亚·汗草草任命穆斯林联盟的努鲁勒·阿明(Nurul Amin)为总理,这更加剧国内政治矛盾。短短13天之后,叶海亚·汗倒台,全国再次戒严,总理一职再次空缺至1973年8月阿里·布托由总统改任总理之时。除了中央权力分配严重不平衡之外,1970年11月12日,

---

[1] 钱乘旦,《巴基斯坦、孟加拉——面对种族和宗教的冲突》,四川人民出版社,2002年,第116页。
[2] 比如,1949-1950年,东巴的人均收入只比西巴低18%,但是到了1969—1970年,东巴的人均收入比西巴低至62%,20年间,两者的差距不但没有缩小,反而扩大到44%。参见钱乘旦主编的《巴基斯坦、孟加拉——面对种族和宗教的冲突》,第120页。
[3] 习罡华,《地缘政治与1947—1974年的克什米尔冲突》,北京大学博士论文,2008年,第152页。
[4] 1958年巴基斯坦军人执政后,实行戒严,一直未设总理一职。

第三章　冷战时期的印巴和平——进程、方式及分析

在东巴遭遇特大飓风海啸的时刻，巴基斯坦中央政府表现冷淡，反应缓慢，导致20多万人丧生，更加剧了东巴人民的离心倾向，东巴对巴基斯坦中央政府的不满开始以明确的分裂形式表现出来，比如，1971年4月10日，反对派在印度成立了"孟加拉国临时政府"。巴基斯坦开始成规模地派兵镇压东巴局势，印度加快支持东巴反对势力步伐，并陈兵边界随时待命。印度在时任总理英吉拉·甘地游说完美国等主要大国之后，于1971年11月21日向巴基斯坦军队果断发动袭击。当天，叶海亚·汗总统正式宣布向印度全面开战，第三次印巴战争正式爆发。

1. 战争概况

巴基斯坦正式宣战后，英吉拉·甘地即发表全国讲话说，"孟加拉的战争已经变成对印度的战争"，"巴基斯坦肆无忌惮的侵略将被击退"。[①]1971年12月3日，巴基斯坦对印度机场发动袭击，印度开始实施蓄谋已久的战争计划，全面分割东巴和西巴军队，使其不能统一行动，两面夹击，打掉巴前线部队纵深阵地，特别是阻断支援防御达卡的巴军。12月11日，印军攻占了巴基斯坦境内的希利。接着又在东巴北部、东北部地区发动了攻坚战。12月16日，印军进入东巴首府达卡，占领了整个东巴基斯坦和西巴3600平方公里的领土。17日，印度单方面宣布停火，巴基斯坦政府也宣布停火。至此，不到一个月的第三次印巴战争以印度的全面胜利而宣告结束。战争结局是：东巴被肢解出去成为孟加拉国，巴基斯坦失去了15%的国土和56%的人口；[②]阿里·布托取代叶海亚·汗就任巴基斯坦第4任总统。

2. 战争前后的和谈因素及和平努力

一是战前印巴双方的和平努力姿态。虽然可能并非出于真心，但在第三次战争之前，印巴也作了一些强调南亚地区和平的姿态。1971年5月20日，英吉拉·甘地在印度人民院发表演说，呼吁世界大国介入东巴危机，维护南亚次大陆和平。[③]1971年6月，印度时任外长斯瓦兰·辛格访问莫斯科期间，对苏联最高苏维埃主席团主席波德戈尔内写给叶海亚·汗信的内容表示认同。在与苏联签订《印苏和平友好条约》后，1971年10月，英吉拉·甘地启动穿梭外交，对英、美、法等国家进行访问，虽然主要目的是向世界阐述印度政策，争取国际社会对印度政策的了解

---

① 周广健、吴如华、郭小涛，《南亚风云——印巴三次战争始末》，世界知识出版社，1997年，第125页。
② 孙鸽，《试论第三次印巴战争的起因与结局》，载《世界政治资料》，1982年第2期，第20页。
③ Appadoral, A., *Select Documents on India's Foreign Policy and Relations, 1927-72*(Vol. 1), Delhi: Oxford University Press, 1982, p. 420.

和支持，但毕竟也公开呼吁世界各国向巴基斯坦施加压力，争取东巴问题的政治解决。11月2日，鉴于印巴日益紧张的形势，巴基斯坦政府同意单方面先行撤军，并准备同东巴的人民联盟党领袖进行谈判。

二是美苏中等大国的劝和姿态。美国在看到印苏结盟、印度表露出肢解巴基斯坦意图后，开始加快干预力度，呼吁巴基斯坦要用政治方式解决东巴危机，同时告诉印度不要军事干预东巴问题，"分裂巴基斯坦绝对没有什么好处"，"一旦印度发动战争，就很难估计其他大国会采取什么步骤"，[1]并安慰称，美国可以通过财政和技术援助来减轻难民对印度造成的影响。同时，美国还多次与苏联会晤，希望共同支持政治解决东巴危机；得知无望后，美国开始借助联合国的力量进行调解。苏联方面，最初，对东巴危机、印巴关系比较中立。1971年4月2日，波德戈尔内给叶海亚·汗写信说："我一直并将依然确信，巴基斯坦新近产生的复杂问题能够而且必须通过和平途径予以解决，不能采用武力……应该坚持不懈地寻求最紧急的措施停止针对东巴人民的流血和镇压，并且求诸和平的政治方案来解决问题"。[2]中国对巴军总参谋长、海军司令、总统特使等的频繁来华求援，给予了大量的政治和外交支持，声讨印度对巴基斯坦的侵略行动。[3]后半期，由于世界格局演变，世界大国在南亚地区博弈加深，中美对印强硬态度日趋一致，苏联立场逐渐向印度一方倾斜，最终走上了与印度半结盟的道路。中国在整个事件中，立场始终如一，即：反对印度肢解巴基斯坦，并赞成联合国大会和安理会的决议，呼吁印巴立即停火并各自从对方领土撤军。

三是印巴举行西姆拉会议并签署《西姆拉协议》。1972年7月初，英吉拉·甘地和阿里·布托在印度西姆拉进行会谈，解决战争遗留问题。据说，两位领导人曾达成君子协定，也就是所谓的西姆拉会议"秘密条款"，即：作为印度遣返巴基斯坦战俘的回报，阿里·布托将尽快承认孟加拉国主权；同时在维持印巴现状的基础上，巴基斯坦争取彻底解决克什米尔争端，并将尽力不破坏它。[4]印巴经过多轮协商，特别是经由巴方的妥协，双方签署《西姆拉协议》。其主要精神可以概括为4点：（1）双方同意将1971年12月17日印巴在查谟和克什米尔地区的停火线改称为控制线或实际控制线；（2）印巴两国首次以法律的形式保证

---

[1] 理查德·尼克松，《尼克松回忆录（中册）》，商务印书馆，1979年，第205页。
[2] Jain, Rajendra Kumar, *Soviet South Asian relations, 1947-1978* (V.1), Oxford: Martin Robertson, 1979, p.105.
[3] 杨公素，《沧桑九十年：一个外交特使的回忆》，海南出版社，1999年，第285-286页。
[4] 习罡华，《地缘政治与1947—1974年的克什米尔冲突》，北京大学博士论文，2008年，第161页。

不以武力为手段来解决克什米尔问题；（3）双方同意通过双边谈判以和平的手段或以他们共同商定的手段解决印巴一切分歧；（4）双方商定实现两国关系正常化的"四步走"战略。协定签订后，印度遣返了巴基斯坦93000名战俘，归还了所占领的西巴领土。《西姆拉协议》成为印巴两国通过谈判方式解决争端的一个范例。

第三次印巴战争发生的国际和地区背景复杂，战争前后存在不少各方的和平因素及和平努力。但是各方的和平姿态或者诚意有限，或者虚与委蛇，或者受国际形势的影响而瞬息万变，无法付诸实施，最终没能为制止战争爆发或为战后印巴争端的深度解决起到重要作用。

第四章　后冷战时期的印巴和平——进程、方式及分析

　　1991年苏联解体标志着美苏两大阵营冷战的结束。本章所指的后冷战时期的印巴和平即是从1991年至2000年的10年间的印巴和平构建。自冷战结束，世界格局和南亚地区力量发生较大调整。从国际层面来说，1989年苏联从阿富汗撤军开始，巴基斯坦作为美国试图阻止苏联南下的"前线国"地位和作用不复存在，美巴同盟关系已名存实亡，苏联解体后，美国完全停止了对巴基斯坦的经济和军事援助，美巴"蜜月期"停止，美巴同盟正式结束。同时，随着苏联解体，印苏准同盟关系已无必要。印巴失去战略依托，在单独面对国际现实的情况下，印度的战略优势更加凸显。这种情况下，双方特别是巴基斯坦一方更加依仗发展核武器，以期核均势求和平。从南亚地区格局来讲，冷战结束触发了南亚各国长期集聚的民族、宗教、文化、党派矛盾加速凸现，南亚各国政局普遍动荡。比如，印度国内分离势力日益猖獗，恐怖活动及危害日益严重，1992年12月巴布里清真寺事件造成2000多人殒命、上万人受伤，1994—1995年印度两轮邦议会选举惨败导致执政的国大党第三次大分裂，印度政党纷争加剧。巴基斯坦同样羁绊甚多，1994—1995年信德省出现了要求分裂的"全国难民运动"，人民党的贝·布托（Benazir Bhutto）和穆盟的纳瓦兹·谢里夫明争暗斗，你方唱罢我登台，乱象丛生，严重影响经济社会长期稳定发展。印巴双边层面，随着大国势力的主动退出，印巴双方被压制的各种矛盾日益显现，核军备竞赛、卡吉尔冲突即是这一时期的典型代表。为此，双方也有通过和平对话及冲突协调来缓解矛盾、努力稳定双边关系、实现相对和平的意愿。这一时期，双方逐步构建起了第二种和平模式，即相互核威慑下的和平模式，具体形成了对话式和冲突协调式两种和平努力方式。

第一节 背景演变

1991年，苏联解体，冷战结束，宣告以美苏两极对抗为特征的雅尔塔体系终结。长期占主导地位的现实主义国际关系理论很难解释国际格局的骤变，[①]国际关系出现了5点新的变化：一是意识形态对抗逐渐淡化，而民主和平论调日益受到青睐。[②]二是国际行为体的关注焦点逐渐从体系向个体转变，即更加关注地区和国家的关系，而不是言必称"世界格局"或"国际体系"。三是国际行为体关注的重点逐渐内化为经济和科技的竞争，而战争和军事手段降到了最后层次。四是地区和国家间冲突泛化，非传统主义威胁上升。五是国家中心主义和平学说逐渐被地区多中心主义范式取代，超国家和非国际行为体的活动日益频繁并且影响与日俱增。

虽然"冷战给南亚强加的影响并不大，仅是强化了原本已非常强劲的国内和地区模式，冷战结束没有给南亚的安全态势带来巨大变革"，但这并不说明冷战后的南亚地区格局"基本照旧"，"南亚地区安全复合体虽有实质上的连续性，但它正在迈向较为激进的变革"。[③]仔细观察梳理，南亚地区在冷战结束的国际背景下出现了4点变化：一是美苏两极对抗的影子已经退去。二是大国纷纷调整南亚战略。三是印巴两国开始大幅度调整外交政策。四是印巴相互依存度开始加深，矛盾与合作并存。

在此背景下，后冷战时期至新千年的10年间，印巴实现和平的方式有了变化，更多地通过和平对话及冲突协调来缓解矛盾，维护相对和平，双方逐步构建起了相互核威慑下的和平模式。所谓相互核威慑和平，是指巴基斯坦通过积极发展核试验并最终与印度同步成为拥核国家的核战略来改变对印常规力量先天失衡的局面，以此实现印巴核力量相互威慑，通过相互核威慑实现印巴双边的相对和平，主要表现形式为"紧张中克制"、"对峙中沟通"。

第二节 对话式的和平

20世纪90年代，印巴积极适应冷战后的国际和地区格局，努力调

[①] 结构现实主义大师华尔兹认为两极结构是最稳定的国际系统，参见：Kenneth Waltz, *Theory of International Politics*, New York: McGraw-Hill, 1979.
[②] 西方民主和平论的观点和理念尤以福山（Francis Fukuyama）的《历史的终结》（The End of History）以及查理斯·克劳萨默（Charles Krauthammer）的《单极时刻》（The Unipolar Moment）为代表。
[③] 巴里·布赞、奥利·维夫，《地区安全复合体与国际安全结构》，上海世纪出版社，2010年，第102-103页。

整周边外交战略,经济外交分量持续加大,双方试图通过接触及谈判方式改变冷战时期印巴战争恐怖状态,希望以对话来增进双方相互依存度,缓和矛盾,促进和平,为稳定国内政治,发展经济社会事业提供良好环境。印度"古杰拉尔主义"也随即应运而生,其中最典型的代表性事件就是:1997年两国总理在马尔代夫首都马累举行对话并发表了《马累声明》;1999年印度时任总理瓦杰帕伊对巴基斯坦开展"巴士外交"并发表了《拉合尔宣言》。

一、1997年印巴缓和及成因

1. 马累总理会晤

1997年4月,印度大选前,巴基斯坦外长赴新德里出席不结盟国家外长会,与时任印度外长古杰拉尔举行会谈,为两国继续和谈营造了气氛。会后,印外交部表示,两国外长进行了"十分有用的、富有成果的和建设性的"交换意见。① 5月,南亚地区合作联盟7国在马尔代夫首都马累举行第9次首脑会议。其间,巴基斯坦时任总理纳瓦兹·谢里夫与印度新任总理古杰拉尔举行会晤,两国总理一致同意采取措施缓和两国关系。本次会谈成果主要包括6点:(1)在印巴两国总理之间建立热线电话;(2)建立由外交秘书组成的联合工作组,研究解决克什米尔和其他问题;(3)释放被关押在两国的400余名渔民(印度渔民约190名,巴基斯坦渔民约220名);(4)采取措施鼓励扩大民间交往;(5)两国外交部互不发表挑衅性声明;(6)1997年6月尽快举行外秘级会谈。② 会上,古杰拉尔说:"我们已经通知两国外秘在6月底会晤,尽快确定问题之所在,以便联合工作组开展工作,尽快解决双方问题"。③ 当时战略界对此给予高度评价,认为印巴总理马累会晤为双方解决包括克什米尔问题在内的争议问题提供了"历史性机会",对缓和关系并推进双边各项合作意义重大。

2. 外秘会谈

1997年6月20—23日,印度时任外交秘书海德尔和巴基斯坦时任外交秘书艾哈迈德在巴基斯坦举行会谈,6月23日,双方签署联合公报,

---

① 王鸿余,《坚冰已被打破——析今年初以来的印巴关系》,载《国际展望》,1997年第13期,第7页。
② 梁建斌,《周边国家要闻——印巴关系出现缓和》,载《国际资料信息》,1997年第6期,第21页。
③ A.G. Noorani, "India & Pakistan: An insider's view", http://www.hinduonnet.com/fline/fl2408/stories/20070504000105900.htm, 登录时间:2015年3月12日。

同意通过多轮对话,以"八大议题"形式讨论解决双边问题。八大议题包括:查谟和克什米尔问题,锡亚琴冰川问题(Siachen),乌拉尔大坝问题(Wullar Barrage),塞·克里克湾争端问题(Sir Creek),反恐与毒品走私问题,经贸问题,和平与安全问题,促进各领域友好交往问题。[1] 这次外秘会谈的重大意义可以归纳为2点:第一,印度35年来第一次承认克什米尔存在争议,同意讨论克什米尔争端。第二,会议决定将"全面对话制度化",通过制度化的对话协商解决双边分歧。

3. 印巴趋暖的原因

1997年,印巴和谈增多的原因可以从3个方面来分析:第一,政治因素。1997年上半年,印巴两国政府更迭,巴基斯坦新任总理纳瓦兹·谢里夫政府以及印度新任总理古杰拉尔政府都倾向于印巴缓和稳定国内政治生态,改善执政环境。第二,外交因素。印巴都在调整周边外交战略,古杰拉尔的"多予少取、不求对等"的周边睦邻外交,谢里夫的经济外交,都不约而同地指向了印巴关系缓和。同时,世界和不少地区国家也在积极推动印巴和平进程。比如,1996年,中国时任国家主席江泽民访问了印巴;美国也在积极调整南亚政策,试图拉拢印度、稳住巴基斯坦。1995年美国首份国家安全报告提道:"南亚的民主和经济改革已经有了重大进展,美国应能够解决长期存在的冲突和信任措施,帮助人们享受民主和更加稳定带来的结果。美国要求印巴采取步骤,以停止、减少以至最后消除其大规模杀伤性武器和弹道导弹能力;同时,地区稳定和双边关系对美国在这一地区的经济利益也很重要。"[2] 克林顿连任美国总统,决定对印巴"增加接触",于1997年9月与印度时任总理古杰拉尔会晤,表示1998年2—3月访问印巴。1997年11月,美国时任国务卿奥尔布赖特到访印巴。第三,经济因素。同期,国际上,经济全球化和区域一体化趋势促进了大部分国家的经济繁荣,而南亚国家还未能抓住机遇享受世界经济发展大潮的红利。印度自1991年开始了经济改革,经贸增长保持了良好势头,吸引外资达100亿美元,外汇储备达200亿美元,1996—1997年度GDP增长率达6.8%,[3] 印度需要和平的周边环境争取更多的外资投入;巴基斯坦经济长期不景气,急需外部资金摆脱困境。而印巴关系长期紧张,导致巴基斯坦25%～30%的财政、印度7%的财

---

[1] Ashutosh Misra, "India-Pakistan Talks 2004:Nuclear Confidence Building Measures(NCCBMs) and Kashmir", *Strategic Analysis*, Vol. 28, No. 2, Apr-Jun 2004, p. 347.
[2] The White House, "A National Security Strategy of Engagement and Enlargement", February 1996.
[3] 程瑞声,《1997年的南亚形势和今后展望》,载《亚非纵横》,1998年第1期,第16页。

政用于国防开支。印巴经贸关系非正常化,中转贸易导致印巴流失大量外汇。[①]另外,世界主要大国,比如中国和美国在该地区的经济利益日益上升,美印贸易当时已经接近 100 亿美元,中印贸易为 30 多亿美元,但增速迅猛。因此,世界大国都乐见南亚地区保持和平局面。

尽管随后 1998 年的印巴核试爆暂时中断了这一缓和趋势,但很快,瓦杰帕伊通过"巴士外交",继续为印巴对话注入了活力。

二、1999 年巴士外交及评价

1999 年 2 月 20 日,印度时任总理瓦杰帕伊乘坐头班新德里至拉合尔的直通公共汽车越过印巴边界访问巴基斯坦,巴基斯坦时任总理纳瓦兹·谢里夫亲自到瓦嘎边界（Wagah）迎接,两国总理在拉合尔会晤,这就是印巴关系史上著名的"巴士外交",也被称为"和解外交"。[②]

1. 成果

本次会晤取得了显在的和隐在的双重成果,是印巴和平关系史中的重要事件。其外在显现成果主要表现在:双方签署了《拉合尔宣言》《联合声明》《建立相互信任措施备忘录》。该系列文件的主要内容可以总结为 6 个方面:（1）认识到两个有核国家安全环境的现实,双方有责任避免发生冲突;（2）双方承诺遵守联合国宪章的宗旨和原则以及普遍接受的和平共处原则;（3）双方重申,决心认真落实《西姆拉协议》;（4）双方认识到已达成的信任建立措施对改善安全环境的重要性;（5）可定并坚持 1998 年 9 月 23 日双方协定的精神;（6）和平安全的环境是两国最核心的利益,而关键是解决包括克什米尔在内的所有突出问题。本次会晤,双方达成了 5 项一致意见:（1）两国政府应努力解决包括克什米尔在内的一切问题;（2）应避免干涉他国内政;（3）应加快全面对话进程,早日落实已达成的各项双边协议;（4）应尽快采取措施降低意外使用核武器的风险,为避免冲突,双方应在核领域和常规领域就信任建立措施达成原则一致;（5）为实现南亚区域合作联盟提出的目标,应共同致力于南亚地区的经济发展和社会进步。[③]

双方谈判还取得了一些潜在的成果,即因未完全在细节方面达成一致而没落到文件上的谈判或者不适合即时公之于众的谈判。比如,会晤

---

① 比如,当时印度每年经过香港和迪拜出口到巴基斯坦的贸易额高达 5.6 亿美元。参见梁建斌的《周边国家要闻——印巴关系出现缓和》,第 22 页。
② 陈义禄,《印巴总理启动"和解大巴"》,载《当代亚太》,1999 年第 4 期。
③ "Lahore Declaration", Inventory of International Nonproliferation Organizations and Regimes, Center for Nonproliferation Studies, Last Update: 1/1/2006, p.1.

期间,两国总理就克什米尔问题进行了私下沟通,在3个方面取得了一致:一是承认克什米尔地位未决,克什米尔问题必须解决。二是双方必须在20世纪结束之前解决问题。三是关于克什米尔争端的初步谈判须通过平静的"后门"外交谨慎进行。据巴基斯坦前外交秘书尼亚兹·奈克回忆披露,参照巴-以奥斯陆谈判模式,[①]谢里夫和瓦杰帕伊一致同意,各自选择一位特使,逐一就克什米尔问题进行单独面对面谈判。[②]但由于关系重大,双方没能进一步细化初步一致性意见,没能将其落到文件上,这既是一种遗憾,其实也客观上为双边外交回旋留下了余地。1999年3月27至4月1日,奈克与瓦杰帕伊的特使R.K.米什拉在新德里举行了秘密会谈,双边成功开启了"后门"外交,这属于巴士外交首脑会晤系列的重要隐在成果。

2. 重要意义

巴士外交的成功开展具有重要意义。印度《经济时报》甚至把印巴双方领导人会晤,与1977年埃及时任总统萨达特出访以色列以及1972年美国时任总统尼克松与中国时任总理周恩来握手相提并论。前者使中东和平首次出现曙光,后者使东西方两个长期对抗的巨人走到一起。[③]具体来讲,瓦杰帕伊此行的意义可归纳为三点:(1)这是印度总理10年来第一次到访巴基斯坦,特别是在印巴核试爆、印巴关系极度紧张的情况下,印度总理主动访巴,象征意义重大。会后,瓦杰帕伊表示,印巴进行了"真诚的谈判",以解决两国存在的包括克什米尔在内的所有悬而未决的问题。谢里夫也公开表示:"会谈是坦率的、实质性的、具有建设意义的",印巴"坚冰已破,双边关系将有重大进展"。(2)会谈成果对于减少双方误判、缓和紧张局势、促进南亚和平与稳定具有重要的意义。比如,1999年4月11日和14日,印巴两国进行了导弹试射,但双方都表现较为冷静并表示"将继续进行对话";4月17日,瓦杰帕伊总理下台,谢里夫表示"印度政局不会影响两国关系的改善"。[④](3)巴士外交是1997年印巴缓和关系的延续。1997年印巴和谈期间,

---

① 奥斯陆协议(Oslo Accords),是指1993年8月20日以色列时任总理拉宾和巴勒斯坦解放组织主席阿拉法特在挪威首都奥斯陆秘密会面后达成的和平协议;9月13日,双方于美国白宫草坪签署了《临时自治安排原则宣言》,被认为是巴以和平进程中的里程碑。对印巴这样长期敌对的两国国家来说,奥斯陆谈判可资借鉴的地方在于:小范围秘密举行谈判;做好相互妥协准备;采取灵活务实外交策略;分步实施。
② 唐璐,《从印巴拉合尔高峰会谈到格尔吉尔(卡吉尔)冲突——巴前外交秘书尼亚兹·奈克披露的一段外交斡旋内幕》,载《亚非纵横》,2001年第2期,第18页。
③ 陈义禄,《印巴总理启动"和解大巴"》,载《当代亚太》,1999年第4期,第48页。
④ 傅小强,《印巴发展关系的动因及面临的困难》,载《国际资料信息》,1999年第4期,第9页。

印度第一次承认克什米尔存在争议,同意讨论克什米尔争端,同时还决定将"全面对话制度化",希望制度化的对话解决双边分歧,但1998年印巴先后核试爆,导致两项谈判成果没能付诸实践。瓦杰帕伊此访,既是一次通过对话解决双边分歧的尝试,也是正式讨论克什米尔问题的外交实践。据说,会前印巴双方本希望能就克什米尔问题达成具体文件,并出台互不侵犯条约,由于其复杂性,最终未达成一致。

3. 促成巴士外交的原因

印巴实现巴士外交,签订《拉合尔宣言》,发表《联合声明》,有着明显的国际和国内因素。

首先,这是核试爆后印巴力量结构变化的结果。1997年,印度GDP为3850亿美元,巴基斯坦只有610亿美元;印度拥兵127万,坦克3400辆,军舰88艘,而巴基斯坦分别为53万、2050辆、32艘。随着印巴双双公开跨入核门槛,印对巴常规力量优势被相互核威慑取代。[①]比如,巴基斯坦"哈夫特"系列导弹和"高里"系列导弹可直接威胁印度主要战略目标,其射程和威力与印度的"烈火"系列导弹旗鼓相当,两国核威慑力大致实现平衡。因此,不管印度主观上愿不愿意承认,1998年核试爆之后,印巴进入了相互核威慑时代。基于此,印度不得不慎重考虑印巴关系恶化可能导致巴基斯坦铤而走险的可能。对于巴基斯坦,核力量更多的只是威慑手段,更不会主动动武。因此,印度在南亚军事力量格局发生变化的情况下,主动调整对巴政策,示好巴基斯坦,巴方欣然接受。

其次,这是相互转移国内压力的现实需要。印度方面,印度人民党上台以来实行的强硬政策招致国内很多批评,特别是国内相当一部分势力反对印度公开核试爆。比如,前总理古杰拉尔批评瓦杰帕伊给印度带来了威胁和灾难,印度社会党领导人认为瓦杰帕伊政府"为了狭隘的政治利益把国家敏感问题搞乱了,要求瓦杰帕伊辞职"。[②]1998年的地方选举,印度人民党也遭到惨败,执政联盟受到削弱,众多小党纷纷退出,总数从18个降到了13个。同时,印度经济改革步履艰难,资金缺口大,财政赤字居高不下,而军费开支继续增加,导致民怨沸腾。巴基斯坦方面,国内问题众多,一是西方经济制裁导致巴国内经济危机加剧,外债高达320亿美元。二是国内民族对立情绪日盛,教派冲突严重,恐怖活动频发。三是穆斯林联盟(谢里夫派)失去部分友党信任和支持,谢里夫执政联盟受到削弱。四是对军队依赖程度的增加,需要继续增加军费开支,这

---

① 傅小强,《印巴发展关系的动因及面临的困难》,载《国际资料信息》,1999年第4期,第10页。
② 肖敬民、吴鹏,《印巴核危机综述》,载《重庆与世界》,1999年第2期,第73页。

与国内经济形势不相适应。谢里夫政府同样希望通过巴印关系的缓和来缓解巴国内各种矛盾。

第三，这是美中等国施压或予以谴责的结果。印巴核试爆导致国际社会对印巴予以一致性谴责，并对其进行制裁。美国向印巴施压，声称要支持世界银行冻结向印巴提供数十亿美元贷款，威胁要取消对巴出售小麦计划、中止对巴农产品补贴、取消包括克林顿访印在内的一切对印往来，迫使印巴就防止核扩散和安全问题举行谈判，在核问题上各有让步，尽快建立信任安全措施。印巴都有讨好美国、免除经济制裁、改善外交形象和国内严峻形势的需求。核试爆后，为了替自己开脱罪责，印度竟然声称进行核试验的理由是受到了中国的威胁，瓦杰帕伊以"中国因素"作为其发展核武器的借口致信美国等世界主要大国。中国政府对印度事前散播"中国威胁论"以及事中致信世界其他大国严重歪曲事实的做法表示强烈愤怒和谴责，被迫取消、延迟了众多双边活动和交流，中止、中断了一系列双边合作项目，两国关系跌到了1978年以来的最低点。美国对印巴的全面施压、中方对印做法的强烈不满是促成瓦杰帕伊成行巴基斯坦的国际因素。

不过，不应过分夸大巴士外交的成果。

首先，在印巴矛盾的根源——克什米尔问题上，双方都不愿做出妥协，没有达成具体协议。虽然会谈谈到了克什米尔问题，印度也承认克什米尔地区存在争端，但并不愿将克什米尔问题列入双边对话议程，而巴方坚持要将克什米尔问题作为印巴对话的前提。1999年2月28日，巴基斯坦时任总理谢里夫少见地就此表明强硬态度："如果与印度就克什米尔问题在'特定时间内'没有任何结果，巴基斯坦将中止与印度的谈判，并寻求以各种手段使克区成为巴领土的一部分"。瓦杰帕伊强烈回应："印度绝对不会再丧失任何一块领土"。在1999年3月中旬召开的南盟第21届部长理事会及第26届协调委员会上，印度拒绝了巴方将《拉合尔宣言》作为南亚地区事务的一个积极进展写入会议报告的做法，可见印度绝不会给克什米尔问题国际化创造任何先例和可能。

其次，印巴在相互信任措施上，都有保留。比如，双方同意在测试导弹时应事前通知对方，但先决条件是"除非任何一方碍于维护国家主权"。这其实导致双方签署的《建立相互信任措施备忘录》形同虚设，因为对两个宿敌来说，任何一方测试导弹的信息提前告知对方都会被视为泄露国家机密，破坏国家主权。

第三，双方显在的会谈成果都是纸面上的，具体能否实施以及实施的效果都是有待观察的。比如，在两国总理间建立电话热线问题，1997年协议就已经涉及，而到1999年还在就此进行协商。也难怪拉合尔声明签订的第三天，钦奈热点研究所时任主任拉曼（B. Raman）就在南亚分析国家集团网站上撰文指出："印巴关系发展的历史处处充斥着不合时宜的开端，每次都希冀能够开启友好关系的大门，但结果都是事与愿违……"，"希望《拉合尔宣言》对双边关系和地区和平产生长远影响是不成熟的想法"。[①]

的确，3个月后爆发的卡吉尔冲突证明了拉曼的判断。1999年10月，穆沙拉夫发动军事政变，开始专注于稳定国内局势，无暇顾及对印关系。印度也是大选刚刚落幕，新一届政府组建，对巴政策的调整还不明朗。因此，巴士外交的众多成果没有付诸实践，《拉合尔宣言》的象征意义大于实践意义。

三、对话方式维护和平的特点简析

冷战结束后，印巴积极寻找更多更加有效的方式来实现、发展并维护印巴和平。1997年印巴和谈以及1999年的巴士外交，是印巴通过对话的方式，主动查摆问题、主动商谈出路、主动营续和平之举。与其他和平方式相比，对话式的和平方式有其自身特点，概括起来，有4个方面：一是自主性。行为体双方可自主决定是否启动或接受对话；可自主设定议题；可自主决定是否接受谈判内容。二是公平性。行为体双方以公平身份参与对话；可公平地讨价还价。三是灵活性。行为体可以灵活组织对话方式；可以灵活选用对话人员；可以灵活设立并调整议题；可以灵活发布会谈成果。四是不确定性。由于行为体对话的自主、公平和灵活的特点，导致行为体谈判内容、谈判周期、谈判成果都不可确定。不过也因为以上特点，一旦行为体通过对话达成一致协议，其发挥效力的持久性远比问题解决式、后战争式等和平实现方式的持久性和稳固性要强得多。

第三节 冲突协调式的和平

冷战后的10年间，印巴除了通过对话寻求和平之外，也积极通过协调冲突的方式缓和并管控数次危机，维护了印巴双边相对和平状态。

---

① B. Raman, "The Lahore Declaration: In Perspective", http://www.southasiaanalysis.org/papers/paper37.html, 登录时间：2015年4月1日。

协调冲突比较成功的案例有1998年的印巴核试爆以及1999年的卡吉尔冲突。

一、印巴核战略概述

印巴核战略选择基本伴随了印巴国家的发展史。因为印度一直将跨入核门槛作为成为世界大国的重要手段,而巴基斯坦以成功对抗印度为立国使命,始终紧跟印度步伐发展核能力研究。印度国大党领导人从独立前就开始着眼全球,以追求世界大国地位为目标,重视核武器的战略用途。尼赫鲁在印巴分治前就明确提出了印度进行核技术研究的方针。1945年,塔塔家族设立"塔塔基础研究所",开始了原子物理研究,为印度的原子能研究打下了先期基础。印度独立后,尼赫鲁更加重视核能研究,他说:"我们发展原子能必须用于和平目的。当然,如果我们被迫用于其他目的,我想我们当中可能不会有人出来反对这样做","印度必须研制自己的核武器……如果拥有了自己的核武器,一旦印度遭到威胁,它必将使用其所拥有的一切手段来保卫自己"。[1]同一年,印度通过了原子能法案,成立了原子能委员会。1955年,建立了原子能部,由尼赫鲁亲自兼任部长。自此,原子能部内部相继成立各种研究中心和机构,加快了原子能的研究。1974年5月18日,印度进行了第一次核试验,印度官方宣布这次核试验是用于和平目的,但也强调,这证明了印度拥有研究核武器的能力。[2]自此直至1998年核试爆的24年里,印度没有进行核试验,夏立平认为原因有四点:(1)无核国家进行核试验,会受到来自国际社会的巨大压力;(2)印度需要时间消化首次核试验获得的数据和发展新的核爆炸装置;(3)印度需要时间发展核武器的运载工具;(4)在南亚地区,印度拥有常规军力的绝对优势,也不面临超级大国和其他国家的核威胁,不具有继续进行核试验的紧迫感。[3]不过,在此期间,印度已集聚了强大的核能力,先后建成了4座双机核电站、7座核研究反应堆、6个重水加工厂、3个核废料处理厂,拥有近3万人的核技术队伍,基本形成了一个比较完整而独立的核能体系。[4]

巴基斯坦核能研究始于1954年的核计划构想。阿里·布托对巴基斯坦核战略的发展起到了主导作用。当时,任原子能部长的他对美国提出的和平利用原子能计划非常感兴趣。1961年,他在一次讲话中说:"巴

---

[1] 赵德喜、王佑生,《印巴对抗何时休》,中原农民出版社,2000年,第196-198页。
[2] 赵德喜、王佑生,《印巴对抗何时休》,中原农民出版社,2000年,第198-200页。
[3] 夏立平,《论印度的核政策与核战略》,载《南亚研究》,2007年第2期,第15页。
[4] 赵德喜、王佑生,《印巴对抗何时休》,中原农民出版社,2000年2月,第203-204页。

基斯坦绝不在原子竞赛中落后，作为在亚洲占有重要战略地位的国家，我们无法停止也不能停止发展原子能"。①1965 年，他说，"如果印度拥有了原子弹，我们就算是吃树皮、草根甚至是挨饿也要拥有我们自己的原子弹，我们别无选择"。②不过，总体来讲，20 世纪五六十年代末，巴基斯坦核能研究发展较为缓慢，除了美国、加拿大分别提供建立了一个轻水反应堆和重水反应堆外，巴基斯坦没有制定实施明确的军事核能计划。该阶段巴基斯坦核能研究发展缓慢的主要原因可归结为三点：第一，印度核能研究披着和平的幌子，巴基斯坦某种程度被蒙蔽，未从长远战略上认识印度秘密核武发展对巴基斯坦的威胁。第二，印度核能研究没有公开突破性进展，巴方对其研究能力表示一定怀疑。第三，巴基斯坦核能研究准备不足，资源缺乏，条件较为艰巨。自 1971 年阿里·布托就任总理以来，巴基斯坦核计划开始从民用向军事方向转变。特别是受印度肢解巴基斯坦的影响，1972 年 1 月 20 日的木尔坦会议最终确定了巴基斯坦向核武器道路迈进的战略。1974 年，印度进行了第一次核试验，对巴基斯坦核计划产生了决定性的影响。阿里·布托强硬地回应说："核装置的测试表明一个国家核武能力的获得……我们绝对不会被这种威胁所吓倒，巴基斯坦没有理由放弃利用这一可行性的政治选择去应对核威胁"。③巴基斯坦公开加快推进核计划步伐，建立了由卡迪尔·汗（Abdul Qadeer Khan）领导的有关武器级浓缩铀的独立核武计划攻关小组。20 世纪 80 年代，巴基斯坦时任总统齐亚·哈克借助苏联入侵阿富汗改变地区格局的机会，通过从多种渠道进口核原料、组件，建立核设施，加强核科技人员力量，极大地推进了巴基斯坦的核能力。印巴 20 世纪八九十年代的对峙局面及不时出现的危机，再次坚定了巴基斯坦的拥核决心。④

印巴两国于冷战后加快了核能研究步伐，并于 1998 年公开进行了核试爆，跨过了核门槛。

二、1998 年印巴核试爆及危机管控

1998 年 5 月，印巴分别公开进行核试爆，南亚地区笼罩在核威胁的

---

① Bhola, *Pakistan's Nuclear Policy*, p. 32，转自宋德星的《论巴基斯坦的核政策》，载《南亚研究季刊》，2006 年第 4 期，第 52 页。
② Palit and Namboodiri, *Pakistan's Islamic Bomb*, p. 15,转自宋德星的《论巴基斯坦的核政策》，载《南亚研究季刊》，2006 年第 4 期，第 52 页。
③ Pande, *Pakistan's Nuclear Policy*, p. 32，转自宋德星的《论巴基斯坦的核政策》，载《南亚研究季刊》，2006 年第 4 期，第 52 页。
④ 比如 1987 年印巴"铜钉演习危机"以及 1990 年印巴核威慑口角之争。参见宋德星，《论巴基斯坦的核政策》，载《南亚研究季刊》，2006 年第 4 期，第 53 页。

阴霾之中，印巴进入了核战争的边缘。印巴核试爆有着复杂的原因。不过国际社会以及印巴双方就此次事件进行了较为成功的危机管控，缓和了双边关系，避免了南亚核竞赛升级甚至引发核战争的可能。

1. 核试爆概况

印度瓦杰帕伊政府组建短短2个月内，分别于1998年5月11日和13日在拉贾斯坦邦的博克兰沙漠地区进行了5次地下核试验。印度原子能委员会时任主任奇丹巴拉姆和国防部长科技顾问卡杜勒·卡拉姆声称，11日的三次核试验爆炸当量分别为1.5万吨、4.5万吨和200吨TNT，13日的两次核试爆当量分别为300吨和500吨TNT。瓦杰帕伊公开宣称，印度已经拥有原子弹并建立了必要的指挥和控制系统，因此，印度已成为核武器拥有国。至此，印度的核武器由秘密研制转入公开发展。巴基斯坦对印度这一行为进行了及时回击。5月11日当天，时任总理谢里夫主持召开了内阁国防委员会，研究应对之策。28日下午，巴基斯坦在俾路支省贾盖地区成功进行了5次核试验，30日凌晨，又进行了第六次核试验。巴基斯坦核专家卡迪尔·汗说，28日进行的5次核试验全是强化裂变装置，其中一个是3～3.5万吨TNT的"大炸弹"，他宣称，巴基斯坦的核能力略强于印度。[1] 印巴相互核威慑政策公布于众，南亚核竞赛甚至核战争风险高涨，冷战结束7年以来的南亚"丑陋的稳定"（Ugly Stability）局面面临着严峻的考验。[2]

2. 核试爆的原因及影响

印巴公开核试爆的原因复杂。就印度来讲，主要有4点。第一，印度认为拥有核武器是争做世界大国的重要步骤和手段。尼赫鲁早就说过："印度以它现在所处的地位是不能在世界上扮演二等角色的，要么做一个有声有色的大国，要么销声匿迹"。而冷战后，印度的国际地位受到不同程度的削弱，公开核试爆、跨入核门槛也许是印度成为世界大国、与主要大国平起平坐的"捷径"。[3] 第二，印度认为拥核是增强对抗中国崛起、强化南亚霸权的重要手段。20世纪90年代，印度大肆渲染这一论调，时任国防部长费尔南德斯甚至公开扭曲事实地说："中国与巴基斯坦两个邻国的核威胁使印度的安全环境，尤其是核安全环境日益恶化，促使我们进行核试验"。第三，这是印度试探国际社会姿态，特别

---

[1] 肖敬民、吴鹏，《印巴核危机综述》，载《重庆与世界》，1999年第2期，第72页。
[2] 2000年，A·J泰利斯（Ashley J. Tellis）在一篇研究报告中运用这一概念描述南亚地区的安全局势，他认为南亚地区的"丑陋的稳定"局势至少持续10多年的时间。参见：Ashley J. Tellis, *Stability in South Asia: Prospects of Indo-Pak Nuclear Conflict*, Natraj Publishers, 2000.
[3] 杜健，《南亚核风暴及其影响》，载《世界经济与政治》，1998年第7期，第70页。

是巴基斯坦核能力的直接手段。印度自 1974 年进行第一次核试验之后，由于受多方压力，一直没有进行第二轮核试爆。同时印度对巴基斯坦的核计划没有一个准确全面的认识，1987 年印度的"铜钉演习危机"就是印度对巴核能力的一次失败的试探。印度密集开展多轮核试爆，不仅要一次性尽可能多地获得研究数据，也希望试探出世界主要大国的反应以及巴基斯坦的核反击能力。第四，是转移国内视线、稳定国内局势的需要。瓦杰帕伊领导的印度人民党虽然在 1998 年 3 月大选中获胜，但未获得单独组阁的票数。国内党派斗争激烈，经济改革举步维艰，跨入核门槛是印度政府煽动民族情绪、凝聚国民士气的重要手段。

就巴基斯坦来说，公开核试爆的指涉对象就是印度，原因比较集中，可以从 3 个方面考虑。第一，巴基斯坦认为印度开始核能研究特别是跨入核门槛对巴构成了现实威胁。第二，巴基斯坦看到国际社会对印度公开核试爆虽然进行了谴责，但并没有给予严厉的实质性制裁，认为只有靠自己才能应对此次危机。巴时任总理谢里夫认为"全世界对印度的所作所为态度冷漠"，"巴基斯坦不能坐以待毙"，"是反击的时候了"。第三，巴基斯坦进行核能研究是国家安全战略，"拥核"是巴基斯坦实现相互核威慑、抵消印巴常规力量不对称的唯一手段。

印巴核试爆对地区和国际和平造成了严重影响，主要有 4 点，首先，加剧了印巴敌对情绪，印巴走向了核竞赛甚至核战争的边缘。其次，印度以"中国威胁论"为借口，恶化了中印关系。三是损害了印度在南亚地区的大国形象，南亚各国对冷战后印度苦苦经营的古杰拉尔主义式的睦邻外交的猜忌和怀疑程度加深。四是阻碍了国际核裁军的和平进程。印巴一直拒绝签署《不扩散核武器条约》（NPT）、拒绝加入《全面禁止核试验条约》（CTBT），也不同意建立南亚无核武器区，为国际核裁军树立了反面典型，影响了国际和地区的和平进程。

3. 危机管控

不过，国际社会以及印巴双方就此次事件进行了较为成功的危机管控，缓和了印巴关系，避免了南亚核竞赛升级甚至引发核战争的可能。印巴关系也没有因此而极度恶化，反倒加快了相互核威慑下的冲突协调式谈判。

首先，国际社会的强烈谴责客观上促使印巴保持了相对克制。1998 年 5 月 30 日，联合国时任秘书长安南第一时间对印巴核试爆表示遗憾，并要求印巴双方立即停止所有核试验。6 月 2 日，国际裁军会议 49 个成员国和观察员国在日内瓦发表联合声明，谴责印巴开展核试验，呼吁双方尽快对话谈判。6月4日,联合国安理会5国举行外长会,讨论印巴核试验及南亚局势问题以及防止核扩散问题。会议发表了联合公报,主要内容有5点:(1)谴责印巴进行核试验;(2)敦促印巴不再进行核试验,不将核装置武器化,不部署核武器,不试验和部署运载核武器的导弹;(3)督促印巴立即无条件签署《全面禁止核试验条约》,加入《核不扩散条约》;(4)不承认印巴核武器国家的地位;(5)五大常任理事国将密切合作,缓解南亚紧张局势,防止地区军备竞赛,推动印巴和平解决分歧。6月6日,联合国安理会15个理事国一致通过1172号决议,谴责印巴进行核试验,呼吁印巴采取具体措施避免南亚地区出现灾难性的军备竞赛。[1]总之,这期间,国际社会对印巴核试爆的立场比较一致,即:强烈谴责印巴核试验;敦促印巴不再实施核试验;要求印巴保持克制,维持南亚和平。

其次,印巴不得不冷静面对世界主要国家的公开严厉的批评。印度核爆后,印度时任总理瓦杰帕伊向美、俄、英、法等多国首脑发出了私人信件,将印度公开核试爆的理由归咎为中国及巴基斯坦。尽管如此,中、美、俄等约50个国家仍谴责了印度的核试验。中国严正驳斥了印度散布的"中国威胁论",5月14日,中国外交部声明指出:"印度政府冒天下之大不韪,破坏禁止核试验的国际努力,企图称霸南亚,挑起南亚军备竞赛,却污蔑中国对其构成核威胁,这是毫无道理的……印度无端指责中国,完全是为其发展核武器寻找借口。"[2]美国强烈谴责印巴核试验,不承认印巴享受核武器国家的地位,同时,也为印巴和谈留有余地;美国依据《防止核扩散法》,宣布对印巴进行经济制裁,但网开一面,宣布一年内暂不执行。日本对印度的核爆反应强烈,宣布中止对印的经济援助。德、加、澳等国谴责印巴"不负责任"的行为。英、法、俄等国也对印度的举动"深表遗憾",对南亚地区和平表示担忧。总之,世界主要大国的一致姿态以及各种制裁,一定程度促使印巴不得不缓和双边以及南亚局势,争取与国际社会的合作。

三是印巴特别是巴基斯坦自主采取了缓和危机的措施。5月13日,印度核试爆之后发表官方声明称:"印度核试验的目的是为了改进计算机模拟设计和进行亚临界实验积累更多的数据"。印度这一做法实际上就是为核试爆找借口,试图将南亚地区紧张局势降到最低。5月30日,巴基斯坦时任总理谢里夫在拉合尔强调,巴愿意与印度就两国所有悬而

---

[1] 肖敬民、吴鹏,《印巴核危机综述》,载《重庆与世界》,1999年第2期,第72页。
[2] 《人民日报》,1998年5月15日,第1版。

未决的问题，包括克什米尔问题进行谈判。6月10日，巴基斯坦外交部发表声明，表示不希望与印度进行军备竞赛，决定单方面暂停核试验，并表示愿意与印度和国际社会合作。核试爆后，印度时任外长辛格也公开表示，印度将签署《全面禁止核试验条约》，不再进行核试验。核试爆后，印巴加快了在核领域建立信任措施的进程：6月11日前，印巴都已宣布停止核试验；1999年8月，印度公布国家核战略，宣布不首先使用核武器，宣布要保持可信的最低限度的核威慑能力；2004年6月20-21日，印巴两国代表举行1998年以来的第一次核信任安全措施会谈，发表了联合声明，双方同意在两国外交秘书间开通一条热线电话；决定在试射导弹前通知对方，努力达成一项技术性协议；双方重申"今后将停止核试验，除非发生特殊事件威胁到国家最高利益"；两国将继续就安全和不扩散等问题进行磋商。[①]

总之，1998年的印巴核试爆是印巴关系史上一个重要的事件，虽然事态严重，性质恶劣，改变了地区和印巴关系的军事力量格局，但出于国际组织、世界主要大国以及印巴双边因素的考虑，南亚稳定、印巴和平的大局并没有被打破。1998年核试爆造成的紧张局面基本以多方及双方协调的方式得到了控制。印巴通过冲突协调的方式，努力探索维持了印巴相对和平的局面。

三、卡吉尔冲突及危机管控

1. 概况

卡吉尔地区位于印控克什米尔地区，气候条件非常差、几乎荒无人烟，印巴近200公里的实际控制线穿越此地。卡吉尔市位于印控克什米尔地区北部，海拔5000多米，冰川覆盖。该地区有一定的战略地位。首先，印度著名的斯里纳加-勒赫公路穿越此地，距印巴实控线最近处只有4公里，最远处也只有12公里，是印度向边境地区运送战略物资的唯一通道，同时也是通往锡亚琴冰川的必经之地。第二，印巴素来没有在该地区派重兵把守。

卡吉尔冲突指的是印巴于1999年5-7月间在印控卡吉尔地区发生的自1971年以来规模最大的一次双边武装斗争。

1999年4月，数百名巴控克什米尔地区穆斯林武装分子（巴方称自由战士）渗透到卡吉尔地区，占领了几个战略要地，切断了斯里纳加-

---

① 布衣，《印巴核谈判取得成果》，载《当代亚太》，2004年第9期，第49页。

勒赫公路。印度指责巴基斯坦支持甚至培训了该批武装分子越境入侵卡吉尔地区。5月9日,印度以此为由展开"地面清除"行动,发动军事攻击,巴基斯坦进行了还击。26日,印度出动大批军队对武装分子进行清剿,甚至出动武装直升机对他们盘踞的地方狂轰滥炸。同时,印巴在克什米尔边界地区互相炮击。7月11日,印巴军方达成协议,穆斯林武装分子撤出争议地区,恢复实控线。12日,印度停止空袭。巴基斯坦呼吁印巴尽快恢复对话。7月17日,印度宣布此次冲突结束。卡吉尔冲突造成了双方军民和财产的重大伤亡。[1]

2. 原因分析

卡吉尔冲突爆发的原因至少可归结为5点:(1)印巴"新仇旧恨"的延续。历史原因,印巴长期的对峙和敌视,导致双方时刻在寻找有利时机削弱对方。巴基斯坦拥核之后,希望以新的相互核威慑格局搅动克什米尔问题,引起国际社会关注。(2)两国转移国内矛盾的需要。1999年印度国内政局不稳,联合政府垮台,大选前的政治斗争加剧。巴基斯坦方面,国内经济危机加剧,政治矛盾加深,教派冲突严重。印巴客观上都有转移国内矛盾的需要,卡吉尔冲突来得"及时"。美国分析家甚至认为"无论巴基斯坦的躁动,还是印度以高手段进行空袭并向这个地区增派地面部队,其主要的直接原因都是国内的政治"[2]。(3)巴基斯坦认为卡吉尔地区是最好的突破口,因为卡吉尔地区位于印控克什米尔,该地区毗邻锡亚琴冰川,具有一定的战略意义;同时,该地区边界防守松散,易于进攻。(4)国际社会正高度关注以美国为首的北约发动的科索沃战争,无暇顾及南亚次大陆的动态;西方国家因印巴口头答应1999年9月前签署《全面禁止核试验条约》而取消了对其的经济制裁。(5)巴基斯坦军方在国内政治话语权的增大以及军政矛盾的加深,加速了卡吉尔冲突的爆发。

3. 危机处理

虽然卡吉尔冲突规模较大,但卡吉尔冲突并没有引起"多米诺骨牌"反应,没有继续恶化印巴双边其他方面的矛盾,冲突紧张局面在2个月后得到了较好的管控。原因有两个方面,一是印巴之间始终保持了一定程度的接触和克制。二是世界大国的调解发挥了较好作用。

冲突期间,印巴双方保持接触并缓和了印巴局势。比如,5月24日,

---

[1] 比如,仅仅印度一方在5月份的"地面清除"行动中就死亡500多人。参见南方,《77天杀戮:克什米尔士兵的残酷回忆》,载《重庆与世界》,2002年第3期,第38页。
[2] 王联,《卡吉尔冲突尘埃落定之后》,载《当代世界》,1999年第8期,第11页。

印度时任总理瓦杰帕伊与巴基斯坦时任总理谢里夫通电话，呼吁巴基斯坦遵守当年2月份两国签订的《拉合尔宣言》。5月28日，双方总理再次通电话，巴方建议印度停止空袭，为政治谈判奠定基础。双方还采取了缓和紧张局势的措施。5月31日，印度外交部发表声明，宣布瓦杰帕伊接受了巴方提出的印巴在新德里举行外长会议的建议。6月12日，巴基斯坦时任外长阿齐兹奔赴新德里与印度时任外长辛哈举行会谈，两国外长各自陈述立场，就实控线划分以及是否存在"入侵"问题进行辩驳。外长会谈虽没有达成一致意见，但外交和谈缓和了印巴紧张局势。6月27日，巴前外交秘书尼亚兹·奈克临危受命，代表谢里夫秘密访问新德里，向瓦杰帕伊传达巴基斯坦关于解决卡吉尔冲突的建议。双方就即将由谢里夫和瓦杰帕伊签字的几点协议达成了谅解，内容主要包括4点：（1）印巴采取适当步骤维护1972年《西姆拉协议》关于实际控制线规定的神圣不可侵犯性；（2）两国根据《拉合尔宣言》立即恢复双边对话；（3）伊斯兰堡利用其对穆斯林武装分子的影响，要求他们撤离卡吉尔，在规定的时间表内迅速寻找到解决克什米尔问题的方案；（4）根据印巴对话协议恢复两国外长级会谈。[①] 双方商定，6月27日谢里夫访华经过印度领空时，谢里夫主动向瓦杰帕伊致以问候，然后瓦杰帕伊邀请谢里夫结束访华返途中访问新德里做一次"技术停留"，届时两国总理最终签订以上四点协议。不过，由于印方的变卦，谢里夫没有如愿成行新德里，四点协议也因此流产。[②] 7月4日，谢里夫访问美国，与美国时任总统克林顿举行会谈，在联合声明中，谢里夫再次表达了四点协议的内容，表示同意"采取具体步骤恢复实控线"。7月9日，谢里夫会见克什米尔地区"自由战士"组织领导人，正式呼吁其尽快从卡吉尔地区撤出，以"协助解决当前的危机"。7月11日，印巴双方军事联络官举行首次会晤，同意停止一切军事行动，让"自由战士"尽快撤出卡吉尔地区。

世界主要大国的公开立场和积极斡旋加快了卡吉尔冲突的结束。

一是中国的公开公正立场。在卡吉尔冲突初期，中方就表明了立场："我们真诚地希望冲突双方能够抓住这一机会，保持克制，通过坦率和

[①] 唐璐，《从印巴拉合尔高峰会谈到格尔吉尔（卡吉尔）冲突——巴前外交秘书尼亚兹·奈克披露的一段外交斡旋内幕》，载《亚非纵横》，2001年第2期，第20页。

[②] 据内情披露，瓦杰帕伊本人希望签署四点协议，也乐意谢里夫访印，但该秘密会谈消息走漏之后，瓦杰帕伊面临着军方、反对党、党内鹰派人物的强力反对，不得不妥协。在随后与美国时任总统克林顿的通话中，他承认，印度鹰派实力过于强大，增加了印巴解决双边问题的难度。参见：唐璐，《从印巴拉合尔高峰会谈到格尔吉尔（卡吉尔）冲突——巴前外交秘书尼亚兹·奈克披露的一段外交斡旋内幕》，《亚非纵横》，2001年第2期，第21页。

耐心的和平对话解决相互间存在的分歧"。①1999年5月20日和6月10日,巴基斯坦时任陆军参谋长穆沙拉夫和时任外交部长阿齐兹先后访华,中方表达了同样的立场,希望巴印两国应保持克制,以和平手段解决彼此争端,避免局势的进一步恶化。②6月28日,巴基斯坦时任总理谢里夫访华,试图说服中国支持巴基斯坦的立场。他会见了江泽民、李鹏、朱镕基等中国领导人,希望中方能支持巴方决心与印度最后解决克什米尔问题的行动计划。中方明确希望巴、印通过协商解决当前的冲突。印度媒体透露称,中国领导人对来访的谢里夫直言,中方希望巴基斯坦理解中国在当前形势下的立场。③谢里夫结束访问后,中国外交部发言人明确宣布,中国真诚希望印巴双方能认真尊重克什米尔的控制线。这是自卡吉尔冲突以来中国首次专门提到维护印巴控制线的权威性。④同期,印度觉察到中国在印巴冲突问题上的立场有所转变,认为:尽管巴基斯坦要员陆续访华,但从中方措辞谨慎的表态中可以看出,中国与巴基斯坦在这次事件中存在显著的分歧。⑤于是,印度派遣时任外长J.辛格访华,试探中国新的南亚政策。外界报道,中印双方没有专门涉及印巴卡吉尔冲突,但印度媒体一致认为,辛格的访华非常成功,其意义在于:(1)访问本身打破了印度核试爆后中印外交僵局。(2)中印两国均申明不将对方视为战略威胁以及双方同意举行常规性安全对话。(3)辛格的访华使印方进一步探明了中国对南亚地区形势尤其是对克什米尔冲突所持的真正立场。印方认为,中方姿态已经间接地表明了中国对印度在卡吉尔冲突中的处境有所理解。辛格公开称中国无意充当印巴之间的"仲裁者"。⑥事后,印度及国际社会普遍认为,卡吉尔冲突未像以往演变成印巴两国间的全面战争,除了明显的核因素外,中国的积极斡旋和调解起到了不可低估的作用。更重要的是,有充分理由相信,中国的这一立场对谢里夫赴美、与克林顿达成巴基斯坦同意从印巴实际控制线以南地区撤回穆斯林武装的协议起到了间接的推动作用。⑦总的来看,

---

① 《中国日报》,1999年6月5日。
② 《人民日报(海外版)》,1999年6月12日。
③ R.莫汉,《致力关系正常化的中国之行》,载《印度教教徒报》,1999年6月14日。
④ 原狄,《中国对南亚安全的影响及其制约因素——以印巴卡吉尔冲突为实例》,载《南亚研究季刊》,2001年第3期,第10页。
⑤ 原狄,《中国对南亚安全的影响及其制约因素——以印巴卡吉尔冲突为实例》,载《南亚研究季刊》,2001年第3期,第9页。
⑥ R.莫汉,"中国保持谨慎的中立?",《印度教教徒报》,1999年7月1日。
⑦ L.辛格,《1999年的卡吉尔:巴基斯坦的第四次克什米尔战争》,新德里,1999年,第201-202页。

此时，印方大肆渲染中方在印巴关系立场的微妙转变，试图营造印度在此次冲突中受害者形象，压缩巴基斯坦国际外交空间。其实对中方来说，中国所持的是非常透明公开公正的立场，不存在所谓"南亚政策"调整之说，不应被印度及西方媒体歪曲解读，影响中巴长期友好的合作关系。

二是其他大国的施压和积极调解。冲突爆发之后，以美国为首的其他世界主要大国一致认为，此次冲突主要由巴方引起，至少认为巴方有能力和义务缓和紧张局势，一致要求巴基斯坦采取措施停止武装渗透，施压穆斯林武装分子撤回实控线以内；同时要求印巴立即停火，双方保持克制，维护控制线现状，为恢复地区和平营造条件。美国进行了积极斡旋。6月14日，美国时任总统克林顿致信谢里夫，希望谢里夫能够采取措施迫使穆斯林武装分子从印控边界线撤出，如此，他愿意在欧洲任何一个地方会见谢里夫。6月24日，美国中央部队时任司令吉尼将军到访伊斯兰堡，再次表示，只要能让武装分子撤退，克林顿将立即会见谢里夫。克林顿同时邀请谢里夫和瓦杰帕伊访问美国。谢里夫于7月上旬成行美国，公开陈述了印巴外秘之前秘密商定的四点协议内容，并作出了缓和印巴冲突的务实承诺。瓦杰帕伊碍于国内强大的反对压力，没有接受邀请，但在电话中，他也陈述了印方的立场。总结来说，美国的立场和观点有五：（1）卡吉尔冲突爆发的主要责任在巴基斯坦一方。（2）美国承认印巴实控线的权威性，反对单方面改变现状。（3）反对巴方利用卡吉尔危机将克什米尔争端再次国际化的做法。（4）不愿完全陷入印巴矛盾的仲裁和调停当中。（5）印巴保持克制，维持现状。美国在此次印巴冲突中的态度也表明了美国南亚政策的调整。其他国家多是表达了外交态度和立场，没有介入调解的务实举措。俄罗斯认为印度清剿武装渗透者的行动完全符合其进行自我防卫的主权要求，呼吁巴基斯坦尽快撤回武装入侵分子。法国要求印巴双方应保持克制，防止卡吉尔冲突进一步恶化克什米尔地区形势。英国呼吁印巴两国必须通过和平谈判途径解决双边矛盾。德国呼吁印巴双方立即停火，以实控线为基础进行和平谈判，并代表其他G8成员国申明，若印巴冲突加剧，G8国家肯定不会"旁观"。总体来看，中国虽然对西方国家在印巴冲突立场上的态度有所保留，但与国际社会一道，呼吁维持南亚的和平与稳定。巴基斯坦在这次冲突中明显受到孤立，这加快了巴方妥协、退出武装分子的步伐。

印巴卡吉尔冲突最终并没有扩大为全面战争，卡吉尔冲突虽然持续了2个多月，但打打停停，人员财产伤亡并不全是战争直接所致，一部分是由于冰山恶劣条件造成的。[1]其间，印巴不仅与国际社会保持了联系，同时印巴双边也保持了持续的接触和谈判。卡吉尔冲突在国际社会压力与协调以及巴方的主动妥协下结束了，印巴关系没有因此而继续恶化。印度忙于大选，巴方国内政局不稳，印巴关系又回到冲突前的冷和平的状态。1999年9月瓦杰帕伊再次当选印度总理；10月，巴基斯坦军事强人穆沙拉夫政变上台，这为新世纪印巴和平进程提供了新的基础和模式。

四、简析冲突协调方式的优缺点

20世纪90年代，印巴之间发生了两次大的冲突和对抗，一是1998年的核试爆，二是1999年的卡吉尔冲突。印巴两国从地区和平以及国内稳定大局出发，为缓和危机，平息冲突，积极选择了协调的方式来恢复并推进印巴和平进程。印巴通过与国际社会协调、与主要大国协调，以及印巴自主双边协调来缓和危机和冲突，避免了1998年印巴核试爆引起南亚核竞赛升级甚至引发核战争的可能，避免了卡吉尔冲突引发多米诺骨反应以致引起印巴全面战争的可能。

冲突协调式的和平方式有其优点：一是议题明确。协调的内容非常清楚，要达到的目标也比较明确。二是见效快。协调性的议题往往都是紧迫性的议题，需要当机立断，尽快做出选择。三是执行力强。协调过程多是在第三方介入或者监督下进行的，协调的结果也是几方共同意志（相对弱势的一方可能是在被迫或者是不情愿的情况下做出的选择）的体现，需要立刻执行，也应该立刻执行。不过该种方式的弊端明显：一是冲突协调的结果多是临时性的安排，是解燃眉之急，有时可能是饮鸩止渴的做法。二是冲突协调的过程伴随着外交斗争，有可能"一波未平一波又起"，牵出更多矛盾和问题。

---

[1] 巴方参与卡吉尔冲突的幸存者在后来的回忆中说，"这里最大的危险不是敌人，这里死于对方子弹的士兵人数远远少于死于肺气肿、体温过低及冻伤等高原疾病的人数"，"巴基斯坦人用鲜血换来了一个教训，在雪山上不到万不得已，绝不使用爆炸性武器，因为巨大的爆炸声可能引起雪崩"。参见：南方，《77天杀戮：克什米尔士兵的残酷回忆》，载《重庆与世界》，2002年第3期，第38页。

第五章　新世纪的印巴和平——进程、方式及分析

　　进入新世纪，印巴追求和平的主观愿望更加强烈，特别是经历了印巴核试爆和卡吉尔冲突的印巴，更加体会到了巴士外交吹响的对话之风的温暖和必要。因此，进入新世纪的第一个十年，印巴基本以对话和谈为主基调，探索出了第五种和平方式—全面对话式和平。2001年巴基斯坦时任总统穆沙拉夫赴印度旅游胜地阿格拉与印度时任总理瓦杰帕伊举行会晤，成为时隔16年后第一位到访印度的巴基斯坦领导人。阿格拉峰会是新世纪印巴全面重启和平谈判的首次尝试，虽然被外界称为失败的会议，但是其积极意义值得肯定，为之后印巴火热开展多轮全面对话做好了铺垫。2003年，印度时任总理瓦杰帕伊在视察印控克什米尔地区期间发表讲话时，主动向巴基斯坦发出"友谊之声"、伸出"友谊之手"，巴方迅疾作出回应，双方很快于2004年启动了全面对话，同意就信任措施建立问题、克什米尔问题、乌拉尔大坝问题、友好交流问题、锡亚琴冰川问题、塞·克里克湾问题、恐怖主义和毒品问题、经贸合作问题等八大领域同步谈判。直到2008年11月孟买袭击案，印巴开展了完整的5轮全面对话，成效较之前非常明显，双方曾一度接近达成一致方案，全面解决包括克什米尔在内的一揽子问题。2009-2012年，印巴特别是巴方致力于重启全面对话，但因为印方处于政策争论和调整期，虽然象征性地参与了2轮对话，但效果不佳。2012年以来，因为双方国内政局变动、周边环境变化以及国际形势发展，双方未恢复全面对话，也未真正建立新的和平谈话机制。不过，随后虽然接连发生过2016年印度对巴基斯坦境内所谓的恐怖分子大本营外科手术式打击、2019年2月的普尔瓦马危机和8月废除宪法第370条引发的严重冲突，但不管是主观意愿上还是客观条件限制，双方并没有升级为战争，印巴双方以一种冷淡的漠视冰封了火热的炮弹，客观形成了印巴历史上第六种和平方式——冷对峙式和平。这种方式维系下的和平集中体现了试探—接触—对峙—再试探的单曲循环，虽然未能再进一步，但是并未"断带"，单曲播放至今。

第一节 背景演变

进入新世纪，全球形势发生重大变化，经济全球化、区域化与一体化的程度不断加深，竞合关系为主的多极化趋势代替了以意识形态划线的两极对抗，谋求和平与发展成为世界发展的主题。地区层面，南亚地区重要性日益上升，南亚安全不仅关系到次大陆的和平与发展，而且关系到亚洲乃至世界的和平与发展，因此域外战略力量维护南亚安全的共识不断增强。[①]双边层面，印巴政治诉求、经济诉求、非传统安全诉求上升，虽然"复杂""不确定""反复"是21世纪双方关系的真实写照，但寻求改善关系以谋求在地区甚至国际层面的合作与发展始终是此阶段双方最高战略需要。为此，进入新世纪，印巴启动了双边"全面对话"，希望以全面对话的形式推进印巴和平进程。其间，印巴持续开展了5轮全面对话。2008年意外发生孟买袭击案，双方及时进行了危机处理和管控，之后还重启了2轮全面对话。不过2008年的孟买袭击案也标志着印巴相互"战略忍耐"成为历史，而"危机下的对抗与冲突"则成为双边关系的新常态，2008—2011年的3年可以算是政策争论下的"紧张缓和"阶段，2012—2018年的6年可以算是印度强硬政策开启的新对立阶段，2018—2019年的1年可以算是巴基斯坦短暂的"和平攻势"阶段，2020年至今算是"克什米尔"焦点下的印巴博弈阶段。

总的来看，在多重因素作用下，21世纪以来，印巴以"全面对话"机制为载体，通过全面对话式和平以及冷对峙式和平方式，积极探索建立了基于发展基础上的和平模式，可以算是印巴维护双边和平的第三种模式。不过，21世纪以来，印巴双方"尽管有和解姿态，但庆祝两国之间的和平与友谊仍为时过早，因为'在主流政治空间之外，决心充当破坏者的势力仍然活跃'"，[②]2014年印度总理莫迪执政以来的印巴关系持续下滑很能说明问题。

第二节 阿格拉峰会

卡吉尔冲突后，印巴在克什米尔地区的小规模冲突一直不断。为了落实《西姆拉协议》和《拉合尔声明》，恢复克什米尔地区和平，印巴

[①] 杨值珍，《冷战后南亚安全形势及中国对南亚安全的影响》，载《湖北大学学报（哲学社会科学版）》，2013第1期，第65-70页。
[②] Jauhari, Alka. "India-Pakistan Relations: International Implications", *Asian Social Science*, 9.1, 2013, p. 42-51.

准备举行首脑会晤。

一、会议概况

2001年7月14日，巴基斯坦时任总统穆沙拉夫赴印度旅游胜地阿格拉与印度时任总理瓦杰帕伊举行会晤。这是巴基斯坦领导人时隔16年后第一次到访印度，也是1999年卡吉尔冲突后两国领导人首次会晤。会前的大量舆论造势以及会议开始时的友好姿态，让印巴两国人民甚至是国际社会看到了印巴和平的曙光。印巴双方政府也对此给予很高期望。穆沙拉夫与瓦杰帕伊举行4次"一对一"会谈，总时长达6个小时，90%的时间集中讨论克什米尔问题，这在印巴关系史上尚属首次。其中3次会谈是临时动议的，足见双方的诚意和魄力。会谈期间，瓦杰帕伊还接受了穆沙拉夫的访巴邀请，使两国领导人有望实现年内互访，若成行，这在两国关系史上也尚属首次。同时，两国外长还同意举行年度对话。这一切，看似峰会即将取得重大成功。但是双方在《阿格拉宣言》内容和措辞上迟迟达不成一致，万人瞩目的《阿格拉宣言》最后胎死腹中，就连双方联合记者招待会都临时被取消，阿格拉峰会宣告失败。会后的相互指责，又使印巴关系回到了原点。

二、成效分析

国际社会一致的观点是本次峰会以失败告终。就其失败的原因，有学者认为是注定的。因为印度并没有要与巴基斯坦对话的内部动力，瓦杰帕伊政府主要是受到美国的压力才与巴基斯坦举行阿格拉峰会。[1] 巴基斯坦学者Khaled Ahmed认为，阿格拉峰会无果而终，是因为穆沙拉夫和瓦杰帕伊都没有足够的控制权来实施政治家应有的妥协。[2]

梳理来看，印巴确有和谈的愿望。事先双方做了大量的准备工作，并且也有很多友善举动。在穆沙拉夫抵达印度后，双方的气氛非常友善，印度时任总统、总理甚至是国大党时任主席索尼娅都和穆沙拉夫分别会面，安排穆沙拉夫访问出生地，尤其是印度时任空军参谋长与穆沙拉夫的握手，更是含义深刻。

为何后来气氛会大逆转呢？本次峰会失败的原因是复杂的，其中掺

---

[1] Dr. Subhash Kapila, "United States and the Agra Summit", South Asia Analysis Group, Paper No. 291, 10.08.2001, http://www.southasiaanalysis.org/papers3/paper291.html，登录时间：2015年3月15日。
[2] Khaled Ahmed, "Foreign Minister Kasuri and normalization with India", *The Musharraf Years, Vol 1: Political Development in Pakistan,1999-2008*, Maktaba Jadeed Press, Lahore, p. 91.

杂了不少偶然因素，主要包括6个方面：（1）2001年7月14日晚上，穆沙拉夫在巴基斯坦驻印度高级专署接见了印控克什米尔地区分离组织呼里亚特大会党（APHC）代表团。这不在印度的安排之内，遭到印度的强力反对。（2）7月15日晚，印度单方面宣布"双方讨论了毒品走私和越境恐怖主义问题，但没有谈克什米尔问题"，这遭到巴方的强烈反对，因为巴方认为，谈判的核心问题就是克什米尔问题，这也是巴基斯坦大众的期待。（3）印方把穆沙拉夫会见印度资深编辑的强硬谈话公布于众，穆沙拉夫的强硬言辞遭到印度全国人民的反感，印巴和谈氛围被进一步破坏。（4）会谈期间，印控克什米尔地区发生严重恐怖袭击，印方认为此举受巴基斯坦指示，巴方和谈没有诚意。（5）印方内部分歧加重，瓦杰帕伊在正式会议上的讲话稿提前被公布于众，遭到不少国民的反对，认为总理言辞过于退让。（6）印巴会谈小组成员对声明草案的分歧无法弥合，尽管巴基斯坦已经让步，不再坚持把克什米尔问题放到声明的第一位，时任外长贾斯万特·辛格（Jashwant singh）和总理瓦杰帕伊主张签署这份声明，而鹰派人物代表财长辛哈（Yashwant Sinha）和内长阿德瓦尼（L.K Adivani）坚决不同意，认为，克什米尔不能按照巴基斯坦所声称的那样按照克什米尔人民的意愿解决，二人坚称，恐怖主义问题是声明的重中之重。[1]

阿格拉峰会虽然无果而终，但其积极意义值得肯定。它是新世纪印巴全面重启和平谈判的首次尝试。"阿格拉峰会的价值并不能因为陷入僵局而被抹杀"。[2] "尽管篱笆没有拆除，但是桥梁并没有烧毁"。通过这次会谈，双方意识到：双方领导人是有诚意的，无论是在接待礼仪方面还是在最高领导人多次会谈中都有所体现；各自对和平进程的立场和期待虽然相差甚远，却也使对方清楚看到了双方核心问题所在；双方更加清楚两国在启动和平进程的阻力和障碍复杂，特别是政党和民众因素。也就是说，这次会谈给双方提供了一次知己知彼的机会，也为接下来的进一步和谈积累教训。当然，由于印巴长期的信任赤字，即使双方有愿望和谈，也很难找到利益切合点。因此本次峰会无果而终，虽出乎意料，但也在情理之中。

---

[1] Idrees Bakhtiar and Irfan Malik, "Reality checkpoint on the road to peace", *The Herald*, August 2001, p. 68.
[2] Idrees Bakhtiar and Irfan Malik, "Reality checkpoint on the road to peace", *The Herald*, August 2001, p. 67.

第三节 全面对话式的和平

2003年，印度时任总理瓦杰帕伊首先伸出了对巴"友谊之手"。截至2008年，印巴启动了5轮"全面对话"进程，虽然2008年孟买袭击案暂时中断了印巴和平进程，但双方及时进行了危机应对，并于2011年重新启动了2轮全面对话。虽然重启后的第二轮对话迟迟没有"终点"，形式大于内容，但总的来看，21世纪以来的几轮全面对话还是取得了一些过程性的效果，为印巴长久解决双边矛盾积累了有益教训或参考方案，对话本身就是一种和平姿态。

一、新世纪印巴五轮全面对话及成因分析

1. 和谈前奏

2003年，印巴开始缓和自2001年年底因印度议会大厦被袭而导致2002年年初印巴边境陈兵百万的紧张局势。

（1）印度主动伸出"友谊之手"。印度主动发出"友谊之声"，巴方积极回应。2003年4月，印度时任总理瓦杰帕伊在视察印控克什米尔地区期间发表讲话，他表示，印度愿意改善与巴基斯坦的关系，致力于寻求南亚地区的和平。巴基斯坦时任总理贾迈利随即表示两国关系应尽快恢复至2001年12月前的水平，并建议在《拉合尔宣言》框架下就核安全问题展开对话。有人认为，巴方的表态表明巴基斯坦"不再坚持其长期以来要求首先解决克什米尔问题才能讨论其他问题的立场，而是提倡就所有未决问题进行全面对话"[1]。

（2）独立日双方致以友好问候。2003年8月14日和15日，印巴独立日庆典之际，双方领导人互致贺电，释放善意。印度时任总统卡拉姆表示，印度致力于在《西姆拉协议》和《拉合尔宣言》的基础上，与巴基斯坦建立相互信任、睦邻友好和相互协作的关系。他说，印巴应努力发展两国关系中最近出现的"积极势头"。瓦杰帕伊希望印巴两国努力消除互不信任、相互猜忌的政治气氛，拒绝暴力与对抗，建立和平，并开展富有成果的合作。他强调印度愿以和平的方式与巴基斯坦解决两国间所有悬而未决的问题。[2] 巴基斯坦时任总统穆沙拉夫和总理贾迈利给了积极友好的回应。贾迈利表示，战争不是解决问题的办法，印巴

---

[1] Mehtab Ali Shab, "New Thaw in Indo-Par Relations", *South Asia Politics*, August, 2003, p. 18.

[2] 《共筑印巴美好未来》，http://shuili.net/GB/paper464/9929/911710.html，2003年8月16日。转自刘红良硕士论文《印度与巴基斯坦关系的新进展及前景分析》，2006年，第10页。

103

应该开始解决两国包括克什米尔在内的所有问题。

（3）双方采取务实友善举措。2003年5月初，印巴双方先后宣布恢复大使级外交关系。5月下旬，印度宣布重开德里—拉合尔的巴士交通，并首先释放了70名渔民和60名民事犯罪分子。巴基斯坦于9月初释放了269名印度渔民。10月，印方进一步提出12点和平建议，得到巴方积极回应。

（4）2004年初印巴两国领导人实现会晤。2004年1月，第12届南盟峰会在巴基斯坦举行。其间，巴基斯坦时任总统穆沙拉夫与印度时任总理瓦杰帕伊举行了会谈，这次会谈是自2001年7月两国关系紧张以来的第一次首脑会晤。穆沙拉夫向瓦杰帕伊承诺，巴基斯坦不允许自己的领土以任何形式被用来支持恐怖主义。声明也受到了克什米尔地区领导人和人民的欢迎，因此穆沙拉夫高兴地说："我们创造了历史。"[1]随即，两国总理举行会谈，1月6日，双方发表《联合声明》，表示将共同打击恐怖主义，将通过长期建设性对话解决双边所有问题。双方同意2004年2月举行外秘级会谈，启动全面对话。由于双边关系的改善，促成了本届南盟峰会取得丰硕成果：达成了建立南亚自由贸易区的协议，发表了《伊斯兰堡宣言》，签署了《南盟反恐附加议定书》。

2. 促成印巴展开全面对话的原因

综合分析国际国内因素，促成印巴新世纪开展全面对话、增进和平的原因主要有三个方面。

（1）阿格拉峰会的失败以及2001—2002年印巴百万大军对峙，严重消耗双方大量人力物力财力。两国核武化已成事实，在巴方拒绝承诺不首先使用核武器的前提下，印度的常规威慑优势很难不再起作用，印巴由对峙走向缓和，符合两国利益。

（2）双方国内一系列因素的推动作用。一是穆沙拉夫启动巴基斯坦"软形象"（Soft Image）工程，试图扭转巴基斯坦军人政府形象，希望将巴基斯坦改造成一个"温和、发达、开明、富裕的伊斯兰国家"。[2]二是在克什米尔问题上改变以前的僵硬姿态，呼吁双方灵活解决克什米尔问题。[3]三是穆沙拉夫多次直接向瓦杰帕伊承诺，不允许巴基斯坦领

---

[1] Raja Asghar, "Its leap forward says President", *Dawn*, 9th January, 2004.
[2] "Trading Militancy for Peace in South Asia", Feb 26, 2004, www.stimson.org，登录时间：2022年8月24日。
[3] 比如，第12届南盟峰会前夕，穆沙拉夫多次作出妥协，表示巴方准备放弃50年来一直坚持的在联合国主持下以公民投票方式确定克什米尔归属问题的立场，表示愿意与印度直接谈判解决克什米尔问题。

土被用来从事恐怖主义活动。①四是就经济代价来说，两国都占用了很大一部分资金用于国防支出。尤其是巴基斯坦，2003年国防支出占GDP的4.5%，而用于教育和卫生的分别只有1.8%和0.9%。印度政府的军事对峙政策也在国内广受批评，并逐步认识到，军事压力和经济扩张齐头并进才可以更好地实现印度的战略目标。正如巴基斯坦前外秘、巴基斯坦战略研究所所长说的那样："就我看来，印度正对邻国放弃霸权计划，而准备在南亚地区建立经济控制权辅以代之。"②

（3）双方有了对话的利益切合点——反恐。2001年9月11日，基地组织（AL-Qaeda）劫持的4架民航客机撞击了美国纽约世贸中心和华盛顿五角大楼，造成3000多人死亡、6000多人受伤。美国随即发动反恐战争，巴基斯坦成为美国"反恐前线"国家。自穆沙拉夫被绑上美国反恐战车以后，印度看到了印巴反恐合作的新机会，相信在美国的压力下，巴基斯坦对印度所关注的越境恐怖主义问题会做出一些让步。此外，美国的积极推动作用以及印巴的二轨外交（Track Diplomacy）在印巴重启会谈中起到的作用，也不可小视。③

从2004年2月印巴启动第一轮全面对话至2008年11月孟买袭击案爆发前，双方共举行了5轮外交秘书级全面对话（第5轮由于孟买袭击案而中断）。总的来说，取得了不少积极成效，特别是在信任措施建立型问题上进展显著，但在冲突解决型问题上成效有限。

3. 五轮全面对话

（1）第一轮全面对话（2004年2月—12月）

2004年2月16—17日，印巴在伊斯兰堡举行外秘会谈，标志着第一轮全面对话展开，直到12月，本轮对话持续了10个月。伊斯兰堡外秘会谈中，双方同意就八大问题进行磋商。即：信任措施建立问题、克什米尔问题、乌拉尔大坝问题、友好交流问题、锡亚琴冰川问题、塞·克里克湾问题、恐怖主义和毒品问题、经贸合作问题等。

2004年5月，国大党的联合进步同盟取代印度人民党领导的全国民主同盟获得执政地位，但这并没有影响印巴全面对话进程。这说明，此时，

---

① Dr. Stephen P. Cohen, "India and Pakistan: Steps Towards Rapprochement, Testimony Prepared for the Senate Foreign Relations Committee", The Brookings Institution, January 28, 2004.
② Keith Jones, "India and Pakistan to Pursue Composite Dialogue", 30 January 2004, http://www.countercurrents.org，登录时间：2022年8月24日。
③ 具体分析请参见：Sarahh Bokhari,"Indo-Pak'new peace'", *ISYP Journal on Science and WorldAffairs*, Vol.1, No.2, 2005, p.149–150, http://www.scienceandworldaffairs.org/PDFs/Bokhari_Vol1.pdf，登录时间：2022年8月24日。

印巴构建和平的方式及和平模式探析

印巴双方对推进全面对话是抱有很大希望的,在各自国内至少是政界是达成了较大共识的。2004年9月8日,印巴在新德里举行了双方外长会谈,发表了联合声明,达成13点共识,即:就建立常规和核信任措施举行专家组会谈;就蒙纳堡-科赫拉帕(Munnabao-Khokhrapar)铁路建设举行会谈;10月份举行两年一度的边境安全部门会谈;10月或11月两国缉毒局举行会谈;11月两国海军举行会谈;建立有关贸易的专家委员会;推动实施两国国防秘书于8月份就锡亚琴冰川问题达成的协议;就塞·克里克湾问题举行联合调查;就全面开通斯里纳加-穆扎法拉巴德巴士服务问题举行会谈;放松旅游限制,促进团体旅游;建立相关部门负责就双方犯人和在押渔民问题举行会谈;促进双方外交人员交流。这成为接下来双方进行全面对话的路线图。①

2004年12月27—28日,两国外秘在伊斯兰堡会晤,发表联合声明,对第一轮全面对话进行回顾总结,并为下一轮会谈作出相应安排。

但是,本次对话最主要的问题就是克什米尔问题。双方围绕克什米尔问题进行了多次善意的接触和尖锐的交锋。尤其是10月份,穆沙拉夫提出解决克什米尔问题三步走战略。一个月后,印方提出解决克什米尔问题的"九点"战略予以回应。②但双方在此问题上分歧过大,尤其印方立场坚定,不愿展现穆沙拉夫所提议的"灵活性",因此,本轮会谈没有在克什米尔问题上取得进展。

(2) 第二轮会谈(2004年12月—2006年1月)

2004年12月27—28日,印巴外交秘书在伊斯兰堡举行会谈,本轮会谈持续了13个月。双方同意:第二轮会谈仍将以信任措施建立以及克什米尔问题为主,其他六大问题计划在2005年4—6月举行会谈。贸易问题联合研究组技术性会议、印巴海军部门会议、印巴常规及核信任措施建立专家组会议、阿姆利则-拉合尔(Amritsar-Lahore)巴士服务的技术性会议、缉毒部门会议等将分别在2005年1—6月份举行。双方在民事犯、被押渔民问题和国防失踪人员等问题上保持密切磋商。

随后,印巴就专门议题举行了系列的谈判和磋商。特别是2005年2月15—17日,印度时任外长纳特瓦尔·辛格访问巴基斯坦,两国外长举行会谈,就一系列问题达成协议:首先,印巴就开通从巴控克什米尔

---

① "India-Pakistan Peace Process since April 2003", *The International Institute For Strategic Studies (IISS)*, London.
② 与克什米尔各组织举行对话;促进与巴基斯坦人民的交流;试图开通 Jammu-Sialkot、Uri-Muzaffarbad 和 Kargil-Skardu 段公路;加快经济发展;促进文化发展;解决失业;公共救济;防止安全人员违反人权行为;加大媒体在克什米尔和平重建进程中的作用。

地区的穆扎法拉巴德到印控克什米尔地区的斯里纳加之间的公共汽车达成了协议;其次,双方同意立即启动巴基斯坦第二大城市拉合尔到印度边境城市、文化名城阿姆利则间的公共交通服务。不过双方外长在发表简短声明后拒绝了答记者问,耐人寻味。[1]

2005年4月7日,印巴克什米尔地区之间首次实现通车。印度时任总理辛格和国大党时任主席索尼娅·甘地参加通车仪式。辛格在为乘客送行时特别强调:"一扇大门打开了","巴基斯坦,尤其是穆沙拉夫总统帮助我们开启了这扇门"。[2]

2005年4月16—18日,穆沙拉夫以观看板球比赛的名义对印进行非正式访问,其意义不亚于正式访问。其间,穆沙拉夫与辛格进行了数小时"推心置腹"的会谈,并于18日发表了《联合声明》,内容涉及克什米尔、经济合作、人员往来和信任措施建设等方面。与以往相比,该声明有3个特点:第一,双方以更加务实的态度推进印巴和平进程。声明不再引用《西姆拉协议》或者其他历史文件,而是以务实而积极的态度"向前看"。双方领导人认定"和平进程现在不可逆转",双方同意以"真挚和明确的方式"继续进行谈判。第二,双方偏重克什米尔问题谈判,12项要点中有4点是关于克什米尔问题的。第三,双方在克什米尔问题上的态度已有所转变。巴基斯坦愿意在逐步解决克什米尔问题的同时大力发展双边经贸关系,印度也承认克什米尔问题是困扰印巴关系的核心问题,需要通过和平谈判加以解决。舆论认为,印巴此次在克什米尔问题上达成的共识是"务实而理性的""富有智慧的",称这种面向未来的战略眼光必将使印巴和平之路越走越宽广。[3]

2005年8月,肖卡特·阿齐兹出任巴基斯坦总理。8月27日,在国民议会发表讲话时,他说,将继续推动巴基斯坦与印度的和谈进程,表示将领导新政府延续与印度对话的政策,致力于通过和平途径解决与印度的争端,包括克什米尔问题。

2005年10月3日,两国外长举行会晤后发表了联合声明,两国外长一致认为,与上一轮对话相比,第二轮全面对话以来,双边谈判取得了更多的积极成果。[4]

2005年10月8日,南亚大地震,双方通过"地震外交"推进了双

---

[1] 周戎,《印巴和平小步前进》,载《光明日报》,2005年2月18日。
[2] 任彦,《印巴四月和风吹》,载《人民日报》,2005年4月20日。
[3] 任彦,《印巴四月和风吹》,载《人民日报》,2005年4月20日。
[4] "Press Statement by External Affairs Minister Shri Natwar Singh after the Joint Commission Meeting, Islamabad", October 4, 2005,参见巴基斯坦外交部网站,http://www.mea.gov.in,登录时间:2015年3月13日。

边关系的继续改善。地震发生后,巴基斯坦时任总统穆沙拉夫提议开放克什米尔实际控制线的一些检查站,以便实控线两边的克什米尔人民能够在抗震救灾中相互帮助。通过谈判,双方很快达成协议,同意开放 5 个检查站。同时,印度还承诺向巴基斯坦提供 2500 万美元的援助。[①]

2006 年 1 月,巴基斯坦时任外秘里亚兹 (Riaz Muhammad Khan) 和印度时任外秘萨兰 (Shyam Saran) 在新德里举行会谈,双方对第二轮全面对话进行总结,会后,双方发表《联合声明》,对本轮全面对话取得的成果表示满意,对两国原子能专家委员会和建立互信举措取得的进展给予高度评价,就避免海上意外事件,确保海上航行安全达成了协议,就印巴实际控制线沿线不设立新哨所达成协议。

总体来看,本轮全面对话在第一轮取的框架性成果的基础上,逐步向技术性细节问题上发展。双方在各大问题上举行多次专家级别会谈,尤其是在非冲突型问题上交流广泛,在信心建立型问题上的成效明显。本轮会谈的特别之处在于:双方就克什米尔问题谈判姿态积极,各自提出了不少磋商性方案;在水资源争端上开始进行会议性接触;途经巴基斯坦的油气管道(IPI)计划提上了日程。但必须看到,双方在冲突型问题上没有取得实质进展。双方在克什米尔问题、锡亚琴冰川问题、塞•克里克湾问题、乌拉尔大坝问题上的分歧明显,相关的谈判多是试探性的。

(3) 第三轮会谈 (2006 年 1 月—2007 年 3 月)

2006 年 1 月 17—18 日,里亚兹率团访印,与希亚姆•萨兰会晤,标志着第三轮全面对话展开,持续 14 个月。具体内容仍然是八大议题。在联合声明中,双方承诺继续推动印巴和平进程,同意两国专家小组继续就原子能领域避免冲突进行磋商,继续就达成"降低原子能意外事故或非授权使用核武器风险"协议进行协商;同意继续就克什米尔问题进行会谈,寻求一个双方都可以接受的最终解决办法;双方同意将在卡拉奇和孟买互设领事馆,以及在农业、卫生、科技、信息、教育、环境和旅游等领域尽早举行相关联合委员会会议。[②] 正如萨兰所说:"会谈只有一个目的,保证双方人员、物资的自由流动,实现印度和巴基斯坦人民之间的友谊与和平",本次会谈氛围非常和谐。穆沙拉夫在接受印度电视台采访时甚至公开表示"印巴关系目前处于历史上的最好时期"。[③]

---

① 李敬臣,《印巴第三轮会谈发表联合声明 印巴和平艰难前行》,载《瞭望新闻周刊》,2006 年第 4 期,第 51 页。
② 李敬臣,《印巴第三轮会谈发表联合声明 印巴和平艰难前行》,载《瞭望新闻周刊》,2006 年第 4 期,第 51 页。
③ 李敬臣,《印巴第三轮会谈发表联合声明 印巴和平艰难前行》,载《瞭望新闻周刊》,2006 年第 4 期,第 51 页。

第五章　新世纪的印巴和平——进程、方式及分析

2006年1—6月，印巴双方围绕相关议题共举行了13次对话谈判，其中专家、联合研究小组或技术级小组会谈7次，部秘级对话6次。但是，随后的7月11日突发的孟买火车遭袭事件，造成180多人死亡，800人受伤，①破坏了第三轮全面对话进程。印度怀疑是巴境内恐怖组织虔诚军（Lashkar-e-Taiba）和印度境内的伊斯兰学生激进组织所为，印度时任总理辛格对巴基斯坦的态度变得强硬起来，7月14日公开指责巴基斯坦未能遏制边境恐怖分子，对和平进程造成威胁。随后，印度在15日宣布暂停全面对话，并要求巴基斯坦遵守约定，停止支持边境恐怖主义。②

不过，这次暂时的中断并不意味着双方关系降到冰点，双方交流渠道被冻结的时间不长。

孟买火车爆炸案之后，穆沙拉夫立即发表声明，表示严厉谴责，③并在8月软禁了虔诚军领导人赛义德（Hafiz Saeed）。④鉴于美国"反恐盟主"的身份，在此期间为印巴缓和危机发挥了不小作用。另外，印度也承认，不能单方面把责任归咎于巴基斯坦，此次爆炸与印方指责巴控克什米尔地区举行选举有关，因为7月11日正好是本地区举行大选的日子。⑤

巴方的善意和美国的幕后推力促成穆沙拉夫和辛格在哈瓦那不结盟运动峰会上会面，双方于9月16日发表了联合声明，同意联合反恐并重启全面对话。辛格和穆沙拉夫决定建立联合反恐机制，确认并实施反恐行动和审查，同意两国外秘级会谈尽快重启。⑥

11月14—15日，印度时任外交秘书梅农和巴基斯坦时任外交秘书里亚兹于在新德里会晤，继续就因孟买火车爆炸案而导致中断的各类议题进行会谈，标志着第三轮全面对话得以重启。会谈的主要成效有：双方同意建立三人反恐机制（JATM），以便讨论打击恐怖主义的措施，定期和及时交换情报，该机构将由印度外交部负责国际组织事务的辅秘和

---

① "190 dead in Mumbai railway bombings", CBC, July 11, 2006, http://www.cbc.ca/world/story/2006/07/11/mumbai-trains.html, 登录时间：2020年5月10日。
② "Talks with Pak not on agenda now: India", *Indian Express*, July 15, 2006, http://www.expressindia.com/News/fullstory.php?newsid=71124, 登录时间：2020年5月10日。
③ "Govt gives guarded response to Musharraf's proposal on Kashmir", *PTI*, October 26, 2006, http://www.rediff.com/news/2004/oct/26indpak.htm, 登录时间：2020年5月10日。
④ "Pakistani Militant Under House Arrest," http://www.nytimes.com/2006/08/11/world/asia/11pakistan.html, 登录时间：2020年5月10日。
⑤ 有关印度的指责请参见 "India slams Pak on PoK poll issue", http://timesofindia.indiatimes.com/articleshow/1644985.cms, 登录时间：2014年12月10日。
⑥ Priyashree Andley, "Third Composite Dialogue: An Overview Of Indo-Pak Relations In 2006", *IPCS Special Report*, No. 36, March 2007, p. 4.

巴基斯坦外交部负责联合国和经济合作事务的辅秘来领导；双方就降低核武器事故风险草签了一份协定，并同意尽早正式签署；双方对《弹道导弹飞行试验预先通告》协定的实施情况表示满意；双方同意全力实施增强克什米尔实控线两侧交流和合作的措施，尽早开通卡车货运服务；双方确定拟于2006年12月22—23日就塞·克里克湾问题举行专家会议讨论联合考察和海上划界问题，并计划在2007年2月之前完成联合考察；双方一致同意继续加强两国友好交往，推动互利经贸合作，加快释放在押对方渔民和囚犯；双方商定两国外秘将于2007年2月在巴基斯坦首都伊斯兰堡再次会晤，对第三轮全面对话进行总结，对第四轮全面对话进行安排。

舆论认为，此次印巴外秘级会谈最大的亮点是双方在反恐问题上取得了一定突破，因为两国都清醒地认识到恐怖主义的复杂性和危害性，已经不再简单地"指责"与"反指责"，而是采取了更加现实与理智的态度。联合反恐机制的建立体现了印巴双方排除干扰、推动两国间全面和平进程的决心，也反映出两国互信程度的提高。

2007年1月，印度时任外长穆克吉访问巴基斯坦，双方承诺推进和平进程。2007年2月18日午夜，来往于德里和拉合尔的"友谊快线"（Samjhauta Express）发生爆炸，造成至少67人死亡，50人受伤，多数是巴基斯坦人。不过，这没有影响印巴和谈的大局，印巴向好形势继续发展。[1]这在2004年全面对话机制启动前的印巴关系叙事里，是不可想象的。事发第二天，巴基斯坦时任外长卡苏里仍然按计划对印度进行回访，双方签署了"降低意外使用核武器风险协议"。印巴外长互访，减弱了"友谊快线"爆炸事件的消极影响，进一步为全面对话注入新的活力。

2007年3月13—14日，印度时任外交秘书梅农赴伊斯兰堡与巴基斯坦时任外秘里亚兹举行会谈，对第三轮全面对话进行了总结，双方同意继续深化印巴关系，推进印巴和平进程。

（4）第四轮会谈（2007年3月—2008年5月）

2007年3月13—14日，印巴外秘会谈，启动了印巴第四轮全面对话，持续了14个月。会议同意在本轮会谈中加快建立两国间自由签证体系、释放在押对方囚犯以及预防海上突发事件的谈判进程；同意近期就锡亚琴冰川问题举行会谈；同意就停止在克什米尔实际控制线兴建新的哨所

---

[1] 详见："Samjhauta Express firebombed, 67 killed"，http://www.hindu.com/2007/02/20/stories/2007022012520100.htm，登录时间：2014年12月10日。

和防卫设施举行会谈；同意尽快举行双方军队指挥官季度会晤。①另外，双方还就下个月即将召开的南盟会议议题进行了交流，表示愿意就如何通过具体和重点措施使南盟运作更加有效等问题进行商讨。②不过，越境恐怖主义问题及克什米尔问题仍然是两大原则性问题。

在举行外秘级谈判的同时，联合反恐机制第一次会议也得以召开，同年10月召开了第二次会议。③

5月19日，印巴两国就塞·克里克湾问题在拉瓦尔品第举行辅秘级会谈，虽然最终没有达成协议，但双方表示，将继续保持磋商以实现友好解决此问题。④

2008年5月20日，巴时任外秘巴希尔（Salman Bashir）和印度时任外秘梅农举行会谈。21日，印巴外长穆克吉和库雷希在伊斯兰堡举行会晤，审核第四次印巴全面对话落实情况。其实，印巴双方在2007年10月份就已经完成本轮对话下的所有具体会谈，但是由于巴基斯坦国内政局波折，政府轮替，直到2008年5月，巴基斯坦大选初定，政局稍缓，印巴双方才准备全面回顾并审核第四轮全面对话，并为下一轮全面对话作准备。⑤

本次外长会谈取得了一系列成果：双方同意通过进一步磋商，缩小分歧，寻找共同点，解决克什米尔问题，为此将加快实控线地区信任措施建设（CBMs）：将斯里纳加—穆扎法拉巴德和拉瓦尔科特—蓬奇（Rawalkot-Poonch）两条巴士线路的班期由2周改为1周；尽快敲定跨克什米尔地区的贸易方式，尽快开启卡车线路；为了扩大和便利旅行，2个月后召开跨克什米尔地区信任措施建立工作组会议。双方同意工作组应更多考虑双方现有的和补充的建议，以增进在常规领域和核领域建立互信。双方重申致力于锡亚琴冰川问题的友好解决。双方同意加快进程，尽快解决塞·克里克湾问题。双方同意继续加快联合反恐合作，定于2个月后举行第三次会议，尽量避免双方敌视性宣传。双方同意进一步加

---

① 陈翔，《印巴第四轮全面对话外秘级会谈结束》，载《国际在线》，http://news.qq.com/a/20070315/000234.htm，登录时间：2014年12月10日。
② "Fourth round of India-Pakistan composite dialogue begins on Tuesday" and "Composite Dialogue round beginstoday", http://www.dnaindia.com/india/report_fourth-round-of-india-pakistan-composite-dialogue-begins-on-tuesday_1084319，登录时间：2014年12月10日。
③ Sameer Suryakant Patil, "India-Pak Composite Dialogue", *IPCS Special Report*, No. 53, June 2008, pp. 2-3.
④ "Pak-India dialogue on Sir Creek conclude inconclusively", http://www.paktribune.com/news/index.shtml?178603，登录时间：2014年12月10日。
⑤ Sameer Suryakant Patil, "India-Pak Composite Dialogue", *IPCS Special Report*, No. 53, June 2008, p. 5.

强合作打击毒品走私,欢迎巴基斯坦缉毒局(Anti-Narcotics Force)与印度禁毒署(NarcoticsControl Board)尽快签订谅解备忘录。双方同意采取务实举措加快经贸合作:铁道部官员将于6月会晤,商讨所有技术性问题;尽快在对方国内开设银行分支机构,促进双方金融业发展。双方同意加快释放对方犯人的磋商步伐,为维护人权,尽快修改领事协定,向对方提供最新最全面的犯人名单。双方同意签订领事修改协定,领事有权全程参与司法审判过程。双方同意尽快敲定签证协定,放宽签证,促进人员交流。双方同意共同致力于研究伊朗-巴基斯坦-印度天然气管道计划(IPI)。双方同意一道振兴南盟,实现南亚地区和平稳定与可持续发展,确保领土和能源安全。双方商定第五轮全面对话外秘级会谈将于2008年7月份在新德里举行。[1] 不过,该系列成果都是一种后续安排,还有待双方采取务实举措去履行。

总体来讲,印巴第四轮全面对话取得了以下几方面成就:签订了两国定点航班来往的谅解备忘录;开通跨越瓦加-阿塔里(Wagah-Attari)边境的两国间卡车服务;德里-拉合尔巴士班次由每周2次增加到3次;签署降低意外使用核武器风险协定;签署印度证券交易委员会和巴基斯坦证券交易委员会谅解备忘录,实现了双方信息共享;对塞·克里克湾及其他接壤地区进行了联合调查;召开了两次联合反恐机制会议。[2]

但本轮对话仍然存在很多问题。2007年的印巴关系并不比过去60年任何时候更糟糕,但也绝不密切,印巴和平进程相当缓慢,尤其是在克什米尔问题上。如此缓慢的原因是深藏在两国人民心中和脑海的"信任赤字"。[3] 印度不满的地方在于:印度安全部门本希望联合反恐机制(JATM)稳步发挥应有作用,但是印方认为巴基斯坦并没有按照印度的意愿采取确切措施。[4]

巴基斯坦内部对发展印巴关系存在矛盾,2008年上任巴基斯坦总统的扎尔达里曾表示克什米尔问题影响印巴在经贸合作上实现互惠互利,这遭到巴政治精英坚决反对,认为这是试图牺牲克什米尔人的利益来从

---

[1] "Foreign Minister Level Review of the Fourth Round of Composite Dialogue", Islamabad, 21 May, 2008", Pakistan-India Peace Process(2008-2009) edited by Dr. Noor Ul Haq, pp. 18-21, http://ipripak.org/factfiles/ff117.pdf,登录时间:2014年12月10日。
[2] http://www.mofa.gov.pk/Press_Releases/2008/May/PR_134_08.html,登录时间:2014年12月10日。
[3] Dr. Christopher Snedden, "The India-Pakistan Peace Process:Overcoming the 'Trust Deficit'", Pakistan Security Research Unit(PSRU), Brief Number 20, 2nd of October 2007, p. 3.
[4] Sameer Suryakant Patil, "India-Pak Composite Dialogue", IPCS Special Report, No. 53, June 2008, p. 3.

印度获取经济利益的思维。① 印巴在锡亚琴冰川问题上纠纷加剧。2007年，印度军方组织民事旅游团参观锡亚琴冰川。巴基斯坦坚决反对，认为锡亚琴冰川本属争议地区，而印度希望将锡亚琴变为旅游景点的做法破坏了和平进程的气氛。印度禁毒署发布的2007年年度报告显示，越来越多的海洛因通过巴基斯坦和阿富汗进入印度，巴方坚决否认。

总之，印巴两国"需要相当长的时间、相当大的努力以及相当大的政治勇气才能勾勒出'大和解'的轮廓"。②

（5）第五轮会谈（2008年7月—2008年11月）

2008年7月20日，巴基斯坦时任外秘巴希尔率队抵达新德里与印度时任外秘梅农举行会谈，开启了印巴第五轮全面对话，到11月孟买袭击案全面对话被中断，本轮对话仅维持4个月。

本次会谈为第5轮全面对话内容进行了安排：一是克什米尔问题。印巴双方在一系列控制线跨境信任措施建设上达成一致：将加快跨控制线地区的交流；尽快增加斯里纳加—穆扎法拉巴德和拉瓦尔科特—蓬奇两条线路巴士班次以加快两国客运量；两国商会将尽快会面，商讨跨线地区的贸易问题并希望最终达成协定。二是边界问题。双方同意在近期边境冲突事件上保持冷静克制，以使停火协议能够长期保持下去，并将加强和充分利用现有的机制，维护两国边境和平与稳定。三是具体问题的会议日程问题。双方就本轮会谈框架下的具体问题谈判日程安排达成一致，双方愿意通过各种外交渠道为接下来的各种事务性会议提供便利。

尽管巴方希望本次会谈为"双方营造一个和平的气氛"，但会前双方出现了很多不和谐的因素。正如印度时任外秘梅农所说，近一个时期，控制线附近事件接连发生，跨境恐怖主义以及暴力煽动在印控克什米尔地区不断上升，巴基斯坦领导人公开言论倒退到之前的挑衅状态，等等。特别是印度驻喀布尔大使馆被炸事件，严重恶化了印巴全面对话形势。

2008年7月7日，印度驻喀布尔大使馆发生严重汽车爆炸袭击，造成41人死亡，其中包括4名印度外交官，另有100多人受伤。③ 印度怀疑巴基斯坦介入其中，指责巴基斯坦三军情报局（ISI）帮助袭击了印度大使馆。特别是8月1日美国媒体《纽约时报》报道称："美国情报

---

① Sameer Suryakant Patil, "India-Pak Composite Dialogue", *IPCS Special Report*, No. 53, June 2008, p. 5.
② S.D Muni, "India-Pakistan Composite Dialogue: Towards A'Grand Reconciliation'?", *ISAS*, Brief No. 67, 26 May 2008, pp. 3-4.
③ 详见 "Huge blast at Indian Embassy in Kabul kills 41", http://www.nytimes.com/2008/07/07/world/asia/07iht-afghan.4.14305634.html.

机构针对印度驻阿富汗大使馆被炸的调查结果已经出炉,美国政府官员透露,巴基斯坦情报机构协助策划了这起针对印度的爆炸活动"。① 这更加坚定了印度对巴基斯坦的怀疑和指责。印度甚至不惜破坏印巴和解大局,公开在第5轮全面对话会上提及此事。② 会后的新闻发布会上,梅农声称"调查证明,7月7日印度驻喀布尔大使馆爆炸案与巴基斯坦有关。"③

随后,印巴特别是巴方试图为印巴紧张关系降温。2008年9月,扎尔达里与辛格进行了会晤。10月21日,印巴开通了斯里纳加—穆扎法拉巴德和拉瓦尔科特—蓬奇的两条贸易通道线路。

不过,在接下来的一系列事务性会谈中都存在不和谐的因素,特别是在恐怖主义(印度驻喀布尔大使馆爆炸案)和印控克什米尔地区选举问题上相互指责,印度观察家研究基金会发布的问题简报指出,单单在2008年5月-9月期间(穆沙拉夫总统下台前后),巴基斯坦违反边境停火协定事件超过30多起。④ 印巴关系紧张严重影响了本轮全面对话八大议题框架下具体事务性问题的谈判。

2008年11月26日,孟买发生恐怖爆炸袭击,印度指责巴基斯坦介入其中,并单方面宣布中止与巴方的全面对话。至此,第5轮全面对话艰难进行了4个月后被中断。

二、孟买袭击案及危机应对

1. 概况

2008年11月26日晚到27日凌晨,基地恐怖分子在印度金融中心孟买多个地点发动连环袭击,造成183人死亡,其中包括9名恐怖分子、22名外国人员和孟买反恐特种部队司令,另有327人受伤。后据警方证实,该恐怖团伙共有10人,唯一活口穆罕默德·阿吉马·卡萨布(Mohammad Ajmal Amir Kasab)被抓获。武装分子使用手榴弹和AK-47冲锋枪袭击了孟买维多利亚火车站、泰姬玛哈酒店、孟买市政府等建筑。该事件中,恐怖分子使用连环爆炸、武装袭击、劫持人质等多种手段,对不同目标

---

① 钟文,《美国称巴情报机构策划印度驻阿富汗使馆被炸事件》,中国网,http://www.china.com.cn/news/txt/2008-08/01/content_16117717.htm,登录时间:2015年2月10日。
② "India-Pakistan composite dialogue today", http://www.hindu.com/2008/07/21/stories/2008072156161200.htm,登录时间:2015年2月10日。
③ "Briefing by Foreign Secretary after India-Pakistan Foreign Secretary level talks", 21/07/2008, http://meaindia.nic.in/secframe.php?sec=pb,登录时间:2015年2月10日。
④ Wilson Johon and Kaustay Dhar Chakrabarti, "India-Pkistan Relations after Mumbai Attacks", ORF ISSUE BRIEF #21, September 2009, p. 4.

进行攻击,攻击对象多是外国人,显然说明这是一个相当有经验的恐怖组织精心策划的一起恐怖案件。

印度情报机构认为,袭击者是从巴基斯坦港口的卡拉奇,藏匿于船舶上,经由海路抵达孟买,制造了恐怖袭击。据被俘的卡萨布交代,他曾在巴基斯坦穆斯林极端派别"虔诚军"组织受训。12月5日,印度官员指出,"现在已经清晰和无可辩驳地证明,于11月26日发生在孟买的恐怖袭击事件的攻击计划得到了巴基斯坦三军情报局的辅助和支持。"特别是2009年初,新被捕的巴基斯坦裔的好战分子戴维·黑德利(David Headley)详细阐述了巴基斯坦三军情报局对孟买恐怖爆炸事件的支持,指出巴基斯坦军事情报部门官员与虔诚军高级领导进行了数十次的会谈。他声称,三军情报局支持孟买恐怖袭击的主要动机是加强那些更极端激进的且与巴基斯坦国家安全有密切联系的组织的关系。[1] 因此,印方将袭击的罪魁祸首指定为"虔诚军"和巴基斯坦。印度时任总理辛格于2009年1月份发表公开声明,称巴基斯坦数个官方机构对虔诚军制造此次袭击提供了支持,印度有充分证据显示巴基斯坦与恐怖主义有关联。另据报道,巴基斯坦有官员承认袭击的一些计划是在巴基斯坦境内制定的。此时,印度对巴基斯坦的态度是:公开要求巴基斯坦对此次事件负责;要严惩恐怖袭击肇事者;阻止巴境内的极端组织对印度进行渗透破坏;要有效制止激进分子向印控克什米尔的渗透活动。巴方对此进行坚决否认,称这与巴政府无关,不接受印方对自己的指责。印巴关系高度紧张,印度国内要求对巴开战的呼声高涨。12月16日,印度时任外交部长穆克吉宣布,巴基斯坦在与印度进行真诚合作、严惩孟买袭击肇事者之前,中断对话进程。[2]

2. 印巴危机管控情况及成效分析

虽然当时印巴关系高度紧张,但梳理后续事态发展脉络发现,本次印巴危机不同以往,印巴并没有冻结所有关系,双方在表现强硬外交姿态之时,保留了与对方接触的机会。双方就恐怖事件进行了危机管控,取得了一定成效。

首先,印度没有如外界传言的那样对巴发动袭击,巴基斯坦也没有"风吹草动"般地采取军事对峙。恐怖袭击后,印度国内要求对巴基斯

---

[1] Jason Burke, "Pakistan intelligence services' aided Mumbai terror attacks", October 18, 2010, http://www.guardian.co.uk/world/2010/oct/18/pakistan-isi-mumbai-terror-attacks,登录时间:2015年2月10日。
[2] "India-Pakistan talks stalled after attacks", Peuters, December 16, 2008, http://www.reuters.com/article/idUSTRE4BF3GK20081216,登录时间:2015年2月10日。

坦开战的呼声一度高涨。这种情绪也是2008年7月7日印度驻阿富汗大使馆被炸的一种延续性反应。当美国参议员麦克·凯恩（John McCain）声称"印度即将对巴基斯坦发动某种攻击，如空袭可疑分子营地"的时候，巴方首先给予的是外交式的回应："印度应该解除空袭的动员，把地面部队撤回到和平线附近以营造良好的氛围"，然后警告美国说"复仇的印度将迫使巴基斯坦对目前协助美国反恐的西北边境地区的10万军队作出重新部署"，以此压迫美国出面调停印巴关系，目的是想尽办法缓和印巴关系。印度国内也有呼吁保持冷静的声音。印度召开全国主要政党大会时，各主要政党领导人认为，孟买袭击案不能全归咎于巴方，印度更不应该因此而阻断两国关系缓和大势，印度应该主动推进印巴和平进程。[1]同时，印度国内有人呼吁应更多地反思国家反恐能力严重不足的问题。因为在印度政府的后续调查中发现，印度国内的恐怖组织可能参与其中，至少已经确认有4名印度人可能参与了孟买恐怖袭击事件。[2]

其次，巴基斯坦面对印度的指责，没有像以前那样过于偏执，极力进行"黑-白"式的反指责，而是发出了具有缓和性的回应。比如，印度发生孟买袭击案的第一时间，巴基斯坦时任总统扎尔达里表示，巴政府将全力与印度当局合作打击孟买袭击事件的恐怖分子。巴方表示，"他们将和印度一道打击恐怖主义，并将迅速采取行动打击巴境内任何卷入孟买恐怖袭击事件的组织，希望能加强与印度的双边接触"。印度方面要求巴基斯坦严惩肇事凶手。巴方回应一定会配合印方开展调查。随后，印巴两国就该事件各自展开了调查。特别是巴基斯坦，积极向印方提交调查报告。尽管印度对其调查结果有所看法，但巴方的姿态值得肯定。2009年5月，印度对巴方在调查孟买恐怖袭击所做的努力表示肯定。同年，辛格分别于6月和7月在上合组织领导人峰会期间以及不结盟运动国家领导人峰会期间与巴基斯坦时任总统扎尔达里、总理吉拉尼举行了会晤。

再次，印巴启动了反恐联合机制，就打击恐怖主义、惩处袭击案件肇事者采取了一些务实行动。2008年11月29日，巴方派遣新任三军情报局艾哈迈德·舒亚·帕夏（Ahmed Shuja Pasha）中将赴新德里与印度国家安全顾问纳拉亚南以及印度外事局（India's External Intelligence Agency）等机构领导会谈。12月2日，巴基斯坦时任外长库雷希建议成立印巴联合委员会，委员会由双方国家安全顾问共同担

---

[1] 刘红良，《冷战后印巴安全关系研究》，四川大学博士学位论文，2013年，第110页。
[2] "Police Foiled Earlier Plot Against Mumbai", *New York Times*, December 6, 2008; "Police Say Indian Helped Smuggle Pakistani Gunmen", *Associated Press*, December 10, 2008.

任主席；他希望委员会尽快运行以交换情报，尽快对孟买恐怖袭击案开展联合调查。12月7日，巴基斯坦安全部队对巴控克什米尔地区的"虔诚军"进行了袭击，逮捕了6名涉嫌卷入孟买恐怖袭击事件的恐怖分子。巴方对国内激进组织达瓦慈善会（Jamaat-ud-Dawa）进行了打击，据该组织发言人称，组织内的大多数领导人已被巴政府拘留。① 巴基斯坦还积极请求联合国将达瓦慈善会定性为恐怖组织并对其进行制裁，尽快冻结其领导人哈菲兹·赛义德的银行账户。12月10日，联合国宣布达瓦慈善会为恐怖组织。2009年2月，据报道，巴基斯坦已完成对孟买袭击案事件的调查，吉拉尼表示，将尽快完成对印度方面的答复。

不过，也应该看到，双方外交辞令上的缓和并不完全代表双方能最终在这一问题上达成全面一致。双方的分歧其实不仅仅是袭击案本身，最大的分歧在于印度要求巴方彻底取缔"虔诚军"等仇印组织，并保证巴方领土不被任何组织用来攻击印度，而巴基斯坦并不认为国内一些组织是仇印恐怖组织，也不承认国土被一些组织用来从事针对印度的活动。这折射出的是印巴在恐怖主义的认知上有根本的不同，特别是印巴之间的恐怖主义还牵涉到领土、民族、宗教等问题。孟买袭击案发生至今14年多的时间而双方并没有达成完全一致定论的本身就说明了这一问题。

当然，双方政府出于综合考虑，对彼此友好姿态性的举动还是表示了欢迎。也正是基于恐怖袭击事件以来印巴的危机管控和处理，印巴关系没有走向战争的边缘。印巴全面对话被迫中断，但双边关系没有被冻结，特别是2009年下半年开始，印巴关系开始复苏，印巴关系回暖，逐渐靠近全面对话的轨道。

三、对话重启而第二轮对话没有"终点"

1. 前奏-螺旋式的缓和（2009-2011上半年）

就长远来说，印巴冲突对峙的成本要远远高于和平对话的成本。② 两国领导层深明这种利害关系。因此，2009年5月印度国大党连任成功后，表现出了"灵活"的意愿，而巴基斯坦更是急于修复两国僵持的关系。此后，双方就缓和关系，尽快启动被中断的全面对话展开了互动交往。

2009年6月16日，在俄罗斯叶卡捷琳堡举行上合组织峰会期间，印度时任总理辛格和巴基斯坦时任总统扎尔达里会晤。辛格表示"印度

---

① "Zardari Rules Out Returning Fugitives", *Hindu (Chennai)*, December 4, 2008.
② 陈纯如对2006年印巴恢复全面对话的原因分析中表达了这种观点。参见陈纯如，《印巴复谈协商过程分析》，载《问题与研究》，2009年12月，第48卷第4期。

愿意与巴基斯坦进行接触，解决所有突出问题，但是伊斯兰堡必须采取确实行动，不然，和平进程很难重启"。①7月16日，在不结盟峰会举行期间，巴基斯坦时任总理吉拉尼和辛格会晤，并在沙姆沙伊赫发表联合声明："两国总理一致认为，恐怖主义是两国的主要威胁，两国领导人表示，坚决打击恐怖主义并为实现此目的进行相互合作……"，"两国总理都意识到对话才是两国唯一的前途……"②。两国领导人保持沟通，本身表明了印巴维持双边和平、保持接触甚至是重启对话的主观意愿和理性目标。

2010年，印巴继续就重启全面对话而努力，但是全年印巴关系呈倒V字形结构，即：上半年，双方政治互动频繁，印巴关系上升态势明显，随着7月份两国外长会晤的失败，下半年重启全面对话议程又被搁置。2010年，全年印巴关系"有花无果，有气无力"。

2010年2月4日，印度正式宣布愿意与巴基斯坦重启外秘级别会谈。③2月24日，巴基斯坦时任外秘巴希尔带团抵达印度，就重启全面对话进行先期协商，双方对会议讨论主题争论不休，表示将进一步保持接触。3月，印度多次表达尽快在伊斯兰堡举行第二次外秘级别会谈的意愿，巴方表示，巴基斯坦想要与印度举行"有成果性的对话"(Result-Oriented Talks)，对"镜头外交"（Photo Opportunity）不感兴趣。④4月，在华盛顿核安全峰会和廷布南盟峰会上，两国总理举行了会谈。取得的积极成果是"双方同意外长和外秘尽快会谈，商讨两国未来对话的方式及重塑信任"。6月24日，印巴外秘举行年内第二次会谈，会议没有解决印巴分歧的实质性具体问题，但对印巴未来的对话机制有了程序性的安排：确定7月份进行两国外长会谈；巴基斯坦希望通过后门外交渠道（Back-Channel Diplomacy）解决克什米尔问题以促进印巴和平进程的意愿得到印度的赞许；双方一道致力于降低两国政治信任赤字。舆论认为，这次外秘会谈与上次2月份会谈的最大不同之处在于：这次会谈为双方"提供了一次双方交流（Talk to Each Other）而不是单方倾诉（

---

① "Manmohan Singh Meets Asif Ali Zardari At Yekaterinburg, Russia", http://www.india-server.com/news/manmohan-singh-meets-asif-ali-zardari-7694.html. 登录时间：2015年2月10日。

② "Full text of India-Pakistan joint statement", http://www.in.com/news/current-affairs/fullstory-india-pakistan-joint-statement-text-in-egypt-10010453-91155-1.html and "India, Pakistan issue joint statement on bilateral relations", Indian express, July 16, 2009, 登录时间：2015年2月10日。

③ "India offers to resume talks with Pakistan", BBC New, February 4, 2010, http://news.bbc.co.uk/2/hi/8498556.stm, 登录时间：2015年2月10日。

④ Mohammad Waqas Sajjad, Mahwish Hafeez and Kiran Firdous, "The Search for peace-Pakistan and India", *Reflections*, ISSI, No. 7 2010, p. 6.

Talk at Each Other)的机会。"①

7月14—15日，为落实两国总理4月会晤达成的共识，印度时任外长克里希纳赴伊斯兰堡与巴基斯坦时任外长库雷希举行旨在恢复印巴和平进程的首次外长会晤。但正如两国外长在一再推迟的新闻记者会上所说："双方进行了十分真诚的谈话，但都拿不出任何协议"。②会后，库雷希指责克里希纳"没有带来诚心会谈的使命，对待双方的接触不认真，没有诚意"，他同时也指责印度内政秘书皮来（GK Pilai）的言行。③尽管克里希纳邀请库雷希择期访印，但库雷希表示，除非印度准备与巴基斯坦进行有意义的、建设性的、有成果的对话以解决两国之间突出问题，否则他不会出访印度。④

下半年，印巴关系缓和趋势放缓。进入2011年，双方又一次希望通过高层友好互动交往，努力实现全面对话的重启。

2011年新年伊始，双方发出了不少示好举动。2月，印巴两国秘书在新德里举行会谈，双方同意"针对所有议题恢复全面对话"，重启全面对话再次提上日程。3月29日，巴基斯坦时任总理吉拉尼以观看板球比赛的名义到访印度北部城市莫哈利，这是新年以来双边友好姿态的最高表现形式，板球外交意义重大。之后，双边的缓和姿态持续发展，双方多部门、宽领域的对话持续推进。4月，双方商务部长在伊斯兰堡会晤；5月中旬，印巴重启两国水事纠纷秘书级谈判；5月底，印巴两国国防秘书级会谈在新德里举行，重启了两国因2008年孟买恐怖袭击事件而中止3年的国防对话；6月23日，印度时任外交秘书拉奥赴伊斯兰堡与巴时任外交秘书巴希尔举行会谈。7月，在第5届南盟议长和议员协会会议上，巴基斯坦时任议长米尔扎会晤了印度时任议长库马尔；7月22-24日，第4次南盟内政部长会议召开，两国内长再度会晤。

2011年7月27日，印度和巴基斯坦外长举行会谈，双方就反恐、商贸、克什米尔争端等问题交换意见，特别是同意就克什米尔问题进行细微但有重大意义的让步。会后双方发表了联合声明，宣布"印巴关系已经走

---

① "An opportunity to talk to each other and not at each other: Nirupama Rao", *The Hindu*, June 25, 2010.
② 周戎，《印巴外长会晤无果而终》，载《光明日报》，2010年7月17日。
③ 外长会晤前夕，印度国防秘书声称拥有巨大影响力的巴基斯坦三军情报局自始至终都在控制并协同发动孟买恐怖袭击。相关消息参见"Outrage in India over Qureshi equating Hafiz Saeed with Pillai"，http://www.zeenews.com/news641380.html，登录时间：2015年2月10日。
④ "Pak Foreign Minister Says Will Visit India Only For Constructive Talks"，http://www.dailynews365.com/india-news/pak-foreign-minister-says-will-visit-india-only-for-constructive-talks/，and "Indo-Pak talks fail: Qureshi skirts main issues, attacks Krishna"，http://economictimes.indiatimes.com/news/politics/nation/Indo-Pak-talks-fail-Qureshi-skirts-main-issues-attacks-Krishna/articleshow/6178469.cms，登录时间：2015年2月10日。

上了正轨"。这标志着印巴全面对话实现了重启。①

2. 两轮全面对话

自2011年7月印巴重启全面对话以来，双方又开展了2轮全面对话。不过，2013年第二轮对话期间，印巴边界持续冲突，导致双方迟迟没有举行第三轮会晤，第二轮谈判没有"终点"，第三轮全面对话没了"希望"。因此，2013年至今，双方全面对话被搁置。不过双方仍然保持了有关问题的接触。

（1）第一轮全面对话（2011年7月—2012年9月）

2011年7月印巴外长成功会晤开启了印巴孟买袭击案后首轮全面对话，本轮对话持续了14个月。之后，印巴关系持续升温，多部门继续对话，多领域深入会谈。8月，印巴第二轮议会议员对话在新德里举行；9月，印度时任内政部长契丹巴拉姆发表声明，称印度不能在每次恐怖主义袭击后都指责巴基斯坦，巴基斯坦时任内政部长马利克对此表示欢迎；9月26日-10月2日，巴基斯坦时任商务部长法希姆访问印度，再度会晤夏尔马，决定在未来三年内，将印巴贸易提升到60亿美元；11月初，巴基斯坦同意给予印度贸易最惠国待遇，该决定可使现在经由迪拜到达巴基斯坦的印度商品的非法贸易合法化；11月10-11日，巴基斯坦时任吉拉尼总理与印度时任总理辛格再次在马尔代夫南盟峰会上会晤；11月16日，巴印举行两国商务部常秘级贸易对话第六轮会谈，宣布印度和巴基斯坦同意双边贸易走向正常化。

进入2012年，双方持续保持高层交往。特别是三次领导人会晤及外长会晤尤为值得关注。3月28日，巴基斯坦时任总理吉拉尼在第二届核安全峰会上同印度时任总理辛格的短暂会面直接为接下来扎尔达里到访印度做了准备。4月8日，扎尔达里抵达新德里开始为期一天的印度之旅，随行人员包括人民党主席比拉瓦尔、内政部时任部长马利克以及时任外交秘书吉拉尼。扎尔达里和辛格就进一步改善两国关系进行了讨论。辛格还接受了扎尔达里提出的访巴邀请。②这为印巴关系改善提供

---

① 本次外长会晤与2010年7月的会谈不同，2010年外长会谈破裂，双方分歧明显，没有达成任何共识。本次外长会晤达成了不少共识，都做了相应的友好让步姿态，尽管都是程序性合作，但其象征意义明显，有利于双方朝向实质性合作推进，并且明确宣布两国外长将于2012年上半年再次会晤，而辛格总理也表示将于方便的时候访问巴基斯坦。具体请参见巴基斯坦联合通讯社、人民网相关报道：http://ftpapp.app.com.pk/en_/index.php?option=com_content&task=view&id=146076&Itemid=1；http://world.people.com.cn/GB/15275981.html，登录时间：2015年2月10日。
② "President Zardari arrives in New Delhi on day-long visit"，APP，Apr 8，2012，http://app.com.pk/en_/index.php?option=com_content&task=view&id=189073&Itemid=1，登录时间：2015年2月10日。

120

了大好机遇。8月30日,在德黑兰第16届不结盟运动首脑峰会期间,扎尔达里与辛格再次举行双边会谈,辛格此次虽没有明确接受出访邀请,①但表示将采取务实措施致力于双边关系的切实改善。

2012年9月7-9日,印度时任外长克里希纳率团访问伊斯兰堡,与巴基斯坦时任外长哈尔会晤。这是孟买袭击案以来印巴外长举行的第三次会晤,也是2011年7月双方启动孟买袭击案之后第一轮全面对话之后的第二次会谈,双方旨在回顾总结一年多来本轮会谈新成果,共同安排下轮会谈事项。②会谈中,双方对过去一年多时间里就印巴共同关注的9大问题所进行的谈判磋商表示满意。③双方签署了《双边签证协定》《文化交流备忘录》等一系列新协定,达成系列共识,表示将共同"致力于建设互信互惠的全面合作伙伴关系"。

(2)第二轮全面对话(2012年9月—2013年)

2012年9月的印巴外长会为第二轮的和谈达成3点共识:一是2012年12月下旬在新德里召开核武及常规武器信任措施建设专家组会议。二是每两年召开一次边境地区信任措施建设专家工作组会议。三是2013年召开下一轮外长回顾总结会,外长总结会前,印巴所有问题将举行秘书级会谈。这标志着印巴第二轮全面对话正式启动。

2012年下半年,借着会谈的"东风",印巴双方保持了良好势头。9月下旬,印巴举行商务秘书级会谈,共同探讨消除双方贸易壁垒问题。11月20日,扎尔达里批准了双方外长会谈讨论的《双边签证协定》。12月14日,巴基斯坦时任内政部长马利克到访印度,代表巴基斯坦与印方共同生效了此协定。该协定主要涉及实控线过境交流及边境贸易,对印巴双边关系来说,意义重大。该协定放宽了对商人的签证限制,他们可获得一年内多次入境的签证并免除警方报告单,此外,被允许访问的城市数量也有所增加。新的签证制度中还引入了团体旅游签证的新形式,10～50人的游客可以获得有效期为30天的团体旅游签证,由两国的注册旅行社负责管理。④边境贸易方面,允许21种商品自由贸易,为边境双方商人聚会及商务代表团交流提供便利,双方同意加快边境交通

---

① 多数专家认为,印度国内局势动荡是导致辛格没有贸然接受出访巴基斯坦的主要原因。
② 具体访问情况请参阅陈继东、张超哲,《印巴关系新态势:进展、动因及走向》,载《南亚研究季刊》,2012年第4期,第7-8页。
③ 在9月8日双方公布的《联合声明》中,增加了人权问题。不过,在随后的相关报道,仍沿用以前八大问题的提法。不过笔者认为,人权问题未来很可能上升为与其他八大问题并列的高度。
④ "Pakistan and India sign new liberalized visa regime", APP, Sept8, 2012, http://app.com.pk/en_/index.php?option=com_content&task=view&id=207405&Itemid=1,登录时间:2015年2月10日。

设施建设，促进边境贸易发展。①

自 2013 年以来，印巴在克什米尔实控线地区持续冲突，之后双方政府先后面临换届，印巴和谈的意愿下降，时机发生逆转，导致 2012 年印巴启动孟买袭击案后第二轮全面对话处于停滞状态，无疾而终，第三轮全面对话迟迟未展开。

四、全面对话成效分析

1999 年的卡吉尔冲突是印巴和平外交史上的一个重要转折点。相互敌视的两个核邻国几近走向战争，这使印巴双方都意识到推进和平进程的重要性和紧迫性。21 世纪以来，随着 2001 年阿格拉峰会的首次尝试，2003 年斯里纳加的和平宣言以及 2004 年初印巴联合声明的发布，最终，新世纪印巴和平进程以印巴全面对话的形式展开。其间经历了 2008 年的孟买恐怖袭击案的冲击以及 2013 年以来的持续边界冲突，但印巴先后开展了 7 轮（2004-2008 年 5 轮，2011-2013 年 2 轮）全面对话，取得了不少成绩。

2004-2008 年，印巴开展了 5 轮全面对话。2011 年双方重启全面对话后，印巴又开展了 2 轮全面会谈。其间，印巴双方大规模的人员往来是历史上从没有出现过的。② 印巴在所有问题上都展开了接触和谈判，即使在双方矛盾最突出的克什米尔问题上也取得了不少进展。巴基斯坦前外长卡苏里曾披露说："截至 2007 年，在双方最大争端的克什米尔问题的谈判中，印巴政府已经完成 90%，最后只差印巴和克什米尔代表三方签字"。③ 而就在 2010 年 2 月，巴基斯坦前总统穆沙拉夫在英国上院演讲时也说道："以四点建议为基础，实现克什米尔地区非军事化，弱化控制线，在此前提下，我们与辛格总理已经接近解决克什米尔问题。"④ 但不得不承认，全面对话机制更多的是为印巴在不同问题上提供了表达观点的平台，各大问题，特别是冲突解决型问题并没有取得突破性进展，有关和平协议相当脆弱，2013 年以来的多次边界冲突就是最好的例证。即使是在信心建设型问题方面也是进展缓慢。印巴至今不能在"最惠国

---

① 陈继东、张超哲，《印巴关系新态势：进展、动因及走向》，载《南亚研究季刊》，2012 年第 4 期，第 8 页。
② Dr Rashid Ahmad Khan, "Pakistan-India Peace Process: An Assessment", IPRI Journal, Winter 2009, Volume IX, Number 1, p. 98.
③ Mohammad Waqas Sajjad, Mahwish Hafeez and Kiran Firdous, "The Search for peace-Pakistan and India", Reflections, ISSI, No. 7 2010, p. 19.
④ "India Pakistan were close to solve Kashmir issue: Musharraf", The Nation, February 26, 2010.

待遇身份"问题上取得突破,本身就说明双方和平进程的复杂性。因此可以说,21世纪以来印巴全面对话模式下的和平进程取得的成效更多的是程序性的、机制化的,而非实务性的、具体化的。

这些成果可简要归纳为4点:双方敲定争端以八大议题为框架,并在排序问题上达成一致;双方同意以机制化的秘书级会谈形式开展新世纪"全面对话";双方同意以定期专家组会议的方式对各具体问题进行谈判;双方在信任措施建设方面取得不少成绩,尤其是有关克什米尔问题的信任措施建设意义重大。[①]

在2004年的第一轮全面对话中,双方同意八大问题解决方案:涉及和平与安全的信任措施建设、克什米尔问题、乌拉尔大坝问题、友好交流问题、锡亚琴冰川问题、塞·克里克湾问题、恐怖主义和毒品问题、经贸合作。对八大问题的最终敲定和排序,双方都吸取了阿格拉峰会的教训,都作了让步:印度不再坚持将恐怖主义问题放在第一位,不再坚持将克什米尔问题排除在外;虽然印方仍反对就克什米尔问题举行印巴克(什米尔)三方谈判,但至少印度已经同呼里亚特大会党领导人举行多次会谈,并同意其赴巴基斯坦和巴控克什米尔进行交流协商。[②]巴方也没有坚持要把克什米尔问题放在第一位,并承诺不许恐怖分子利用巴基斯坦领土从事对印恐怖活动(这些表态至少是在文件上有所反映)。

双方先后7次秘书级会谈虽然个别被推迟或者被中止,但不是"终止",双方从没有关闭谈判的大门。其间双方克服2006年的孟买火车爆炸案、2008年7月印度驻喀布尔使馆爆炸案以及11月孟买恐怖袭击案的消极影响,保持了全面对话机制脆弱地发挥作用,维持了印巴和平进程的大局,这也说明印巴全面对话缓慢机制化的趋势。

印巴在各具体问题上举行了多次专家级会谈,这是印巴二轨外交谈判的一个载体,即使在2008年孟买袭击案后以及2013年印巴边界持续冲突后,仍没有完全终止。比如,2009年6月印巴双方就水资源争端问题仍在进行磋商。

双方在信心建设型问题方面的进展仍然在继续,因为"旨在促进印巴双方和平与合作的各种各样的民事社会项目已经在社会开始扎根……这项民事运动包括了不同级别的民间对话,涉及成千上万的民众、学者、商人以及退休官员……"。[②]2009年12月的曼谷会谈,2010年1月印

---

① 具体成果可参见:Dr Rashid Ahmad Khan, "Pakistan-India Peace Process: An Assessment", *IPRI Journal*, Volume IX, Number 1, Winter 2009, p. 97.
② Dr Rashid Ahmad Khan, "Pakistan-India Peace Process: An Assessment", *IPRI Journal*, Volume IX, Number 1, Winter 2009, p. 103.
③ "Changing the Future", *Herald*, August 2010, p. 36.

度时报集团和巴基斯坦 Jang 报业集团联手启动的旨在推动印巴民间交往的"Aman Ki Asha"运动，就是很好的例证。[1]

但不得不承认，这些成就远远不够。印巴积怨太深，争端太多，短短几年时间不可能在实务性争端上有突破性进展，即使是在框架性的谈判中也没有达到完全一致，仍争执不下。双方在以下问题上的立场是有重大差异的。

其一，对八大问题，印巴将其分为信心建设型问题（信任措施建立问题、友好交流问题、恐怖主义和毒品问题、经贸合作）和争端解决型问题（克什米尔问题、乌拉尔大坝问题、锡亚琴冰川问题、塞·克里克湾问题）。巴方坚持两类问题的解决同时进行，而信心建设型问题方面取得的进展并没有促进争端解决型问题的解决，尤其是在克什米尔问题上。这是和平进程最大的失败。而印度认为，和平进程应该由易到难逐步进行。虽然双方在此问题上有相互妥协的趋势，但是这毕竟需要很长的时间才能为双方各层人士所接受。

其二，在对待恐怖主义问题上，双方也分歧严重，无法取得一致。印度始终认为巴基斯坦在向印度"输出恐怖主义"。[2] "印度甚至声称巴基斯坦三军情报局直接指导了虔诚军从事孟买袭击案"。[3] 而巴基斯坦对恐怖主义的理解与印度有很大差异。赛义德的逮捕与释放，印巴交换了情报材料但得不到印方认同，巴方对吉哈德运动（Jihadi Movement）和恐怖活动的区别对待等，无不表现着印巴双方在此问题上的分歧。2021 年 8 月阿富汗塔利班重新掌权，印巴对塔利班政府的不同反应和对阿政策的针锋相对倾向，足以从另外一个侧面看出双方对恐怖主义的认知存在严重分歧，甚至存在"敌人的敌人就是朋友"的零和观点。因此，在可预见的未来，印巴难以在反恐上取得较大合作。[4] 有一种说法认为，巴基斯坦需要用继续反恐来换取未来，因此"巴基斯坦是在向印度买和平（Buying Peace with India）"。[5] 在这种不对称的会谈基础上，印巴很难取得双方都满意的进展。

其三，克什米尔问题没有获得突破性进展。穆沙拉夫的三步走战略、

---

[1] Aman Ki Asha 是"和平希望"的意思。有关这项运动具体信息请参考：http://thirtysixandcounting.wordpress.com/2010/01/13/of-aman-ki-asha/，登录时间：2015 年 2 月 12 日。
[2] "Kasab verdict a message to Pakistan: Chidambaram", The Hindu, May 3, 2010, http://www.thehindu.com/news/national/article420565.ece，登录时间：2015 年 2 月 12 日。
[3] Praveen Swami, "ISI & the buried truths about Mumbai", The Hindu, May 17, 2010.
[4] Sumit Ganguly, "Counterterrorism cooperation in South Asia", National Bureau of Asian Research Special Report 21, December 2009.
[5] Sanjeeb Kumar Mohanth, "Post-Cold War Indo-Pak friendship: Giving peace a chance after 9·11", IIAS Newsletter, Winter 2008, p. 15.

第五章　新世纪的印巴和平——进程、方式及分析

四点计划以及"七区划分法"并没有被印度接受，即使是英国极力推荐的"爱尔兰模式"，也并不能得到双方的一致认可。① 尽管印度已经多次与克什米尔地区领导人会面，但并没有明确承诺什么，也并没有同意印巴克（区）三方会谈。尤其是 2008 年以后，双方分歧加大，相互指责更加激烈。印度指责巴基斯坦违反停火协议，支持暴力活动，还声称巴基斯坦没有拆除 42 所反印训练营，继续支持武装分子。② 2015 年 5 月，印度时任防长帕里卡尔（Manohar Parrikar）公开称将"以恐怖主义回击恐怖主义"的方式支持巴基斯坦境内的分裂团体与恐怖组织开展对巴破坏活动。2016 年，印度对巴基斯坦境内所谓的恐怖分子大本营展开了"外科手术式打击"，导致印巴边境冲突被推到阶段性高点。特别是 2019 年 8 月 5 日，印度宣布废除赋予印控克什米尔地区特殊地位的宪法第 370 条款和宪法附则 35A 条款，并成立"查谟和克什米尔"与"拉达克"两个中央直辖区。随后，印度司法部通过《查谟与克什米尔重组法案》（2019），重新界定克什米尔的地位。③ 这标志着印度对克什米尔的政策开始从"从稳定优先到主权优先"的转变，印巴关系遂至冰点，意味着印巴之间最后的"和平因素"已消失殆尽。④ 21 世纪以来，巴基斯坦则指责印度在克什米尔地区违反人权，政府与民众脱节，忽视民众利益；指责印度的《预防恐怖主义法》《恐怖主义及破坏行动法案》《公共安全法》和《军事特别法案》严重忽视克什米尔人民的利益；敦促印方尽快废除这些侵犯人权的法案。特别是印度宣布废除赋予印控克什米尔地区特殊地位的宪法第 370 条款和宪法附则 35A 条款后，巴基斯坦反应强烈，初期除了采取降低外交关系、贸易关系、向联合国递交印度违反人权材料等措施外，印巴边境持续爆发激烈冲突。也就是说，从 2008 年孟买袭击案之后，印巴在克什米尔地区的关系是持续紧张的，违反停火事件和越界渗透事件基本都是呈增长趋势，特别是印方对巴方违反停火与越境渗透事件的控诉愈来愈多（见图 5-1）。据克什米尔媒体服务研究中心统计显示，2008 年当年，由于印度军队的空袭、炮击、射击，造成 4824 人伤亡、106 户房屋被摧毁、1408 位平民无辜被抓、93 位妇

---

① 有关穆沙拉夫"七区划分法"和"爱尔兰模式"的可行性分析请参见 "Can India and Pakistan agree on the 'Irish Formula'" 及 "Musharraf's 'seven-regions' option in Kashmir", pp. 242-246、253-255, Khaled Ahmed, *The Musharraf Years (Vol 1):Political Development in Pakistan (1999-2008)*, Maktaba Jadeed Press, Lahore.
② "Infiltration form Pak continues", *Times of India*, February 19, 2010.
③ Minister of Law and Justice, "The Jammu and Kashmir Reorganization Act, 2019," http://egazette.nic.in/WriteReadData/2019/210407.pdf, 登录时间：2022 年 7 月 20 日。
④ 相关观点可参见张家栋，《印度的克什米尔政策：从稳定优先到主权优先》，载《现代国际关系》，2019 年第 10 期，第 42-49 页。

女被猥亵。① 因此，在这种形势下，政治层面的谈判回旋余地不大，需要民众外交和后门外交的辅助才有可能在此问题上取得进展。

图 5-1　2009—2018 年印度声称的巴方违反停火与越境渗透事件数目统计

数据来源：印度国防部网站 http://mod.gov.in/documents/anual-report（2022 年 4 月整理）

其四，其他各大问题也没有取得实质性进展。锡亚琴冰川没有实现非军事化；塞·克里克湾重新划界目的没有实现；乌拉尔水坝问题不但没有解决，双方水资源争端更加剧烈；双方毒品走私问题日益严重；印巴经贸额持续低迷，2014 到 2019 年印巴官方经贸停滞期间，每年贸易额基本都在 20 亿美元低位徘徊，② 巴基斯坦至今没有实质给予印度最惠国待遇身份。

第四节　冷对峙式的和平

自 2013 年印巴孟买袭击案后的第二轮全面对话失败以来，印巴关系实质上是进入了低螺旋状态，其间，双方更多的是通过领导人就职庆典、国庆日、独立日、多边机制会议等重要时间节点开展试探性外交接触。不过，随着接触的深入，双方也有点厌倦各自的"虚情假意"，特别是在印度总理莫迪 2019 年二次当选总理后，其志在抓住世界大国格局调整的难得历史机遇，参与大国权力重构，单方面搁置了印巴接触和缓

---

① Mamoona Ali Kazmi, "Will there ever be peace in IHK?", *Observer*, October 21, 2010.
② 不过印巴通过第三国的非法贸易金额比官方贸易额高很多，比如，2014 年的官方贸易额是 24 亿美元，但当年的非法贸易额达 100 亿美元，是官方贸易额的 4 倍多。参见中华人民共和国驻巴基斯坦大使馆经参处，《印巴边境贸易持续减少》，http://pk.mofcom.gov.cn/article/jmxw/201501/20150100871217.shtml，登录时间：2022 年 4 月 9 日。

的努力，印巴双方接触性维和状态渐渐被"对峙+冷漠"的冷处理方式所取代。2019年以来，双方先后因普尔瓦马自杀式袭击事件、莫迪政府取消印控克什米尔地区自治地位等，持续发生边界冲突，一度濒临战争边缘，但最终双方还是冷静了下来。自2020年新冠疫情在南亚蔓延肆虐以来，印巴双方或忙于处理系列国内经济社会问题，或积极寻找机会在瞬变的国际形势中左右逢源，印巴特别是印度一方希冀维持一种冷对峙式的和平形态以腾出手来处理大国外交。印巴关系趋于冷淡，这也可以解释为什么在2021年8月因美国不负责任地仓促撤军阿富汗导致地区混乱以及2022年上半年巴基斯坦政局动乱之时，印巴双方的外交争夺和相互"使坏"动作并不多，动静也不大。

总体来说，2013年至今，印巴通过"试探+接触"以及"冲突+对立"的方式基本维持了一种冷对峙式的和平状态。

一、善意的"试探+接触"

2013年，双方趁巴基斯坦新一届政府上台之机，相互表现出了推进印巴和平进程的意愿。3月，巴基斯坦时任总理阿什拉夫以私人身份访问印度，再次向印表达了推进巴印和平进程的最高政治意愿。[①] 双方总理代表年内还分别于5月、7月、9月进行了三次接触。特别是5月下旬，谢里夫当选巴基斯坦新一届总理之后，印度派出了总理特使出访巴基斯坦。其间，谢里夫邀请印度时任总理辛格来参加他的宣誓就职仪式。[②] 辛格也作出了善意的回应，他说，"以和平方式解决我们之间所存在的所有问题一直是我们的政策，这也是我们对谢里夫总理就印巴关系政策的回应"。[③] 另外，多边舞台上，7月、9月、11月，在第20届东盟地区论坛会议及第13届上海合作组织非正式会议、第11届亚欧外长会议期间，巴基斯坦时任总理外事顾问阿齐兹与印度时任外交部长库尔希德保持了接触，特别是9月29日，谢里夫与辛格在联大期间就反恐、克什米尔局势、俾路支问题、锡亚琴冰川以及水资源分配等问题举行了会谈，双方在减少克什米尔实际控制线的流血冲突、恢复停火状态方面达成共识。

[①] 自孟买袭击案后，巴方总统、总理以各种名义已经对印度进行了5次访问，而印方最高领导人至今没有成行巴基斯坦。
[②] Indian PM's special envoy meets Nawaz, Dawn, May. 28, 2013, http://beta.dawn.com/news/1014198/Indian-pms-special-envoy-meets-nawaz，登录时间：2022年4月9日。
[③] Signals from Nawaz positive: Singh, Nation, Jun. 1, 2013, http://www.nation.com.pk/pakistan-news-newspaper-daily-english-online/national/01-Jun-2013/signals-from-nawaz-positive-singh，登录时间：2022年4月9日。

2014年5月,印度人民党上台执政,传统上主张对巴强硬的莫迪就任印度总理,上任之初,一反常态,在2014-2016年两年的时间里,莫迪对巴表现出了友善姿态,通过试探+接触的方式有意改善印巴关系。巴方也给予积极回应。2014年5月26—27日,巴基斯坦时任总理谢里夫应邀出访新德里参加莫迪总理就任典礼,这是两国历史上史无前例的外交动作。国际社会甚至对此次访问寄予厚望,英国《每日电讯报》26日报道说:"印度新任总理莫迪与巴基斯坦总理谢里夫的历史性握手带来了两国关系解冻的希望"。谢里夫表示,他此次访问是双方相互示好的良机,是"重大机遇"。他说:"两国政府都肩负重任,这可能有助于两国关系翻开新的一页。"双方总理商定,印巴将于2014年8月份举行外秘级会谈。2015年2月13日,莫迪在板球世界杯前夕亲自致电巴时任总理谢里夫,预祝巴基斯坦板球队取得好成绩。这被认为是印巴"板球外交"的继续,也预示着两国关系缓和的迹象。3月3—5日,印度时任外秘苏杰生对巴基斯坦进行访问,这是印巴继2014年8月两国终止外秘级会谈后首次进行对话。①苏杰生会见巴时任国家安全事务顾问阿齐兹以及总理谢里夫,与巴基斯坦时任外秘乔杜里举行了会谈。

2018—2019年,巴军政双方同时对印开展了新一轮的和平攻势。巴杰瓦自2016年担任巴基斯坦陆军参谋长以来,采取了鲜明的内外政策,力图扭转巴基斯坦内外形势,其中重要一环就是改善与印度的关系,被称为"巴杰瓦主义"(Bajwa Doctrine)。②2018年3月,巴军方以前所未有的姿态公开邀请印度驻巴高级代表参加3月23日巴国庆日庆祝活动,标志着2018年以来,巴基斯坦对印开始了新一轮的"和平攻势"。4月14日,巴杰瓦在演讲中表示巴基斯坦赞同通过对话和平解决印巴争端。③

2018年8月,有军方支持的伊姆兰·汗即任巴基斯坦总理后,④精心选择"卡塔普尔朝圣走廊"(Kartarpur Corridor)议题为突破口,

---

① "2015年3月5日外交部发言人华春莹主持例行记者会",http://www.fmprc.gov.cn/mfa_chn/fyrbt_602243/t1243023.shtml,登录时间:2022年4月9日。
② 2018年3月,巴陆军参谋长巴杰瓦召集媒体记者,正式公布了其有关巴内外战略的蓝图,被称为"巴杰瓦主义"。相关梳理参见 Suhail Warraich, "The Bajwa Doctrine: From Chauvinism to Realism," The News, March 18, 2018, https://www.thenews.com.pk/print/293885-the-bajwa-doctrine-fromchauvinism-to-realism,登录时间:2022年4月9日。
③ "Passing out parade of 137th PMA Long Course, 8th Mujahid Course and 56th Integrated Course held at Pakistan Military Academy, Kakul", ISPR, April 14, 2018, https://www.ispr.gov.pk/press-release-detail.php?id=4691, 2022年4月9日。
④ 2022年4月,巴基斯坦国民议会通过了对总理伊姆兰·汗的不信任投票,伊姆兰·汗被迫提前下台,成为巴基斯坦历史上首位遭国民议会罢免的总理。

第五章　新世纪的印巴和平——进程、方式及分析

加大释放对印善意。①伊姆兰·汗邀请印度旁遮普邦旅游部长纳夫乔特·辛格·西杜因（Navjot Singh Sidhu）参加其就职仪式。印度于11月通过法案，开始着手卡塔普尔朝圣走廊印方一侧设施建设，巴方于同月宣布巴方一侧设施开工。

2021年，印巴双方相互表达了缓和紧张关系的意愿，并从高层采取了一些举动。比如，2月25日，两军发布联合声明，表示将严格遵守2003年达成的有关克什米尔控制线及相关地区的停火协议。3月，印度总理莫迪向巴基斯坦时任总理伊姆兰·汗致信，表示愿意与巴基斯坦人民共同战胜新冠疫情。不过随着疫情形势的加重，特别是2022年以来巴基斯坦政局动荡，②印度忙于在俄乌冲突中在大国间左右逢源，印巴双方无暇"看不到希望"的双边谈判，来往几乎中断。

二、冲突对峙+冷漠对立

2013年以来，印巴除了善意的试探和接触之外，也有阶段性的冲突对峙，但并没有发展为局部战争，总体呈现一种冷漠对立状态。

2013年印巴边界持续冲突，双边关系基本围绕这一问题展开，全面对话进程受到影响，第二轮全面对话总结会及第三轮启动会未能如期召开。2013年年内，印巴在克什米尔边境地区引发的边境摩擦达到20余起，导致近百名士兵和平民伤。同时，双方相互推脱妨碍全面对话的责任。4月17日，巴时任总统扎尔达里在自由克什米尔议会和自由克什米尔委员会联席会议上表示，克什米尔是印巴全面对话的重要部分，并强调克什米尔代表必须参与印巴全面对话中来。8月份，印度时任外交部长库尔希德表示："印度对巴基斯坦违反印巴边境停火协议感到震惊，印度希望边境能尽快恢复和平与安宁，印巴之间的部长级会谈也只能在和平友好的环境下召开"。③10月12日，库尔希德再次表示，虽然印巴两国总理在纽约举行了会谈，但目前两国还没有达到恢复对话的时机。针对总理会晤9天内发生2起边境交火，印度时任总理辛格更是坦言对巴基斯坦时任总理谢里夫政府感到失望。

---

① 卡塔普尔位于巴基斯坦一侧，被认为是锡克教创始人师尊纳那克（Guru Nanak Dev）逝世的地方，因而也成为了锡克教圣地。长期以来，印度都要求巴方开放通往卡塔普尔的朝圣专用走廊，以便印度境内锡克教徒前往朝圣，但巴方一直拒绝。见吴孟克的《"极限施压"对阵"战争边缘"——莫迪执政以来的印巴关系"》，载《中国国际战略评论》，2019（下），第184页。
② 4月10日，巴基斯坦国民议会通过了对总理伊姆兰·汗的不信任投票，伊姆兰·汗被迫提前下台，成为巴基斯坦历史上首位遭国民议会罢免的总理；4月11日，夏巴兹·谢里夫在国民议会选举中胜出，就任巴基斯坦新任总理。
③ Soldiers' death to delay secretaries' talks: India, Dawn, Aug. 14, 2013, http://dawn.com/news/1035731/soldiers-death-to-delay-secretaries-talks-India, 登录时间：2022年4月9日。

2014年，印巴边境地区冲突仍在继续。单单1月份，印巴一周内发生至少4次交火。4月30日，巴基斯坦时任陆军参谋长拉赫利·谢里夫（Raheel Sharif）表示，克什米尔是巴基斯坦的"颈静脉"，印巴克什米尔纷争需要按照克什米尔人的意愿和联合国有关决议解决。① 这一表态引起印方不满。5月3日，双方在克什米尔实控线附近再次交火。此时正值印度大选。

2016年8月15日独立日演说，印度总理莫迪一改就任2年来对巴试探＋接触的缓和姿态，首次公开提及巴俾路支省和巴控克什米尔地区，指责巴基斯坦在印巴边境制造动乱，这被认为是莫迪首次对巴方的公开挑衅。② 随之，印巴进入紧张状态。9月18日，印控克什米尔地区乌里军营遭遇武装袭击，致使19名官兵身亡，30多人受伤。这次事件在印度国内引发了极大的愤怒，莫迪总理通过各种手段迅速凝聚起国内政党和民众共识，于9月29日对巴控克什米尔地区的恐怖分子前沿基地发动了"外科手术式"越境打击。同时莫迪政府还采取外交行动孤立巴基斯坦。一是宣布取消参加原定于11月9-11日在巴基斯坦首都伊斯兰堡伊斯兰堡举行的第19届南盟峰会，并带动孟加拉国、阿富汗和不丹相继加入抵制行列，致使南盟峰会瘫痪至今。二是就发动"外科手术式"打击进行主动辩解，试图占得道义先机，印方先后与美国时任国家安全顾问赖斯通话，争取美国的同情和支持，并于9月29日举行多场报告会，向22个国家使节（包括安理会5个常任理事国、德国、日本，印度主要邻国和西亚国家）报告事态进展。三是利用10月15-16日第8届金砖国家首脑峰会在印度果阿召开的便利，邀请环孟加拉湾国家（如孟加拉国时任总理哈西娜、缅甸时任外长昂山素季等）政要出席会议，向与会代表申诉印度遭遇的越境恐怖主义之害，痛斥邻国为恐怖主义之源，印度"受害者"姿态展现得淋漓尽致。这标志着莫迪政府进入了对巴全面强硬的"极限施压"轨道，2016年9月-2018年3月间，印巴关系一直处于试探和苦涩对立中。③

2019年以来，印巴关系继续恶化至今。主要体现在4个方面。一是2019年2月14日，普尔瓦马发生了一起针对印度军警的自杀式袭击事件，

---

① 《印巴爆发克什米尔冲突 外媒：考验中国地区影响力》，大公网，http://news.takungpao.com/world/exclusive/2014-05/2457144.html，登录时间：2022年4月9日。
② Suhasini Haidar, "In Policy Shift, Narendra Modi Brings Up Balochistan Again," *The Hindu*, August 16, 2016, https://www.thehindu.com/news/national/In-policy-shift-Narendra-Modi-brings-up-Balochistan-again/article14572650.ece，登录时间：2022年5月17日。
③ 吴孟克，《"极限施压"对阵"战争边缘"——莫迪执政以来的印巴关系》，载《中国国际战略评论》，2019（下），第180、183页。

造成40多人死亡。因莫迪此时正在积极谋划大选连任，遂采取异常强烈姿态，比如，采取了取消对巴的最惠国待遇、加速印度河上游水坝建设、召回印度驻巴基斯坦高级专员等行动。① 同时还设立了"外科手术式打击日"，对巴发动了"空中外科手术式打击"，甚至为其专门拍了一部电影，塑造对巴强硬形象，印巴关系再度紧张。二是8月5日，莫迪政府作出了令全球感到震惊的决定，即废除印度《宪法》第370条关于印控克什米尔地区特殊地位的规定，将原查谟-克什米尔邦进行拆分，新建一个拥有地方立法机构的"查谟-克什米尔直辖区"和一个没有地方立法机构的"拉达克直辖区"。正如吴孟克所说，莫迪此举的主要目的无疑是要打造一项"意识形态工程"，完成"印度教特性"赋予其的"神圣使命"，从而得到一个取之不尽的合法性来源。巴基斯坦对此反映强烈，印巴关系高度紧张。三是2021年8月美国撤军阿富汗，塔利班重新掌权，为持续恶化的印巴关系再次加了一把火。塔利班历来和巴基斯坦交好，即使在美国主导的反恐战争期间，巴基斯坦其实对打击塔利班出工不出力，睁一只眼闭一只眼；而同期印度紧跟美国步伐，全力支持阿富汗民选政府，极力挤压塔利班空间。随着美国的大撤退，巴基斯坦又获得战略纵深的绝好机会，而印度经营多年的阿富汗战略布局岌岌可危。印巴对阿富汗问题主导权的争夺愈演愈烈。四是2022年上半年巴基斯坦政局动乱期间，印度通过"误射导弹"等多种手段，给巴基斯坦搞"小动作"，恶化了巴基斯坦政治局势，最终巴基斯坦权力更迭，对印和对美强硬的伊姆兰·汗被赶下台，温和派人物夏巴兹·谢里夫上台。

总的来看，印巴在各种特殊时间节点里都表达了善意的试探+接触，但试探+接触更多是手段，效果并不理想；冲突对峙+冷漠对立反倒是印巴近10年的结果和状态。这种冲突对峙+冷漠对立的状态，构成了新阶段印巴维持和平的第六种方式，即冷对峙式和平。

三、冷对峙式和平简析

在75年的印巴关系史里，缓和与紧张是一对孪生兄弟，随时交织在一起，唯一不同的是处在不同阶段，谁在"台前"谁在"台后"、谁"高"一些谁"矮"一些罢了。具体到2013年以来的10年间，印巴之间除了善意的试探+接触之外，对峙+冷漠对立也是一种突出表现形态，二者共同构成了印巴第六种和平形态，即冷对峙式和平。总的来说，最近10

---

① 吴孟克，《这一轮印巴冲突，莫迪占到便宜了吗》，观察者网，https://www.guancha.cn/WuMengKe/2019_03_07_492612.shtml，登录时间：2022年5月17日。

年来，尽管印巴双方因时因地发生过摩擦和对峙，但双方在每次摩擦之后保持了冷静和理性，表现出了善意的试探+接触，没有爆发大规模冲突或战争，总体维持了一种冷对峙式的和平。不过，鉴于印巴"世仇""互不信任"的历史积怨，双方每次善意举动的背后都能看到"虚伪"或者"自私"，也就是说，每次双方缓和关系，更多是姿态上的，策略上的，而不是真正内生驱动的。特别是在具体问题上，双方仍是"各唱各的调"，双方关系"改而不善"，只是"单边解耦"。[①]

[①] 具体分析可参见张超哲的《2014年的印巴关系：改而不善》，载《印度洋经济体研究》，2015年第3期，以及刘红良的《试论莫迪执政以来的印巴关系与"单边解耦"》，载《南亚研究》，2018年第2期。

第六章　印巴和平模式探析

　　1947年，印巴分治以来，双方冲突摩擦不断，并最终导致了3场战争、8次重大危机的爆发。不过印巴3次战争和8次重大危机持续总长仅有3.5年。其他冲突，比如克什米尔局部恐怖主义、印巴水资源纠纷，以及2013年至今印巴边界持续冲突等，虽然不利于印巴和平进程的开展，但其更多的是起到"制冷"作用，均是非战状态，也即没有引起战争。因此，总体上，印巴分治以来的75年，双边维持了71.5年的和平状态，印巴关系总体上是和平的。不过，这种和平是低水平的螺旋式演进过程。71.5年的印巴和平史，是通过问题解决式、后战争式、对话式、冲突协调式、全面对话式、冷对峙式等6种方式来实现的，共经历并构建了3种和平模式。一是冷战时期，印巴和平是一种战争治下的和平，它是以硬实力为基础，以武力为后盾或者直接以战争为手段来实现的，属于恐怖型和平模式。该种和平是建立在非平等基础上的，是不持久的，成效不明显。二是后冷战时期，印巴和平是一种核威慑下的和平，它是通过双方同步公开拥核、构建相对核对称来实现的，属于相互核威慑型和平模式。该种和平虽然有了较为平等的筹码和威慑，但基础脆弱。三是21世纪以来，印巴和平是一种多元主义安全观指导下的和平，它虽然仍然以现实主义理论和实践为基础，以核威慑为后盾，但更多地开始考虑结构、人、制度等因素，属于发展型和平模式，虽然会有挫折往复甚至是倒退，但从历史长周期来看，将会有长久的生命力。

　　不过71.5年的印巴和平史并不是一部太平史，一是因为印巴和平关系并不始终是安全关系，双方在和平期间也经常处于冲突、摩擦或对峙的状态当中。二是因为印巴和平程度是低水平的，双方和平的基础很脆弱，双方的和平机制还不健全，相互依存度还不够高。

第一节　战争阴影下的恐怖型和平

印巴分治本身伴随着恐怖暴力。分治以来的冷战时期，在世界两极对抗的格局中，双方主要靠相互展示并使用硬实力的手段为基础，通过印巴分治初期的问题解决式和平努力以及3次印巴战争的后战争式谈判，实践建立了恐怖型和平模式，维持了印巴冷战时期42年的恐怖型和平形态。

一、概念的界定

国际社会对"恐怖"一词至今没有形成统一的定义，因此延伸出来的恐怖主义、恐怖活动也没有一致的概念。不过，学术界及国际社会对"恐怖"一词的基本特征有比较共同的认识，主要有4点：（1）暴力性。即"恐怖"充满了暴力，包括冲突甚至是战争。（2）不对称性。即"恐怖"状态意味着双方或多方在常规方面是完全不对等的，是非对称状态下的一种相互状态。（3）非持续性。即"恐怖"意味着双方或多方非正常关系下的一种政治或社会形态，不可持续。（4）威慑性。即一方的"恐怖"实力会对弱势一方产生一定的威慑作用，在权力结构未发生大的变化之前可以维持短期的威慑性和平。在此基础上，通过对印巴和平关系史的研究，特别是印巴冷战时期和平关系史的研究，笔者提出了"恐怖型和平"的概念，并试着将其定义为：一国际行为体（联盟）通过冲突或战争的方式向另一国际行为体（联盟）展示绝对军事和武装暴力实力，以恐怖型的手段来促使双方尽快实现并尽力维护相对和平的一种双边或多边稳定模式。

二、恐怖型和平模式的构建

冷战时期的印巴和平关系总体上是一种恐怖型的和平状态。该种模式下，印巴双方是通过问题解决式的努力和后战争式的谈判来实现的，是建立在印度对巴基斯坦展示和使用绝对硬实力的基础之上的。

印巴分治初期，双方进行了分治遗产纠纷谈判、印度河水资源分配谈判以及前期克什米尔问题谈判，尽管该种关系属于问题解决式的和平努力，但无论谈判前、谈判中还是谈判结果，都体现了印度通过综合实力开展对巴外交的咄咄逼人姿态：问题的提出更多的是处于弱势的巴方而非强硬的印度；印度的谈判姿态相对比较强硬和傲慢；谈判中，印方的意志体现得更多，方案的设定多是印方在主导；谈判的结果是印度占尽了好处。因此，印巴初期问题解决式的谈判性质包括了印度对巴的威慑和强硬，是一种非对称性的谈判，谈判的很多结果是短暂的，是非持续永久的，谈判过程在印巴双方社会层面产生了一定的暴力行为。因此，问题解决式的和平方式具备恐怖型和平模式的特征，印巴初期的和平状态属于恐怖型和平模式。

冷战时期，印巴最典型的和平关系是通过三次印巴战争来实现的。1947年印巴分治后，双方就克什米尔问题的和平努力未奏效后，双方付诸了战争，试图通过武力方式解决争端。直到1949年双方宣布停火，印巴不断释放缓和信号，特别是印度以优越方自居，以打促谈姿态明显，而巴方作为弱势一方，希望第三者特别是联合国参与调停斡旋。最后在综合了印巴双方以及联合国等第三方意见之后，印巴于1949年7月签署了《卡拉奇协议》，首次确定了在克什米尔的停火线。第一次印巴战争以实力为基础，基本形成了双方在克什米尔地区的势力格局，维持了十几年的相对和平，战争确定的停火线也成为印巴在克什米尔地区的实际控制线的雏形。不过第一次印巴战争是印度客观实力威慑下的产物，巴方仍在试图寻找有利时机改变这种恐怖和平状态下的权力划分。于是在1965年，巴基斯坦首先发动了第二次印巴战争，希望以在战场上的主动来争取在战中以及战后的谈判中获得最大收益。不过印度的绝对实力优势打消了巴基斯坦试图改变南亚地区格局的幻想，战争的结果是巴基斯坦不得不承诺在克什米尔问题上"不使用武力而用和平手段解决争端"和"互不干涉内政的义务"，印巴基本上维持了战前的格局。第二次印巴战争继续着第一次印巴战争以来的权力格局和恐怖和平状态。不过，恐怖型和平状态不是行为体关系的常态，任何一方都会在发现机会后积极采取削弱对方的政策。1971年的印巴第三次战争就是如此。印度借巴基斯坦内乱、东巴试图独立之机，依靠绝对的军事实力和外交影响力，完成了肢解巴基斯坦的行动。尽管印巴双方以及第三方都进行了某种程度的劝和，但是在以权力界定利益的现实主义国际社会里，战争和谈的结果仍然以实力优越的印度一方的意志为主要参照系，《西姆拉协议》是巴基斯坦妥协的产物。

三、评析

总之，冷战时期的44年里，印巴互为假想敌，都将大量的人力、物力、财力投放于边境地区或者用于防御对方。据称，印度将其50%的陆军、54%的空军和60%的海军兵力部署在印巴水陆边境沿线，其中部署在印控克什米尔地区的正规部队与准军事力量多达70万之众。印度单单驻扎在克什米尔的军队每年就要耗费其3%的国防预算。①巴基斯坦更是将近70%的兵力、每年将近5%的GDP、20%的年度预算投放在东部边境，以对抗印度。冷战时期，印巴双方通过印巴分治初期的问题解决式和平努力以及3次印巴战争伤亡7万多人的代价，实践建立了恐怖型和平模式，维持了42年的恐怖型和平形态。不过该种和平状态是在印度向巴基斯坦展示和使用硬实力的基础上来实现的，印度通过不对称的威慑、暴力来维持了冷战时期的印巴和平关系。但恐怖手段实现并维持和平并不可持续，于是，冷战结束之后，随着印巴双双实现核试爆，特别是事实上成为有核国家之后，印巴探索并维持了另一种和平形态—均势治下相互核威慑型和平模式。

第二节 均势治下的相互核威慑型和平

冷战结束后，印巴积极寻找更多更加有效的方式来实现、发展并维护印巴和平。1997年印巴和谈以及1999年的巴士外交，是印巴通过对话的方式，主动查摆问题、主动商谈出路、主动营续和平之举。而1998年印巴核试爆与1999年卡吉尔冲突两次重大危机的成功管理则是印巴通过与国际社会协调、与主要大国协调以及印巴双边自主协调来实现的。整个20世纪90年代，印巴处在冷战结束、世界与地区格局调整的时期，双边关系复杂，曲折发展。正是在这"多事之秋"的时期，印巴通过对话式的和谈以及冲突协调式的努力，以核能力同步发展、核试验同步公开、核武器同步装备以及核战略同步发布为依托，探索并实践了另外一条实现、恢复并维护印巴相对和平的新形态—均势治下相互核威慑型和平模式。

一、概念的界定

了解核威慑的概念首先要认识"威慑"的定义。联合国专家组认为："威慑"是指一国际行为体通过使用武力的威胁以阻止敌方利用军事手段来实现其目标，或者使用武力威胁的手段对敌方的已然做法加以惩罚，从而阻止敌方发起战争。②据学者研究，中英文字典对"威慑"概念的解释基本相同，指通过军事安排或者外交手段的施展，阻止可能的战争

---

① 胡仕胜，《印巴首脑会晤与南亚局势》（访谈），载《现代国际关系》，2001年第8期，第55页。
② 联合国专家小组，《安全的概念》，联合国大会1986年第 A26359号文件，第7页。

的发生，避免敌方的挑衅、侵略行为。[①]中国学者章节根认为：就其一般意义而言，威慑是指借助强大的力量让潜在的对手相信它为采取某种行动所付出的代价要大于可能获得的收益，从而放弃该行动。[②]因此，在"威慑"概念的基础上，核威慑的概念就非常明朗：即以核武器为最终手段进行威慑。

拥有核武器不等于具备了有效核威慑。核威慑如何产生效应呢？有核国一般都会制定明显的核威慑策略，以期达到"可信的""有效的"或者"确保摧毁"的威慑效果。在互相敌对的有核国家之间，以核武器的威慑力来防止一般冲突升级为大规模的战争甚至是核战争，是核威慑发挥效力的重要标志。美国外交家亨利·基辛格认为，威慑必须具有三个基本要素：一是能力。二是决心。三是信息传递。他说："威慑是这些因素的产物，而不是它们的总和，如果有一种因素不存在，威慑就不起作用。实力不论如何强大，如果没有诉诸武力的决心，它就无济于事；如果侵略者不相信对方的既有力量和使用力量的决心，或者在他看来发动战争所冒的风险对他具有充分吸引力，即使自己有力量，又有使用力量的决心，威慑对侵略方也不会发生作用。"[③]同样，核武器发生效应也应具备三个因素：一是物质效力，即核武器要有令人震慑的力量，包括数量、打击范围和精确度，防空系统的应战能力等。二是信息效力，即一行为体要及时将自己的核打击能力以及决心使用核武器的信息传递给对方。三是心理效力，即一方对对方的核威慑可能造成的灾难性后果有了预判，得出"采取行动付出的代价要多于获取的利益"的结果，从而从心理上有了"后怕"。

在此基础上，笔者将印巴相互核威慑的概念试着界定为：印巴双方以基本对等的核武器能力为终极对抗资本，导致双方因"后怕"而愿意相互退让以避免发生核战争的一种威慑状态。

二、印巴相互核威慑模式的构建

如前文所述，印巴发展核能力由来已久。印巴在南亚地区构建相互核威慑格局大致经历了三个阶段。

[①] 刘红良，《核威慑效应的生成及印巴核威慑的稳定性》，载《南亚研究季刊》，2011年第3期，第20页。
[②] 章节根，《印巴核战略稳定及其对中国的影响》，载《印度洋经济体研究》，2014年第4期，第23页。
[③] 亨利·基辛格著，国际关系研究所编译室译，《选择的必要：美国外交政策的前景》，商务印书馆，1973年，第18—19页。

1. 第一阶段（1947—1974 年）

这是印巴发展核能力的筹备阶段。印度打着和平核政策的幌子，同时进行着民用和军用核能力研究。特别是 1962 年中印边界冲突之后，印度加快了军用核能力研究的步伐。该阶段前期，巴基斯坦一直致力于建立南亚无核区，虽构思过核计划，但没有付诸实施。1971 年之后，因实力不济而导致印度成功肢解东巴的惨痛教训以及核武信奉者——阿里·布托总理的上台，巴基斯坦虽仍然没有放弃建立无核区的主张，但开始高度重视将"以核制核"作为确保国家安全的重要手段，加大了军用核能力的研究。

2. 第二阶段（1974—1998 年）

1974 年印度首次公开了核试爆，印巴在南亚地区加快了构建相互核威慑的步伐。双方大肆渲染南亚构建核威慑战略稳定结构的可能性，并以核威慑促进印巴和平作为其开展核能研究的最主要借口。印度时任外交部长 J·辛格在《外交事务》上发表文章反对核隔离，他质问国际社会："如果核威慑在欧洲是有效的，为什么在亚洲就行不通；如果安理会 5 个常任理事国拥有核武器就能增进安全，为什么印度拥有核武器就是危险的。"[1]1975 年，巴基斯坦时任外秘萨姆萨德·阿哈迈德在《外交事务》发文称："在南亚，核威慑将会开启一个印巴之间持续和平的时代，并为解决两国之间包括克什米尔问题在内的所有突出难题提供必要的动因"。[2]

该阶段，印度政府发展核能力的思维是"核门槛"政策及"最后一根导线"战略，即通过民用核能计划秘密储存核武器材料和研究、开发核武器技术，直至"万事俱备、只欠导线"，事实上走到核武器的"门槛"但不公开跨入。而同期，巴基斯坦紧随印度，奉行所谓的保留核武器选择权的核政策。1974 年的印度首次核试爆、1979 年苏联入侵阿富汗、1987 年印巴"铜钉演习危机"、1990 年印度战略家苏布拉马尼亚姆公开宣布印度获得核威慑能力等事件，大大刺激了巴方加快构建与印度相当的相互核威慑能力的紧迫感和实践步伐。

---

[1] Jaswant Singh, "Against Nuclear Apartheid", *Foreign Affairs*, September/October, 1998, http://www.foreignaffairs.com/ articles /54391/jaswant-singh/against-nuclear-apartheid，登录时间：2022 年 8 月 14 日。

[2] Shamshad Ahmad, "The Nuclear Subcontinent: Bringing Stability to South Asia", *Foreign Affairs*, July/August, 1999），http://www.Foreignaffairs. com/articles/55222/shamshad-ahmad/the-nuclear-subcontinent-bringing-stability-to-south-asia，登录时间：2022 年 8 月 14 日。

3. 第三阶段（1998至今）

1998年，印巴先后公开核试验，双双跨入"核门槛"，成为事实上的有核国家，印巴开始确立相互核威慑模式。

1999年，印度完善、修正发布了印度核武器学说，向世界明确了其核战略的目标、理论、核力量建设政策、核力量使用政策、核力量指挥和控制体系以及核裁军与军控政策。[1]其核心战略是：不首先使用核武器；保持可信的最低限度核威慑。此后，印度着眼更加宏大的地区和全球战略，采取了强劲扩张的模式发展核武器，致力于将核能力武器化并实现早日部署核武器，建立一支与可信的最低限度核威慑战略相适应的，由陆基导弹、海基导弹和轰炸机构成的"三位一体"的核打击力量。据瑞典斯德哥尔摩国际和平研究所2022年发布的最新年度报告，截至2022年1月，在全球核弹头的数量略有减少的情况下，印度核弹头数量比2021年仍然增加了4枚，达到160枚。而同期，巴基斯坦核弹头数量为165枚，虽然与2021年相比没有增加，但对印仍保持数量均衡甚至是微弱优势。[2]

巴基斯坦密切关注印度核武器发展，多次警告印度，如果印度将其核能力武器化，巴基斯坦将被迫作出同样选择。对巴基斯坦来讲，公开核试爆，获得与印度相当的核能力以及核威慑，增加了巴基斯坦对印谈判的筹码，因此，巴方的核政策更加激进和冒险。1998年之后，巴基斯坦公开实行"首先使用核武器"的核战略，以此威慑印度，确保相互核威慑，以此弥补巴基斯坦对印常规能力对抗的严重不足。[3]据悉，巴核武器指挥与控制系统主要由国家核指挥局全权负责。国家核指挥局主要由包括总理、总统、三军参谋长在内的6人进行集体决策，但主要由陆军第21、22师和空军第3、4防卫师组成的战略部队才是实行部署和控制核武器的主要军事力量，因此，在战争期间或军事危机期间，军方对于巴核战略决策可能更有发言权，这样也符合巴基斯坦谋求对印第一时间核竞争优势的战略取向。

毋庸置疑，很长一段时间内，巴基斯坦核打击战略主要以印度为中心，核武器的使用至少有四条红线，即领土红线、政治红线、军事红线、经济红线。其中，领土红线是巴基斯坦遭到印度攻击，并占巴大部分

---

[1] 具体内容可参见夏立平，《论印度核政策与核战略》，载《南亚研究》，2007年第2期，第16-17页。
[2] SIPRI 报告，《全球核武库将持续增长》，https://byteclicks.com/38651.html，登录时间：2022年7月22日。
[3] 宋德星，《论巴基斯坦的核政策》，载《南亚研究季刊》，2006年第4期，第1页。

领土；政治红线是巴基斯坦被印度逼至极端的政治不稳定甚至濒临内政瓦解；军事红线是巴大部分陆上或空中力量被印度摧毁；经济红线是巴基斯坦经济被印度绞杀。[1] 这也能很好理解为什么巴基斯坦作为弱势一方，在核武发展方面一定要实现"后来居上"，实现对印核弹头数量均衡甚至是微弱优势的原因。也正是巴基斯坦这一拥核做法和战略，基本维持了印巴相互核威慑的战略稳定格局。不过，印巴通过相互核威慑保持和平的做法应该辩证地看待。

三、评析

20世纪90年代，印巴以核能力同步发展、核试验同步公开、核武器同步装备以及核战略同步发布为依托，以公开核武器为后盾，通过对话式的和谈以及冲突协调式的努力，开展了1997年对话谈判及1999年巴士外交，处理了1998年核试爆危机以及1999年卡吉尔冲突。

印巴20世纪90年代起构建的均势下相互核威慑型和平模式的积极意义可归纳为三点。

1. 相互核威慑作用得到充分发挥，印巴避免发生全面战争

核武器能够增加威慑的可信度和程度。随着印巴公开核试爆，双方建立起相互核威慑模式以来，印巴虽然爆发的摩擦和危机次数不少，但都没有演化成全面战争，特别是1998年核试爆、1999年卡吉尔冲突、2001—2002年边境百万雄兵对峙、2006年孟买火车连环爆炸案以及2008年孟买恐怖袭击案等危机都没导致印巴关系走向全面战争。原因固然是多方面的，但是印巴相互核威慑的局面、印巴预判核战争将会造成得不偿失结果是印巴避免全面战争爆发的最主要原因。

2. 印巴相互核威慑格局可以为印巴谈判提供后盾，促进印巴矛盾的解决

首先，印巴"确保相互摧毁"的核战略促使双方政治家们不得不清醒、冷静、谨慎地处理双边关系，特别是在双方矛盾上，不能太过"任性"。其次，巴基斯坦取得与印度相当的相互核威慑能力，增加了其在开展对印外交谈判中的筹码，印度也不得不改变常规力量不对称时期的傲慢、优越姿态。1998年之后，印巴和谈明显增多，特别是新世纪印巴全面对话取得了一些成效。

---

[1] 张馨玉、郭慧芳、袁永龙等，《巴基斯坦核力量及其核战略综述》，载《国外核新闻》，2021年第4期，第31页。

3. 印巴相互核威慑格局的演变丰富了国际战略界有关核威慑战略稳定理论的研究

比如，美国学者 T.V. 保罗通过对印巴 1998 年核试爆之前的核竞赛历史进行研究，得出了"核武器可以降低长期对抗的敌手发动战争的机会和意愿，因为进攻的代价远远高于任何通过战争获得的收益"的判断。[①] 再比如，国际战略界就印巴核威慑战略稳定研究形成了两派，章节根在《印巴核战略稳定及其对中国的影响》一文中对两派研究的特点进行了总结：乐观派认为，印度与巴基斯坦公开核能力有利于推进南亚次大陆的战略稳定，核武器扩散到南亚对于减少，乃至消除未来印巴之间的战争危险有着重要意义；悲观派认为，由于特殊的政治、技术以及组织因素，核威慑的理性假定在南亚的特定环境中并不成立，事实上核武器是南亚安全环境的不稳定因素，南亚地区的战略稳定在印巴公开核试验之后处于危险境地。

除以上积极意义外，1998 年之后印巴脆弱的相互核威慑局面在维护核均势下的双边和平方面也存在一些不足，可以概括为三点。

1. 南亚相互核威慑局面很容易陷入"稳定—不稳定困境"（Stability-Instability Paradox）

即印巴承认核武器能稳定双边关系，可以避免双方发生全面的战争；与此同时，印巴的核反击能力在一定程度上发挥了挑衅作用，加剧了不稳定乃至低烈度冲突，因为他们相信核武器能够最终防止冲突演变为战争。[②] 比如，卡吉尔冲突后，印度军方制造了"有限战争"说，认为：在低烈度冲突与核战争之间存在着一定"战略空间"，这种空间正好可以被利用来发动在核威慑条件下的"有限战争"。

2. 印巴自身的政治、意识形态、军事特性，降低了相互核威慑的"可信性"

比如，政治上，分治以来，印巴两国领导人个性差异大，高层交往还不够成熟，政治沟通机制还不够多，不够深入细致。意识形态上，印巴宗教性质浓厚，一定程度上影响理性决策。[③] 军事上，印巴两国虽都致力于发展"可信的"有效核威慑，但双方核武库的总量威慑力远远没有美苏威慑时期的震撼，并且印巴二次核打击能力严重不足。

---

① T. V. Paul, "Power, Influence and Nuclear Weapons: A Reassessment", in T. V. Paul ed al., eds, *The Absolute Weapons Revisited: Nuclear Arms and the Emerging International Order*, University of Michigan Press, 1998, p. 21.
② 观点来源于迈克尔·克雷庞的 *The Stability-Instability Paradox: Nuclear Weapons and Brinksmanship in South Asia* 一书，详见：Michael Krepon, Chris Gagne, The Stability-Instability Paradox: Nuclear Weapons and Brinksmanship in South Asia, The Henry Stimson Center, 2001, p. 7.
③ 詹姆斯·多尔蒂、小罗伯特·普法尔茨格拉夫著，阎学通、陈寒溪等译，《争论中的国际关系理论》，世界知识出版社，2003 年，第 427 页。

3. 印巴核威慑型和平不只是印度和巴基斯坦之间的问题，这增加了印巴核威慑维护和平的不确定性

基于印巴在国际社会中所处的位置，以及南亚周边形势，印巴核稳定问题肯定引起世界大国的关注，也需要核机制成熟的世界主要大国来引导和推动。考察1998年印巴核试爆后的印巴历次危机处理，都缺少不了第三方的影子。因此，美国印度核问题专家乔治·帕科维奇得出"印巴核战略稳定需要多方参与"的论断。[①] 第三方的介入，势必影响印巴相互核威慑作用的发挥，大多时候应该是积极的影响，但不排除带来消极影响的可能性。

总之，冷战结束后，印巴积极适应国际新体系、南亚新格局，通过对话式和协调式的和平方式，在印巴持续实施核战略、双双跨入"核门槛"的基础上，探索并实践了相互核威慑型和平模式，实现了印巴10年"丑陋的和平"。

第三节 多元主义和平观指导下的发展型和平

21世纪以来，印巴通过全面对话的方式，启动双方在各大领域问题的谈判，试图以这种方式构建一种更加高效的和平新形态——发展型和平模式。发展型和平模式的探索建立是以多元主义和平观为指导的。首先，21世纪以来的印巴和平关系中，双方自觉不自觉地开始使用综合分析框架，引入领域分析，即：双方在考虑军事、政治和平的同时，开始更多地关注经济、社会和环境方面的协同发展。比如，印巴全面对话以八大问题为框架，其中，友好交流问题、毒品问题、经贸合作、乌拉尔大坝引起的水资源问题等，就更多的属于经济、社会和环境领域。其次，印巴更多地使用层次分析，分别从个人层面、国家层面、区域层面、地区间层面、国际层面"四层互动"来看待并积极推进印巴和平关系发展。从印巴历次的全面对话声明及成果来看，双方都强调国家层面要积极主动，主导印巴和平进程；民间层面要促进交流，夯实友好基础；地区层面要频繁互动，寻求更多利益切合点；国际层面要密切接触，保持战略沟通。第三，印巴双方在努力构建"安全复合体"结构，即不期望或者准备使用武力而是靠"发展"来将双边"冲突形态"经由"和平机制"转变到"利益共同体"。这种趋势在21世纪以来的印巴关系中是有轨迹的。

[①] George Perkovich, "The Non-Unitary Model and Deterrence Stability in South Asia", http://carnegieendowment.org/files/George_Perkovich_The_Non_Unitary_Model_and_Deterrence_Stability_in_South_Asia.pdf，登录时间：2022年7月22日。

比如，双方特别是巴方特别积极强调在打击恐怖主义方面、应对水资源危机、打击毒品泛滥问题、应对能源危机等方面，印巴为"利益共同体"、"安全共同体"。

多元主义和平观指导下的发展型和平模式与之前的恐怖型和平、相互核威慑型和平两种模式相比，有5个鲜明的特点：一是印巴双方更加注重国内发展，努力以发展界定利益，从内部界定安全。二是将所有问题和矛盾公开摆上桌面。三是通过谈判和讨论摆明立场、交换意见，确定问题解决的次序。四是努力"向前看"，力图通过发展来缩小分歧，冲突或者战争维持和平的方式逐渐处于次要位置。五是因效果显现较慢而会呈螺旋式发展，短波段上甚至呈现静止或者倒退状态，比如2013年以来的冷对峙状态就是印证。

基于此分析，本书认为，不管印巴承认与否，不管双方是主观有意还是客观大势所趋，21世纪以来，印巴和平关系的努力以及和平进程的演变的确反映了基于发展之上的和平模式探索，近年来印巴和平进程中断导致冷对峙状态，其实可以当作是印巴在探索发展型和平道路上的低潮空档期、冷静观察期。总体来说，21世纪以来的印巴和平形态是一种发展型和平模式。当然，这才刚刚起步，还在"摸着石头"过河，相当脆弱，尚未成型，容易受到很多不确定因素的影响，甚至还出现了反复。[①]印巴构建发展型和平模式还有很长的路要走。

一、概念的界定

"发展型和平的概念"首先来自"发展型国家"的定义。"发展型国家"，本属于社会学的概念，目前学界没有形成统一的认识。维斯和霍布森指出，所谓发展型国家，是指国家官僚有意识地将发展视为优先利用政策工具和能力，将国内稀有资源投入重要产业部门，以提升生产能力和竞争能力的一种国家形态。[②] 卡斯特则认为，当国家将其合法性建立在推动和维持社会经济发展，并将发展理解为稳定的高经济增长率和国际国内生产力制度的结构改革的结合时，就可以将这种国家称为发展型国家。[③]

[①] 本书认为，2013年以来印巴边界持续的冲突实际上是新世纪印巴和平进程受阻的一种表现；据笔者观察，2014年印度人民党莫迪上台之后的对巴政策（至少截至目前）实际上是趋于冷淡化，表现在：印巴关系并没有因为2018年和2022年巴基斯坦政府更替而有所改善；莫迪没有对巴基斯坦前总理纳瓦兹·谢里夫"历史性"访印参加其就职典礼作出相对等的回应；2012年启动的印巴全面对话迟迟没有"尾声"；双方领导人达成的政治意愿迟迟不能落得实处等。

2 Linda Weiss, J. Hobson, *States and Economic Development: A Comparative Historical Analysis*, 1995, Polity Press, p. 148.

③ Castells, Manue, *End of Millennium, The Information Age: Economy, Society and Culture Vol. III*, 1998, Oxford University Press/Blackwell, pp. 270-271.

虽然学界对其全部定义还有分歧，但大多数学者均对发展型国家的核心要素有共识。陈尧在其文章《发展型国家模式及其转型》中归纳了其具有的四个核心要素：（1）信奉发展主义的理念，将经济发展作为国家最主要的目标。（2）安排发展的先后次序，如提高国家的生产力、改善居民生活水平、缩小与发达国家之间的差距。（3）特定的政府组织安排，通常是成立一个由理性的官僚所组成的经济发展的领航机构，负责制定经济发展战略，并由强有力的政府机构负责推行政策。（4）与产业协会、企业界之间建立制度化的关系，通过协商方式推行发展政策。学者们认为，发展型国家的出现，是政治领导者在面临极其有限的政治环境的压力下寻求的一种出路。这种政治环境的压力来自三个方面：（1）社会大众生活水平的任何下降将引发失控性的群众运动，从而对政权构成威胁。（2）由于国家安全无法得到确保而寻求国际贸易和战争物资的需要。（3）由于政府财政匮乏而导致政府预算的紧缩。[1]陈尧总结了发展型国家的四个基本特征：（1）发展型国家的政治社会基础是强国家能力（State Capacity）。（2）发展型国家制定有明确、科学、合理的经济政策。（3）发展型国家具有理性的经济官僚体制。（4）发展型国家与私人资本之间保持着合作主义的关系。

基于以上的分析，经认真研究、思考及对比，笔者试图将社会学这一研究概念引入国际关系研究领域，提出"发展型和平模式"的概念，来试图解释21世纪以来印巴努力探索构建发展型和平形态。所谓"发展型和平"，是指国际行为体根据本国国情，特别是发展阶段所面临的主要任务和优先目标设定安全战略，即以内部界定安全，而不是以外部界定威胁的一种国际关系形态。

发展型和平的产生应至少具备四个基本国际条件：（1）国际主题发生变化，逐步由"战争—和平—战争"模式向"和平—发展—合作—共赢"模式转变。（2）国际社会高度"全球化"，相互依存度日益加深，人类高度体验着你中有我、我中有你的"命运共同体""生存共同体""知识共同体""传播共同体"经历。（3）国际非传统威胁上升，恐怖主义、公共卫生安全、信息安全、气候变暖、能源危机、金融危机、粮食危机等问题日益成为行为体双边或多边共同面临的威胁。（4）世界或地区有新兴市场的崛起，该新兴力量崛起的方式靠的是和平发展而非赤裸裸的原始资本的剥削。

发展型和平具有五个明显的特点：（1）发展型和平模式的主体——

---

[1] 陈尧，《发展型国家模式及其转型》，载《江苏社会科学》，2006年第3期，第53页。

国家，多是发展中国家。因为无论出于政治还是经济考虑，发展中国家的中心任务都应该是以发展为主题。西方国家以外部界定威胁，信奉均势论、权力论，与发展界定利益的和平观是冲突的。（2）发展型和平模式的实现手段是"向前看"，靠相互合作与发展找到最终利益切合点。因为发展中国家没有现存足够的资源解决所有分歧和矛盾，只有在发展中创造性集聚共需资源。（3）发展型和平实现的过程充满了相对漫长但较为友好的谈判与合作。正因为行为体需要发展寻求共识，通过发展积累资源，分享发展"红利"，因此需要在不影响和不中止发展进程的前提下谈判解决分歧，合作化解共同威胁。（4）发展型和平的生态是一种"共存""共依""共有""共和""共建""共创"关系。因为行为体是高度融合、高度一体化的状态，日益"一荣俱荣、一损俱损"的关系要求双方共建和平、共创发展、共享成果、共担风险。（5）发展型和平的结果是"综合的""共享的"。因为该种和平是双边共同营造并共同享有、需要共同维护的经济、政治、军事、外交、文化一体的和平模式。自20世纪60年代以来，联合国一直试图将安全、人权与发展三者结合，把三者看成是相互联系、相互促进的统一体，倡导这"三位一体"的综合安全观。①

发展型和平具有四大特征：（1）它规定了其他和平手段序列和资源配置。它强调发展是实现和平的第一条件，军事、政治等和平手段都要服务于发展战略。（2）它需求外部环境开放、和谐、相互依赖，而不是僵持、隔绝甚至军事化。（3）它从内部界定安全，而非从外部界定威胁。（4）它更强调"话语"的作用，认为，"国家间通过一定的言语行动可以构建起相互理解和信任，并在应付外部安全威胁方面达成共识"，"从而愿意共同采取紧急措施去对付其安全威胁"。②

二、发展型和平模式的探索

印巴以深刻的国际背景为依托，截至目前，主要通过实施"五步走"战略，对发展型和平模式进行了初步探索。不过，自2019年以来，因普尔瓦马危机、克什米尔宪制改革、2021年阿富汗地缘大变局以及当前俄乌战争等多方因素，印巴发展型和平模式探索遇阻，长波段的发展和平遭遇了短波段"黑天鹅"事件的冲击，这一模式需要着眼更长波段的探索。

---

① 李东燕，《全球安全治理与中国的选择》，载《世界经济与政治》，2013年第4期，第42-54页。
② Barry Buzan, Ole Waever, *Regions and Powers*, Cambridge University Press, 2003, p.491.

1. 国际背景

两次世界大战让国际社会一致认识到，"和平"才是人类社会最高的价值取向。之后，人类孜孜不倦地为实现这一最高价值而努力。战后，随着世界进入核武器时代，国际关系特别是大国关系开始进入"核威慑"时代。两大阵营形成的"冷战"格局虽然通过"确保相互摧毁"的"核威慑"能力筑高了防止全面战争爆发的堤坝，一定程度上证明了"核威慑"维护和平的有效性，但核威慑的成本及恐怖威胁始终令人担忧。特别是当前，俄罗斯在俄乌战争中受到西方阵营全面打压的情况下已经多次威胁使用核武器，令世界担忧，核威慑治下的国际和平现实在第二次世界大战后跌跌撞撞维系了70多年后，再次受到极大挑战。[1] 随着工业化和全球化的推进，"发展"成了人类社会的主导价值取向，恐怖主义、基本人权、气候问题、环境问题、能源问题不断凸显，成为人类的普遍性威胁。

进入新千年，国际社会处在大发展大变革大调整时期，国际关系纷繁复杂，主要在6个维度上继续发生新的变化：[2] 第一，国际主题上，和平、发展、合作、共赢成为时代发展潮流，旧的殖民体系土崩瓦解，冷战时期的集团对抗不复存在，任何国家或国家集团都再也无法单独主宰世界事务。第二，国际力量上，大批新兴市场国家和发展中国家走上发展的快车道，比如金砖国家、新钻国家，加速走向现代化，多个发展中心在世界各地区逐渐形成，新兴力量迅速崛起。第三，国际关系上，各国相互联系、相互依存的程度空前加深，人类生活在同一个地球村，你中有我、我中有你的命运共同体关系日益成型。第四，国际问题上，人类依然面临诸多难题和挑战，传统安全和非传统安全威胁相互交织。特别是近年来，逆全球化趋势明显，加上新冠病毒疫情影响，全球经济复苏乏力，保守主义、霸权主义、强权政治和新干涉主义有所上升，发展不平衡加剧。第五，国际话语上，新兴国家的话语权日益增强，国际社会通过外交言语和行动构建起相互理解和信任的作用更加有效。第六，国际案例上，中国自20世纪70年代后期开始，就开始探索发展型和平大战略的研究，直至目前，中国成为国际发展型和平模式的首创者和成

---

[1] 比如，2022年3月26日，俄罗斯联邦安全会议副主席梅德韦杰夫在接受采访时表示，俄罗斯在受到安全威胁时可能会使用核武器；6月17日，俄罗斯总统普京在圣彼得堡国际经济论坛（SPIEF）全体会议讲话时指出，俄罗斯不会用核武器威胁任何人，但每个人都应该记住，俄罗斯会使用核武器来捍卫主权；7月23日，普京新闻秘书佩斯科夫在接受美国CNN记者采访时表示，按照俄罗斯的国家安全概念，一旦国家遭遇到"生存"威胁，就可以使用核武器。

[2] 参见张超哲《"中国梦"与世界》一文，载《求是》理论网，2013年8月28日，http://www.qstheory.cn/lg/xszh/201308/t201308_265034.htm，登录时间：2022年7月20日。

功实践者。[1]

正是在此背景下，印巴开始了发展型和平模式的探索与构建。

2. 探索构建的过程

冷战后，特别是进入 21 世纪以来，因国际国内形势的变化，印巴开始全面审视双方历史上实现和维护和平的各种方式的有效性，开始了新的和平模式的探索。截至目前，印巴通过"外交战略调整""领导人政治引领""八大议题机制化""发挥多边作用""跳出历史的局限"等手段，"五位一体"对发展型和平模式进行了初步有意义的探索。

（1）印巴认识到"发展"对国内及双边关系的意义，开始调整对外战略。

战略上，为了走出南亚，从这一地区"脱身"，经贸上，为了加速提高区内小国对印依存度，20 世纪 90 年代后期，印度时任总理古杰拉尔推出了古杰拉尔主义式的睦邻友好外交。其原则包括 5 点：一是印度对邻国不要求互惠，而是真诚的给予所能给的。二是南亚国家不应该以其领土来反对区内其他国家。三是区内国家不应干涉他国内政。四是区内国家应相互尊重主权和领土完整。五是区内国家应通过和平谈判解决所有争端。[2] 其核心内容是"印度不要求以对等的原则处理与南亚邻国的政治经济与贸易及相互间的关系，以和平手段解决国与国之间的争端"。该政策公开对象是尼泊尔、孟加拉国、不丹、马尔代夫、斯里兰卡，没有明确巴基斯坦是否被纳入古杰拉尔主义范畴，但政策内容都是涉及南亚区内国家。很明显，印度这一政策最想要得到承认或者响应的国家应该就是巴基斯坦。

进入 21 世纪，无论是从规模条件，还是从衡量大国地位的关键性指标数据来看，印度都有足够大的"权势基值"追求梦寐以求的"大国梦"。外交家迪克西特的"进入 21 世纪后，印度越来越意识到，有必要回顾自莫卧儿帝国所代表的政治身份解体以来，印度作为一个国家，是以什

---

[1] 中国发展型和平大战略起源于邓小平时期，贯穿于改革开放的历史进程中，其主要特点有三个：（1）以人均 GDP 确立发展战略的阶段性目标，而不是追求缩小与霸权国的实力地位差距。（2）坚持安全利益与发展利益相统一。国防建设服从于经济建设大局，保障发展的国防支出，不是为了在全世界争夺霸权和维护首要地位。（3）致力于塑造一种有利于发展的和平环境。为了经济建设可以降低意识形态斗争的地位，并随时根据经济发展的需要改变敌友关系，从而创造一种无敌国外交。参见钟飞腾，《发展型安全：中国的一项大战略》，载《外交评论》，2013 年第 6 期，第 27 页。

[2] IK Gujral, *Continuity and Change: India's Foreign Policy*, Macmillan India Ltd., 2003, p. 53–54.

么性质出现在国际社会的,又是如何与外部世界打交道"[1]的战略新思维,表示印度已经意识到并准备调整新时期外交战略,提高印度战略自主性的意图。瓦杰帕伊的"印度的战略环境从波斯湾延伸到马六甲海峡,越过整个印度洋,包括西北的中亚和阿富汗,东北的中国和东南亚。我们的战略思考必须要扩展到这些地平线"的扩张战略,[2]为印度新世纪外交绘制蓝图。辛格宣扬的"21世纪是印度世纪"的豪言壮语,更能展现印度准备要在国际舞台一展抱负的雄心。在亚太地区,从印度2003年"东向政策2.0"战略到2014年之后的"东向行动",再到当前印度"印太战略"的结盟化,[3]可见一斑。

除了实行自助战略外,均势加搭便车也成为印度新时期的战略选择。[4]2005年印度成为上海合作组织观察员国;2017年正式加入上合组织,积极参与中亚事务。2006年,印度搭美国的反恐便车,签署《民用核能合作协议》;2017年以来,搭美国所谓"印太战略"的便车,在四方安全对话中实现自身利益最大化。特别是2022年4月俄乌战争以来,印度并没有明确选边站队,而是游走在俄罗斯和西方大国之间,左右逢源,展现自主大国姿态,占尽便宜。

总之,21世纪以来,印度调整外交战略,虽然更大的抱负在世界大国外交以及亚太战略,但其南亚政策特别是对巴政策明显融入其中。因为印度很明白,印度不能处理好与南亚国家关系,不能得到区内国家公开承认其南亚大国身份,印度就无法跳出南亚,走向亚太、走向世界,成为"有声有色的大国"。

进入新世纪,巴基斯坦国内外形势更加严峻。由于印巴核试爆导致的国际制裁恶化了巴基斯坦的经济外交形势。印巴1999年卡吉尔冲突以及2001-2002年边界紧张对峙造成国内更重的经济、军事、外交、人道主义负担。同时,巴基斯坦登上美国反恐战车,成为反恐前线国家,虽然得到了美方的援助,但与美国"束手绑定的婚姻"[5]并没为巴方带来丰厚的经济回报。巴基斯坦国内安全形势恶化,恐怖主义泛滥,由此

---

[1] J. N. Dixit, *India: Foreign Policy and Its Neighbours*. New Delhi: Gyan Publishing House, 2001, p. 15.
[2] Atal Behari Vajpayee, "Shrug off the Cold War: This is a New World", http://www.indianexpress.com/oldStory/34830/,登录时间:2015年4月1日。
[3] 有关印度"印太战略"从战略模糊走向结盟化的论述,参见杨思灵,《印度的"印太战略":从战略模糊到结盟化》,载《南亚东南亚研究》,2021年第6期,第23-36页。
[4] 宋德星、时殷红,《世界政治中印度和平崛起的现实与前景》,载《南亚研究》,2010年第1期,第19页。
[5] Mishaal Arbab, "Framing Pakistan-US Relations in Obama's Secnd Trem:Role of the Pakistan Diaspora", ISSI Report, http://www.issi.org.pk/publication-files/1357534599_91973343.pdf,登录时间:2015年4月2日。

带来的社会和政治压力无法估量。因此，21世纪以来，国内要求注重发展，增加经济社会发展投入的呼声日益强烈，要求改善对印关系再次提上日程。

21世纪以来，巴基斯坦外交战略同样有意无意因时因势进行大的调整：首先，在大国战略调整中更加突出对印缓和，改变之前任何对巴谈判"首先是克什米尔"的外交思维和僵化战略，开始实行"多议题并重"政策，争取在其他问题方面取得进展，为最终解决克什米尔问题创造条件，这多少有点模仿我"搁置争议、共同发展"的南海策略之举。

从梳理来看，21世纪以来，印巴几乎所有的战略调整都考量了对方因素，这客观上对新世纪印巴和平进程发展起到了积极作用。印度已经认识到，建立以印度为中心的南亚国际体系结构要以其他南亚国家接受为前提，这首先就要缓和与巴基斯坦的关系。对巴基斯坦来说，缓和与印度关系更加急迫，尤其是自2008以来，印度的"高压政策"以及全球经济危机的双重影响，已经使巴基斯坦陷入十分艰难的境地，加之2010年百年不遇的特大洪灾和2019年以来的新冠疫情已导致巴基斯坦国内隐患骤增，特别是2022年当前俄乌战争导致全球资源能源价格上涨、巴基斯坦遭遇史所罕见气象灾害事件的情况下，无论为转移国内视线还是谋求改善不利现状，巴基斯坦都急迫希望改善与印关系，避免巴基斯坦滑向破产的边缘。这可以从最近几届巴基斯坦新任总理的言论中看出来。2008年，时任总理扎尔达里上台不久，在接受《华尔街日报》采访时大放善意："印度从来不是巴基斯坦的威胁"，"巴基斯坦需要加强与印度的经贸联系以保全巴基斯坦经济，除此之外别无他法"。[①]2014年，巴基斯坦时任总理纳瓦兹·谢里夫亲自参加了莫迪的就职典礼。2018年，伊姆兰·汗当选总理后，也曾主动提出改善与印度的关系。2022年4月，夏巴兹·谢里夫当选巴基斯坦第23届总理后，也向印度伸出了橄榄枝，并表示"邻国不是可选择的，它是你必须接受的东西。"[②]因此，从战略层面来说，印巴战略调整有利于印巴和平进程发展，实现机制性的长久和平进程是可能的。

（2）双方领导人的政治觉悟以及政治意愿起到了引领作用。

为缓和1998年印巴核试爆危机，1999年1月，巴基斯坦时任总理

[①] Sanjeev Miglani, "Zardari says India is not a threat to Pakistan", http://blogs.reuters.com/pakistan/2008/10/05/zardari-says-india-is-not-a-threat-to-pakistan/，登录时间：2015年4月2日。

[②] 《印媒：巴基斯坦新总理谢里夫向印度伸出橄榄枝》，参考消息网，http://www.cankaoxiaoxi.com/world/20220413/2475817.shtml，登录时间：2022年7月26日。

谢里夫向印度时任总理瓦杰帕伊发出访巴邀请，印方积极回应，瓦杰帕伊愿意乘坐大巴跨越克什米尔地区，到访巴基斯坦拉合尔。1999年2月，瓦杰帕伊成行巴基斯坦，开启了印巴"巴士和解外交"。1999年10月，穆沙拉夫军事政变上台执政，巴基斯坦进入穆沙拉夫时代（1999—2008）。穆沙拉夫执政时期，是印巴探索构建发展型和平模式最积极的时期，特别是在克什米尔问题上，提出了多项具有可操作性的方案，几乎与印度达成最终协议。① 穆沙拉夫积极主张印巴通过全面对话进行和解的原因至少有3点：第一，穆沙拉夫通过政变上台，国内政局不稳，社会矛盾尖锐，大张旗鼓地开展外交关系，特别是印巴关系，可以转移视线、吸人眼球。第二，穆沙拉夫作为政治强人，希望依托强大的军队实力做后盾，加快推进印巴关系的实质性改善，为自己赚得政绩。第三，穆沙拉夫上台后提出了4个特别关注的领域：振兴经济、推行对社会发展各方面的高效管理、消除贫困、政治改组。② 他深知，国内发展目标的实现需要和平稳定的外部环境，特别是印巴和平环境。瓦杰帕伊也对推进印巴和平具有强烈的个人政治意愿，对启动印巴全面对话起到了奠基性的作用。因为据说2001年阿格拉峰会期间，瓦杰帕伊曾就《阿格拉宣言》与穆沙拉夫达成一致，主张签署该宣言。但最终因印度四架马车（总理瓦杰帕伊、外长贾斯万特·辛格、内长阿德瓦尼、财长亚施旺特·辛哈）意见不合，对草本未能取得一致意见而导致《阿格拉宣言》胎死腹中。③ 后来，内长阿德瓦尼曾明确表示，是他主张邀请穆沙拉夫举行阿格拉峰会的，也是他拒绝签署阿格拉峰会声明的。④ 2004年5月，素有"印度经济改革之父"之称的曼莫汉·辛格出任印度总理，极力推广他的经济改革模式，开启了印度长达10年的经济外交。辛格的经济外交基础就是着眼发展，以发展促改革，在发展中解决矛盾和问题。因此，更加需要和平稳定的周边环境，印巴2004—2012年的7轮全面对话中的后6轮都是在他执政期间进行的。2008年扎尔达里当选巴基斯坦总统后，积极推进印巴全面对话，但孟买袭击案的爆发，导致其任内对印关系的重点是采取务实举措防止恐怖分子利用巴基斯坦领土对印发动恐怖袭击，

---

① 如前文提到的，巴基斯坦前外长卡苏里曾披露说，截至2007年，在双方最大争端的克什米尔问题的谈判中，印巴政府已经完成90%，最后只差印和克什米尔代表三方签字。
② 佩尔韦兹·穆沙拉夫，《在火线上——穆沙拉夫回忆录》，译林出版社，2006年，第149页。
③ Idrees Bakhtiar and Irfan Malik, "Reality checkpoint on the road to peace", *The Herald*, August 2001, p. 68.
④ "Advani Admits He Sabotaged Agra Summit", in Noor Ul Haq, *Pakistan-India Peace Process(2008-2009)*, pp. 15-18, http://ipripak.org/factfiles/ff117.pdf. 登录时间：2022年8月14日。

以此换取印度对巴的理解，重启被中止的全面对话。2013年谢里夫当选总理上台执政，表现出了积极意愿，还史无前例地出席了2014年印度总理莫迪的就职典礼，但2013年以来持续的边界冲突导致印巴双方关系趋于冷淡。莫迪总理虽然在竞选宣言以及就职典礼中表示了要发展对巴关系，但作为政治强人，在国际社会整体趋向保守化的形势下，其将更多精力和资源用于其大国雄心和抱负，尽管2018年和2022年巴基斯坦政府更替后政府领导人都向印度释放了善意，但莫迪政府并不愿着手处理对巴问题，仍然以"冷处理"方式暂时搁置。特别是经历了2019年普尔瓦马危机和取消印控克什米尔地区自治地位导致的边境对峙、2021年阿富汗地缘大变局以及当前俄乌战争引发全球治理危机的情况下，印度更有"以拖待变"的心态处理对巴关系。

（3）双方开始就双边所有问题进行总结归类，同意启动八大议题框架下的全面对话，并进一步协调完善议题排序和内容。

2004年，印巴举行第一轮全面对话，双方就印巴所有矛盾和分歧进行了分类总结，同意就信任措施建设、克什米尔问题、乌拉尔大坝问题、友好交流问题、锡亚琴冰川问题、塞·克里克湾问题、恐怖主义和毒品问题、经贸合作问题等八大问题展开全面磋商。双方吸取了2001年阿格拉峰会失败的教训，在问题排序上都作了让步：印度不再坚持将恐怖主义放在第一位，并且不再坚持将克什米尔问题排除在外；虽然印方仍反对就克什米尔问题举行印巴克（代表）三方谈判，但至少印度已经同呼里亚特大会党领导人举行多次会谈，并同意其赴巴基斯坦和巴控克什米尔进行交流协商。[①]巴方也没有坚持要把克什米尔问题放在第一位，并承诺不许恐怖分子利用巴基斯坦领土从事对印恐怖活动。同时，印巴还将八大问题分为信心建设型问题（信任措施建立问题、友好交流问题、恐怖主义和毒品问题、经贸合作）和争端解决型问题（克什米尔问题、乌拉尔大坝问题、锡亚琴冰川问题、塞·克里克湾问题）两类。巴方坚持两类问题应同时进行，而印度认为，和平进程应该由易到难逐步进行。在随后的实践中，双方都进行了让步。推动了全面对话的开展。

自2004年第一轮全面对话开始，印巴和谈框架日益机制化，并逐步发展完善。双方基本都在八大议题框架下讨论印巴关系，推进印巴和平谈判。不过随着国际"人权"问题的日益凸显，印度更加关注双方人权问题，因此，2012年9月印巴外长会晤，在发布的《联合声明》中，

---

① Rashid Ahmad Khan, "Pakistan-India Peace Process: An Assessment", *IPRI Journal*, Volume IX, Number 1, Winter 2009, p. 103.

双方首次将"人权问题"列入了全面对话议题。尽管之后的报道仍沿用"八大议题"惯用表述，但相信熬过这段时间国际关系的冰冻期，随着印巴关系再次走向缓和，随着印巴在克什米尔问题上的积极作为，印巴人权问题未来必将上升为与其他八大问题并列的高度，很可能成为第九议题。

（4）双方努力跳出"双边"思维，开始注重通过多边机构和舞台考虑印巴关系。

尽管1998年印巴核试爆看似是双边行为，不过仍然存在"多边"因素。比如，印度公开宣称"中国威胁"是其核试验最主要的因素，这本身就是印度跳出印巴"双边"思维、从世界角度谋划印度对外战略的体现。再比如，印度和亚太地区一些重要国家建立或升级现有的战略伙伴关系，并加速接受新的"印太"概念，看似也是双边行为，但印度的"印太"战略现在基本上已经成为其对华政策的组成要素。①另外，印巴在各种压力下，在多边场合为自己辩护的同时，也开始释放印巴缓和的友好姿态。1999年2月印巴启动巴士外交后，双方努力利用多边场合，积极促进印巴交流，主动跳出"双边"思维，在更加广阔的视域中拓展印巴关系。1999年3月中旬，南亚区域联盟召开第21届部长理事会及第26届协调委员会。印巴双方借机进行了交流和互动，南盟其他国家对印巴取得的和平进展表示赞赏，并愿意为印巴深化友好关系提供便利。即使在1999年卡吉尔冲突期间，印巴也都积极与中美保持接触，试探中美各自立场并积极寻求两国的支持。5-6月，巴基斯坦时任陆军参谋长穆沙拉夫、外交部长阿齐兹、总理谢里夫先后成行北京；印度时任外长辛格也同期实现访华。同时，谢里夫也成行美国，与克林顿进行会谈，瓦杰帕伊虽然慑于各种压力未能如期访问美国，但在电话中与克林顿进行了沟通解释。2004年印巴启动全面对话之后，双方在保持高频度双边会谈的同时，也积极借助"南亚区域合作联盟"、不结盟运动首脑峰会、"联合国"、东盟地区论坛、上海合作组织、亚欧外长会等各种多边场合促进双方接触和交流，在促进印巴和平进程方面作用越来越大。2017年，印巴双双加入上海合作组织，更便于印巴通过第三方平台开展交流或者交锋，也为第三方参与讨论和调节双边关系提供了机会。

（5）双方开始跳出"历史的包袱"，用"现实""发展"的眼光对待双边矛盾。

进入新世纪，印巴开始反思印巴冲突对抗所付出的惨重代价。双

---

① 杨思灵，《印度的"印太战略"：从战略模糊到结盟化》，载《南亚东南亚研究》，2021年第6期，第23页。

方意识到，印巴持续冲突对抗迫使双方将大量的人力、物力和财力投放于印巴边界沿线。印度认为，克什米尔问题已经成为印度实施"大国战略"，尤其是"军事强国"战略的巨大牵制，因为正如前文所说，多年来，印度将其50%的陆军、54%的空军和60%的海军兵力部署在印巴水陆边境沿线，其中部署在印控克什米尔地区的正规部队与准军事力量多达70万之众。印度单单驻扎在克什米尔的军队每年就要耗费其3%的国防预算。鉴于巴基斯坦经济、军事实力上的差距，巴基斯坦投放印巴边界的综合力量所占比例更高，严重拖累着巴基斯坦综合、协调性的发展。据统计，在印巴三次战争以及卡吉尔冲突中，印度共计阵亡8733人，巴基斯坦总计阵亡13896人；双方伤亡人员达50000人，10多万家庭遭受严重损失；2002-2004年，印度军费开支分别占到年度总预算的15.6%、13.9%、14.9%，巴基斯坦分别是23.9%、22.3%、19.9%；2000-2002年，双边正常年度贸易额仅有2-2.5亿美元，而同期第三国贸易及非法贸易额达30亿左右。索比亚·尼萨尔认为，在有利的贸易环境下，印巴潜在的贸易额将达到30-40亿美元，在南亚自由贸易区内的交易额将达到50亿美元。① 特拉·沃尔玛也曾警告印度政府说："巴基斯坦耗费了印度70%的安全支出……这严重拖延了印度的发展"。②

在全面对话机制框架下，印巴确实希望跳出"历史的包袱"，把双方问题摆出来，把对方立场听进去，在相互妥协、相互理解的基础上切实推进有关谈判。比如，在双方最大的纠纷——克什米尔问题上，印巴不再局限于之前所坚持的所谓声明和决议，展现出了少有的灵活性，双方曾提出多项较为务实、具体的解决方案，特别是巴方的穆沙拉夫。他首先提出四步走模式，2004年10月又提出"三步走方案"，2006年12月，接受NDTV电视台专访时，又提出新观点。印度虽不愿也不可能完全接受巴方主导克什米尔争端的解决，但印度政府对巴方的诚意、积极态度以及较为务实的个别条款表示了赞同。再比如，双方在反对恐怖主义方面也改变了之前的僵硬立场。印度逐渐承认巴基斯坦也是深受恐怖主义危害的国家，并对巴基斯坦反恐的成绩表示了肯定。同时，双方就建立联合反恐机制方面进行了多次探索。2008年印度驻阿富汗大使馆被炸以及孟买袭击案、印度单方面废除宪法第370条而没有真正导致印巴兵戎相见，本身就是印巴着眼长波段发展的体现，也是印巴全面对话的

---

① Sobia Nisar, "Cost of Conflict between India and Pakistan 2004", http://www.stategicforesight.com/cost_conflict/pg20_21.html, 登录时间：2019年12月20日。
② 巴特拉·沃尔玛，《印度增其在亚洲影响力的战略》，载《印度防务箴言》，2003年1-2月号。转自吴永年，《21世纪印度外交新论》，上海译文出版社，2004年，第257页。

机制性成果，一定程度上说明印巴危机处理机制的奏效。

三、评析

21世纪以来，国际格局逐步进入大变革大调整大发展时期，"东升西降"的世界格局不可逆转，"亚太世纪"的日益临近、国际社会对南亚"世界火药桶"的深刻担忧以及南亚地缘战略的再次上升，一定程度上迫使印巴都积极作出战略调整。无论是印度"大国梦"的二次出发，还是巴基斯坦孜孜以求实现"亚洲之虎梦"①的历史溯源，都呼唤印巴以"和平""发展""合作""共赢"的姿态走向世界。在此背景下，印巴通过"外交战略调整""领导人政治引领""八大议题机制化""发挥多边作用""跳出历史的局限"等"五位一体"，开始了以"发展界定安全"、以"内部界定威胁"的双边发展型外交探索之路。2001年的阿格拉峰会，首次尝试将1997年协议以及1999年拉合尔精神付诸实践，为双方提供一次知己知彼的机会，也为接下来的进一步和谈积累教训。2003年，印度总理瓦杰帕伊在斯里纳加主动伸出"友谊之手"，巴方积极回应。这促成了2004年初的领导人南盟峰会会晤以及2月份《马累声明》的诞生，由此开始，11年来，印巴开启了7轮全面对话，中间虽然伴随着诸如2006年7月孟买火车爆炸案、2007年2月"友谊快线"被炸事件、2008年7月印度驻阿富汗大使馆被炸事件、2008年11月孟买袭击事件以及2013年以来的边界持续冲突等，但印巴全面对话从没有被"废止"，全面对话的机制化成果在历次危机中逐渐发挥着作用。比如，2009—2014年间，巴基斯坦国防预算增幅大幅度减少，从2009—2010年度的21.46%持续下降到2013—2014年度的10.41%；2014—2015年度国防预算总量700亿卢比，同比2013—2014年度的627.2亿卢比，增幅为11.60%，较2009—2010年度增幅，仍下降了近一半。② 这是印巴着眼"发展"，以"发展"界定利益的尝试，取得了成效。不过，自2014年印度莫迪以强硬姿态上台执政以来，特别是2019年印巴受双边和国际多个"黑天鹅"事件冲击以来，印巴发展型和平模式探索受阻，至今仍在冰冻期。不过，长波段来看，印巴会重回发展型和平探索之路，因为该种模式具有较强的生命力。

---

① 该口号是巴基斯坦时任总理谢里夫于20世纪90年底首次当选总理期间提出的，旨在通过大力发展经济，强国富民。参见张超哲，《中巴经济走廊建设：机遇与挑战》，载《南亚研究季刊》，2014年第2期，第80页。
② Ismail Sheikh, Kamran Yousaf, "Budget 2014:Govt Announces 700bn Defence Budget", http://tribune.com.pk/story/716913/budget-2014-defence-budget-increasing-at-diminishing-rate/，登录时间：2015年2月10日。

第四节　总体和平、基础脆弱

印巴分治以来的75年里，双方通过问题解决式、后战争式、对话式、冲突协调式、全面对话式、冷对峙式等六种方式探索构建了恐怖型和平、威慑型和平、发展型和平三种和平模式，实现并维持了印巴71.5年的相对和平。可以说，印巴关系总体呈和平状态，但基础非常脆弱，和平质量很低。以和平双方主观的"和谈意愿"，所处的国内外"和谈氛围"、和谈中所处的"平等程度"为参照系，对印巴六种方式构建和平的质量进行分析（见表6-1），不难得出这一结论。

表6-1　六种方式构建和平质量分析表

方式	实力 印	实力 巴	意愿 印	意愿 巴	和谈氛围	平等程度	和平质量
问题解决式	强	弱	强	强	好	高	高
后战争式	强	较弱	弱	强	差	低	低
对话式	强	弱	强	强	中	中	较低
冲突协调式	强	较弱	强	强	差	中	低
全面对话式	强	弱	强	强	好	中	较低
冷对峙式	强	弱	弱	弱	差	低	低

资料来源：作者自制。

恐怖型和平是一种战争治下的和平状态，它以硬实力为基础，以武力为后盾或者直接以战争为手段来实现的，是建立在非平等基础上的。恐怖型手段发挥维护印巴和平的作用，需要三个条件：（1）印度对巴保有绝对的综合实力，特别是军事实力。（2）印度对巴展示并使用了优势军事实力。（3）巴基斯坦慑于实力不足，不得不接受行动后的安排。因此，双方的和平状态是一种压迫下的"真空"状态，没有实质内容。这种恐怖手段维持的印巴和平，是不可持续的，不可能持久，也不应该长久。印巴通过恐怖型手段维护和平的时限不短，但成效有限。

核威慑型和平是核武器威慑条件下的一种和平状态，它通过印巴双方共同重视核能力发展、同步公开拥核、同时构建相对核威慑对称来实现的。印巴通过核威慑实现双边和平同样是建立在三个基础之上的：（1）印巴都拥有"确保相互摧毁"的核威慑力量，即：双方都拥有核武器，并且都有摧毁对方主要战略目标的核能力。（2）印巴至少是巴基斯坦一方表示出不放弃首先使用核能力维护国家安全的决心。这加大了南亚爆发核战争的风险和可能。（3）双方特别是印度一方对"核灾难后的可能后果"有比较理智清楚的预判，对爆发核战争有"担忧"和"后怕"。

相互拥核，虽然使双方有了较为平等的对抗筹码，更加利于和平的公平性和有效性，但是核威慑手段维护和平的风险系数极高，特别是在印巴核战略以及核管理还不足够成熟的情况下，核威慑型和平的基础相当脆弱。

印巴发展型和平是一种多元主义安全观指导下的和平，它是印巴双方根据国际、地区和双边形势的巨大变化，试图提高印巴和平水平的一种探索。不过它产生的最主要基础就是前文提到的双方以及国际社会对印巴核威慑不稳定性的担忧。21世纪以来，发展型和平仍然以核威慑为后盾，但它越来越多地开始考虑结构、人、制度等因素对和平的影响，越来越认识到"历史性的问题"更多地需要在"发展"中解决，而不能完全墨守成规、一成不变。发展型手段维护印巴和平也需要三个条件：(1)"发展"成为国际关系的主题，国际关系模式逐步由"战争—和平—战争"模式转向"和平—发展—合作—共赢"模式。(2)印巴面临的共同威胁日益增多，"低级政治"威胁逐步上升到与"高级政治"地位同等重要的地步。(3)印巴看到靠"发展"模式成功实现崛起的榜样，比如中国、巴西。发展型和平模式下，印巴双方的关系是全面趋于对等的，双方更多地去挖掘合作而不是放大分歧，更多地去用多元观点看待问题，通过开展综合领域的和谈构建"地区安全复合体""利益共同体"，以实现最高形式的和平。当然，这种模式的探索还是处于非常底层的初级阶段，当前遭遇冰冻期。

不过，75年的印巴关系史、71.5年的印巴和平史并不是全面的太平史。一是因为印巴和平关系并不始终是安全关系，双方在和平期间也经常处于冲突、摩擦或对峙的状态当中。二是因为印巴和平程度是低水平的，恐怖型和平没有多少"内容"，核威慑型和平"风险太大"，发展型和平还处于低级探索阶段，现在还遭遇冷遇。总之，印巴75年关系史中71.5年和平的基础相当脆弱，和平机制很不健全，相互依存度还很低，阻碍印巴和平的障碍还很多。

第七章　印巴和平低水平徘徊的原因透析

众所周知，印巴问题始终是地区乃至国际热点，印巴给人第一印象是无休止的冲突和对抗，少有人谈论印巴和平，印巴和平研究没有成为国际问题研究的"香饽饽"，这也正好说明印巴和平水平很低、质量很差的现实。但印巴和平问题终究是印巴关系研究绕不过的长久话题。只有探究了解印巴和平水平低下的原因，才能更好引以为戒，最终朝着高水平的印巴和谈方向前进。印巴71.5年的和平水平低下的原因是复杂的，概括来讲，主要表现在克什米尔问题、冲突解决型问题、信心建设型问题、领导人个人差异、第三方因素等五个方面。

第一节　克什米尔问题结中之结

克什米尔问题是印巴关系的"难解之结"。印巴第一次、第二次战争都是因为克什米尔争端引起，之后的多次危机多与克什米尔问题有关。在克什米尔，战争闹剧已经成为日常生活的一部分，在相当长的一段时期里，印巴双方的炮弹主要功能不过是为了提醒对方自己的存在。[1]因此，克什米尔争端成为南亚地区的"火药桶"，始终是印巴和平的"最大障碍"。

一、问题的由来

克什米尔全称为"查谟和克什米尔"（Jammu and Kashmir），曾是英印帝国时期的一个土邦，面积约19万平方公里。[2]克什米尔地区位

---

[1] 南方，《77天杀戮：克什米尔士兵的残酷回忆》，载《重庆与世界》，2002年第3期，第36页。
[2] 关于克什米尔的面积中外有不同的说法。《中国大百科全书》（简明版第五卷，第2690页）和《南亚大辞典》称约为19万多平方公里；西方文献，如《世界知识词典》《新韦氏国际百科全书》以及印度文献，如V.R.丘韦德的《克什米尔实况》，称克什米尔地区的面积在21.80~22.28万平方公里之间，中外资料相差3万多平方公里的原因在于：西方的文献把我国实际控制的阿克赛钦地区包括了进去，这是中方不可接受的，因此，在对克什米尔面积的表述时一定要紧绷一根弦，不要被西方资料所蒙蔽，成为印度与我国领土争端的口实。

于南亚次大陆的北段，喜马拉雅山南麓，与中印巴阿相邻，与塔吉克斯坦仅隔着一条狭长的瓦罕走廊，地缘战略位置十分重要，被称为"亚细亚的心脏"。1947年，印巴分治时，克什米尔地区总人口约为500万，其中，77%为穆斯林人。[①] 第一次印巴战争导致克什米尔一分为二。印度开始控制克什米尔3/5的土地和4/5的人口，印控克什米尔被称为查谟—克什米尔，由查谟、克什米尔谷地、拉达克三部分组成，首府为斯利那加。第一次印巴战争以来，印度始终坚持稳定优先原则，一直给予印控克什米尔地区自治权力。不过，2019年，印度政府取消印控克什米尔特殊地位，将其重组，成立"查谟和克什米尔"与"拉达克"两个中央直辖区，这导致印巴关系持续紧张至今。第一次印巴战争后，巴基斯坦控制了2/5的土地和1/5的人口。巴控克什米尔包括阿扎德—克什米尔和北部地区（Northern Areas）两部分。2009年，北部地区被巴基斯坦政府改为吉尔吉特—巴尔蒂斯坦（Gilgit-Baltistan）自治区，赋予该地区更多自治权，事实上获得中央政府管理下的省级地位。特别是2020年以来，巴基斯坦政府积极推动吉尔吉特—巴尔蒂斯坦建省进程，即通过各种司法程序，将吉尔吉特-巴尔蒂斯坦自治区转变为巴基斯坦法理上的新省份。印度对此坚决反对，巴控克什米尔地区部分势力也不赞成巴基斯坦政府这一做法。

经过70多年的发展，当前，克什米尔地区人口和民族宗教结构发生了一些变化（见表7-1），印控克什米尔人口已增长到1254万，其中67.60%是穆斯林，印度教教徒只占29.09%；巴控地区人口也增长到640万，其中99.72%的人口属于穆斯林。

表7-1 克什米尔现状 [②]

控制国	控制地区	总人口（百万）	穆斯林人数占比	印度教人数占比	佛教人数占比	其他人数占比
印度	克什米尔谷地	6.89	96.4%	2.5%	–	1.1%
	查谟	5.38	33.5%	62.6%	0.1%	3.8%
	拉达克	0.27	12.1%	39.7%	1.8%	12.1%
巴基斯坦	阿扎德-克什米尔	4.60	100.0%	–	–	–
	吉尔吉特-巴尔蒂斯坦	1.80	99.0%	–	–	–

---

① 培伦，《印度通史》，黑龙江人民出版社，1990年，第681、705页。
② 数据来源于2011年印度人口普查，https://zhwiki.ruiprime.cn/w/index.php?search=%E5%8 5%8B%E4%BB%80%E7%B1%B3%E5%B0%94&title=Special:%E6%90%9C%E7%B4%A2&go=%E 5%89%8D%E5%BE%80，登录时间：2022年7月28日。

第七章　印巴和平低水平徘徊的原因透析

克什米尔问题是印巴分治的产物。习罡华认为，克什米尔问题是因克什米尔而引起的不同行为体之间矛盾的总称，通常用于指代印巴之间或者印度与印控克什米尔之间的矛盾，习罡华还对"克什米尔危机""克什米尔争端"的定义和区别进行了阐述。①

本书认为，所谓克什米尔问题，指的是印巴分治以来，印巴克（什米尔）三方之间特别是印巴双方之间因克什米尔地区归属而产生的一系列争端和矛盾。克什米尔争端产生的直接原因有二：一是英国撤退印度次大陆时主导的三份有关土邦文件，即1946年的《内阁使团备忘录》、1947年的《蒙巴顿方案》和1947年的《印度独立法》对土邦归属问题的解释暧昧不清，导致印巴两国都可以找出含糊的文件作为自己在克什米尔主张的法律依据，为克什米尔问题的产生提供了法律空间。二是印度在印巴分治期间对待土邦政策的"双标"做法，即对朱那加尔、海德拉巴等印度教教徒占主体而上层王公贵族为非印度教教徒的土邦，则采取尊重大多数民众意愿的标准；而对克什米尔等穆斯林占主体而上层王公贵族为印度教教徒的土邦，则又口口声声说要尊重土邦王公希望加入印度的愿意。当然，这只是直观上的直接原因，综合分析将在下文"难解之结的根源探析"进行阐述。

1947年6月3日，英印政府公布了《关于分治的白皮书》（即俗称的《蒙巴顿方案》）。该方案总共有21项条款，其中与土邦问题相关的只有第18条，内容是：（英王）陛下政府愿意使之明确，上述宣布（关于分裂）的决议只适应于英属印度，1946年5月12日《内阁使团备忘录》所包含的对印度土邦的政策保持不变。②从中分析，可以看出，英印对土邦的政治安排有5点：第一，英印政府在没有与土邦协商征得同意之前，不会出卖土邦的利益。第二，各土邦应该与国大党或者穆斯林联盟合作，商讨未来的出路。第三，印巴独立之后，英国对土邦的最高权力就会终结。第四，土邦可以自由地与印巴缔结新的关系。第五，若土邦不愿意加入任何自治领，可以保持与英国的旧关系，但得不到自治领的权利。③尽管两个方案没有明确指出土邦归属原则，但是印巴分治的基本原则就是"两个民族理论"。因此，印巴两国独立之时，500多个土邦绝大多数按印度教教徒与伊斯兰教徒多寡以及"地理就近原则"很快先后加入

---

① 习罡华，《地缘政治与1947—1974年的克什米尔冲突》，北京大学博士学位论文，2009年，第6页。
② Lakhanpal, P. L., *Essential Documents and Notes on Kashmir Dispute*, International Books, 1965, p.37.
③ 汪长明，《克什米尔问题：困境与出路》，湘潭大学硕士论文，2009年，第8页。

了印度或者巴基斯坦。当时，克什米尔、海德拉巴和朱那加尔3个较大的土邦持观望态度，迟迟未决定去留。朱那加尔与海德拉巴两个土邦的印度教教徒分别占86%、80%，但王公贵族却是伊斯兰教徒。而克什米尔正如前文所讲，77%的民族属于伊斯兰教徒，但统治者却是印度教教徒。由于地理位置阻隔，加之印度军队的威迫与镇压，朱那加尔与海德拉巴王公贵族虽然愿意加入巴基斯坦，但最终印度以两地大多数民众为印度教教徒、希望加入印度为借口，迅速出兵占领，朱那加尔与海德拉巴事实上被并入了印度版图。

在此情况下，巴基斯坦以道义为基础，印度以实力为基础，都加紧争夺克什米尔归属的步伐。过程中，双方也就解决克什米尔问题作出了一些努力。

二、印巴的努力

朱那加尔与海德拉巴被强行并入印度后，印巴在克什米尔问题上的争夺越来越激烈，1947年10月，双方因此爆发了第一次印巴战争。印巴就解决克什米尔问题，分别开展了斡旋和解、战争处置、主动和谈三种方式的努力。

1. 初期斡旋和解式的努力

1947年12月12日，印度时任总理尼赫鲁将印巴克什米尔问题提交联合国，希望联合国出面解决印巴所有突出问题，包括克什米尔争端。1948年1月20日，联合国安全理事会通过决议，成立联合国印巴委员会，负责调解克什米尔争端。1949—1958年间，联合国就印巴克什米尔问题进行了5次斡旋。其中，最重要的是1948年8月通过的第三个决议以及12月通过的4点补充决议。[①]因为此决议内容基本构成了此后印巴特别是巴方所坚持的用联合国决议来解决克什米尔问题的来源内容。

1949—1953年，美国主要利用联合国通过指定调停人的办法，对印巴克什米尔问题进行了3次调解；1962—1963年，肯尼迪政府主动开展了6次斡旋谈判。但成果有限。1949年12月，美国主导联合国，请安理会时任主席加拿大人麦克诺顿将军与印巴两国进行非正式会谈，开始了第一次调解。1950年2月3日，他提交了最后报告，内容共有6条，主要是：在去军事化的条件下，印巴达成协议通过公民投票解决克什米尔问题，联合国秘书长应该任命一位联合国代表监督非军事化的执行。

---

① 具体决议内容见第三章第三节第二部分第二点"印巴和谈及成效"部分。

该方案因严重遭到印度的拒绝而被作罢。1950年4月，美国拒绝亲自出面，而提议澳大利亚著名法学家、前驻华盛顿特命全权公使欧文·迪克松充当第二个调停人。他认为在克什米尔地区范围内进行公民投票已经不现实，提出了分治、地区公民投票和联合国管理克什米尔河谷的办法。印巴在一定程度上接受分区公民投票计划，但克什米尔地方势力坚决反对分裂。此次调停再次失败。1951年，美国亲自出面，任命新任联合国驻印度和巴基斯坦代表、美国前劳工部官员弗兰克·葛拉罕为第三位调停人。从1951年6月到1953年3月，葛拉罕与印巴代表先后举行了5轮会谈，对在克什米尔去军事化、停火线两边保留驻军、公民投票行政官就职等问题提出了自己的新建议，竭力协调印巴两国的分歧。但到1953年3月，他得出结论：除非印巴两国同意解决争端，任何外来的调解都不会成功，联合国印巴委员会的所有报告只不过是记录下争执双方的分歧。[①]因此，美国主导的第三次调停再次失败。美国时任总统肯尼迪上台后，南亚周边局势发生重大变化：中印爆发边界战争、中巴友好接触增多、苏联增大对南亚地区的兴趣、印巴关系持续紧张。鉴于此，为避免南亚滑入苏联阵营，美国积极"盟巴拉印"，于1962—1963年，对印巴克什米尔争端展开6次斡旋，但没有什么成效。肯尼迪在新闻发布会上无不沮丧地说："克什米尔问题解决前景现在比6个月之前更加渺茫"。[②]反倒是印巴双方于1952—1964年进行的10次（4次领导人会谈、6次部长级会谈）双边和谈取得了一定效果。

1953年8月20日，印巴两国总理举行会谈并达成协议，其主要成果在于双方以最高形式重申了解决克什米尔问题的两大原则——和平手段、公民投票，双方表示，克什米尔争端"应该遵照该邦人民的愿望加以解决"，"确定人民愿望的最实际的方法就是举行公正无私的公民投票"。此后直至1964年，双方围绕"公投"事宜举行了4次领导人会谈、6次部长级会谈。最大的成效是双方在克什米尔地区都保持了军事克制，维持了第一次印巴战争之后的18年和平。但双方并没有在克什米尔问题的解决方面达成一致，反倒随着巴基斯坦1954—1955年相继加入东南亚条约组织和巴格达条约组织，以及1956年印控克什米尔地区立法议会通过正式加入印度的新宪法，印巴在克什米尔问题上的矛盾更加复杂。

2. 战后式的处置

印巴因克什米尔直接发生了两次全面战争，1971年的全面战争战火

---

① 王琛，《美国与克什米尔问题（1947—1953）》，载《历史教学》，2005年第1期，第34页。
② "Text of Kennedy's Press Conference", *New York Times*, September 13, 1963.

也曾烧到了克什米尔地区。因此，战后的和谈对克什米尔问题也有相应的安排，并且分量极重。

第一次印巴战争后的印巴在处置克什米尔问题上取得重大进展，双方实现了对克什米尔地区的分割，划定了停火线，并且将停火线逐步演变为了实际控制线。其主要标志是印巴双方于1949年7月27日签署的《卡拉奇协议》，该协议约定，印巴在克什米尔的停火线起自查谟和阿克努尔的西边，蜿蜒向北，划定了停火线。按照该停火线，巴基斯坦控制了克什米尔2/5的土地和1/5的人口，印度控制了克什米尔3/5的土地和4/5的人口，包括克什米尔谷地和奇纳布河、拉维河的上游。该停火线基本奠定了印巴70多年来在克什米尔的基本格局，停火线基本成为日后印巴在克什米尔的实际控制线。

第二次印巴战争后，印巴在克什米尔问题的处置上取得了更多一致（巴方更多的可能是被迫性的），主要体现在《塔什干宣言》的内容里。该宣言共九条，其中，涉及克什米尔问题处置的有四条，主要精神是：（1）双方通过和平手段解决一切争端（包括克什米尔冲突）；（2）双方军队最迟在不晚于2月25日前撤回到1965年8月5日前所在地区；（3）巴基斯坦承诺在克什米尔问题上"不使用武力而用和平手段解决争端"和"互不干涉内政"；（4）双方成立印巴联合机构，直接为政府提供报告建议，推动印巴和谈。

第三次印巴战争后，双方进一步推动在克什米尔问题上达成更多一致。主要成果体现在1972年7月双方签订的《西姆拉协议》里。根据该协议，双方同意：（1）将1971年12月17日印巴在查谟和克什米尔地区的停火线改称为控制线或实际控制线；（2）首次以法律的形式保证不以武力为手段来解决克什米尔问题；（3）通过双边谈判以和平的手段或以他们共同商定的手段解决印巴一切分歧；（4）明确了实现两国关系正常化的四步走战略。尽管布托回国后受到各方压力，表示放弃《西姆拉协议》，但该协议精神始终在印巴处理克什米尔问题中作为原则之一被提及。

3. 主动式的谈判

主动式谈判是指新时期下，印巴双方为最终确定克什米尔归属、全面解决克什米尔争端而主动开展的和谈。这起始于1999年瓦杰帕伊对巴基斯坦开展的巴士外交，活跃于穆沙拉夫时代，孟买袭击案以来受阻遇冷至今。1999年2月，瓦杰帕伊访问巴基斯坦，双方签署了《拉合尔宣言》，双方"重申两国决心不折不扣地执行西姆拉协议"，"将加紧努力解决包括查谟和克什米尔在内的所有问题"。另外，如前文所述，双方就克什米尔问题私下达成三点协议：一是承认克什米尔的地位未定，克什米尔问题必须尽快解决；二是双方应在20世纪结束之前解决克什米尔问题；三是双方应低调地通过"后门"外交就关于克什米尔争端推进谈判。为此，双方同意各自选择一位特使逐一就克什米尔问题进行单独的面对面谈判。不过，随着卡吉尔冲突以及2001—2002年边界对峙事件的爆发，双方主动式谈判没有真正落地。随着穆沙拉夫上台并稳固政权，巴方加快了与印度就克什米尔问题的谈判步伐。他先后提出多项解决克什米尔问题的建议。首先提出四步走模式，即：承认克什米尔存在争端；启动对话；消除双方都无法接受的解决方案；确保双赢。2004年10月提出"三步走方案"：按照种族和地理将克什米尔划分七个区；非军事化；司法解决克什米尔地位问题。不过这遭到印度的拒绝。[1]2006年12月，穆沙拉夫在接受NDTV电视台专访时，阐述自己在克什米尔问题上的新观点：克什米尔保持现有边界，但是双边民众可以自由往来；克什米尔地区将会拥有自治权，但不是独立权；军队将会分阶段撤出；印巴克（代表）将成立联合监督机制负责实施。[2]在印巴主动和谈的大环境下，印方学者也提出了较为中性观点，即参照北爱尔兰模式，从三个维度提出了解决方案：第一，以新德里—伊斯兰堡轴心，建立永久的跨国大会，积极推动两国关系的和睦与互利；第二，以新德里—斯利那加和伊斯兰堡—穆扎法拉巴德为亚轴心，建立有效的政治框架，促进合作，逐步在印控和巴控地区实现关系正常化；第三，以斯利那加—穆扎法拉巴德为小轴心，建立跨国查谟和克什米尔理事会以促进合作，实现印巴关系的全面正常化以及整个克什米尔地区的生活、政治、经济的正常化。[3]

  主动式谈判进程因为2008年的孟买袭击案而被冷却，2014年因莫迪上台而被无限期搁置。尽管双方不可能完全接受对方方案，不可能就积压70多年的矛盾因一纸协议就能解决，但主动式谈判以更加公平、平等、全面的方式展开，为双方甚至为第三方——克什米尔表达不同意见提供了平台。三方的外交磨合与观点碰撞，对印巴最终解决克什米尔问题是有积极帮助的。

---

[1] Shaheen Akhter, "Role of Leadership in India- Pakistan peace process", *Regional Studies*, Vol. xxvi. No. 1, winter 2007-2008, p. 11.
[2] Jawad Naqvi, "Musharraf's four-stage Kashmir peace plan", *Dawn*, December 6, 2006.
[3] 陆迪民，《印巴克什米尔博弈》，载《南亚研究季刊》，2007年第1期，第52-53页。

三、难解之结的根源探析

国内外长期认为,《蒙巴顿分治方案》是克什米尔问题产生的根源。因为没有印巴分治就没有克什米尔问题。不过,越来越多的深入研究发现,克什米尔问题不能简单地说是由《蒙巴顿分治方案》造成的,因为《蒙巴顿分治方案》几乎没有任何涉及克什米尔的内容。[1] 克什米尔问题产生并不断持续的原因是综合的、复杂的。

第一,英印统治时期的克什米尔土邦的特殊地位是克什米尔问题产生的历史原因。克什米尔问题因查谟和克什米尔土邦而起,它虽然产生于1947年,但与克什米尔此前一百多年的历史紧密相关。正如印度学者所说,"印度和巴基斯坦因为争夺克什米尔而引起的争端,其根源在于克什米尔过去的历史之中"。[2] 克什米尔的多拉家族以查谟为基地,由第一代大君古拉伯·辛格于1822年建立查谟王室,随后经过多次战争,于1846年形成了以克什米尔为中心的查谟和克什米尔邦。1846年,英印政府与多拉王室签订了《拉合尔条约》和《阿姆利则条约》,通过条约,英国政府虽然对多拉王室权力进行了限制和制约,但明确了查谟和克什米尔土邦的主权地位。比如,《阿姆利则条约》第10条明确查谟和克什米尔土邦为英国的保护国。即使到了1857年印度民族大起义之后,印度土邦仍被看作是英王的附属国。1935年,英国议会通过《1935年印度政府法》,规定:就英属印度各省而言,加入联邦是自动的,但对各土邦来说则是自愿的。因此,从印巴分治之前的历史来看,克什米尔土邦的地位是相对独立于英属印度之外的,克什米尔土邦与英属印度没有所属关系。印巴分治期间,《内阁使团备忘录》以及《蒙巴顿方案》对土邦政策的阐述也是比较模糊,如前文所说,两个方案没有提到"克什米尔"字眼,《蒙巴顿方案》第18条只是提到《内阁使团备忘录》所包含的对印度土邦的政策保持不变。而《内阁使团备忘录》有关土邦的主要内容就是:在印巴分治过程中,如果没有得到土邦的同意,英国政府不会出卖它们的利益;各土邦应该与国大党或者穆盟合作,以免出现管理上的危机。印度和巴基斯坦独立后,英国对各印度土邦的最高权力也随之终结,它们可以自由地与印度或者巴基斯坦缔结新的关系。[3]

可见,克什米尔地区倾向独立(至少是高度自治)以及巴基斯坦呼

---

[1] 习罡华,《地缘政治与1947—1974年的克什米尔冲突》,北京大学博士学位论文,2008年,第1页。
[2] Bazaz, Prem Nath, *The History of Struggle for the Liberation of Kashmir*, Kashmir Publishing Company, 1954, preface/introduction.
[3] 本段内容参考了习罡华博士论文《地缘政治与1947—1974年的克什米尔冲突》第1章的内容。

呼给予"克什米尔人民自治"是有历史原因的,并且也有法律性文件的依据。

第二,克什米尔地缘战略的重要性是克什米尔问题加剧的政治原因。如前文所述,克什米尔的地理位置重要,是"亚洲的心脏"。该地区处于中印巴阿四国交接之处,印巴极其看重其地区战略意义。对印度来说,克什米尔地区是印度西北地区战略防御的重要缓冲区。当前,克什米尔地区可以作为印度与中亚国家的中间地带,是印度势力延伸中亚地区最便捷的跳板。对巴基斯坦来说,可能更为重要,印度占领了克什米尔,巴基斯坦将失去至关重要的一个战略高地,不但增加了印度对巴的战略包围,而且也失去了抵御北门风险的有效屏障。巴基斯坦前总理利雅格特曾电报尼赫鲁说,巴基斯坦的安全是和克什米尔绑定在一起的。[1]1951年,他再次公开阐明立场说,克什米尔战略位置如此重要,失去它,巴基斯坦将无法抵御一个可能出现的肆无忌惮的印度政府。[2]除此以外,克什米尔地区水资源丰富,南亚地区日益严峻的水资源形势加剧了印巴在克什米尔地区的争夺。

第三,印巴两国立国理念之争是克什米尔问题迟迟不能解决的文化原因,这主要表现在宗教、民族认同上。因为巴基斯坦以"两个民族理论"立国,即印度教教徒和穆斯林作为两个民族,应分别建立两个独立的国家。按此理论,巴基斯坦认为穆斯林占多数的克什米尔地区理应归属巴基斯坦,至少是脱离印度教教徒占多数的印度管控。而印度坚持"世俗主义"立国,坚信可以包容多民族、多宗教共同发展繁荣。对于世俗主义国家领导人来说,"因为宗教的原因把一个以穆斯林为主的地区交给伊斯兰国家",有违印度立国宗旨。[3]因此坚持克什米尔归属印度,既支持了"世俗主义"理念,又会动摇巴基斯坦"两个民族理论"的立国理念。尼赫鲁曾说:"克什米尔对我们是具有象征性的,它可以表明我们是一个非宗教的国家,因为虽然克什米尔的大多数或绝大多数人是穆斯林,但他们却自由自愿地与印度联合"。[4]

第四,印巴分别在克什米尔地区实控化的趋势是克什米尔问题复杂

---

[1] Cable from Nehru to Prime Minister Attlee, 25 October 1947, 载于 Robert G. Wirsing, *India, Pakistan and the Kashimir Dispute: On Regional Conflict and Its Resolution*, Palgrave Macmillan, 1998, p. 86.
[2] Interview with David Lilienthal, 1951, 载于 Robert G. Wirsing, *India, Pakistan and the Kashimir Dispute: On Regional Conflict and Its Resolution*, Palgrave Macmillan, 1998, p. 86.
[3] A. Z. Hilali, "India's Stagegic Thinking and Its National Security Policy", *Asian Survey*, Vol. 41, No. 5, 2001, p. 738.
[4] Indian Prime Minister Jawahar lal Nehru's Speech before Indian House of People on Foreign Policy. *The Statesman*. September 18, 1953.

化的现实原因。印巴分治前期，克什米尔大君哈里·辛格面临四股势力的压力：英国势力、印度国大党、巴基斯坦穆斯林联盟、区内谢赫·阿卜杜拉的国民会议党。在实难做出选择的情况下，他倾向于查谟和克什米尔独立。他认为，英王的最高权力终结之后，穆盟和国大党之间的激烈竞争使得查谟和克什米尔邦的独立有可能成为现实。[1]1947年8月12日，印巴独立前夕，克什米尔政府通知穆盟和国大党，准备与它们签订《保持原状协定》。8月15日，巴基斯坦与之签订该协定，因为巴方认为，该协定的签署可以保证克什米尔不会加入印度，从而使巴基斯坦免受来自印度的纠缠。[2]但印度表示拒绝，希望克什米尔加入印度。随着克什米尔地区形势的日益恶化，10月24日，巴基斯坦支持克什米尔穆斯林部落武装成立自由克什米尔政府。在此情况下，作为印度教教徒的哈里·辛格大君对印开始妥协，以同意加入印度作为换取印度出兵镇压穆斯林部落武装的代价。10月26日克什米尔和印度签署了《查谟和克什米尔土邦的加入证书》，宣布查谟和克什米尔土邦加入印度，按照条约，除了国防、外交和交通，克什米尔邦享有高度的自治。[3]随后，在印度的支持下，谢赫·阿卜杜拉掌握了查谟和克什米尔土邦的实权，但阿卜杜拉始终希望克什米尔独立。鉴于查谟和克什米尔邦的特殊情况，印度制宪议会在1949年10月17日制定了专门针对它的宪法第370条，给予特别照顾；1952年7月14日，印度与克什米尔签订了《德里协议》，给予克什米尔较大的自治权。但从1954年开始，印度加快了归并克什米尔的步伐。1954年2月6日，印度施压制宪议会批准了克什米尔加入印度的法案。5月14日，发布总统令，规定印度中央政府在克什米尔的立法权限从最初的"国防、外交和交通"三个方面扩大到《联邦职权表》的所有事项。1956年2月22日，印度和克什米尔在新德里签订协议，确认克什米尔并入印度联邦。1956年11月17日，克什米尔制宪议会批准查谟和克什米尔邦加入印度的证书，宣布"查谟和克什米尔邦是而且将是印度联邦不可分割的一部分"。1974年11月13日，谢赫·阿卜杜拉与印度时任总理英·甘地签订《克什米尔协定》，放弃此前坚持不懈的克什米尔独立计划，承认"克什米尔地区是印度联邦的组成单位"，"克什米尔邦作为印度联邦的一部分，继续依据宪法第370条的相关规

---

[1] Jha, Prem Shankar, *The Origins of a Dispute: Kashmir 1947*, Pluto Press, 1995, p. 54.
[2] Lamb, Alastair, *Incomplete partition: the genesis of the Kashmir dispute, 1947-1948*, Oxford University Press, 2002, p. 126.
[3] 加入证书只是一个笼统的说法，它实际上包括《加入证书》《接受函》和《职权表》三个文件，全文中文版可参见习罡华博士论文《地缘政治与1947—1974年的克什米尔冲突》，第83-85页。

定进行统治"。1975年2月，克什米尔立法议会选举阿卜杜拉为首席部长。自此，印控克什米尔无论从事实上还是从法理上，都成为印度的一个邦，尽管之后的地方反叛以及地方自治运动此起彼伏，但印度拥有了法理上的依据。特别是2019年印度政府废除了宪法第370条，取消了印控克什米尔的特殊地位，印控克什米尔进一步从法理上和事实上成为印度的一个普通邦。同期，巴基斯坦以"坚持克什米尔人民自由"为外交口号，没有在巴控克什米尔地区采取法理上的占领措施，但事实上的战略步骤也在加剧，特别是在克什米尔北部地区。2009年巴基斯坦将巴控北部地区改名为吉尔吉特－巴尔蒂斯坦自治区，并在2020年之后，积极推动将其建成巴基斯坦第5个省。因此，从70多年的印巴你争我夺、尔虞我诈、花言巧语中可以看出，克什米尔一分为二的历史悲剧以及两地发展不一致的事实是克什米尔问题迟迟不能解决的最现实原因。

四、未来的方向

关于克什米尔地区的未来，国内外学者提出了不少解决方案，概括来讲，主要有5种模式。①

一是全民公决。该观点呼吁遵守并执行联合国解决方案。历史上，联合国对印巴克什米尔争端提出了多份决议，其中以1948年4月21日、1948年8月13日、1949年1月5日决议最为重要，印巴均曾表示不同程度地接受，其主要精神就是在实现和平、恢复秩序的前提下实现全民公决以决定其归属。

二是联合国托管。该种模式更多的是克什米尔地区代表的呼声。比如，1993年12月，查谟和克什米尔解放阵线（JKLF）时任主席阿曼努拉·汗（Ammanullah Khan）曾提出经由联合国托管到全民公决的四步骤战略：印巴全面撤军；整合印巴控制区；联合国托管5—10年；全民举行公决。②

三是分治。历史上，分治方案具体内容不一样，大概又分4种建议。第一，"狄克逊报告"（Dixon Report）。该报告主张将查谟和克什米尔分为四部分，即查谟、拉达克（Ladakh）、克什米尔山谷、吉尔吉特－巴尔蒂斯坦，其中查谟和拉达克归属印度，吉尔吉特－巴尔蒂斯坦归属巴基斯坦，克什米尔山谷举行全民公决。第二，的里雅斯特模式

---

① 学术界关于解决克什米尔问题方案建议比较多，可参见汪长明硕士论文《克什米尔问题：困境与出路》及陆迪民的《印巴克什米尔博弈》等。
② Robert G. Wirsing, *India, Pakistan and the Kashmir Dispute*, Rupa and Co., 1995, pp. 222–326.

（Trieste-Type）。①主张将克什米尔山谷以及与其接壤的查谟及自由克什米尔的部分领土作为自治领土，分别从属于印、巴。其他地区由印巴两国采用特殊模式共同治理。在实行共同治理前，两国首先要在联合国的监督下撤军，实现控制线"软边界"化，以增加两边的民间交往。第三，将实际控制线作为两国的实际边界线，克什米尔地区仍然维持现状。第四，根据不同的宗教、种族、文化、语言等为背景建立起两个完全自治的政府，为此双方要进行一定的领土交换，巴基斯坦给印度7366平方千米，印度给巴基斯坦4501平方千米。②

四是自治。该种方案有三种实现模式。一种是爱尔兰模式。如前文所述，印度学者比较推荐爱尔兰模式，建议在此基础上，通过三层轴心的建立，实现印巴共同监督之下的查谟和克什米尔自治。另一种是安道尔模式。即由双方各自派遣人员在有争议地区组成联合政府。基于克什米尔实际，印巴两国协商给予克什米尔一定程度的自治权力，但是要保证其与印巴保持密切的关系。第三种是"特别行政区"模式。这主要是中国学者的建议。核心内容是印巴双方将各自控制的克什米尔地区作为特别行政区，给予高度自治权。双方地方政府可组成联合委员会，协商解决需双方协调处理的问题，并采取必要的措施，使双方人员和商品按照一定的管理和制度自由往来和流通，从而将因控制线而造成的分割的消极影响减少到最低限度。③

五是独立。基于克什米尔地理和历史，该方案主张将整个克什米尔地区视为一个政治实体，印巴两国通过协商保证克什米尔地区独立为一个主权国家。

总体来讲，截至目前，以上五种方案都没有得到印巴完全的接受，特别是印巴绝对不会希望更不会允许克什米尔独立，也不会同意联合国托管。就全民公决方案，印度不会同意，巴方或许也只是一种人道主义口号。目前，双方在分治和部分地区自治方面有一些"共同语言"。不过这离双方达成一致还相差甚远，印度反对穆沙拉夫解决克什米尔问题的三步走战略、四点计划、"七区划分法"的事实就是最好的说明。2013年以来印巴在克什米尔实控线的持续冲突造成双方在克什米尔问题上的关系更加紧张，以至印巴全面对话机制再度停滞。特别是2019年，

---

① 的里雅斯特原是意大利领土，第二次世界大战结束，苏美英法意通过谈判确定里雅斯特及其附近地区为非军事化和中立的自由区。
② Kashmir: A Way Forward, September, 1999. http://www.kashmirstudygroup.net/，登录时间：2015年4月2日。
③ 程瑞声，《论和平解决克什米尔问题的途径》，载《当代亚太》，2003年第11期，第4页。

印度莫迪政府强势废除印控克什米尔特殊地位，在法理和事实上将其变为印度中央政府的一个普通邦；巴基斯坦自2009年将巴控北部地区变为吉尔吉特—巴尔蒂斯坦自治区后，于2020年继续推进将其变为临时省的进程，这更加压缩了克什米尔未来解决的模式选择，独立、托管已经不可能，公投可能也只是一种形式，最终的方向很可能是分治和自治的结合体，但还有很长的路要走。

由此可见，克什米尔问题作为印巴和平的主要障碍将长期存在，印巴"难解之结"不好"解"。

第二节 冲突解决型问题难度巨大

除了克什米尔问题外，印巴在乌拉尔大坝建设、锡亚琴冰川问题、塞·克里克湾划界问题等三个冲突解决型问题上的矛盾也很尖锐，短期解决难度较大。

一、乌拉尔大坝问题

所谓乌拉尔大坝问题，印度称图布尔水利工程（Tulbul Navigation Project）问题，是指印巴有关印度在印度河支流杰赫勒姆河的上游修建乌拉尔大坝以截取下游流入巴基斯坦境内的水资源而引发的争端。

印巴分治初期，双方就印度河的用水权发生严重分歧。如前文所述，在世界银行的斡旋下，1960年印巴签署了《印度河河水条约》，从法理上，印巴已经划分了流经两国的印度河5条支流的水资源，其中印度河西部三条河流，即印度河干流、杰赫勒姆河和奇纳布河划归巴基斯坦使用，巴基斯坦获得印度河流域全部水量的80%。但印度以及印控克什米尔多位于各条支流的上游，印方多次违背条约精神，修建各种截流工程。杰赫勒姆河的上游发源于印控克什米尔地区，1985年印度开始在杰赫勒姆河上游修建乌拉尔大坝，这引起巴方的强烈抗议，认为该大坝修建将危及巴基斯坦旁遮普省三分之二耕地的灌溉，而且会使印度能够随心所欲地淹没巴基斯坦1300万英亩土地。[1] 巴方认为，《印度河河水条约》明确规定：禁止任何一方在河上进行可能"改变河水流量"的人工工程，印度不可以储存河水或修建任何储水工程。印度辩称，修建该大坝不会截留流向巴基斯坦境内的水量，而是会提高水位以使杰赫勒姆河在夏天

---

[1] Huma Ali，《国际水法在解决印巴水冲突中的应用》，江西理工大学硕士学位论文，2020年，第21页。

可以通行。直到新世纪印巴开展全面对话前，两国就乌拉尔大坝建设问题进行了8轮谈判，迟迟未能达成一致协议。2004年，印巴启动全面对话，双方确定了八大议题对话框架，乌拉尔大坝问题就是其中之一，是印巴全面对话的一部分。2004年7月29日，双方举行了第9次会谈。不过，至今双方没有就乌拉尔大巴建设问题最终达成一致。

乌拉尔大坝问题只是印巴跨界水资源利用争端的一个缩影。无论是20世纪80年代产生的印度单方面修建乌拉尔大坝、基申甘加大坝（Kishenganga）、巴格里哈大坝（baglihar）争端，还是2013年以来印方拟在印度河西岸新建的 Rattle、Miyar、Pakul Dal 和 Kalnai 水电项目争端，抑或印方指责中巴在巴控克什米尔地区合作开放水电项目，它都掺杂了两国资源安全、政治安全、经济安全等因素。

首先，印巴水资源短缺困境难以短时间内扭转，印巴争夺水资源趋势加剧。印度虽然水资源总量较为丰富，但人口众多，人均可用水量低。比如2016年，印度人均实际可再生水资源量仅为1588立方米，预计到2025年将下降到1341立方米，2050年将下降到1140立方米。① 世界通常惯例，人均可用水量处于1000~1700立方米/年，为"水资源紧张"状态；低于1000立方米/年，为"水资源紧缺"状态。可见，印度水资源属于水资源紧张状态，并还有恶化趋势。同时印度用水质量较差，比如，联合国2003年发表的《世界水资源评估报告》，印度的生活用水质量在全球被评估的122个国家中排名倒数第三位，处于世界倒数水平。② 巴基斯坦虽然水系较为发达，但实际水资源形势更加紧张。一是巴境内自然水资源较单一，没有其他的水资源体系，巴基斯坦工农业及生活用水严重依赖印度河及其支流。二是人口增长率高，人均可用水量持续减少，已经从1951年的每年人均5000立方米降低到2006年的每年人均1274立方米。③ 据估计，到2025年，人均可用水量将不足700立方米，完全进入"水资源奇缺"国家的行列。④ 三是水资源利用效率低，农业灌溉导致了土地大量浸水，降低了水的质量和流量；工业污染和地下水

---

① R. Kaur. Wastewater production, treatment and use in India, New Delhi: Water Technology Centre of Indian Agricultural Research Institute, 2011。转自：吴波、刘红良，《印巴水资源纠纷问题探析》，载《东南亚南亚研究》，2017年第4期，第20页。
② 邓常春，《南亚次大陆经济发展与区域安全》，四川大学出版社，2009年，第229页。
③ "The Pakistan Strategic Country Environmental Assessment Report 2006", in *Pakistan's Waters at Risk, Special Report, World Wildlife Foundation*, February 2007. http://www.wwfpak.org/pdf/water-report.pdf，登录时间：2020年5月3日。
④ "The Pakistan Strategic Country Environmental Assessment Report 2006". in *Pakistan's Waters at Risk, Special Report, World Wildlife Foundation*, February 2007. http://www.wwfpak.org/pdf/water-report.pdf，登录时间：2020年5月3日。

的过度抽取又造成河水的高盐度。巴基斯坦已经成为南亚地区水资源短缺压力最大的国家。因此，双方在水资源利用方面存在严重分歧。多年来印巴两国围绕印度河的争端不断，这也是为什么新世纪全面对话以来，双方将乌拉尔大坝建设问题作为八大议题之一的原因。近来，巴基斯坦政府还公开指责印度"偷水"，并积极引入第三方介入。比如，巴基斯坦积极要求国际机构对印度"偷水"事件予以仲裁。

其次，印巴水资源纠纷很大程度上与两国关系特别是在涉克什米尔问题上缺乏政治互信有关。克什米尔是南亚次大陆上一个少有的水资源丰富的地区，印度河及其支流奇纳布河、杰赫勒姆河都流经该地。克什米尔的重要战略价值非常重要，前文已有阐述。巴方担心，乌拉尔大坝工程等上游工程一旦建成，印度不但可以控制流经巴基斯坦的水量，而且可能干扰巴基斯坦修建杰赫勒姆河上游运河（Pakistan-Upper Jhelum Canal）、奇纳布河上游运河（Upper Chenab Canal）以及巴里·多布下游运河（Lower Bari Doab Canal）三大工程，而且更加可怕的是印度可能以此作为一种地缘战略武器（Geo-Strategic Weapon），[1]担心印度将之作为战时的水利武器，[2]人为引发巴基斯坦洪涝灾难。

第三，印巴两国越来越考虑双方在水资源争端中的经济因素。双方认识到，除了满足人类生活和环境保护的基本需求外，水资源短缺的后果更多是经济层面的。[3]印巴不断扩建各种水利工程，很大程度上就是为了"填补国内其工业和民用电力的供求之间的缺口"，以便为迅速发展的经济提供动力。[4]2006 年，印度的农业和工业用水总量达 8290 亿立方米，预计 2050 年将超过 1.4 万亿立方米，[5]水资源缺口更大。而水资源对巴基斯坦来说更是一种稀缺资源。2016 年，巴基斯坦接近 75% 的人口（1.92 亿）依赖于印度河作为他们的生产和生活用水。巴基斯坦作为农业灌溉大国，农业收入占巴基斯坦国内生产总值的 21%，农业产业集聚了 43% 的就业人口，农业消耗了 95% 可用地表水。[6]

---

[1] Wullar Barrage/Tulbul Navigation Project，http://timesofindia.indiatimes.com/world/Wullar-Barrage-Tulbul-Navigation-Project/articleshow/794689.cms，Jul 29, 2004，登录时间：2019 年 11 月 11 日。
[2] 刘思伟，《对当前印巴水纠纷的理性思考》，载《和平与发展》，2011 年第 3 期，第 35 页。
[3] Johanna Son, "Asian Crisis-Asia drowning in a 'human tragedy' of water woes", Asian Times, April 20, 2000
[4] 《印度为发电浇灌抢修大坝 印巴因水再起纷争》，载《环球时报》，2010 年 7 月 21 日。
[5] Nina Brooks, "Imminent Water Crisis in India", World's Biggest Problems, Arlington Institute, August 2007. http://www.arlingtoninstitute.org/wbp/global-water-crisis/606，登录时间：2020 年 3 月 10 日。
[6] OhMyIndia Writer, With Modi Setting Economic Battleground for Pak, Neighbours Draw Sword for 'Water War', October 19, 2016, http://www.ohmyindia.com/narendra-modi-lays-groundwork-for-water-war-with-pakistan，登录时间：2022 年 7 月 29 日。

因此，印巴乌拉尔大坝问题不是一个简单的水利工程纠纷问题。尽管双方签署的《印度河河水条约》在一定程度上缓解了两国的用水争端，并一度被人们称为国际社会解决跨界水纠纷的成功典范，但双方特别是印方没有完全遵守该协议。随着经济的发展，双方对水资源的需求量越来越大。乌拉尔大坝等一系列水资源纠纷的解决是与印巴其他矛盾综合为一体的。随着双方在克什米尔问题上不能取得较大进展，印巴双边关系不能取得实质性改善，由乌拉尔大坝问题而引出的水资源纠纷不可能完全解决。

二、锡亚琴冰川问题

锡亚琴冰川又称星峡冰川，位于喀喇昆仑山脉南端北纬约35.5°、东经77.0°的巴控克什米尔、印控克什米尔和中国新疆阿克赛钦地区之间，是印度次大陆北部与中国的分水岭，也是中亚同印度大陆的分水岭。

所谓锡亚琴冰川问题，指的是20世纪80年代以来印巴因该冰川的归属而产生的一系列争端。印巴双方均在这里设有重兵，并多次发生激战。截至目前，双方在此的争夺方式逐步从军事冲突转为政治谈判，不过，目前还没有最终解决归属问题。

1. 概况

锡亚琴冰川地区地位未定，印巴从来没有在此明确划界。20世纪80年代之前，因其自然环境极端恶劣，不宜居住，双方未采取进驻措施，未引起双方太多注意和争夺。

1949年，双方在第一次印巴战争之后签订《卡拉奇协议》划定克什米尔停火线时，只是将停火线划到锡亚琴冰川南端的NJ9842点，对于此点以北的地区，双方都认为是荒芜的高海拔地区，无重要价值，因此协定中仅模糊地提到停火线将继续"向北直到冰川"。1963年，中巴签订《中华人民共和国政府和巴基斯坦政府关于中国新疆和由巴基斯坦实际控制其防务的各个地区相接壤的边界的协定》，确定两国边界延伸至锡亚琴冰川东北的喀喇昆仑山口，印度政府没有提出异议。1965年以及1972年印巴战争之后，印巴双方在谈判和签订的有关协定中也没有涉及锡亚琴冰川归属问题。不过，1967年美国绘制的地图将喀喇昆仑山口以南沿锡亚琴冰川NJ9842点尚未明确划分的区域标注为巴基斯坦领土，国际社会多采用这一标注方法后，印度表示了不满。20世纪70年代，随着国内外探险者赴锡亚琴冰川探险需求的增多，巴基斯坦扩大了对该地区的关注和投入。在此期间,印度方面指责巴军方组织军人以"探险者"名义渗透该地区进行考察,怀疑巴方意图,认为巴方此举旨在军事占领该地区,并在未来的印巴战争中利用该地区从侧翼攻击列城(Leh),占领拉达克,并威胁整个印控克什米尔地区。[1]1981 年,印巴开始派遣巡逻队进入该地区进行侦查活动。1983 年,印度单方面派军进入该地区设立据点。1984 年 4 月,印军发动了"梅格朵"(Meghdoot)战役,控制了该地区约五分之三的区域,计约 2600 平方千米,特别是夺得了两个具有战略意义的山口通道: Sia La、Gyong La。巴基斯坦失去了战略优势。此后,巴基斯坦试图夺回优势权,与印度多次发生武装冲突。1999 年卡吉尔冲突的原因之一就是巴基斯坦试图占领卡吉尔以使印度退出锡亚琴冰川战略要地。2003 年 11 月,印巴双方达成协议,位于控制线最北端的锡亚琴冰川地区包括在内,双方沿克什米尔控制线实行全线停火。自此,双方在此争端方式主要由军事对抗转为政治对话。

2. 艰难的政治解决进程

1985 年开始,印巴开始就锡亚琴冰川问题进行对话,截至 1998 年,双方共举行了 7 次会谈。其中,以 1994 年印方提出的"两国军队在锡亚琴冰川地区脱离接触"建议最为重要,但事实上双方并没有履行。因此,7 轮会谈成果都被搁置,双方几乎没有取得具有实质意义的任何进展。1999 年因卡吉尔冲突,谈判中断。2004 年作为全面对话的一大议题重新开启。截至 2012 年,在全面对话机制下,双方又进行了 6 轮会谈。特别是 2012 年 6 月 11—12 日的会谈,外界普遍期待此次会谈取得成功,但正如印度时任国防部长安东尼公开挑明的一样,"不必期望会有戏剧性的宣布或决定"。因为会谈前夕,印方公布了由内阁安全委员会批准的会谈方针,显示印方仍奉行其坚持多年的强硬政策,无任何松动迹象。[2]

印巴在锡亚琴冰川问题上的分歧焦点主要有三个方面。第一,印巴对历史上有关锡亚琴冰川模糊表述的理解存在差异。如前文所述,印巴在划定克什米尔停火线时,对最北端的极寒地区留下了一小块空白,文件中只是模糊地表示,"停火线往北至'NJ9842'点",由此往北至诸冰川"。但印巴就 NJ9842 点往北的走向如何划分,并没有确定。巴基斯坦主张停火线最北端走向应由 NJ9842 点向东北延伸到喀喇昆仑山口,基本上是在这两点间拉一直线。1963 年中巴边界协定就采取这一立场,

---

[1] 李东伟,《印巴锡亚琴冰川争端刍议》,载《国际资料信息》,2002 年第 8 期,第 31 页。
[2] 《毛四维: 印巴锡亚琴僵局为何难以突破?》,http://www.21ccom.net/articles/qqsw/qqgc/article_2012062562507.html,登录时间: 2012 年 6 月 25 日。

将喀喇昆仑山口定为中巴边界的最东端。印度严重反对该种走向。它认为，最北端走向应由NJ9842点直指正北，沿萨尔托洛山脊（Saltoro Ridge）北行至中国边界。据此，印度认为位于萨尔托洛山地以东的锡亚琴冰川以及中巴边界协定划归中国的5180平方千米的喀喇昆仑走廊（印度称萨克沙姆谷地，Shaksam Valley）则应完全属于印控克什米尔区。我应高度关注印巴有关锡亚琴冰川划界谈判进程。

第二，对冰川实现非军事化的步骤意见不一。印方坚持首先要巴方承认目前的"实际地面位置线"，并承诺撤军后不会派兵占领印方撤出的区域。双方还应承诺不得支持越界武装活动。[1]巴基斯坦则认为，双方首先应无条件撤军，军事部署要恢复到1984年以前的状态，然后通过谈判解决控制线最北端部分的走向问题。

第三，如何对待"实际地面位置线"看法不一致。印度基于综合实力占优的前提，坚持印巴双方承认并确认目前的"实际地面位置线"，不仅在地图上标明，而且还要在地面上标定。事实上，印方的目的就是将"实际地面位置线"变为"实际控制线"并最终变为边界线，巴方坚决反对。一是反对将此线作为撤军的前提条件；二是反对将"实际地面位置线""实控化"的图谋，只同意以条约附件的形式予以展示，而不是确认，更不会进行地面标定。

印巴处理锡亚琴冰川问题的方式，由军事对抗转为政治对话，原因有5点。

第一，印巴持续的武装冲突造成了重大人员伤亡。据统计，1984年至今印巴共有9000名军人死在冰川之上。

第二，冰川条件恶劣，非战斗减员严重。据统计，2003年以前双方就有2000多人死于自然灾害和高原疾病。比如，2012年巴基斯坦营地附近发生雪崩，造成139人遇难。"在冰川上，你得首先争取活下来。真正的威胁不是敌人，而是极端艰苦的条件"。

第三，补给困难，造成巨大的经济负担。印巴各自驻有数千人的军队，双方每年投入分别为4.38亿美元、1.82亿美元。[2]

第四，1999年之后，印巴认识到军事占领锡亚琴冰川极易引发两个核国家全面对抗。印巴启动了全面对话，为锡亚琴冰川问题解决提供了政治外交平台。

第五，也是最重要的一点，印巴过高估计了该冰川的战略重要性，

---

[1] 据说，1999年巴军越过克什米尔发动卡吉尔冲突的行为，导致巴方遵守承诺的信誉在印方眼中降到最低。此后，印方坚持强硬立场，不再考虑灵活处理印巴锡亚琴冰川问题。
[2] 李东伟，《印巴锡亚琴冰川争端刍议》，载《国际资料信息》，2002年第8期，第32页。

开始意识到为此付出的代价可能远远超出了其自身的战略价值。特别是印度军方以及战略界开始认为冰川不具有当初预想的重要战略地位。①曾参与策划"梅格朵"战役的印度陆军中将齐博尔（M. L. Chibber）曾公开表示"锡亚琴冰川根本不具有重要战略意义"。②

锡亚琴冰川争端属于领土争端的核心问题，鉴于印巴长期低水平的双边和平关系，该争端的解决任重道远。未来，主要应从四个方面入手。第一，可以克什米尔地区划界为参照，搁置主权争议，循序渐进去解决。印巴历史积怨过深，领土纠纷式的矛盾不可能短期解决，克什米尔归属问题就是先例。因此，双方最务实的办法就是暂时搁置主权归属谈判，由易到难，首先实现冰川非军事化，划定永久停火线，为最终实现永久和平创造条件。第二，双方应积极营造良好的舆论氛围。官方特别是军方不要随意释放不利于该地区和平的言论，最好通过官方和"二轨"渠道表达立场。双方应积极引导公众舆论，缓解甚至避免公众对立情绪，为双方政府推进务实举措提供宽松的国内外环境。第三，应重启并完善全面对话机制，借鉴全面对话经验，持续推进谈判。第四，有赖双边领导人的魄力以及印度大国姿态的体现。历史上，凡是矛盾复杂的行为体双边关系的推进，领导人的作用特别明显，既考验领导人的智慧，也可以造就"英雄"。就锡亚琴冰川问题而言，有赖于双方领导人作出有魄力的决断（比如签署非军事化协定、巴方断绝支持克什米尔地区武装渗透锡亚琴冰川地区等）；同时，印度的作用是关键，印方能否拿出大国的胸怀和气度，采取一定的灵活姿态，给巴方一定的"舒适度"，③重现"古杰拉尔主义"式的外交风格，争取巴方的信任。

三、塞·克里克湾划界问题

塞·克里克湾名称来源于英印政府时期英国人的名字，位于北纬23°58′、东经68°48′，在印度的古吉拉特邦与巴基斯坦的信德省之间。塞·克里克湾本身是块无人居住的沼泽地，是一片约96公里狭长水域。每年6—9月的季风季，溪洪会淹没河滩周围地势较低的咸泥滩。冬季，火烈鸟和其他候鸟会到此过冬。

---

1 Asad Haheem & Gurmeet Kanwal, "Demilitarization of Siachen Conflict Zone: Concepts for Implementation and Monitoring", Sandia Report 2007-5670, Unlimited Release, p. 18.
② P. Sawhney and G. Wahab, "Siachen War Will Not End", Force, Vol. 2, Issue 4 (December 2004), pp. 10-18.
③ 《毛四维：印巴锡亚琴僵局为何难以突破？》, http://www.21ccom.net/articles/qqsw/qqgc/article_2012062562507.html, 登录时间：2012年6月25日。

印巴分治之前，英印政府与库奇土邦就在塞·克里克湾归属上有争议，至今争端已经存在100多年（见表7-2）。印巴分治后，该地区归属仍然没有明确。因此，双方在此问题上争端不断，特别是进入20世纪60年来以来，双方在此的争夺加剧。1965年4月，双方爆发了库奇兰恩军事冲突。在英国出面调解下，1965年双方签署了《库奇协议》，实现了停火；同时，通过仲裁法庭进行了仲裁，巴基斯坦获得争议地区的10%，但塞·克里克湾水域归属不在仲裁范围内。1999年8月10日，一架载有16人的巴基斯坦海军巡逻飞机在该地区被印度空军米格-21战斗机击落，理由是印度认为该飞机闯入了印度领空。这就是亚特兰蒂克事件。该事件一度引起印巴关系高度紧张。

表7-2 塞·克里克湾争端世纪大事件[①]

时间	事件
1908年	英属印度的信德政府与库奇王拉奥（Rao）就塞·克里克湾附近伐木问题产生矛盾。
1914年	孟买政府将政区边界地图划到了塞·克里克湾的东岸，并声称所有塞·克里克湾区域归孟买省管辖。但巴方一直声称塞·克里克湾的中心线才是双边边界线。
1965年4—5月	印巴在库奇-兰恩发生军事冲突。
1968年2月	英国推动印巴就库奇边界进行法庭仲裁，印度获得了争议领土的90%，但是不包括塞·克里克湾。
1997年	印巴外秘会谈联合公报，同意将塞·克里克湾争端列入以"八大问题框架"，对话解决争端。
2005—2007年	印巴全面对话期间，印巴组成联合工作组，对塞·克里克湾进行了2轮联合勘察。
2008年	印巴第4轮全面对话期间，双方联合工作组提交了经数次联合勘察后绘制的地图，双方大致对此表示同意。
2012年	印巴就塞·克里克湾启动了谈判，双方再次声明将通过持续的对话友好解决塞·克里克湾争端。

自1969年至2004年，印巴就塞·克里克湾问题进行了八轮谈判。特别是2004年以来，在全面对话八大议题框架下，双方成立了联合工作组进行联合实地勘察，展开了多轮会谈。2008年，联合工作组曾联合绘制了塞·克里克湾地图，印巴两国政府对此基本达成一致。不过，随着2008年孟买袭击案的爆发，双方取得的成果未能付诸实施，多轮谈判未推动实现实质性进展。2011年以来，双方再次启动会谈（2011年上半

[①] 笔者根据文献，整理自制。文献参见 Manoj Joshi, "The troubled waters of Sir Creek: Gujarat CM's demand for a freeze on the disputed creek complicates issue",http://indiatoday.intoday.in/story/sir-creek-boundary/1/237992.html, December 16, 2012，登录时间：2015年3月10日。

年就进行了两次),但双方仍然没有在"最容易解决的争端上"(Most Easily Resolvable Issues)取得进展。①2012年以来,双方似乎放缓了塞·克里克湾谈判的脚步。作为强势政治人物,莫迪在任古吉拉特邦首席部长时就主张对巴强硬,他认为,"100年前,英印信德省与库奇土邦王就解决了塞·克里克湾的争议",还写信给时任印度总理辛格,警告称,"鉴于塞·克里克湾的敏感性以及其历史,任何将塞·克里克湾拱手让给巴基斯坦的做法都是一种重大战略失败"。②2014年上台至今,印巴关系改善缓慢的趋势一定程度上表明莫迪政府对巴强硬的立场。

为什么印巴双方在双边"最容易解决的争端""最可以做"(doable)的"小"问题上(只有90多公里狭长水域纠纷)都不能取得突破?原因有三点。

第一,双方存在严重的信任赤字。众所周知,印巴自分治以来伴随着一系列的问题和冲突,双方因领土纠纷或者战略竞争,爆发过三次全面战争、八次重大危机,其中还围绕塞·克里克湾及附近的边界纠纷爆发库奇军事冲突,并最终引发了第二次印巴战争。在该地区,印巴双方也发生过多次武装对峙、越境袭击、渔民被捕、商船被扣等事件。因此,无论从印巴政府层面,还是民间层面,在解决领土纠纷问题上,印巴双方都严重缺乏信任赤字。

第二,不只是沼泽地的归属,更重要的是延伸出的水上边界划分矛盾。印度前海军参谋长曾说:"塞·克里克湾仅是一块没有多大意义的沼泽地,更重要的是印巴双方应基于此地划定海上边界线"。③1947年印巴分治以来,双方从没有划分海上边界。因此,无论是在塞·克里克湾附近,还是在阿拉伯海域上,因边界不清,双方常常发生纠纷。每年都有数十艘印巴渔船,因擅自进入对方控制方水域而遭到拘捕。数百人因"非法"海上作业而被捕入狱。因塞·克里克湾位于阿拉伯海入海口,印巴双方将该水湾的边界划分延伸至阿拉伯海上,试图划定双方在阿拉伯海上的边界线。印度建议双方首先在出海250公里处的印巴海岸线上选定双方都可以接受的南段点,然后从此点向北延伸至塞·克里克湾的

---

① Zahid Gishkori, "Indo-Pak Composite Dialogue: No Movement on Sir Creek Talks", http://tribune.com.pk/story/173672/indo-pak-composite-dialogue-no-movement-on-sir-creek-talks/, May 22, 2011,登录时间:2015年3月10日。
② Manoj Joshi,"The Troubled Waters of Sir Creek: Gujarat CM's Demand for a Freeze on the Disputed Creek Complicates Issue", http://indiatoday.intoday.in/story/sir-creek-boundary/1/237992.html, December 16, 2012,登录时间:2015年3月10日。
③ Manoj Joshi, "The Troubled Waters of Sir Creek: Gujarat CM's Demand for a Freeze on the Disputed Creek Complicates Issue", http://indiatoday.intoday.in/story/sir-creek-boundary/1/237992.html, December 16, 2012,登录时间:2015年3月10日。

陆地部分。不过，巴方认为，双方在陆地的起点都无法达成共识，谈论海上起点没有意义。因此，从目前来看，双方不但对狭长的塞·克里克湾的水上划界都未达成一致（上图中，红线和绿线分别是印巴的主张线），海上分界线的主张分歧更大（上图中，阿拉伯海上左右两条黑虚线分别是印巴主张的海上边界线）。

第三，塞·克里克湾的巨大经济价值。塞·克里克湾长期都是重要的产鱼区，该地区附近的印巴居民多是以渔业为生。20世纪60年代以来，随着双方特别是印方开采业的发展，塞·克里克湾及沿海大陆架又发现了大量石油和天然气。双方认为，谁控制了塞·克里克湾，谁控制了更多海域，谁就拥有了大片的潜在海上能源。另外，双方都把塞·克里克湾作为扩展领土的陆上参考点，因为这是确定印巴海上边界的一个重要参考点。谁在塞·克里克湾问题上掌握了主动，谁就会在接下来的海上边界划定中占据优势，按照《联合国海洋法公约》，这将有助于优势方获得更多的专属经济区和大陆架进行合法的商业开发。

因此，塞·克里克湾问题虽小不"小"，它的解决至少应建立在3个基础之上。第一，印巴应增进互信，放弃"零和"的观念，从现实角度出发，本着"互谅互让、互惠互利"的精神举行谈判，而不是"殊死式"的争夺。第二，双方应放弃当前动辄使用严重警告、逮捕渔民的办法应对边界争端。第三，双方可参照其他成功案例，采取"搁置争议、共同开发"的办法，"求同存异"，从合作中找共识，在发展中求突破。

总体而言，印巴分治以来，双方在乌拉尔大坝、锡亚琴冰川、塞·克里克湾等冲突解决型问题上的争端和冲突不断。双方也的确采取了不少措施试图缓解纠纷，寻求解决。不过，此类冲突型问题不是单体的分歧，它们背后牵涉着一系列利益和考量，联动效应极强。同时，鉴于印巴长期敌视的关系，双方更多地从国家存亡的高度，从安全战略、综合利益的角度来审视此类个体争端，因此，各种和谈成效不大，短期内，双方在此类问题上的谈判仍难有实质性突破。

第三节 信心建设型问题严重缺乏互信

印巴信心建设型问题主要包括和平与安全信任措施建立问题、恐怖主义与毒品问题、友好交流问题、经贸合作以及人权问题等五个方面。[1] 印巴

---

[1] 自2012年以来，印巴接触对话中有将"人权问题"上升为主要议题之一的趋势，至少印方比巴方显得有些急迫，原因可能更多的是印度以大国姿态自居，从道义上和现实中更加关注恐怖主义对南亚人民特别是印巴人民造成大量伤害。

75年的关系历史中，双方在此五大领域缺乏足够的互动，没有取得较大的进展，双方互信程度很低，这总体上影响了印巴和平的水平以及效果。

一、和平与安全信任措施建立问题

印巴有关和平与安全信任措施建立问题，主要指的是在军事领域增强互信，降低安全风险。这主要包括三个阶段。一是1998年之前印巴在常规力量方面建立信任措施的努力。印巴分治以来，双方发生了3次全面战争，造成重大的人员伤亡和财产损失。面对战争的惨重危害，双方希望在和平与安全方面建立更多的信任措施。如前文所述，《卡拉奇协定》《库奇协定》《塔什干宣言》《西姆拉协议》等内容都有涉及相关内容。概况来讲，其主要措施有：承诺不使用武力；不搞军备竞赛；不支持越境恐怖主义；建立双方军事安全机构定期会晤机制；建立快速信息沟通机制（如在军方与政府首脑之间建立热线）；建立危机预警及处理机制。二是1998年印巴核试爆之后的双方在核力量方面的信任措施建立问题。印巴核试爆后，双方看到了南亚核风险可能带来的毁灭性灾难，在内外压力下，印巴开始重点建设核领域信任安全措施。比如，印巴核试爆后不久，或者出于国内外压力，或者考虑到安全风险，印巴相互宣布不搞南亚核竞赛。比如，1999年双方签署了《建立相互信任措施备忘录》，约定一方在测试导弹时应事先通知对方；双方正式生效了《互不攻击对方核设施协定》。再比如，印巴双方都先后公开了自己的核战略，降低了相互猜忌和军事冒险。三是21世纪以来全面对话机制下常规和非常规军事安全综合领域信任措施建立问题。该问题被列为全面对话八大议题之一。2004年全面对话以来，双方在常规和核信任措施建设方面的主要做法和成效是：成立常规和核武器信任措施建设专家组，定期举行会谈；两国原子能机构开始公开进行交流和沟通，并努力在核能发展方面增强互信；双方在降低核武器风险、海上航行安全、边境不增加驻军、不新设哨所等方面达成不少一致。比如，双方签署了《降低意外使用核武器风险协议》《弹道导弹飞行试验预先通告》等。2013年12月24日，印巴军事指挥官在印度旁遮普邦与巴基斯坦旁遮普省交界的瓦加—阿塔里哨口附近举行了会晤，双方就克什米尔停火协议执行现状以及相关问题进行了会谈，同意给现存停火机制"注入新的活力"，据说这是双方14年来第一次会面，双方承诺坚持2003年边界实控线。[①] 不过，自2014

---

① "DGsMO Show Commitment to Maintain Sanctity, Ceasefire on LOC", APP, Dec. 24, 2013, http://www.app.com.pk/en_/index.php?option=com_content&task=view&id=256573&Itemid=1，登录时间：2019年12月2日。

年以来，印巴违反停火协议的情况大幅增加。比如，据巴基斯坦军方称，仅在2021年前两个月，已发生了253起违反停火协议的行为，8名平民受伤。自此之后，印巴就边境不时交火问题保持了营级、旅级等中低级别会晤。比如，2021年2月25日，印巴两国军方发表了联合声明，称双方同意严格遵守所有协议和谅解备忘录，在克什米尔地区实控线沿线及印巴其他边境地区，实施停火。①

不过，印巴和平与安全信任措施建立过程相当漫长，成效不明显。特别是孟买袭击案更加迟滞了这一进程。2014年以来，国际社会进入逆全球化阶段，强人政治对一国外交政策的影响作用越来越大，印巴和平与安全信任措施建立问题更被置于双方议程的边缘位置，尽管双方没有中断军方联系，但那基本都是低层次的应急处置性会晤，更多像"猫哭耗子"式的外交手段和"惺惺作态"，没有实质性的进展。综合来讲，印巴在这一问题上进展缓慢的原因可以归纳为4点：第一，印巴矛盾过深，印巴问题存在结构性冲突，很难通过和平安全信任措施的建立就能解决。第二，印巴长期不注重信任措施建设，特别是在印巴核试爆之前，印巴机制化的、出自本意的建设举措不多，更多是临时性、外来压力的应景举措。第三，印巴长期缺少信任措施建设的氛围。印巴长期不友好的历史，造成印巴针对对方的外宣多是片面、负面甚至是虚假的，这增加了双方互信的难度。第四，近10年来的国际局势动荡复杂，逆全球化趋势催生更多政治强人，强调"实力地位"的强人政府对信任措施建立和平等合作机制建设，不是缺少信心就是嗤之以鼻。印巴两国关系不仅受这种国际时局影响，而且印度莫迪和巴基斯坦伊姆兰·汗本身就是强人政府，这使得双方不够重视和平与安全信任措施建立问题，并且在其建立过程中的回旋余地极小。即使温和派人物夏巴兹·谢里夫于2022年4月就任巴基斯坦第23届总理，但"一个巴掌拍不响"，夏巴兹·谢里夫的种种示好姿态至今并没有得到莫迪政府的实质性回应。

二、恐怖主义及毒品问题

印巴恐怖主义及毒品问题由来已久，双方也就此问题持续进行沟通谈判。但在冷战时期，该问题始终未公开引起高度关注。印巴恐怖主义与其他地区恐怖主义相比，有其自身特点。第一，伴随印巴分治以及1979年苏联入侵阿富汗历史背景，印巴产生了一系列恐怖组织。第二，

---

① 《印巴军方发表联合声明 同意遵守克什米尔停火协议》，中新闻，https://www.chinanews.com.cn/gj/2021/02-26/9419555.shtml，登录时间：2022年7月31日。

恐怖行为更多体现的是民族、宗教、党派、地方与中央的矛盾。第三，跨境恐怖组织较多，越境袭击频发，且恐怖袭击多针对印度。比如，虔诚军、真主军（JeM）、圣战者组织（HuM）、伊斯兰圣战组织（HuJI）、圣战者同盟（JuM）都在巴基斯坦或巴控克什米尔地区境内。①第四，印巴相互指责对方支持针对己方的恐怖组织并实施恐怖活动。因此，所谓印巴恐怖主义问题，主要指的是印巴如何就恐怖主义定义达成一致并共同致力于打击恐怖主义行为的问题，印巴要解决恐怖主义问题首先要在恐怖主义认知上达成共识才行。印巴毒品问题主要指的是阿富汗及巴基斯坦生产的毒品过境印度以及流入印度的问题。印度本身不生产毒品，但是阿富汗以及巴基斯坦（主要是开伯尔-普什图省、俾路支省以及吉尔吉特-巴尔蒂斯坦地区）作为该地区第一、第二大毒品生产国，其生产的一部分毒品通过印巴边界（特别是克什米尔地区）流入或者流经了印度。

冷战结束后，特别是21世纪以来，南亚恐怖主义和毒品问题日益突出。因此，在印巴全面对话框架下，该问题成为八大议题之一。在此机制下，双方就此进行了多轮会谈。2004年8月10—11日，印巴就打击恐怖活动和毒品走私问题在伊斯兰堡举行了首次副部长级会谈，双方明确了在打击跨国界恐怖主义活动和毒品交易方面有争议的问题，并同意通过共同努力来解决这些问题。2007年7月3-4日，印巴内政秘书再次举行副部长级会谈，双方发表了联合声明，同意采取有效而持久的措施打击恐怖主义，并对各自境内的恐怖分子和犯罪分子进行有效打击；同意签署遏制毒品走私的谅解备忘录。2008年孟买袭击案之后，双方主要在"调查孟买恐怖袭击事件、严惩肇事者"方面保持了交流。特别是2011年3月28—29日，巴基斯坦时任总理吉拉尼访印前，双方内政秘书举行了会谈。巴方"原则上"同意印方关于向巴派遣一个司法调查小组对孟买恐怖袭击事件进行调查的要求；同意在双方内政部之间设立一条电话热线，分享有关恐怖威胁的即时信息。②

但是印巴双方在合作打击恐怖主义以及毒品走私问题上，成效不明显。比如，印巴双方发生了多次恐怖爆炸事件（如前文所述）；2014年，印巴边界还发生了有史以来的"天价毒品走私案"。该系列事件曾一度

---

① Carin Zissis, "Terrot Groups in India", http://www.cfr.org/publication/12773/terror_group_in_india.html, Nov. 27, 2008, 登录时间：2015年2月25日。
② 《印巴设立反恐热线 分享关于恐怖威胁的即时信息》, http://news.xinhuanet.com/world/2011-03/30/c_121248746.htm, 登录时间：2021年3月30日。

引起印巴关系紧张。① 目前，从莫迪政府对巴态度来看，印巴打击恐怖主义合作意愿低落，印巴合作打击恐怖主义以及毒品走私成效还有待进一步推进。

影响印巴打击恐怖主义和毒品走私成效的原因主要有5点。第一，双方会谈机制非常脆弱，机制成熟度很低，易受不确定因素影响。比如，孟买袭击案之后，双方对话停滞。第二，双方和谈政治意愿不高，推动力很大程度上来自于第三方，比如美国。第三，双方缺少互信，会谈中很难作出妥协以达成实质性共识。第四，近年来，印度有意将此问题与重启印巴谈判绑定进行，莫迪政府多次表态印巴重启谈判需要在一个没有恐怖主义的氛围下进行，这加大了巴基斯坦在处理对印关系方面的自由裁量权。第五，也是最重要的一点，双方对恐怖主义的认知和定义存在较大差异，对其性质的界定存在分歧。

三、友好交流问题

友好交流是印巴全面对话机制下八大议题之一。印巴之间所谓友好交往问题，指的是基于双方长期关系冷淡的现实，印巴希望扩大双边多层次多领域的友好交流以增进印巴相互依存度，增强印巴和平的民众基础问题。印巴之所以将该议题上升到如此高度，主要有3个考虑。第一，印巴长期的对峙和冷淡，严格限制边境贸易和民间交往，导致双方严重缺乏相互的民众认知。印巴开始意识到，没有民众基础是不可能推进两国关系在涉核心利益问题上互谅互让的。第二，印巴两国长期没有形成友善的舆论氛围，不管是官方报道，还是民间观点的传播，多是负面的内容。第三，相较于印巴其他冲突型问题，该问题属于"软性"问题，易于开展，这也是印巴"由易到难"理念的最好实践。

印巴重视友好交往，扩大民间交流主要是从冷战后开始的。1997年，印巴两国总理马累会晤期间，双方就鼓励和扩大双边民间交往达成一致。随后不久的外秘会谈，双方将此议题列为会谈议题之一。1999年的《拉合尔宣言》再次重申了推进民间交往的需求。其实1999年巴士外交本身就是民间交往的一种形式。2004年全面对话展开，友好交流问题作为八大议题之一进入了实践阶段。比如，2004年印巴外长会谈，就全面开

---

① 2014年1月17日，印巴边界发生的"天价毒品走私案"，一辆巴基斯坦籍卡车、正准备将价值10亿卢比的海洛因越过边境走私到印度，被印度边防警察当场查获，巴基斯坦籍司机遭印方逮捕。随后，两国在为由谁来审理此案争执不下。为了争夺审判权，两国甚至分别扣押了对方国家的运货卡车和多名司机。具体见中央电视台第四套节目频道（CCTV-4），《今日亚洲》栏目，2014年1月26日。

通斯里纳加—穆扎法拉巴德巴士服务,加强两国公民在中等教育、科技、青年事务及体育等领域的友好交往,取消对两国公民的签证限制,简化两国记者、学者和旅游者的签证手续,促进团体旅游,促进外交人员交流等问题达成了初步一致。2005年印巴外长会晤期间,双方签署了开通斯里纳加—穆扎法拉巴德巴士服务协定,同意立即启动巴基斯坦第二大城市拉合尔到印度边境城市、文化名城阿姆利则间的公共交通服务。2005年4月7日,印巴克什米尔地区首次实现通车。2005年10月南亚地震期间,双方同意开放5个边境检查站,便利双方人员往来。2007—2008年第四轮全面对话期间,双方扩大了经过克什米尔来往印巴的巴士班次,同意尽快敲定签证协定,放宽签证,促进人员交流。2010年1月10-12日在新德里国际中心举行的印巴"和平路线图"研讨会由10大机构联合召开,参会人员来自不同领域,意在通过友好交流为印巴和平绘制蓝图,向两国政府施压,使追求和平意愿上升为实现印巴发展、稳定南亚地区的理念和共识。[①]2012年,"和平期望(Aman Ki Ashan)"运动持续推进,政党、议会、媒体、学术界尤其是民间交往较去年都有所增加。特别是印巴外长会,双方签署了《双边签证协定》,放宽了对商人的签证时限及访问地域的限制。新的签证制度中还引入了团体旅游签证的新形式,10～50人的游客可以获得有效期为30天的团体旅游签证,由两国的注册旅行社负责管理,这极大地促进了印巴民间交往。2015年,印度时任外秘苏杰生访巴,虽然未发表声明,但双方再次重申要深化友好交往,因为这是双边比较容易着手推进的工作。

不过,应该看到,印巴友好交流还是存在不少问题。第一,双方规模很小,领域很窄,人员结构单一。第二,双方政治挂帅多,民众自发牵头少。第三,友好交流机制脆弱,极易受其他因素影响甚至中断。第四,双方交往仍然受到"签证、身份、职业"等诸多限制。双方实现交往的人数比起双方近16亿人口的规模来讲,还是"冰山一角",双方"冰冷的界墙"还有待更多的民众交往去打破。

四、经贸合作问题

历史上,由于印巴长期处于对峙状态,处于低级和平状态的印巴,不但不注重经贸合作问题,相反,出于国家安全考虑,对很多经贸领

[①] "India Pakistan Conference: A Road map towards Peace", p.2, http://www.boell-india.org/downloads/Concept_Note.pdf, 登录时间: 2015年3月10日。

域进行了限制（特别是巴方）①，导致印巴经贸合作水平极低。比如：1947-1965 年，年均只有 2.5 亿卢比；1965-1975 年，处于停滞阶段，几乎为零；1976-1987 年，年均也只有 4 亿卢比。②冷战后，双方在经贸方面表现出了改善关系、扩大经贸合作的意愿和做法。

随着冷战的结束，意识形态对抗的国际关系逐渐被"和平、发展、合作"主题所代替，经济全球化与区域集团化趋势加快，印巴逐步走出"零和"博弈的阴影，逐步提高低级政治在双边关系中的位置（巴基斯坦时任总统扎尔达里曾表示克什米尔问题不会影响印巴在经贸合作上实现互惠互利③），开始重视经贸合作。21 世纪以来，印巴将经贸合作问题上升为全面对话的八大议题之一，着力推进经贸合作。比如，2006 年，外秘级会谈期间，双方同意尽早开通卡车货运服务；2007 年，双方签订了有关增加两国定点航班来往的谅解备忘录，开通了跨越瓦加—阿塔里（Wagah-Attari）边境的两国间卡车服务协定，德里—拉合尔巴士班次由每周 2 次增加到了 3 次，签署印度证券交易委员会和巴基斯坦证券交易委员会谅解备忘录；2008 年，双方同意跨境地区贸易问题最终达成协定等等。

2011 年以来，双方经贸谈判更加深入、具体。2011 年印巴外长会谈期间，双方就扩大双边经贸问题进行了深入磋商。同年，双方商务部长在伊斯兰堡举行会谈，就给予印度贸易最惠国待遇问题深入交换了意见，并决定在未来三年内，将印巴贸易提升到 60 亿美元。11 月初，巴基斯坦同意给予印度贸易最惠国待遇，该决定可使现在经由迪拜到达巴基斯坦的印度商品的非法贸易合法化。④2012 年，双方经贸合作取得积极进展。一是贸易正常化务实谈判取得一定进展：两国商务部长会晤，共同签署了《海关合作协议》《相互承认协议》和《投诉解决机制协议》三个文件，致力于消除非贸易壁垒。巴基斯坦联邦内阁批准了对印贸易正常化路线图，表示巴将在 2012 年 12 月 31 日前逐步取消包括 1209 种商品的对印贸易否定清单，逐步实现双边贸易正常化。⑤印巴举行了商

---

① 比如，冷战前，巴基斯坦只允许进口 40 种印度产品。而实际上，其中的 8 种，印度本来就没有出口到巴基斯坦，另外有 10 种是巴基斯坦进口比例极小的，因此，印度真正出口到巴基斯坦的产品基本上就只剩下 22 种。参见程建军，《印巴经贸四十年》，载《南亚研究季刊》，1989 年第 2 期，第 22 页。
② 程建军，《印巴经贸四十年》，载《南亚研究季刊》，1989 年第 2 期，第 17 页。
③ Sameer Suryakant Patil, "India-Pak Composite Dialogue", *IPCS Special Report*, No. 53, June 2008, p. 5.
④ 陈继东，《巴基斯坦报告（2011）》，云南大学出版社，2012 年，第 52 页。
⑤ "Federal Cabinet okays roadmap to normalize trade with India", *APP*, Feb 29, 2012, http://app. com. pk/en_/index. php?option=com_content&task=view&id=181981&Itemid=1，登录时间：2015 年 3 月 10 日。

第七章　印巴和平低水平徘徊的原因透析

务秘书级会谈，共同探讨消除双方贸易壁垒问题。同时，巴基斯坦拉合尔工商会（LCCI）与印度工业联合会（CII）共同成立下设机构，梳理非关税贸易壁垒问题。二是签署了《双边签证协定》，涉及边贸、边境交通基建、代表团交流等多个内容。三是能源金融合作有所推进。两国能源部长在新德里举行有关土库曼斯坦—阿富汗—巴基斯坦—印度（TAPI）天然气管道项目的会谈。双方讨论了管道项目问题，包括过境费和天然气销售购买协议（GSPA）的签署等问题。① 印度欢迎巴基斯坦团体及个人赴印投资，印度工业领域也将对巴开放，印度将尽快出台具体投资细节规范。② 根据 2 月协议内容，巴基斯坦央行批准巴国民银行（NBP）和联合银行（UBL）在印度开设分行，印度国家银行（SBI）和印度银行（BOI）也将在巴基斯坦境内开设分行。③ 2013 年，双方继续就扩大经贸合作进行磋商。特别是为了实质推进价值 76 亿美元的土库曼斯坦—阿富汗—巴基斯坦—印度（TAPI）天然气管道工程，11 月，巴基斯坦、土库曼斯坦、阿富汗、印度与亚洲发展银行签署了天然气管道的交易咨询服务协议（TASA），赋予了 TAPI 天然气管道项目实质形态，项目计划于 2017 年完工。④

2014 年以来，随着印巴双边边境地区持续冲突以及印度莫迪政府对巴强硬政策，印巴关系冷却下来，双方经贸往来也受到影响。特别是 2019 年 8 月印度强势取消印控克什米尔地区特殊地位以来，巴基斯坦单方面宣布两国关系降级，停止了双边往来。

总的来说，印巴经贸合作始终没有取得实质性进展，双方经贸额始终没有明显增长，与两国经济体量极度不相称。1995—2020 年的 25 年里，印度出口巴基斯坦产品仅从 7650 万美元增加到 2.93 亿美元，年均增长只有 5.51%；而同期巴基斯坦对印出口从 4250 万美元下降到了 243 万美元，年均下降 10.8%。⑤ 2012 年以来，特别是 2019 年以来，印巴双方贸易额急剧减少（见图 7-1）。目前来看，这种趋势还会持续下去。

---

① "Petroleum Minister Dr. Asim meets his Indian counterpart", APP, Jan 25, 2012, http://app.com.pk/en_/index.php?option=com_content&task=view&id=176171&Itemid=1，登录时间：2015 年 3 月 10 日。
② "If Pakistan takes one step, India will take two: Sharma", The News, http://www.thenews.com.pk/Todays-News-13-17258-If-Pakistan-takes-one-step-India-will-take-two-Sharma，登录时间：2015 年 3 月 10 日。
③ 《印度国家银行和印度银行将在巴基斯坦开设分行》，中国政府采购网，http://www.ccgp.gov.cn/gjcg/gjdt/201208/t20120824_2303149.shtml，登录时间：2015 年 3 月 10 日。
④ "How Can Pakistan Benefit from US-Iran Nuke Deal?", The News, Nov. 25, 2013, http://www.thenews.com.pk/Todays-News-2-216248-How-can-Pakistan-benefit-from-US-Iran-nuke-deal，登录时间：2015 年 3 月 10 日。
⑤ "India (IND) and Pakistan (PAK) Trade": https://oec.world/en/profile/bilateral-country/ind/partner/pak，登录时间：2022 年 7 月 31 日。

185

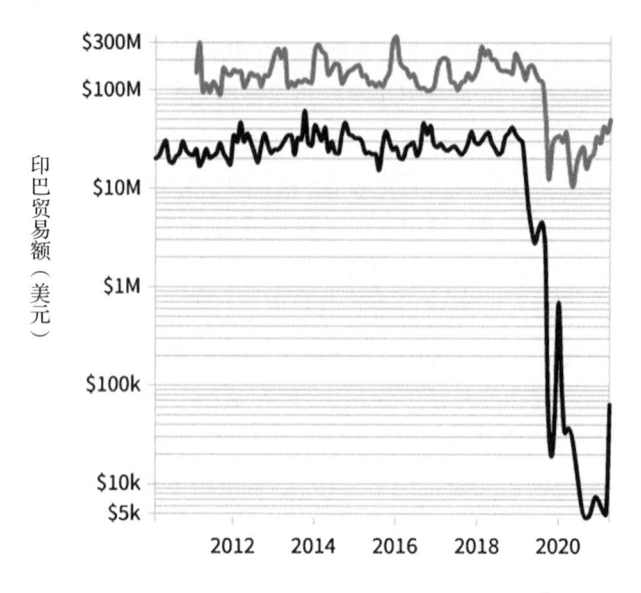

图7-1　2012-2020印巴贸易情况统计表[①]

备注：浅色线为印度对巴出口额；深色线为巴基斯坦对印出口额。

印巴双方扩大经贸合作的意愿在于双方逐渐认识到：双方现实的经贸水平严重与两国的经贸潜力不相称，与两国的经济实力不对等；官方诸多的正常贸易限制客观上极大地促进了第三方中转贸易和黑市贸易发展，造成巨大的利益流失。

不过，基于印巴长期孤立对方的现实，印巴短期内不可能大幅增加经贸合作、提高经贸水平。印巴经贸合作关系不会太顺利。比如，给予印度最惠国待遇问题，土—阿—巴—印（TAPI）天然气管道建设问题等，短期内都难以有实质性进展。

五、人权问题

印巴有关人权问题由来已久，不过在全面对话机制内还是个新问题，目前也只是一种趋势。印巴所谓人权问题指的是印巴因持续的冲突甚至战争以及相互采取的敌对性措施而导致该地区人员伤亡、难民增多、破坏社会发展的问题，不包括印巴各自国内因施政原因而导致的国内人权低下的问题。国际社会对双方人权状况的批评主要集中在：双方因持续的冲突甚至战争，造成重大人员伤亡（见表7-3），仅第二次、第三次印巴战争就

[①] "India (IND) and Pakistan (PAK) Trade"：https://oec.world/en/profile/bilateral-country/ind/partner/pak，登录时间：2022年7月31日。

造成 150 多万克什米尔难民；双方因边境纠纷，常常无端扣押所谓越界人员及货物（比如渔民及司机）；因双方均采取特别手段在各自占领克什米尔地区维持实际存在，特别是印度驻扎大量安全部队在印控克什米尔地区，并经常采用镇压等暴力手段维护统治。①印巴之间也因各自支持或怂恿地方武装及恐怖势力从事针对对方的活动造成不同程度的人员伤亡和财产损失而相互指责对方违反人权。不过，据资料所知，新世纪以前双方有关人权问题的相互指责主要是单项的、附带的，即该问题附着在克什米尔问题等其他议题中，从来没有单列，没有和其他问题一起并列提及。比如，1994 年印巴就克什米尔问题继续谈判，巴方声称："除非印度停止在克什米尔侵犯人权的行为，否则，巴方将取消所有谈判。"②

表 7-3　印巴三个半战争的伤亡情况统计③

事件	印度（人）	巴基斯坦（人）
第一次印巴战争	1104	1500
第二次印巴战争	3264	3800
第三次印巴战争	3843	7900
卡吉尔冲突	522	696
总计	8733	13896

据观察，21 世纪以来，该问题在双边关系中有上升趋势，特别是自 2012 年开始，印巴人权问题有被纳入全面对话主要议题之列的趋势。2008 年，印巴外长会谈，为维护并增进人权，双方同意尽快修改领事协定，向对方提供最新最全面的犯人名单，加快双方释放犯人的磋商步伐；同意领事有权全程参与司法审判过程。④2012 年 9 月 7—9 日，印度时任外长克里希纳率团访问巴基斯坦期间，双方发布了《联合声明》，表示双方对过去一年多时间里就印巴共同关注的九大问题所进行的谈判磋商表示满意，其中新增议题就是人权问题，比如：互放被押渔民及犯人；开展刑事案件合作；打击毒品走私放宽人员跨境限制，扩大团体旅游及朝圣。不过，自 2013 年印巴边界持续冲突以来，双方全面对话机制处于停滞状态。人权问题也暂未再次进入全面对话机制。

不过，随着国际"人权"问题日益凸显以及国际社会日益关注人权和民生发展指数，随着印巴两国关系缓慢发展并日益关注低级政治议题，

---

① "Human Rights Watch Asia", *Report*, 2005.
② 刘军韬，《印巴僵持关系年表》，载《国外核新闻》，2001 年第 10 期，第 10 页。
③ 数据由作者收集自各类分散的材料，可能不太精确，但不影响问题的说明。
④ "Foreign Minister Level Review of the Fourth Round of Composite Dialogue", *Islamabad*, 21 May, 2008", Noor Ul Haq, *Pakistan-India Peace Process(2008-2009)*, p. 18-21, http://ipripak.org/factfiles/ff117.pdf, 登录时间：2015 年 3 月 2 日。

187

印巴未来有关人权问题谈判甚至纠纷将会日益增多。这已经在近几年双方官员会晤前后的几次事件中有所显现。未来巴很可能将就印控克什米尔人民以及印国内的伊斯兰教徒处境进一步向印方施压，印度将就巴国内歧视甚至压迫印度教教徒及锡克教徒问题而进一步公开指责巴基斯坦。①

总体来讲，印巴在和平与安全信任措施建立、恐怖主义和毒品走私、友好交往、经贸合作以及人权等信心建设型问题上持续保持着接触和谈判。但从历史上来看，双方更多的是指责推脱，建设性的谈判较少。自21世纪以来，在全面对话机制下，双方进行了多轮对话，取得了一定的进展，但更多的是程序性的、机制化的，而非实务性的、具体化的。短期来看，即使相较于克什米尔问题以及冲突解决型问题，信心建设型问题难度较小。但鉴于印巴关系现状，以及当前印巴政府相对强硬的政策，印巴在信心建设型五大问题上仍然会严重缺乏互信，因此短期内很难有较大的进展。

第四节　领导人个人差异巨大

印巴关系的发展在很大程度上受双方领导人风格影响，特别是政治强人对印巴关系发展起到了巨大作用。分治以来，印度实行内阁制，以总理为首的部长会议（内阁）掌控着主要的行政权力。除短期看守内阁外，印度共产生了17届14位总理（见表7-4）。但其中，尼赫鲁、英迪拉·甘地、拉吉夫·甘地、纳拉辛哈·拉奥、瓦杰帕伊、曼莫汉·辛格、纳伦德拉·莫迪等7位总理因个性明显、背景不同、执政时间较长等原因，对印度的外交决策影响较大，在印巴关系上留下了较深刻的烙印。巴基斯坦虽然实行议会制，但独立后的巴基斯坦，府院之争厉害，总理和总统实权之争不断，军方也借机参与其中，对巴基斯坦政治外交具有重大影响。其中，真纳、阿尤布·汗、叶海亚·汗、阿里·布托、齐亚·哈克、贝娜齐尔·布托、佩尔韦兹·穆沙拉夫、扎尔达里、纳瓦兹·谢里夫等9位领导人因背景、威望、个性等原因，对印巴关系产生过重要影响。（9位领导人任职时间见表7-5）。总的来讲，印巴75年的双边关系，深深打上了政治强人的烙印。

---

① 印度国际问题专家拉曼在《巴基斯坦印度教教徒之我见》一文，详细介绍了巴基斯坦国内印度教教徒和锡克教教徒的处境，并认为印度有责任和义务采取实际行动保护他们的利益。B. Raman, "My Take on the Hindus of Pakistan", http://www.southasiaanalysis.org/papers52/paper5160.html, 登录时间：2022年8月1日。

表7-4 印度历任总理次序表（看守内阁除外）[1]

届次	任数	总理姓名	政党	就任时间起止
1—3	1	贾瓦哈拉尔·尼赫鲁 (Jawaharlal Nehru)	国大党	1947.08.15— 1964.05.27
3	2	拉尔·巴哈杜尔·夏斯特里 (Lal Bahadur Shastri)	国大党	1964.06.09— 1966.01.11
3—5	3	英迪拉·甘地 (Indira Gandhi)	国大党	1966.01.24— 1977.03.24
6	4	莫拉尔吉·德赛 (Morarji Desai)	人民党	1977.03.24— 1979.07.28
7	5	英迪拉·甘地 (Indira Gandhi)	国大党	1980.01.14— 1984.10.31
7—8	6	拉吉夫·甘地 (Rajiv Gandhi)	国大党	1984.10.31— 1989.12.02
9	7	维什瓦纳特·普拉塔普·辛格 (Vishwanath Pratap Singh)	印度 新人民党	1989.12.02— 1990.11.10
10	8	纳拉辛哈·拉奥 (P. V. Narasimha Rao)	国大党	1991.06.21— 1996.05.16
11	9	阿塔尔·比哈里·瓦杰帕伊 (Atal Bihari Vajpayee)	印度 人民党	1996.05.16— 1996.06.01
11	10	德韦·高达 (H. D. Deve Gowda)	印度 新人民党	1996.06.01— 1997.04.21
11	11	因德尔·库马尔·古杰拉尔 (Inder Kumar Gujral)	印度 新人民党	1997.04.21— 1998.03.19
12—13	12	阿塔尔·比哈里·瓦杰帕伊 (Atal Bihari Vajpayee)	印度 人民党	1998.03.19— 2004.05.22
14—15	13	曼莫汉·辛格 (Manmohan Singh)	国大党	2004.05.22— 2014.05.26
16—17	14	纳伦德拉·莫迪 (Narendra Modi)	印度 人民党	2014.05.26 至今

表7-5 巴基斯坦9位政治强人任职时间表[2]

职务称呼	姓名	政党	就任时间起止
总督	穆罕默德·阿里·真纳 （Muhammad Ali Jinnah）	穆斯林联盟	1947.08.11— 1948.09.11
总统	穆罕默德·阿尤布·汗 （Muhammad Ayub Khan）	军人/穆斯林联盟	1958.10.27— 1969.03.25
总统	穆罕默德·叶海亚·汗 （Muhammad Yahya Khan）	军人	1969.03.25— 1971.12.20

---

[1] 综合网络信息及相关学术资料汇总而来。
[2] 综合网络信息及相关学术资料汇总而来。夏巴兹·谢里夫于2022年4月接替因不信任投票而下台的总理伊姆兰·汗，就任巴基斯坦第23届总理，目前更多专注内政和国内经济，其外交思想特别是对印外交思维还处在示好与试探之间，未有明显风格。

续表

职务称呼	姓名	政党	就任时间起止
总统/总理	佐勒菲卡尔·阿里·布托 （Zulfikar Ali Bhutto）	巴基斯坦人民党	1971.12.20— 1977.07.05
总统	穆罕默德·齐亚·哈克 （Muhammad Zia-ul-Haq）	军人/穆斯林联盟	1978.09.16— 1988.08.17
总理	贝娜齐尔·布托 (Benazir Bhutto)	巴基斯坦人民党	1988.12.02— 1990.08.06 1993.10.19— 1996.11.05
总理	纳瓦兹·谢里夫 （Nawaz Sharif）	穆斯林联盟（N）	1990.11.06— 1993.04.18 1993.05.26— 1993.07.18 1997.02.17— 1999.10.12 2013.06.05— 2017.07.28
总统	佩尔韦兹·穆沙拉夫 （Pervez Musharraf）	军人/穆斯林联盟	2001.06.20— 2008.08.18
总统	阿西夫·阿里·扎尔达里 （Asif Ali Zardari）	巴基斯坦人民党	2008.09.09— 2013.09.09

一、印度领导人风格

　　印度内阁制延续性好，国家行政实权一直都在总理手中，印度领导人风格集中体现在印度总理的领导风格上。总体而言，印度总理领导风格体现在以下3个方面。第一，在意识形态上，多数都拥有强烈的印度国家主义及民族主义观点，由此而持有扩张主义的倾向。第二，在执政措施上，大都比较务实，注重经济政策的发展和调整，在处理国内民族、宗教事务时，往往带有浓厚的印度教宗教主义色彩。第三，在个人背景上，大都出生于社会上层阶级，属于精英阶层，受过良好的教育，拥有英美留学经历，且有家族传承特色。这样的个人经历与背景对印度领导人的性格塑造、执政理念以及治国思维有着重要而深刻的影响。

　　就对巴政策来讲，总体上，尼赫鲁作为印度独立后的第一任总理，作为不结盟运动的倡导者以及推动印度成为有声有色世界大国的第一代实践者，其对巴政策呈现的是"高冷不屑"的特点，即：不相信巴基斯坦能够长期生存下去，因此有时以"趾高气昂"的姿态无视巴基斯坦的存在，有时又以"无所谓"的态度满足了巴方的某些诉求；具有鲜明的两面性，即高高在上的优越感和道义上的责任感。英迪拉·甘地是印度总理中少有的强势领导，个人感情色彩较为浓厚，玩弄地区权力政治达到顶峰，对巴政策鲜明，即：强势挤压巴基斯坦生存空间，不遗余力打击巴基斯坦立国根基，不惜代价肢解巴基斯坦。拉吉夫·甘地作为印度外交政策从"地区主义"向"合作主义"转向的代表，为印度走出南亚、实施周边睦邻的"古杰拉尔主义"政策、开启印度的市场化改革作出了基础贡献，也付出了生命代价。之后的古杰拉尔、纳拉辛哈·拉奥、瓦杰帕伊、曼莫汉·辛格4位总理，虽瓦杰帕伊更有个性，也更强势更有魄力，但在推动印度市场化改革、对包括巴基斯坦在内的南亚国家实施睦邻友好方面，与其他几位领导人基本一致，比如印巴对话式和平以及全面对话式和平2种方式都是在这一时期探索创建的。2014年，莫迪就任印度总理并于2019年成功连任，因其深厚的经济民族主义、印度教国族主义、有声有色大国主义倾向以及鲜明的强势风格，改变了与巴基斯坦相处模式，以巴方没有诚意、无法取得实质进展为借口，拒绝与巴基斯坦关系缓和，代之以"冷对峙"和"精致利己主义"游走在印巴冲突对峙和冷漠答话之间，渔利颇多。主要在莫迪政府的主导下，对峙式和平维持至今，巴方被动应对，没有更好的选择余地。

二、巴基斯坦领导人特质

巴基斯坦自独立以来，长期存在着府院矛盾、军政矛盾。所谓府院矛盾，即：总统府和内阁之间的矛盾，核心就是总统和总理之间的矛盾。所谓军政矛盾，即：军人干政甚至发动政变取代文人统治的问题。历史上，巴基斯坦多次修改宪法，多次发生军事政变，国家最高权力在总统、总理、军事强人之间转来转去。在1958—1971年、1977—1988年、1999—2008年间，巴基斯坦实行军政府统治，军事首长是实际最高统治者。在1958—1973年、1978—1988年、2001-2013年的39年间，总统是掌握实权的国家元首（这3个阶段中的军人当政时期，军事长官也通过政治手段取得了总统大位）。其余时间，除了1947—1948年真纳任总督、1977—1978年齐亚·哈克任军事管制首席执行官和军事委员会主席、1999—2001穆沙拉夫任首席执行官外，其他32年都由总理掌握最高领导权力。

政府更替期间产生的这些领导人，往往比较强势，具有鲜明的个性，对印政策比较鲜明。总体而言，巴基斯坦领导人的领导风格主要体现在4个方面：第一，强人政治色彩浓厚。不管是军政府统治还是文官政府统治，大多都是非正常更替，所以领导人的强势个性体现充分。在军人领导者中，阿尤布·汗、叶海亚·汗、齐亚·哈克和佩尔韦兹·穆沙拉夫统治时期，分别爆发了第二次印巴战争、第三次印巴战争、苏联入侵阿富汗和卡吉尔冲突，对印巴关系影响巨大。在文官领导者中，阿里·布托、贝娜齐尔·布托和纳瓦兹·谢里夫都是从军政府统治中接管了领导大权，强烈谴责前任对印政策的失败，以此获得大量民众选票。第二，强调宗教色彩与世俗化的平衡。作为伊斯兰共和国，巴基斯坦的立国之基是伊斯兰教，但是又选择了世俗化的国家政权发展道路。因此，不管是军人政府还是文人政府，领导人的领导风格都体现出宗教与世俗政治的折中。就对印政策上，既利用宗教手段，支持印度国内伊斯兰教和锡克教等少数族群争取利益，又有所克制，努力通过政府世俗手段解决双方分歧。第三，具有强大的政治韧性。以贝娜齐尔·布托和纳瓦兹·谢里夫为代表，即使流亡海外也对政治生涯充满执念，分别两度和三度出任总理。长期的执政地位，为其实施对印政策提供了政治基础。第四，贪腐影子相随。特别是文官政府统治时期，贪腐问题严重。总统阿西夫·扎尔达里，更是被戏称为"10%先生"。[①]这减弱了文官政府推进对印和谈的实施力度，因为这很容易被国内仇印势力拿来作为攻击该政府和本人的有力武器。

真纳是巴基斯坦的国父，致力于从英印殖民地中独立建立世俗化的伊斯兰共和国，毕生在与印度国大党合作与博弈，独立后更是千方百计提防印度，与印度保持距离。军事强人阿尤布·汗和叶海亚·汗以加强对印冲突，特别是加强在克什米尔问题上的对抗，以战养战，增强军队在国家政治生活中的存在感，使印巴关系总体紧张。阿里·布托起于国家分裂危难之际，作为首位民选总理，提出在巴基斯坦实行"伊斯兰社会主义"的目标，积极推进世俗化的民主改革，试图通过外交和政治手段处理对印关系，坚持克什米尔人民自决的立场，但最后却被"自己人"齐亚·哈克送上了绞刑架，壮志未酬。[②]齐亚·哈克主政时期，反其道而行，大力推进巴基斯坦经济伊斯兰化，并积极配合苏联10年侵阿战争，对印强硬，使印巴关系恶化。贝娜齐尔·布托作为当时世界上最年轻的

---

① 是指扎尔达里担任政府投资部部长期间，只要有公司想通过其拿到项目，就必须向其提供10%的回扣。
② 1977年3月，巴基斯坦提前举行全国大选，布托的人民党再次获胜。而由前空军司令阿斯卡尔·汗领导的由9个反对党联合组成的巴基斯坦联盟阵线拒不承认大选结果，在全国制造大规模的对抗和骚乱，局势几近失控。为控制军方，布托越级提拔了他眼中的"自己人"——当时的第三军军长齐亚·哈克担任陆军总参谋长。然而布托做梦也想不到，这个"自己人"正在策划一场针对他的政变。这是他犯下的又一个致命的错误。具体可参见《巴总理被心腹送上绞刑架》，https://news.sina.com.cn/o/2006-11-22/000310560783s.shtml，登录时间：2022年8月2日。

女总理和伊斯兰世界的第一位女总理，继承父志，矢志推进巴基斯坦民主化改革，对外坚决维护国家利益，对印强硬的同时，积极寻求外交手段解决印巴分歧，可惜被视为西方代言人和反伊斯兰的她，仍未逃脱被极端势力枪杀的厄运。佩尔韦兹·穆沙拉夫以军事政变上台，积极吸取前任教训，提出"温和伊斯兰文明观"，希望在伊斯兰文化和世俗文化之间找到平衡点，体现在对印关系上，就是启动多轮全面对话，希望能在两个世仇对立国家关系改善上取得重大突破，但最终也成为政治斗争的牺牲品，流亡海外。纳瓦兹·谢里夫作为四度执政的总理，时间总计9年，但前三次任期非常短，对印关系上没有形成明显策略。2013年再次当选以来，曾试图加快重启印巴全面对话，但遭遇印度强势人物莫迪，未有实质进展，2017年7月被取消总理任职资格。板球运动员出身的伊姆兰·汗于2018年就任巴基斯坦总理，作为半个政治精英，他的领导风格饱含穆斯林民族主义，有期冀打破原有政治格局的雄心，但困难重重，2022年4月被弹劾下台，未能遏制印巴关系恶化势头。纳瓦兹·谢里夫的弟弟夏巴兹·谢里夫踩着伊姆兰·汗的肩膀就任巴基斯坦第23届总理，开始试探性示好印度，但鉴于印度莫迪的"不回头"，至今没有达到预期效果。鉴于其刚上任不久，国家面临经济、社会、安全等多方面挑战，而印度当政者是政治强人莫迪，其对印战略还未成型，短期内对印难有实质作为。

第五节　第三方因素的消极影响

通过对印巴和平关系的追溯，可以看出，外部因素对印巴关系的发展起到了非常重要的作用，其中既有有利于印巴和平的因素，也有不利于印巴关系发展的因素。此处，主要就美、俄、日等大国的印巴策略对印巴和平的障碍作用作简要分析。

一、美国

美国的南亚战略以及在印巴关系中的角色深刻影响着印巴和平进程。冷战时期，美国先后拉拢巴基斯坦加入美国主导的东南亚条约组织以及巴格达条约组织，与巴结盟，在克什米尔问题上基本支持了巴基斯坦的立场，主张公民投票解决争端。[1]尽管美国也试图拉拢印度，但美巴结盟加剧了印度向苏联的靠拢，印巴关系逐渐被纳入冷战体系。尽管

---

[1] 吴兆礼，《美国南亚政策演变：1947—2006》，载《南亚研究》，2007年第1期，第28-29页。

美国在印巴三次战争中没有明显发挥巴基斯坦所期待的同盟国的作用，但也客观加剧了印度对巴基斯坦的敌视和防范。印巴和平处于恐怖状态之下，和平基础相对脆弱，和平程度极低。

冷战后，美国对巴采取平衡政策，解除美巴同盟关系，适当拉开与巴基斯坦的距离，逐步提升美印关系；同时向印巴施压以试图防止南亚核扩散。这在一定程度上得到印方的欢迎，但巴方认为被美国"遗弃"，[①]美印关系升温对巴是一种伤害。

"9·11"事件以来，巴基斯坦成为美国的前线反恐"战车"，地位骤然上升，得到美方的大量援助。但印度认为，外部对巴基斯坦的经济、军事援助被巴方用来对抗印度。印度情报部门调查分析局（Research and Analysis Wing）前头目维克拉姆·苏德（Vikram Sood）甚至说："对巴基斯坦物质和资金上的援助，应该用于更有效、更透明地打击圣战组织，但事实是，得到精良武装的巴基斯坦军队更有信心与印度对抗到底。"[②]

孟买袭击案之后的2009年，奥巴马访问中国期间发表的"希望中国介入南亚"的言论，更是遭到印度的强烈反对。同样，巴基斯坦认为，21世纪以来印美核能合作对巴基斯坦安全构成了现实威胁。因为巴基斯坦认为，美国不愿与巴基斯坦开展核能合作说明美国不愿承认巴基斯坦的有核地位，巴方始终认为美国一直对巴基斯坦核武库的安全表示担忧，想方设法要销毁巴基斯坦核武库。

自2010年基地头目本·拉登（Omar bin Laden）被美国越境击毙于巴基斯坦境内后，美国宣布重返亚太，将逐步撤军阿富汗，巴基斯坦再次感觉到被美国"抛弃"，双方数度出现危机，关系始终"修而不复"。[③]而同期，美国战略转移亚太，加强拉拢印度步伐，巴基斯坦多有怨言。

2017年特朗普当选美国总统以来，启动实施了"南亚新战略"。其特点有四。一是重新整合南亚战略与印太战略，强调跨区域战略协调。二是与阿富汗塔利班谈判并签署和平协议，践行基于条件而非时间表的撤军精神。三是重视印度在美国南亚战略与所谓的"印太战略"中的"关键国家"作用。四是希望巴基斯坦继续发挥"前线国家"和关键"第三方"的双重作用。[④]可见，美国仍希望在印巴之间玩平衡。不过，总体上，

[①] 巴方认为，在苏联入侵阿富汗时期，美国把巴基斯坦推上了对抗苏联在阿存在的最前线，但苏联撤出阿富汗以及苏联解体后，美国将阿富汗的烂摊子以及巴国内的各类圣战组织力量丢给了巴基斯坦而抽身南亚。

[②] *Mail Today*, 09/01/2009, p.10.

[③] 有关内容可参见张超哲的《修而不复的巴美关系》，载《南亚研究季刊》，2013年第2期。

[④] 王娟娟，《特朗普执政以来美国南亚战略的实施、未来走向及对策建议》，载《南亚研究季刊》，2020年第1期，第1-6页。

美国南亚战略是服务于美国全球战略的,因此,印度在美国南亚新战略中的地位明显上升,印度成为美国主导的"四边机制"的重要一环。但同时,美国要解决阿富汗问题却离不开巴基斯坦的支持和配合,这突出暴露了美国在南亚和亚太地区战略目标的自相矛盾,[1]也不会得到印巴一致认可,并无助于印巴关系缓和。

2021年,拜登就任美国第46任总统以后,加速了特朗普南亚战略实施进度,突出的标志有二。一是不顾舆论和脸面,迅速完成美国从阿富汗的大撤退,上演了美军史上"最大规模非作战撤离行动"。二是加速推进所谓"印太战略",给印度更多承诺和礼遇,用以弥补因美国仓促撤军阿富汗给印度带来的战略被动和伤害。这期间,美国做法有点"里外不是人",受到印巴双方的指责。但美国"快刀斩乱麻",迅速抽身南亚泥潭的做法,的确奏效。

未来,美国的南亚战略将主要集中在三点:一是打破印巴平衡,将美印关系置于大国战略中优先进行考量,争取印度"入伙",构筑对华"包围圈"。二是不会放弃巴基斯坦,继续将其视为地区战略中的关键"变量",合作打击恐怖主义,并一定程度防范巴基斯坦核扩散。[2]三是多点散发,择机加强与尼泊尔、斯里兰卡、孟加拉国等南亚小国关系,试图抢占南亚据点,压缩其他竞争对手战略空间。可见,美国南亚战略完全服务于其本国国家利益,兴趣不在解决印巴矛盾,实现印巴更高水平的和平,尽管美国出面进行了不少调解和斡旋。另外,印巴在看待美国作用时,多是从"非友即敌"的零和角度出发,因此美国对印巴任何一国的举措都会受到另一国的高度关注。美国在印巴和平进程中的建设性作用不够明显,反而美国的自身战略可能会不自觉地影响印巴关系发展。

二、俄罗斯

自苏联解体以来,俄罗斯主要继承了其遗产。21世纪以来,俄罗斯

---

[1] 林民旺,《美国的南亚战略正在发生新变化》,载《世界知识》,2019年1月,第74页。
[2] 美国总统拜登2022年8月1日宣布:美军于7月31日在阿富汗击毙"基地"组织头目、71岁的艾曼·扎瓦希里。8月8日,巴基斯坦塔利班高层指挥官之一奥马尔·哈立德·霍拉萨尼在阿富汗发生的一次袭击中被杀,巴塔指责巴基斯坦安全部门对此负有责任。虽然官方未证实巴基斯坦在两起事件中是否发挥了作用,但7月30日,巴基斯坦陆军参谋长亲自出面与美方通电话,请求美国利用其影响力尽快确保国际货币基金组织为巴基斯坦发放11.7亿美元贷款,据此,很多媒体特别印度媒体和分析人士猜测巴基斯坦与美方有利益交换,至少是配合了美国的军事行动。可参见:Aasha Khosa, "Is Pakistan Behind Zawahiri's Killing?", https://www.awazthevoice.in/world-news-is-pakistan-behind-zawahiri-s-killing-14277.html, 登录时间:2022年8月2日,以及《巴基斯坦塔利班高层被路边炸弹袭杀,袭击者身份和动机暂不明》,https://news.ifeng.com/c/8IJqPqp6Dqr, 登录时间:2022年8月9日。

开展大国外交,推行南亚平衡战略,对南亚的介入较少,不介入印巴争端。从全球战略考虑,2010年开始,俄罗斯开始筹划东进战略。除了开发俄罗斯远东地区之外,对外主要是融入亚太。其中当然少不了定位印度的角色问题。2012年,普京签署了《俄联邦对外政策执行措施》的行政命令,提出了俄罗斯亚太战略的主攻方向:"关于亚太地区,要着眼于更广泛参与这个地区的融合进程,以加速东西伯利亚和远东地区的社会和经济发展。加深与中国的平等、互信和战略合作关系,加强与印度和越南的战略伙伴关系,发展与日本、韩国、澳大利亚、新西兰和其他亚太重要国家的互利合作关系"。[1]因此,俄罗斯积极与印度开展大国关系外交,推进全方位合作。其中,军事合作是双方关系的重中之重。尽管印度试图改善武器进口结构,俄印仍然分别是各自最大的武器出口国和进口国。2014年12月,普京访问印度,莫迪再次强调,"俄罗斯是印度最亲密的朋友和特别战略伙伴"[2]。不过,这种趋势在2020年开始有了变化。受中美博弈升级、中印边境对峙、美日印澳"四边机制"合作提速等事态影响,俄印之间的分歧骤然公开化。[3]特别是在今年俄乌战争爆发之后,美西方极力拉拢印度加入制裁俄罗斯的行列,虽然印度没有明确表态,基本选择中立,但奢望期间俄印深化合作也不现实,特别是在巴基斯坦积极示好俄罗斯的当下。

俄巴关系方面,俄罗斯始终与之保持友好但有距离。2011年以来,双方特别是巴方积极发展高层交往,双方也通过中亚四国峰会、上合组织等多边机构保持了交流。但双方合作基础很弱。不过,2022年4月23日,巴基斯坦时任总理伊姆兰·汗率高级访问团访问俄罗斯,这是23年来,巴基斯坦总理首次访问俄罗斯,并且正值俄乌冲突急剧升级之时,可见巴方深化与俄方合作的诚意。

尽管俄罗斯采用平衡手段,试图单线推动双方合作,努力不介入印巴纠纷,但俄罗斯南亚政策,客观上有三个方面的因素影响着印巴和平进程。第一,俄印军事合作关系继续保持并增强,不利于印巴关系的改善。因为巴基斯坦认为,俄罗斯向印度出售武器增加了印度对巴基斯坦的军事威胁。第二,俄罗斯支持印度入常的做法,将客观增强印度对抗巴基

---

[1] Vladimir N., "Kolotov, Russia's Views of the Secruty Situation in East Asia", *Brookings*, September 2012. http://www.brookings.edu/research/opinions/2012/09/07-russia-east-asia-kolotov,登录时间:2022年8月2日。
[2] 《普京访问印度 莫迪称俄罗斯为最佳军火卖家》,http://www.guancha.cn/Neighbors/2014_12_12_303182.shtml,登录时间:2015年3月12日。
[3] 楼春豪、王瑟、李静雅,《俄印关系的新变化及其前景》,载《现代国际关系》,2021年第4期,第28页。

斯坦的外交筹码,这将进一步加剧印巴对峙程度。第三,美国撤军阿富汗留下权力真空,利巴不利印。俄罗斯在此地区的战略以及对印巴发挥作用的态度将一定程度影响印巴在该地区的争夺与对抗。

三、日本

日本至今并没有明确完整的南亚战略。冷战后,日本才开始关注南亚。2014年之前,其主要策略是保持各国友好交往,不介入地区纠纷,呼吁和平解决争端,相互联系很少,依存度很低。其主攻方向是从战略和经贸角度出发,加强日印关系。其主要目标是借助日印友好,开展全方位合作,实现更多经济利益。但2014年以来,随着世界格局东升西降,美国全球战略东移亚太,中美博弈升温,日本打破对南亚不温不火、保持平衡的状态,加大对印合作,印日两国领导人互访极度频繁(见表7-6)。2014年,双方关系上升为"特殊全球战略伙伴关系",并于2017年提出"印日自由走廊"概念,试图将印度的"东进政策"与日本的"自由、开放的印太战略"进行对接。2019年,印度总理莫迪会见日本代表团时表示,与日本的关系是印度"东向行动"政策的基石。在全球疫情肆虐的情况下,印日两国领导人通过视频、电话甚至面对面方式保持密集会谈,特别是在2022年3月,日本首相岸田文雄访问印度并参加了印度—日本年度峰会,带去50亿美元合作项目,推动经贸合作,并在"自由开放的印太""四方安全对话"以及国防领域合作达成共识。而这一时段,日本高层并未与巴基斯坦保持交往,日本与巴基斯坦关系渐行渐远。

表7-6 2014.01—2022.05 印日两国领导人互动情况统计表[①]

时间	人物	方式	主要内容
2014.01	日本首相安倍晋三访印	线下	印日上升为"特殊全球战略伙伴关系"
2014.08	印度总理莫迪访日	线下	推动安全、经济等领域合作
2015.11	日本首相安倍晋三访印	线下	以优惠日元贷款为条件,争取印度首条高铁采用日本新干线模式
2016.11	印度总理莫迪访日	线下	签署《民用核能合作协议》等10项协议和谅解备忘录,商定以日本新干线方式建设印度孟买至艾哈迈达巴德的高速铁路
2017.09	日本首相安倍晋三访印	线下	商讨日对印新干线出口、核能合作、军事合作等问题
2018.10	印度总理莫迪访日	线下	发表《联合声明》并签署32项合作协议

---

① 综合各类媒体报道和相关资料整理而来。

续表

时间	人物	方式	主要内容
2021.03	日本首相菅义伟与印度总理莫迪会谈	电话	就经贸合作、印太地区合作、缅甸局势和全球共同关心的问题等达成共识
2021.09	印度总理莫迪与日本首相菅义伟在美出席四方安全对话（QUAD）首次首脑峰会期间会谈	线下	同意在抗击新冠疫情、安保、环保等领域开展合作，切实推进印度高铁采用日本新干线技术，尽早再召开"2+2"会谈以及尽快实现岸田文雄访印
2021.10	日本首相岸田文雄与印度总理莫迪会谈	电话	同意强化供应链、经济安全保障领域的合作；同意通过美日印澳"四边机制"密切协作，将日印特殊全球战略伙伴关系提升至新高度
2022.03	日本首相岸田文雄访印	线下	签署50亿美元合作项目；就推动经贸合作，在"自由开放的印太""四方安全对话"以及国防领域合作达成共识；施压印度对俄罗斯采取强硬立场
2022.05	印度总理莫迪赴日出席美日首脑会谈和第二届"四方安全对话"领导人峰会	线下	讨论全球和地区议程等问题，以及乌克兰局势

尽管日本没有明确在印巴之间选边站，但是客观上，日本在以下三个方面的动作不利于印巴增进印巴和平。第一，日本与印度政治交往特别是高层互动打得火热，但却客观上冷落了巴基斯坦，日本对印度在军事、防务、反恐等方面以及在阿富汗和平、印度洋海上安全、抱团入常等议题上的支持与合作，客观上限制甚至打压了巴基斯坦的诉求和能力。第二，日本拉印围堵中国的图谋将拉大印度与巴基斯坦的距离。因为作为中国的"全天候"朋友，巴基斯坦不可能支持这一图谋。第三，日本与印度合作以图借力印度力量维护日本印度洋利益的做法与巴基斯坦海洋战略相左。而印度洋不只是印度的印度洋，巴基斯坦在印度洋上的利益同样重要。因为多国都需要过境巴基斯坦寻求印度洋最近的出海口。穿越巴基斯坦寻求印度洋出海口一直是俄罗斯（及其前身）的历史夙愿。对资源丰富但却地处内陆的中亚国家来说，"瓜达尔作为连接海洋和陆地的新丝绸之路中心，将成为一扇重要的出海大门"。[1] 中巴经济走廊建设目的之一也是中国为西部地区寻求大洋出海口。日本试图加强印日合作增强在印度洋存在的图谋与巴基斯坦努力成为"多国印度洋出海口"的战略，存在结构性矛盾。日本这一图谋不利于印巴关系的改善。

---

[1] Robert D. Kaplan, "Pakistan's Fatal Shore", *The Atlantic Monthly*, May 2009, p. 72.

第八章　印巴和平前景

尽管71.5年的印巴和平水平较低，很多地方不尽如人意，但是对印巴双方来说，总长3.5年的3次战争，8次重大危机都没有导致两国关系崩溃或完全处于封闭的事实，本身就是一种进步。数十年的打打谈谈也使印巴双方清楚了解到对方的战略预期和谈判目标，开始把争端摆在桌面上，公开化、透明化，这本来就是印巴走向和平很重要的一步。①经过75年的磨合，也应该看到印巴和平存在一些有利条件。但是，对印巴和平问题的前景研判需要相当谨慎，因为印巴关系相当复杂，尽管维持了71.5年的相对和平，但是一次战争或者冲突都需要相当长的时间来恢复和补救。比如，孟买袭击案，一夜之间让印巴持续4年的全面对话成果化为乌有，印巴和平进程戛然而止。强势莫迪的强势操作，更是让本就陷入徘徊的印巴关系再次跌入谷底。一直以来，无论是在政府层面还是在民众层面，印巴都缺少解决争端的强烈意愿和深厚基础，信任赤字严重，即使政府有意愿，但也缺乏全国性权威，无法整合国内各势力，各派别力量在对外政策上发出不同声音的情况时有发生。另外，外来因素影响着印巴对对方的理性判断。由于印巴争端多、积怨深、问题解决难度大，印巴和平始终处于很低的水平。印巴和平的前景很大可能继续是一种低水平的螺旋式演变过程。

第一节　印巴和平的四点有利条件

尽管因新冠疫情及当前逆全球化趋势叠加，印巴和平进程陷入低谷，但70多年的实践证明，无论国际层面、双边层面还是国家层面，都存在着有利于印巴和平的积极因素。比如，国际主题的利好驱动，南亚地区机制化的助推，印巴各自新型战略的融合以及外部因素的推动。

---

① Rizwan Zeb, "The Makers, Breakers & Spoilers in India-Pakistan Peace Process", *Regional Studies*, Vol. XXVIII, No. 1, Winter 2009–2010, p. 6.

一、国际主题的利好驱动

冷战结束后,以意识形态对抗为特征的国际形态逐渐被"和平与发展"的国际主题所取代。全球化趋势日益明晰,你中有我、我中有你的"命运共同体"态势日渐增强。国际关系模式也逐步由"战争—和平—战争"向"和平—发展—合作—共赢"转变,世界各国开始摆脱冷战时期的集团对抗,纷纷通过南北竞争或南南合作,以区域集团化、地区机制化的方式加快经济发展,富国强民。同时,国际格局开始发生演变,冷结束后由两极对抗转为单极模式。21世纪以来,一批新兴国家和市场迅速崛起,多极趋势明显增强。不过,2014年以来,单极霸权和西方世界不愿看到国际格局东升西降的现实,纠结力量试图阻止新兴力量的崛起,由此产生很多问题,诸如保守主义抬头,南北差距加剧,霸权主义、强权政治和新干涉主义上升,传统安全和非传统安全威胁相互交织等。对印巴来说,国际主题的演变,虽有调整,但也有利好机遇。

南亚地区从属于快速崛起的亚洲,属于高速变化的国际社会的一部分,国际主题的演变,给南亚地区发展和印巴关系的改善提供了三大机遇。第一,从长波段来看,直接辅以国家利益名义的高级政治方面的对抗逐渐减弱,国际社会更多地开始关注制度、人等因素。在此环境下,印巴可以减少高级政治对抗方面的资本,将有限的资源投入发展领域当中。比如,21世纪以来印巴逐步降低国防预算增幅,而更多投入社会和民生发展领域。尽管2014年以来,双方进入冷对峙和平状态,但"老死不相往来"式的处理模式也客观上将有限的发展资源投入到社会发展领域,减少了冲突对抗的成本。第二,在国际主题的推动下,印巴周边正在形成一种"和平、发展、合作、共赢"的外部氛围。比如,中国"亲诚惠容"的周边新战略及"一带一路"倡议(The Belt and Road Initiative),美国版的"丝绸之路计划"(Silk Road Plan),俄罗斯的"欧亚联盟"计划(Eurasian Union),伊朗酝酿已久的"伊—巴—印"油气管道计划(IPI)及四国天然气管道计划(土库曼斯坦—阿富汗—巴基斯坦—印度管道计划,简称TAPI),以及2017年以来的印日自由走廊计划。尽管各种合作计划进度不一,效果差异巨大,同时也体现了各国的战略和较量,但都会与印巴各自发展战略有一定对接,与巴基斯坦的"亚洲之虎梦"以及印度的"南北通道走廊"梦想(North-South Transport Corridor)有很强的交集。

①第三，国际主题推动下崛起的新兴市场可以为印巴和平发展提供参考样板。比如，专注于发展的中国、韩国、巴西、东盟等，其发展模式、路径、成就可为印巴发展提供更多参考和选择。其实，印度自身崛起的相关经验或做法，也客观地一定程度上为巴基斯坦内部所认可，只是巴方不愿公开承认而已。

二、区内机制化进程的助推作用

长周期来看，南亚地区还是存在着区域性机制化进程和双边性机制化进程。所谓区域性机制指的是南盟，而双边机制是指印巴双方构建的各领域对话机制。不过，就近几年来看，这种区内机制化进程受阻，陷入了低潮，但机制化发展趋势并没有终止，更多的是中止。

1. 南盟机制化的向好作用

与其他区域性组织相比，南盟组织发展缓慢，成效不够理想，但其对印巴关系的改善也起到过积极作用。1985—2016年，南盟成功召开了18届领导人峰会，客观上为印巴领导人交流与会谈提供了高能级平台。进入新世纪，面对新形势，南盟成员国加快发展南盟组织的意愿加强，2004年第12届南盟峰会签署了《南亚自由贸易区框架协议》，标志着南亚经济一体化进程取得突破性进展。南盟区域合作关注的领域更加全面、具体，需要印巴从高级政治对立逐渐走向低级政治合作，南盟组织机制化的进程加快了印巴协调的步伐。特别是南盟的框架相对完整，且各种机制仍在不断完善当中，机构设置包括领导人峰会、部长委员会、常务委员会、技术委员会、工作组及部长会议，这为印巴推进和平进程提供了很多机会和平台。

首先，高级别会议为印巴各层官员提供了接触交流的机会和平台，特别是南盟领导人峰会。比如，新世纪印巴全面对话就是2004年双方领导人在第12届领导人峰会上达成的。2008年印度驻阿富汗大使馆爆炸案没有导致印巴关系继续恶化升级，一个很重要的原因是两国总理在随后召开的第15届南盟峰会上进行了接触，达成了某种共识。2010年及2011年第16届、第17届南盟峰会上，两国领导人的接触和谈判在很大程度上促成了印巴再次全面对话。2014年第18届南盟峰会上，印

---

① 有关各大计划具体内容可详见高飞的《中国的"西进"战略与中美俄在中亚的博弈》，载《外交评论》，2013年第5期，第39—50页，及Zahid Ali Khan, "China's Gwadar and India's Chahbahar: An Analysis of Sino-India Geo-strategic Economic Competition", *Strategic Studies*, p. 100, http://www.issi.org.pk/publication-files/1379479541_87064200.pdf, 登录时间：2015年2月10日。

度总理莫迪和巴基斯坦时任总理谢里夫的友好握手以及莫迪亲切轻拍谢里夫胳膊的举动，赢得在场热烈掌声，这为接下来印巴的继续缓和定下了基调。

另外，南盟技术委员会以及工作组的一些具体机构在地区经贸、农业、能源、科教、旅游、卫生、交通、人力资源开发等方面开展工作，这本身就对整个南亚地区的一体化发展起到促进作用，有利于扩大各国各阶层各领域的交流，对增进印巴相互了解、增强相互依存度、加速印巴和解起到积极作用。

再次，南盟其他成员国也为印巴解决争端施加巨大压力。[①] 各成员国都认为，必须实现区内自由贸易，降低进口，扩大出口。印巴作为最重要的两个成员国，应该作出表率，因为两个最大成员国之间的直接贸易只有微不足道的24亿美元，比绕道阿联酋等第三国贸易额低得多。如果印巴和解，会大大降低成本，加大区内贸易成交额，惠及区内各成员国。

尽管2016年9月莫迪总理指控巴方支持印控克什米尔地区恐怖主义，带头抵制原定于11月9 -11日在巴基斯坦首都伊斯兰堡伊斯兰堡举行的第19届南盟峰会，导致南盟峰会中止至今，但该机制仍会重启。一是因为区内多个国家始终强调南盟机制的重要作用，呼吁印巴双方尽快消除分歧，重回正轨。二是印巴不同领导人对该机制的看法是有差异的，随着双方政治强人的更替以及双方情态的转变，该机制应该会有转机。

2. 印巴双边机制化成果的推动

1972年《西姆拉协议》签署以来，双方已经认识到，战争已不再是解决争端的最好方式，对话成为最佳选择。1999年的卡吉尔冲突成为这种思想转变的实践证明。2004年以来，印巴通过全面对话和二轨外交、"后门"外交，形成了一些有利于印巴推进和平的机制化成果。

2004年以来，印巴创立全面对话模式，将所有争端问题归并为"6+2"八大议题框架，通过开展各层级的谈判协商解决所有问题。尽管就实务性的问题存在不小分歧，会谈没有实现解决争端的目的，但是框架性的、程序性的机制建设还是取得一些进展。比如，框架性、机制性成果包括领导人会晤、外长会谈、外秘对话；程序性的问题解决机制包括秘书级

---

① "Pakistan-India Détente: Internal and External Factor", *Pakistan Horizon*, Volume 57, Number 3, July 2004, p.88.

代表团会议、定期专家组会议等。① 这些都为未来印巴提高和平水平打下机制性基础。

印巴"二轨外交"② "后门"渠道启动的幕后动议在印巴和平进程中也起到很大的作用,尽管双方不太愿意承认。③1999 年拉合尔会谈后,巴基斯坦时任外交秘书尼亚兹·奈克与印度时任特使 R.K. 米什拉就克什米尔问题举行印巴历史上意义重大的一次后门外交谈判。2009 年 12 月,印巴前外交官在曼谷又进行了秘密接触。这些后门谈判给了双方相互表达观点的机会,可能更是各方真实观点得到最全面体现的方式。印巴"二轨外交""后门渠道"为印巴和平谈判提供的是一种理论基础,为政府间开展"一环外交"提供了谈判样板、方式、主题及立场。

同样的,2016 年以来,双边机制运行受阻,但这是暂时的,机制化的成果可依据下一步双方情态发展随时得到重启,主动权可能更在印度一方。

三、印巴对外战略调整的积极作用

冷战结束后,特别是 21 世纪以来,印巴都有调整对外战略的需求。巴基斯坦要改变"支持恐怖主义"以及濒临"失败国家边缘"的形象,要将巴基斯坦塑造成一个"温和、发达、开明、富裕的伊斯兰国家",要实现"亚洲之虎梦";印度要实现大国抱负,做一个"有声有色的大国"。④ 双方外交战略的调整更多地开始考量对方因素。

为了走出南亚,顺利开展大国外交,实施大国抱负,印度开始调整地区战略,特别是调整对巴战略。印度进入莫迪时代,志在复兴印度大国梦想的莫迪政府希望加固维护印巴和平的双边底线,抽身南亚,走向亚洲,拥抱世界,对巴基斯坦政策有了明显的变化,"大棒+甜棒"并重。随着"试探+接触"策略的不成功,莫迪采取了"无为而治"的战术打法,即对巴关系冷淡,不求所为,但求无过,静待时机。也正是在这一思想

---

① 比如印度河永久委员会会谈,有关犯人问题的司法委员会会议,关于 Sir Creek 地区专家技术性会谈,印巴缉毒署对话会议,印巴海岸警卫队官员会议,印巴交通部官员会议,印巴能源部能源合作会谈,核信建立措施专家级会谈,常规信心建立措施专家级会谈,经贸合作专家级会谈等。
② 二轨外交的最广泛定义,是指发生在官方协商进程之外的个人或者私人组织互动交往,旨在扩大有争端的两国相互交往,增进互信的非官方性的外部交往。参见 Dalia Dassa Kaye, "Rethinking Track Two Diplomacy: The Middle East and South Asia", Netherlands Institute of International Relations Clingendael, *Clingendael Diplomacy Papers*, No. 3, June 2005, p. 5.
③ 比如巴基斯坦时任外长库雷希在回应此问题时声称,所有争端是政府经过正规谈判解决。参见 Mohammad Waqas Sajjad, Mahwish Hafeez and Kiran Firdous, "The Search for peace-Pakistan and India", *Reflections*, ISSI, No. 7 2010, p. 20.
④ 尼赫鲁,《印度的发现》,世界知识出版社,1956 年,第 712 页。

指导下，莫迪主导构建了印巴对峙式和平模式。

冷战后，巴基斯坦面临的发展问题日益突出，改善对印关系需求日益迫切。特别是21世纪以来，穆沙拉夫以军事手段上台执政，急需转移国内视线、取得重要政绩以集聚个人和政府威信，因此主动积极开启印巴全面对话进程。2013年，谢里夫再次执政后，其以经济牌取信于民，大力开展经济外交，提出了实现"亚洲之虎梦"，急需改变印巴关系。2018年伊姆兰·汗代表的巴基斯坦新兴力量崛起后，誓要有番作为，对印关系即是最好的突破口，因此也致力于示好印度。但2014年以来，巴方的示好正好遭遇了"铁石心肠"的莫迪，巴方并未对印方的冷漠而大搞反制，激化矛盾，反而以更加平和心态处置，客观上促成了双方构建对峙式和平形态。

对印度来说，21世纪以来的战略选择有6点考虑和改变。一是印度过去的军事及高压外交并没有使巴基斯坦在恐怖主义问题上让步多少。印度试图试验"不杀生意伙伴"准则是否对巴基斯坦奏效，[①]决心扩大与巴经贸合作，在相互依存理论的指导下，建立你中有我、我中有你的依存关系，尽可能地避免下一个孟买袭击案的发生。[②]二是印度正在逐步打开西部大门，改变西部隔绝局面。印度不再唯莫斯科为中心，中国已经成为印度最大的贸易伙伴，与印度素不来往的沙特阿拉伯也开始与印度合作共同抓捕孟买袭击元凶。巴基斯坦作为走向世界的国家，作为印度邻国，作为印度"向西战略"的必经之国，不得不成为印度外交布局的重要考量。三是印度觉察到巴基斯坦对印战略的微调，认为近几年来，巴基斯坦出于多方面考虑，正积极开展地区外交，寻求与伊朗、中亚国家、俄罗斯甚至印度的进一步友好合作。就印巴全面对话，巴基斯坦军方甚至也从之前的"我们应该"转到"我们不得不"的逻辑表述。[③]基于此，印度认为推动印巴关系朝着有利于印度一方发展的时机已经到来。四是美国提出的"新丝绸之路"战略客观上加速了印度对巴姿态友善的进程。2011年9月12日，希拉里提出了建立一个由大中东和大中亚经阿富汗、巴基斯坦到印度的"新丝绸之路战略"。对印度来说，美国新丝绸战略旨在推动印度与巴基斯坦、阿富汗修好关系，以印度为中转站，绕开中国，建立美国势力范围内的"大中东－中亚－南亚－东南

---

① Mehreen Zahra-Malik, "Snail's pace in snail's space", http://www.thenews.com.pk/Todays-News-9-131372-Snails-pace-in-snails-space，登录时间：2015年2月10日。
② Moeed Yusuf, "India-Pakistan equation", http://dawn.com/2012/09/10/india-pakistan-equation/，登录时间：2015年2月10日。
③ Moeed Yusuf, "India-Pakistan equation", http://dawn.com/2012/09/10/india-pakistan-equation/，登录时间：2015年2月10日。

亚的能源、经贸甚至是安全网络"。印度借助美国来修缮与巴关系可以为其提供更多的外交空间,无论其承认与否。五是2014年以来,面对中巴深化合作、积极建设中巴经济走廊的现实,印度以矛盾心态看待中巴合作,有意冷却对巴关系,"无为而治",以待时机。六是2016年以来,美国积极兜售"印太战略",中美竞争加剧,印度在美国的各种引诱下,提高了加快实现"有声有色大国"梦想的期望值,希冀不与巴基斯坦搞无畏消耗,而是冷却对巴关系,尽快走出南亚,在大国关系中纵横捭阖、在中美竞争中左右逢源,占尽便宜,实现更多国家利益。

对巴基斯坦来讲,21世纪以来,修缮与印度关系,主要基于三个方面的考虑。第一,近年来,巴基斯坦经济形势严峻,GDP年均增长只有2%强:国内能源紧缺、开工不足,外汇减少、侨民纷纷回国;贸易赤字增加,出口下降明显。而印巴民间贸易基础雄厚,愿望强烈,互补性强,尤其是2012年印巴全面对话以来,印巴经贸发展迅速,提振了巴基斯坦经济。[①]因此,改善印巴关系,加大对印经贸合作,至少在经济上对巴有利。第二,拓展外交空间的需要。2010年以来,巴美关系恶化,巴基斯坦角色从美国反恐战车上的首席"急先锋"降级为美国新丝绸之路上的一处"小栈"。中巴虽然全面友好,但巴基斯坦认识到中国开展新型大国关系以及应对周边局势耗费了不少精力。阿富汗局势动荡,加剧了巴基斯坦周边安全隐患。与印度修好,可以拓展其外交空间,增加外交选择余地。第三,巴国内仇印情绪下降。2012年,巴基斯坦一个权威基金会在一次民意调查中发现,49%的巴基斯坦人认为美国是巴基斯坦最大的敌人,而只有24%的人认为印度是巴基斯坦的最大敌人。[②]更重要的是巴军方的立场有些微调。巴基斯坦军方的"防御"概念和范围发生变化,认为贸易换来的财富可以充实武库。[③]美国和平研究所顾问Yusuf认为,2012年的印巴会谈得到了巴国内政党和军方,尤其是军方的支持。[④]

不过,正如前文所述,2014年以来,印巴关系进入下行期,外交政策调整方向不在对方。比如,印度莫迪政府外交调整着眼于大国战略,

---

① 众所周知,即使印巴官方贸易受限颇多,但印巴非官方贸易一直存在,并且贸易额相当可观。2012年,印巴官方贸易趋势利好,10月13日,巴基斯坦财长谢赫出席在东京召开的世界银行和国际货币基金组织年会时表示,巴基斯坦今年经济增长有望达到4%。这不可能不与印巴经贸关系的改善有莫大关系。
② 周戎,《印度外长访问巴基斯坦 双方均不愿纠缠历史旧怨》,载《光明日报》,2012年9月10日。
③ Mehreen Zahra-Malik, "Snail's Pace in Snail's Space", http://www.thenews.com.pk/Todays-News-9-131372-Snails-pace-in-snails-space,登录时间:2015年2月10日。
④ Moeed Yusuf, "India-Pakistan Equation", http://dawn.com/2012/09/10/india-pakistan-equation/,登录时间:2015年2月10日。

在国际局势风云变幻的间隙里，左右逢源。而近年来巴基斯坦的对印政策属于被动调整，更多依仗中巴友好、国际社会对巴反恐需要、伊斯兰国家调节器，改善国内形势，积蓄力量，争取对巴更多优势。

四、外部力量的积极努力

第三方因素，外部组织如联合国、上合组织，外部国家如美国、中国、英国、俄罗斯等，对印巴和平可以并的确产生过，且将继续产生积极作用。

1. 外部组织

（1）联合国。在冷战时期印巴和平关系历史上，联合国发挥了最大的调解作用。印巴三次战争以及历次大规模冲突的结束主要是在联合国停火决议的基础上实现的。就克什米尔问题，联合国也做了积极调解。单单1949-1958年，联合国就印巴克什米尔问题进行了5轮斡旋，发布了多个有关决议。联合国还对印巴河水资源纠纷进行了成功斡旋，促使印巴双方签署了《印度河河水条约》。冷战后，虽然联合国在印巴矛盾方面仍然进行积极斡旋，比如，2019年印度因取消印控克区特殊地位而引发印巴危机时，联合国安理会召开了一次闭门会议，主要探讨克什米尔主权问题，呼吁印巴双方应该本着和平共处的方针，共同治理争议区。这是联合国50年后的又一次公开介入该争议区。其间，联合国安理会主席古特雷斯也多次表示，联合国在这一地区的立场遵循《联合国宪章》以及适用的安理会决议，克什米尔的最终地位将根据《联合国宪章》通过和平手段解决，印巴双方应保持最大限度的克制。不过，冷战后联合国的调解作用已经非常微小，大国作用开始凸显，2019年联合国安理会的闭门会议也是在中方倡议下得以召开的。

（2）上合组织。上海合作组织自成立以来，特别是近年来，对印巴和平起到了有益促进。2005年，上合组织同时吸收印巴为观察员国，2017年印巴正式成为上合组织成员国，这为双方解决分歧、开展交流对话提供了又一个高能级平台。比如，2019年印巴危机期间，包括俄罗斯在内的多个国家希望尝试印巴争端能在上合组织框架内进行调解。[1]2022年9月15日至16日，上海合作组织成员国元首理事会第22次会议在乌兹别克斯坦第二大城市撒马尔罕召开，这也是新冠疫情发生后"上合

---

[1] 2019年3月4日，外交部发言人陆慷在例行记者会上就"中方是否同意俄罗斯外长拉夫罗夫建议通过上海合作组织机制来调解印巴之间的紧张局势"的提问进行了回答，表示："拉夫罗夫外长表示可以考虑利用上合组织的有关机制来做一些工作。中方的原则立场是，我们鼓励国际社会有关方面一切有利于促进地区局势缓和、维护本地区和平稳定的建设性努力"。

大家庭"首次线下齐聚,这是上合组织历史上出席领导人最多的一次峰会,伊朗正式成为上合组织会员国。除中国、俄罗斯、哈萨克斯坦、吉尔吉斯斯坦、塔吉克斯坦、乌兹别克斯坦、印度、巴基斯坦、伊朗等9个成员国的领导人外,白俄罗斯、蒙古国等3国领导人作为观察员国领导人,土库曼斯坦、阿塞拜疆、土耳其等3国领导人作为主席国客人,共14个国家领导人参会。虽然印巴没有实现双边会谈,但从本次峰会释放的信号来看,对印巴未来和平进程是有潜在积极影响的。一是上合组织急剧上升的影响力将客观推进印巴谈判进程。以中国、俄罗斯为主要代表的上合组织倡导的全球安全和全球发展倡议,完全不同于西方安全发展理念,日益得到包括印巴在内的组织内外国家的认同。随着伊朗的正式加入,白俄罗斯加入程序的启动,巴林、马尔代夫、阿联酋、科威特、缅甸被作为对话伙伴,截至2022年9月,已经有25个亚洲、欧洲和非洲国家以各种形式加入上合组织,上合组织的影响区域的总面积已经超过全世界陆地面积的30%,总人口已经接近世界总人口的一半。[①]印巴的加盟使得上合组织从中俄和中亚扩展到南亚。上合组织的影响力急剧上升,其倡导的平等、不结盟、友好、建立国际新秩序的理念和目标,深得成员国认同,也符合包括印巴在内各国发展阶段的需要和国家外交发展方向。[②]这将增加促使印巴在该机制内找到更多共同语言,有更多机会和平台进行协商和谈。二是上合组织成员国的促和作用将持续增强。正如前文所述,从2005年接受伊朗、巴基斯坦、印度为观察员国开始,到2022年9月,经过多次扩容,成员国、观察员国、伙伴国总数已达25个,相信随着国际形势和格局的演变,更多亚非拉国家会加入其中。特别是几个关键地缘节点上的国家的积极加入,具有相当强的战略意义和象征意义。比如印巴的加入使得上合组织从中俄和中亚扩展到南亚,伊朗的加入使得上合组织对中东的影响力逐渐加强,下一步白俄罗斯能够顺利入盟的话,则上合组织对中东欧国家的扩容也实现了突破。另外,阿富汗一直是观察员国,其对印巴外交战略的导向性作用也很明显。未来在这样具有代表性地缘结构的上合组织里,无论是中俄、还是伊朗、阿富汗,甚至区内的马尔代夫等国对印巴的劝和作用和劝和意愿甚至是劝和能力都将明显增强。三是印巴在上合机制内和谈的意愿将进一步提

---

① 周戎,《中国为上合峰会的成功做出重大贡献》,中宏网,https://www.zhonghongwang.com/show-278-252715-1.html,登录时间:2022年9月21日。
② 但此时,部分西方媒体大肆渲染此次峰会具有"对抗西方"的意涵。例如有的美媒就声称,该组织相当于"东方的北约";法媒则称,眼下正处于俄乌冲突之际,俄总统普京的出席很可能将此次峰会变成一场"反西方"的峰会。

升。无论是《上合组织宪章》的宗旨和原则,还是历次峰会宣言成果,特别是2022年乌兹别克斯坦《撒马尔罕宣言》成果,都较为充分体现了各成员国对本组织进一步发展及关于当前全球和地区议程现实议题的统一立场。随着成员的扩容,上合组织的体制机制必将会进一步完善,工作平台将更加丰富多样,这将为印巴共同参与、共同交流提供更多机会,特别是印巴都有担任上合组织轮值主席国的机会。相信印度担任2022-2023年度上海合作组织轮值主席国期间,在此机制下,印巴关系会有积极改善。上合组织对印巴和平进程的积极作用将会越来越多。

2. 外部国家

除了联合国和南盟等外部组织的推动外,外部大国的推动也是印巴和平的一大积极因素。

(1)美国。美国在印巴和平关系史上扮演了极为重要的角色,不仅以领导人会晤的方式向印巴领导人施压,或直接派代表参与或监察印巴谈判,而且还投入大量资金开辟并拓展"二轨外交"渠道。[①]冷战前期,美国较为公正地出面调停印巴冲突。比如,1949—1953年,美国主要利用联合国通过制定调停人的办法,对印巴克什米尔问题进行了三次调解;1962—1963年,肯尼迪政府主动开展了6次斡旋谈判。在第二次、第三次印巴战争期间,美巴虽为形式上的盟友关系,但美国保持了克制和相对中立,并向双方特别是巴方施压,以实现双方停火,避免更大的战争爆发。冷战后,在1998年南亚核危机时刻,美国采取了外交谈判、经济制裁等多种方式试图缓解地区局势,特别是不顾印度"脸面",将时任总理瓦杰帕伊致美国等国家的所谓"陈情信"(如前文所述,以中国威胁论调为印度核试爆找借口)于5月13日公布于《纽约时报》,希望联合中国等国际社会一道向印巴施压,印度受到国际社会广泛谴责。[②]新千年以来,印巴和平演进的过程也深刻烙下了美国的身影,甚至有人说"始自2004年的印巴和平进程即是美国施压的结果"[③]。尽管不能如此绝对,但鉴于美国号召全世界发动反恐战争,鉴于巴基斯坦反恐前线

---

① 美国资助了大量的个人及智囊组织介入印巴谈判。比如设在斯里兰卡的地区战略研究中心和设在巴基斯坦的FRENDs研究所,都定期举行工作组会议或者研讨会,为印巴双方来自不同单位的意见表达提供平台。
② 瓦杰帕伊在信中辩解称,印度之所以进行核爆是因为"我们的边界与一个公开的核武器国家接壤,该国在1962年对印度进行了武装入侵。尽管过去十多年来我们与该国关系有所改善,但由于边界问题没有得到解决,一种不信任的气氛持续存在。""除了这种不信任,该国还给予我们的另一个邻国以物质帮助,使其也成了一个秘密的核武器国家。""由于这种恶化的安全环境,特别是印度面对的核环境,印度政府才决定进行核试验,而试验次数是有限的,对那些对印度无敌意的国家不构成危险。"
③ 李群英,《印巴和平对话进程的美国因素》,载《中国政法大学学报》,2011年第4期,第144页。

国家的地位,鉴于南亚地区形势,美国缓和印巴关系的作用绝对不得小觑。事实上,印巴两国近年来的外交互动也无法将"美国因素"排除在外。①

2021年美国撤军阿富汗之前,美国南亚战略客观上仍对印巴关系缓和起到一定的助推作用,主要体现在三个方面。第一,美国需要印巴和平环境以维持其反恐业绩。尽管本·拉登被击毙后,美国战略东移亚太。但从其一再延缓撤军的举动来看,很能说明美国在中亚和阿富汗的安全利益还在。印巴特别是巴基斯坦对美国在此地区的利益维护具有至关重要的作用,如驻阿富汗美军使用的80%的物资、40%的燃料都是经巴基斯坦运送的。②第二,美国希望印巴两个核大国和平相处,防止核扩散,以维护地区核平衡。因为失控的南亚局势、紧张的印巴关系将把印巴两国带到核战争的边缘。③第三,扩大美国在南亚影响力的过程需要印巴的和解以及南亚和平。因此,美国也积极调整与印巴分别搞单线外交积累诸多矛盾的做法,试图从推进印巴和解来寻求新的突破。

2021年以来,美国撤军阿富汗,加剧了印巴在阿富汗问题上的矛盾。但其战略调整对印巴和平问题,仍有一定的积极因素。比如,虽然印度对美国仓促撤军阿富汗表示不满,但客观上也承认这将会大大削弱美巴战略伙伴关系;再比如,美国极力拉拢印度参与大国战略,这有利于印度抽身南亚,客观上推动了当前印巴冷对峙式和平的构建。

不过,总体来看,近年来,美国主观推动印巴关系缓和的动力持续降低。

(2)中国。中国作为印巴邻国和崛起中的大国,对南亚地区和平以及印巴关系具有重要影响。历史上,中国的南亚政策对印巴和平起到过明显的作用。冷战时期,尽管中巴友好,但是在克什米尔问题上,中国基本坚持的是依照联合国决议作为谈判基础;在印巴第二次、第三次战争中,中国明显做了外交介入,其结果不是加剧战争,而是促进了战争尽快结束;印巴核试爆以及卡吉尔冲突期间,中国的中立、劝和姿态更加明显,与国际社会一道敦促印巴维护地区和平;21世纪以来,中国积极奉行平衡与促和的南亚政策,2008年孟买袭击案发生后,中国积极斡旋,为缓解印巴关系起到了重要作用。2019年印巴冲突期间,中国作为主要倡议方,成功推动联合国安理会召开闭门会议,主要探讨克什米

---

① K. Shankar Bajpai, "Untangling India and Pakistan", *Foreign Affairs*, May/June, 2003.
② Ann Scott Tyson, "Gates Is pessimistic On Pakistan Support", *Washingtong Post*, September 24, 2008.
③ Ron Moreau, "More Dangerous Than Ever Why the Pakistan threat is rising", *Newsweek*, September 13, 2010, p. 26.

尔主权问题。

从现实角度出发，中国与印巴分别有不同的利益基础，需要与印巴共同友好。中印是崛起中的大国，在很多国际组织中有共同的诉求；中印还有不少悬而未决的问题，需要保持友好沟通和真诚合作；中巴全天候友好，巴基斯坦"亚洲之虎梦"与中国实现民族复兴的"中国梦"有诸多利益切合点。要实现与印巴共同友好，中国就要在印巴和平中承担积极角色。

不过，客观上来讲，也不应该夸大中国的助推作用，主要原因在印方。印度历来从零和博弈的角度，坚持现实主义权力观，不主张第三方调停印巴关系。特别是对于中国作为南亚邻国，作为与印度还有很多问题的大国，印度极力反对中国插手南亚事务。这也是印度为什么不支持中国周边战略、不加入中国"一带一路"倡议，不支持中巴经济走廊、孟中印缅经济走廊建设的根本原因。① 其实中国 2014 年推出的"亲诚惠容"的周边外交新理念和共同、综合、合作、可持续的亚洲安全观，完全符合南亚安全利益；② 印度也清楚，中国大力推进的西进战略将有助于增加印巴交集，促进印巴互惠互利，因为，"中巴经济走廊可使盛产资源能源的海湾地区、非洲国家极大受益（走廊通道可缩短这些地区国家出口中国商品 8000 公里）……也为印度提供更加便利的通道"③。

（3）其他国家。英国作为历史上印度的宗主国，在印巴关系中也扮演了较为重要的角色。英国不仅为印巴和谈提供方便，而且还不断参与调停，并向印巴推荐和解模式。比如，巴基斯坦前总统穆沙拉夫有关解决克什米尔问题的"四点建议"是其在英国访问时提出的，印巴 1965 年签署的《库奇协定》是在英国的调解下实现的，印巴解决克什米尔问题的"爱尔兰模式"是英国推荐的。不过，随着英国势力的衰弱，以及英国退出南亚战略的实施，英国对印巴关系的影响在减弱。目前，英国对印巴改善关系的帮助主要体现在两个方面。第一，基于历史的纽带，为印巴缓解双边关系提供感情输出和历史依据。第二，营造并提供更多

---

① 当时，也有不少印度战略分析家建议印度应积极参与中巴经济走廊建设当中。参见 Asif Ezdi, "From Kashgar to Gwadar", *The News*, July 15, 2013, http://www.thenews.com.pk/Todays-News-9-189971-From-Kashgar-to-Gwadar，登录时间：2022 年 8 月 16 日。
② "亲诚惠容"的周边外交成为继"和平周边""和谐周边"之后中国周边安全观的 3.0 版。参见张超哲，《中国周边安全态势及应对》，http://www.qstheory.cn/laigao/2014-11/30/c_1113461161.htm，登录时间：2022 年 8 月 16 日。
③ Shahid Javed Burki, "China's 'Look-West' Policy: A New Link with Pakistan", *ISAS Brief*, No. 239, 20 August 2013, http://www.isas.nus.edu.sg/Attachments/PublisherAttachment/ISAS_Brief_No_293_-_China's_'Look-West'_Policy_A_New_Link_with_Pakistan_20082013172936.pdf，登录时间：2022 年 8 月 16 日。

印巴谈判的场合。

苏联在印巴和平关系上虽然起到的反面作用较多，但《塔什干宣言》的签署的确有其功劳。苏联解体后，俄罗斯对印巴关系持中立立场。比如，俄罗斯一直呼吁双方和平解决争端，一直明确支持印巴加入上合组织并于2017年同意印巴成为上合组织正式成员；2019年印巴冲突期间，俄罗斯还表示可以探索在上合组织框架内调解印巴矛盾。俄罗斯一贯的中立立场也赢得了印巴双方在当前俄乌冲突中的理解和某种程度的支持。不过，俄印军事合作的程度一直是巴基斯坦所不愿看到的。

第二节 低水平螺旋式的机制化过程

纵观印巴75年的历史，可以发现，印巴71.5年的和平历史本身是一种螺旋式的发展过程，经历过三次高潮，也五次跌落低谷。第一次和平高潮发生在1947-1948年间，其间，印巴双方自主或者在第三方的调解下基本解决了英印军产分配、撤退人员财产清算、遗留卢比现金分配、卢比贬值纠纷等遗产纠纷问题。特别是印巴双方1951年新订立的贸易协定，很大程度上缓解了因卢比贬值纠纷而引起的紧张关系；甘地的极力干预，印巴双方如数获得了现金分配规定的数额。第二次高潮集中在1949-1962年间。其间，印巴双方主要就克什米尔问题以及河水资源分配问题举行了较为友好的谈判，其中就克什米尔问题，联合国进行了5次调解斡旋，美国进行9次调解，最终虽然没有取得实质进展，但双方都明确了立场，并且联合国为此提出了数个解决方案，为以后印巴谈判至少提供了参考，特别是国际社会和巴基斯坦方面比较坚持联合国在克什米尔问题上的原则。该阶段最成功的事件是双方签署了《印度河河水条约》，美国总统艾森豪威尔对此给予了高度评价。第三次和平高潮发生在2004—2008年间。其间，印巴双方创立并探索实践了全面对话机制下印巴八大议题协调推进的和谈模式。其最大的成效是双方就各大议题谈判建立了一系列的对话机制，提出过不少比较具有建设性的方案，这为双方进一步将细节分歧摆在桌面提供了平台，有利于双方就实质性谈判提供前奏。不过，印巴和平关系史也有五个低谷。分别以1965年第二次印巴战争、1971年第三次印巴战争、1998年印巴核危机、2008年孟买袭击案及2019年印巴冲突为标志。1965年的印巴战争导致印度实现了对克什米尔的优势占领。1971年印巴战争导致巴基斯坦被肢解，东巴独立，巴基斯坦大伤元气。1998年印巴核危机导致南亚短期核竞赛以及长期的核对峙,并最终引发了1999年卡吉尔冲突和2001年年底大军对峙的紧张局面。2008年的孟买袭击案导致一度被外界看好的印巴全面对话中断。2019年以来印巴在边境上冲突不断,特别是8月份,印度单方面宣布废除印控克什米尔地区特殊地位以来,印巴关系跌入近年来最低点,加上美国撤军阿富汗后印巴在阿的战略碰撞加剧以及世纪疫情导致双方依存度进一步降低,印巴关系一直在低谷徘徊,至今未有拐点。

因此,印巴和平关系史是一部低水平螺旋式发展演变史,印巴和平关系如行驶在惊涛骇浪中的一叶扁舟,浮浮沉沉,始终还未靠岸。不过,印巴关系这条"船"的确也在驶向前方,可以说,印巴和平关系是一种低水平的螺旋式上升模式。

一、低水平的螺旋式发展进程

印巴和平关系的未来,仍然是一种低水平的螺旋式机制化过程。之所以说是低水平、螺旋式,主要基于以下三点研判。第一,印巴始终困惑于"安全"与"和平"之间,没有弄清并摆正二者之间的关系和顺序。如前文论证的,和平状态是双方共享状态,不能靠二元的"零和"思维来实现;行为体之间先有和平形态,才有安全形态。世界上不存在没有和平的安全状态。时至今日,印巴仍试图跳过"和平"直接求得"安全"。在没有和平的前提下,印巴实现"安全"的途径只能靠单方面的实力去争取,双方很容易陷入你死我活的"囚徒困境"。第二,影响印巴改善关系的障碍将会长期存在。其中,克什米尔问题作为印巴关系的中枢,实质上决定了印巴关系的最终走向。[①]鉴于印度2019年已单方面废除印控克什米尔特殊地位并持续加强军事和政治双重管控以及巴基斯坦2020年以来积极推进在巴控克什米尔北部建省进程的事实,印巴以及克什米尔三方的关系将会更加紧张,除非探索新路,三方长期坚持的克什米尔争端解决方案越来越不合时宜。中短期内,印巴不会彻底解决克什米尔问题。其他问题,如越境恐怖主义,更多的是一种印巴冲突的衍生物。基于印巴民族、种族、宗教及边界矛盾存在的事实,恐怖主义将会附着在各种问题上长期存在。其他冲突型问题,如乌拉尔大坝、锡亚琴冰川、塞·克里克湾问题等,本身是单体的矛盾,比较容易解决,但是印巴双方始终用二元思维看待这些问题,始终将其提升到战略的高度来思考,事实上是将其复杂化了。只要印巴安全观念没有大的改变,冲突型问题

---

① 刘红良,《冷战后印巴安全关系研究》,四川大学博士学位论文,2013年,第216页。

的解决很难，特别是在逆全球化的当下，资源能源争夺大于合作的趋势日益严峻，这进一步增加了印巴和谈解决单体矛盾的难度。第三，印巴和平始终从属于国际关系的一部分，受世界与地区格局变动带来的影响较大。近一个时期，美国单极仍然是事实，但美国霸权已经不可持续，新兴国家的崛起正在改变单极世界，包括金砖国家的印度和新钻国家的巴基斯坦。不过，印度和巴基斯坦在此轮国际格局调整中似乎没有在一个轨道。国际层面，双方日益被拉入不同国际力量，双方矛盾叠加了国际力量对抗；地区层面，大国介入南亚后，有在印度和巴基斯坦双方选边站队的趋势，这将加剧印巴对抗。若印巴对外关系处理不当，印巴和平进程将可能在这样的国际格局调整中持续限于低谷。比如，印巴在国际格局调整中的姿态；印巴如何融入大国外交，特别是如何处理好与美、中、俄、日的关系；印巴如何将各自核战略发展与国际核能发展趋势保持一致；印度如何看待巴基斯坦在世界、南亚以及伊斯兰世界中的地位；巴基斯坦对印度追求大国梦想的态度和策略等，都将影响着印巴双边和平进程。

二、不可逆转的机制化进程

不过，长远来看，印巴和平逐步机制化的进程将不可逆转。这来源于四个方面的判断。

第一，印巴双方自觉不自觉地开始树立多元和平观念，更多地引入领域分析和层次分析方法来处理印巴和平问题，开始引入"安全复合体"概念，认识到国家安全是个综合的概念，不仅包括领土的完整，还包括经济、政治、文化等多个方面；国家安全不是单体的，它更多的是复合型的综合安全、集体安全。21世纪以来印巴开始的八大议题全面对话，实质上就是印巴基于发展之上的和平模式探索。发展型和平模式既切合国际主题，也适应了印巴两国的战略需要，将有助于印巴和平进程的推进。

第二，印巴外交战略调整的交集会更多。21世纪以来，印巴都开始注重以发展界定利益，以内部界定安全，开始调整对外战略。印度认识到，印度大国战略不能因印巴关系不和而受困于南亚；印度"向西战略"的推进不可能绕开巴基斯坦。同时，印度逐渐增加了对巴的自信，开始认为，最近几年的发展毫无疑问地证明，印度对巴拥有绝对的经济优势，加大印巴经贸相互依存度，尤其是巴基斯坦对印经贸依存度，促成经贸成为印巴关系的主导，必将为印巴其他所有问题的解决打开突破口。①因此，印度对外战略越来越多地考虑巴基斯坦因素。巴基斯坦方面，近年来持续的经济低迷、能源危机加上社会发展缓慢，导致各方对印态度有了些微变化。巴基斯坦新的外交战略更加强调发展，更加强调合作、共赢。印巴新形势下的外交战略在"和平、发展、合作、共赢"方面有了更多交集。尽管2014年以来，特别是2019年第二个任期以来，莫迪强人形象凸显，导致印巴和平进程受阻，但长波段来讲，印巴对抗的代价将会日益显现，印度将逐步认识到对抗不可承受之重。未来，特别是随着政府更替，印巴外交调整交集将会更多。

第三，地区机制的日益成熟以及印巴实务性谈判框架的建立将会发挥持久作用。南盟发展虽然缓慢，但是其机制化的程度在加深，2014年尽管印巴关系因边境持续冲突而日益僵化，但第18届南盟峰会还是得以如期召开，并且会议主题就是"为了和平与繁荣加深地区一体化"。南盟组织下的部长委员会、常务委员会、技术委员会、工作组、部长会议等机制也日益成熟，这为印巴交流谈判、为南盟国家调解印巴关系提供了区内平台。当然，因印巴边境冲突，2016年原本计划在巴基斯坦举行的第19届南盟峰会，被印度强行抵制，至今未能召开，这对南盟机制发展带来很大的消极影响。不过，从南盟发展历程看，这都与印巴紧张关系程度紧密相关，机制内的其他国家在印巴关系缓和、恢复南盟机制方面将会发挥作用。另外，印巴双双加入了上海合作组织，随着印巴双方参与程度的加深，以及俄罗斯等成员国的推动，该平台也将为调和印巴纠纷起到作用。同时，印巴双边和平进程中也建立了一些较为成熟的机制，比如会晤机制、热线沟通机制、专家组会议机制等，都将会在印巴未来的和谈中发挥积极的作用。

第四，国际社会推动印巴和平谈判的愿望和能力更加明显。在世界以"和平、发展、合作、共赢"为主题的国际背景下，国际社会都极力反对冲突甚至战争，特别是联合国以及大国将在制止冲突及战争方面发挥越来越大的作用。俄乌战争爆发至今，已经向国际社会表明，当今世界，战争不是解决矛盾的最好手段，印巴也不想逆潮流而上，也认识到，希冀通过战争解决诸多发展性纠纷只能是一损俱损，共同衰弱。同时，当今时代，新旧格局更替，新兴大国与守成大国集中精力角逐国际权力，不希望印巴不和而影响这一竞争态势。中国作为印巴周边大国和与印巴

---

① Moeed Yusuf, "India-Pakistan equation", http://dawn.com/2012/09/10/india-pakistan-equation/，登录时间：2022年8月16日。

有着诸多利益关切的大国,不希望印巴关系恶化而影响地区利益和周边战略布局甚至国际大外交战略。

总之,研判印巴和平的前景,既简单又复杂。简单来讲,印巴和平的未来将是一个低水平的螺旋式上升过程,其机制化发展趋势将不可逆转。不过,中短期来看,印巴争端问题不会减少,和平谈判议题只会增加,印巴唯一改变的只能是谈判方式和谈判机制,但这也只能是新瓶装旧酒。印巴和平进程仍会继续,效果有待观察。

第九章　中国"一带一路"倡议与印巴和平的关联性

印巴和平具有很强的涉我性，特别是克什米尔划界问题、恐怖主义问题、经贸问题以及中国的南亚身份问题。以"维护国家利益、发挥大国作用"为目的，应时完善并调整中国的南亚政策，明确自身综合、多重的角色定位显得尤为重要。而中国"一带一路"倡议的提出便与这样的大背景有关联。南亚是我国"一带一路"推进的重点示范地区，"一带一路"倡议在南亚板块的推进主要包括中巴经济走廊、孟中印缅经济走廊以及未来的中尼印经济走廊、跨喜马拉雅大通道建设。但南亚板块的各个项目推进程度不一，且都没有将印巴同时吸收进去。鉴于印巴特别是印方对中国"一带一路"倡议的认知偏见，这导致中国"一带一路"倡议对印巴和平进程的促进作用尚未充分发挥，在一定程度上被印度拿来作为阻碍印巴和平进程的借口。不过，基于印度经济"重商主义"和外交"左右逢源"的传统，鉴于印度"利则用之、不利弃之"的惯性利己做法，[①] 在一定时期内，因时因势促进印度转变态度，推动"一带一路"倡议与印巴和平进程二者实现强正相关，将是非常有可能实现的现实课题。

第一节　印巴和平问题涉我性分析及启示

中国作为印巴邻国，作为世界新兴力量的主要代表，作为在南亚有重要利益关切的国家，作为巴基斯坦的全天候友好国家以及作为印度的第一大贸易国，从主观上，应该积极关注南亚局势，关心印巴关系的发展。客观上，国际社会以及印巴"当事人"也时刻关注中国的南亚战略。21世纪以来，印度更加关注中国在南亚的举动，始终认为中国在积极介入

---

① 比如，为不错失在亚洲的投资机会，印度作为首批意向创始成员国，2014年就加入了由中国倡导的亚洲基础设施投资银行。

南亚，印度南亚独大的地位受到了日益强大的中国的挑战。因此印度有比较强烈的声音认为，中长期来看，稳住巴基斯坦、缓和中印关系至关重要，反对中国可能在南亚的调停者角色，警告印度当局必须预见到"用狐狸看守母鸡窝"的可能性。① 但国际社会不少力量希望中国对此地区发挥建设性作用。2009年11月，美国时任总统奥巴马访华，希望中国能够介入南亚，为此地区的和平与稳定做出努力。欧洲认为中国可以在南亚扮演调停者的角色。巴基斯坦对中国过去在促进印巴关系方面所做的努力"表示赞赏"，并希望中国能够以"第三方"的角色改善印巴关系。②

中国是否应该介入南亚地区稳定与印巴和平问题？面对印度的强烈反对，面对国际社会的一再呼吁，面对巴基斯坦的极力支持，中国究竟该何去何从？应该看到，国际社会呼吁中方调停印巴矛盾，各怀鬼胎，各有心思，也各有解释，我应高度清醒。本书认为，首先应该预见印巴和平问题涉我的几种情况。比如克什米尔划界问题、恐怖主义问题、经贸问题以及中国的南亚身份问题。基于此，应该总结印巴和平问题涉我情况给予我方的启示是什么。至少有两点：一是持续高度关注印巴争端解决方式；二是中国的角色定位要明确。

一、印巴和平问题涉我性分析

以1999年卡吉尔冲突为标志，中国的对印巴政策重新回到了中立立场。与20世纪50年代的中立政策的主要区别是：20世纪90年代以来的中立是积极中立，即除了在印巴之间保持不偏不倚的公正立场，还利用自身的特殊影响力，对巴基斯坦做了很多劝和工作。③ 虽然中国没有事实上介入印巴任何争端，但印巴特别是印方的主张以及事实上的印巴争端涉我性较强。另外，印度的一些观点思维也需要引起重视：印度将中国所主张的在"条件成熟"时再解决两国边界争端倡议解读为"中国就像当时处理与贫弱俄罗斯和弱小中亚边界问题一样在等待均势明显有利于自己一方的时候才同意谈判"④；印度对中国成为南盟观察员国表示担忧，认为"中国没有参会却掌控了会议议程"，⑤ "这是'中国

---

① Klaus Julian Voll, "The India-Pakistan relations from an Indian perspective", pp.1-3, http://www.boell-pakistan.org/downloads/India-Pakistan_Relations_Indian_Perspective.pdf, 登录时间：2022年8月16日。
② Ananth Krishnan, "Pakistan wants third-party role for China", http://www.hindu.com/2010/02/24/stories/2010022463391400.htm, 登录时间：2022年8月16日。
③ 王苏礼，《中国对印度与巴基斯坦的外交政策》，中共中央党校博士论文，2010年，第118页。
④ Brahma Chellaney, "The India-Pakistan-China strategic Triangle and the Role of Nuclear Weapons", IFRI Proliferation Papers, Winter 2002, 第6页。
⑤ C.Raja Mohan, "SAARC Reality Check: China Just Tore up India's Monroe Doctrine", The Indian Express, Nov. 14, 2005.

遏制印度战略'意图的又一体现"。①印度对美国呼吁中国介入南亚事务表示强烈反对。印度也公开声称"任何第三方的作用都是不可想象的……"。②

概括来讲，印巴和平问题的涉我性主要集中在四个方面：克什米尔领土问题、恐怖主义问题、经贸问题、中国南亚身份问题。

1. 印巴克什米尔问题的涉我情况

克什米尔地区连接印度、巴基斯坦、阿富汗和中国四方，战略位置特殊。该地区穆斯林、印度教和佛教民众混居，宗教情况复杂。由于印巴就克什米尔归属问题持续冲突，该地区安全稳定形势严峻。特别是，印度居然认为中国还占据了克什米尔的一部分领土。因此，印巴克什米尔问题涉及了中国的领土、民族、宗教和边疆安全问题。

首先，本着既考虑历史又照顾当时实际情况的精神，采取互谅互让、友好协商、求得公平合理解决的态度，1963年3月，中巴双方签订了《关于中国新疆和由巴基斯坦实际控制其防务的各个地区相接壤的边界的协定》。

其次，印控拉达克地区历史上就曾属于中国西藏地区管辖。当前，该地区藏族占据大多数，该地区受藏族文化影响较大，与我国西藏地区民间交往联系较多。

再次，克什米尔地区的西北部与我国新疆接壤，该地区伊斯兰教教徒占大多数，存在大量武装恐怖组织（多数针对印度及印控克什米尔地区）的事实，不能不引起中方的高度重视。同时，该地区位于中巴经济走廊的"脖子"位置，克什米尔北部地区安全以及未来领土归属将很容易卡住中巴经济走廊的"脖子"。因此，尽管克什米尔争端目前属于印巴双边谈判议题，但出于综合安全考虑，我国应密切关注双方在这一问题上的谈判主张以及所坚持的各种依据，对涉及我方立场的言论甚至是行为应给以及时回击，以免在将来处理双边关系时给其"中国默认"的口实。

最后，应该注意印巴就《关于中国新疆和由巴基斯坦实际控制其防务的各个地区相接壤的边界的协定》名称的态度变化。从名称上来看，当初，该协定起名于此，主要是尊重了印巴在克什米尔实际分治的事实，

---

① Mohan Malik, "China's Strategy of Containing India", *PINR*, 6 February 2006, http://www.pinr.com/report.php?ac=view_report&report_id=434, 登录时间：2022年8月16日。
② "No role for third party in India-Pakistan ties, India says", Wed, 18 Nov 2009, http://www.earthtimes.org/articles/news/295244,no-role-for-third-party-in-india-pakistan-ties-india-says.html, 登录时间：2022年8月16日。

能够增加我国在未来处理相关边界问题上的灵活度和外交回旋余地，巴方当时给予了充分理解，也照顾到了当时印度的情绪。但随着时间的推移，该协定已过去近60年，应不得不看到它可能产生的消极影响：一是巴方逐步认为中方这一选择日益给印度提出领土主张、边界未定论提供了依据和借口，对巴不利。二是印巴未来可能会声称这只是一个临时边界安排，不是严格意义上的两国边界条约，会随着对华关系的变化，而提出对我国不利的领土诉求。

2. 印巴恐怖主义议题的涉我性分析

印巴在反恐问题上谈判已久，特别是在全面对话机制下开展了专门的议题会谈，双方也在此问题上建立了一些信任措施，比如建立了联合反恐机制。但双方反恐合作有很多问题。比如，双方对恐怖主义的认知存在较大偏差，印度认为的恐怖主义者很多时候巴基斯坦认为是自由战士；印度认为巴基斯坦在制造和输出恐怖主义，而巴基斯坦坚称印度在印控克什米尔地区的暴力政策以及不公正对待非印度教民众的政策应该对南亚恐怖主义的产生负责；印度经常将印巴反恐合作狭隘地理解为"停止越境恐怖主义活动"，而巴基斯坦则声称印度驻扎印巴边境70万大军的事实本身就是一种恐怖主义根源。另外，印巴双方都在经营阿富汗，经营针对对方的暴力力量。特别是在2021年美国撤军阿富汗后，阿富汗塔利班重新上台，印度对巴方支持阿富汗制造针对印度的恐怖主义活动更加担忧，对中巴在阿富汗问题上的合作更加敏感和指责。基于此分歧，双方各自的"自助"战略可能涉及中国的边疆安全。第一，印巴双方在恐怖主义问题上的长期分歧造成了本地区联合反恐能力的真空，这为各种邪恶势力提供了生存空间。中国新疆和西藏与本地区接壤，这增加了中国维护边疆地区安全的压力。第二，印巴对恐怖主义认知的偏差可能延伸到其对中方提出并高度关切的暴力恐怖主义、宗教极端主义、地区分裂主义"三股势力"的认识上。比如，印度对"中国寻求与巴基斯坦安全合作"表示担忧甚至是指责。[①] 中印在联合反恐方面的合作迟迟没有实质性的进展。第三，在阿富汗问题上，美国发动阿富汗战争20年来，印度一直对阿富汗民选政府进行了有针对性地投入；特别是在2021年

---

① 比如，印度认为中国通过加强与巴基斯坦合作的目的有两个，一是维护新疆等中国西部边疆稳定；二是用一个可信任的、强大的巴基斯坦牵制印度西部边境，以在中印协商和对抗中获取优势。参见 Col R Hariharan, "Building a Meaningful Strategic Relationship With China", http://www.southasiaanalysis.org/papers41/paper4005.html, 登录时间：2015年4月11日

美国撤军阿富汗后,更加紧与巴基斯坦争夺阿富汗问题话语权,[①]印巴竞争态势加大了印方对中国的猜忌,不利于地区联合反恐。作为阿富汗的重要邻邦,为应对更加复杂的安全形势,中国依托上合组织,加强与周边所有国家(当然包括巴基斯坦)合作,特别是安全防务合作,是情理之中之举。但这使印度感到恐慌,印方认为届时印巴不合,中巴合作会使"印度陷入中国的包围圈"。[②]因此,印巴反恐问题存在较多的涉我因素。促使印巴在反恐合作上达成共识,共同应对地区形势,有利于我国安全战略的实施。

3. 印巴低水平的和平关系间接阻碍了中国与南盟发展友好合作关系步伐

首先,印巴低水平的和平关系导致双方在南盟发展程序性安排上不一致。比如,印巴在南盟机制下的各级别会议议题上,常常存在纠纷,难以达成一致;在看待区外国家以及国际事件上,难以形成统一的意见。其次,双方在南盟机制下的操作层面上不够协调。比如,双方对"南亚特惠贸易安排(SAPTA)协定的履行不够协调,对《南亚自由贸易协定框架条约》的认识不一致。总之,印巴低水平的和平进程影响了南盟一体化的步伐,降低了区内协调能力,也降低了南盟作为一个整体处理对外事务的能力。低水平的印巴和平关系,对中国在发展与南盟关系上产生了3个消极影响。第一,影响了中国与南盟友好合作的水平。作为南盟区内两个主要大国,印巴无法在南盟组织框架下,就推进南盟与中国合作达成一致,特别是在最有潜力并比较容易推进的经贸、农业、基础设施建设三个领域都无法取得高度一致。这导致南盟作为一个整体,与中国开展合作的能力很低,比如,在南盟领导人峰会停摆前的2015年,双方贸易额仅为1112.2亿美元,而同期中国与欧盟、东盟的贸易额分别是5647.5亿美元、4721.6亿美元。[③]第二,中国的观察员国作用没有得到发挥。2005年,即使印度妥协,同意了中国成为南盟观察员国,截至2014年,中方先后5次派高级代表团出席南盟峰会,但就观察员国(特别是中国)如何参与其多边架构始终没有作出机制性安排,没有确定具体的合作领域,中国的经济发展无法在南亚寻得广阔的空间。第三,中国成为南盟正式成员的步伐受到限制。尽管巴基斯坦、孟加拉国

---

① 比如,2021年11月10日,印度牵头举行有关阿富汗问题的地区安全对话,俄罗斯、伊朗和中亚五国的高级安全官员出席,巴基斯坦和中国没有赴约。而第二天,巴基斯坦与中美俄三国成功举行"三驾马车"扩大会议,讨论有关阿富汗问题,印度对中、美、巴大为不悦。
② Razesshata Sethna, "New Talks, Old Story", *The Herald*, August 2010, pp. 32-33.
③ 综合中国商务部网站"2015年中国对外贸易发展情况"及商务部原副部长高燕2016年5月5日答记者问时的数据整理而来。

和尼泊尔等都在积极推动中国加入南盟，成为南盟正式成员国，[①]但印度学者认为，"中国的加入会把南盟变成一个不以南亚为中心的跨区域组织，那将意味着打开'潘多拉的盒子'，成为中国从各个方面在南亚次大陆遏制印度战略的一部分……印度在南盟的领导地位和主动权将被冲淡"。[②]随着原定于2016年由巴基斯坦主办的第19届南盟峰会因故至今尚未举行，中国正式加入南盟的步伐也戛然而止。

4. 印巴对中国在南亚身份的不同认知影响着中国南亚政策的成效

印巴争端本来是印巴双边问题，但由于中国是印巴邻国，21世纪以来正在迅速崛起，同时中巴友好、中印存在争端也是基本现实，因此，不管在客观上还是在主观上，印巴争端不可避免具有涉我性。中国须认识到印巴对中国在南亚身份的不同认知。其中，巴基斯坦自始至终都希望并欢迎中国在南亚尤其是在印巴争端中发挥作用，认为中国应该积极介入南亚。尽管巴方也认识到中国南亚政策的调整是有大的战略背景，不会以降低中巴友好为代价，但巴方仍然不忘提及冷战时期（特别是第二、第三次印巴战争期间）中巴关系的友好程度，一定程度上反映出巴方希望中方介入印巴争端的紧迫性和深入性。而印度始终对中国的南亚政策抱有猜忌并妄加指责，认为中国在南亚的任何举动都是扬巴抑印，因此坚决反对中国介入南亚争端，特别是印巴争端。其实，造成印巴对中国在南亚身份不同认知的根本原因并不是中国南亚政策本身，而是由于印巴缺乏互信，印巴仍然用二元对立思维看待对方与中国关系的发展。比如，中巴全方位合作招致印度的臆断指责，中巴经济走廊本来是共建共享共有的经济之廊，却硬生生被印度上升到安全问题、政治问题、领土问题而大力抵制；中印加快"面向和平与共同繁荣的全面战略合作伙伴关系"，巴方特别是巴民间却对此多有不悦。比如2014年，习近平主席访问了印度而推迟了对巴基斯坦的访问，巴方民众发表了很多不同看法。其实这主要是因当时巴国内安全形势所致，并不影响中巴关系的持久友好。2015年4月，习近平主席成功访巴就是最好的证明。总之，由于印巴对中国南亚身份的认知有差异，身份定位不同，中国的南亚政策实施会受到一定程度的影响，其实施成效一定程度上有赖印巴进一步提升和平水平。

[①] "Pak to Push for Full Membership of China in SAARC", *Press Trust of India*, Nov. 15, 2005.
[②] Bhartendu Kumar Singh, "SAARC Expansion and China", http://www.ipcs.org, 登录时间：2022年8月16日。

二、印巴和平问题对我国的启示

基于以上印巴和平问题的四点涉我性分析,可以得出三点重要的启示。第一,印巴具体争端的解决方式是一个演变的过程,未来可能会被不同程度地复制到处理与中国的关系当中,应引起我方持续关注。第二,鉴于印巴的不同态度,中国在其间的角色定位要准确,新形势下要注意在维护国家利益与发挥大国责任之间寻求平衡:既要以国家利益为基础,同时还要讲究策略,积极承担大国应有责任。第三,中国的南亚政策应该应时调整,要有明确的应变预案。

1. 关注印巴争端的解决方式

由于南亚地区具有极强的涉我性,特别是印巴两国,因此,印巴争端的解决方式很可能成为样板被套用在未来与中国的问题解决当中。印巴冲突型问题比如克什米尔问题、锡亚琴冰川问题、塞·克里克湾问题、水资源纠纷问题等,其解决方式可能会极不对称,情况有两种。第一,印度压力下的巴基斯坦让步式的解决方式。若如此,其溢出效应可能会反映在印度处理与中国的关系当中。即印度可能会因此增加与中国谈判时的自信,态度更趋强硬,对中印问题争端的解决不利。第二,巴基斯坦以强势"讹诈"的方式逼印度妥协。这种可能性很小,但不能完全排除,因为印巴对抗的历史已经说明巴基斯坦不愿妥协,并有能力以不均衡的核威慑来维持现状。当前,巴基斯坦已经拥有一些印度需要慎重对待的资本,比如核武器、反恐、穆斯林世界的影响力等。因此,随着国际形势的风云变幻,随着印度追求大国地位(也伴随着大国责任)步伐的加快,巴基斯坦会不会利用这些资本"讹诈"印度,以换取有利于巴基斯坦的解决方案?这样的方式对中国的启示也是双面的:一是巴基斯坦可能利用这种方式,从与中国的关系中获利更多。二是印度可能会从中吸取教训,模仿巴基斯坦的"讹诈"方式寻求与中国争端的解决。

总之,关注印巴争端的解决方式,目的不是方式的本身,而是这种方式可能产生的结果,即:该种方式会被获利的一方拿来作为处理与中国关系的样板。该种方式可能是对称的,也可能是不对称的。因此,对中国来说,印巴和平进程中,最终解决双边争端的最佳方式应该是对双方公平合理,其核心要旨就是相互妥协、互谅互让。不对等的解决方式不仅会给印巴的未来埋下隐患,也可能减少将来中国与之问题谈判的选择;印巴以紧张形势来维持现状的方式也可能对将来的中国与之问题的解决产生不利影响。

2. 中国在南亚的角色定位要准确

中国在南亚到底应该是什么角色？局外人？劝和者？合作者？面对中国逐步走向伟大民族复兴的事实，面对国际社会的和平呼吁，面对印巴截然不同的态度，面对中国社会转型、外交战略大调整的关键时期，中国如何定位自己在南亚的角色？如何评估自己在印巴争端中可能发挥的作用？

首先，需要搞清楚的问题是中国在南亚的核心利益诉求是什么？或者说中国的南亚政策的主要动因是什么？有学者说："从长远利益来看，中国需要对南亚保持影响力的主要动因之一是维护西南边疆地区的长治久安"。[1] 为了实现这个目的，中国先前南亚政策的核心就是尽量不介入南亚。但是这个政策的前提是希望印度政策有助于建立南亚各国的战略自主地位，有利于建立南亚相对稳定的地区格局以实现南亚机制上的稳定，继而稳定南亚局势。时至今日，印度的南亚政策和地位没有得到南亚各国，尤其是巴基斯坦的一致认同。这种形势下，在中国积极践行"亲诚惠容"的周边战略之际，在中国积极宣扬"人类命运共同体"的外交理念之时，中国应该调整其南亚政策，在支持一切有利于南亚稳定举措的同时，积极参与南亚稳定机制的建设进程，以加快南亚新的国际体系的形成，构建和谐、安全、稳定的周边环境。"参与"并不是"谋霸"，"参与"是"命运共同体"理念的积极实践。

其次，要明确南亚政策调整的最核心问题是如何对待印巴争端。在不同类型问题上，中国的角色和策略应该是灵活的、不同的。第一，必须认识到印巴争端在很多领域都是有潜在涉我性的，尤其是在直接涉我性问题上，[2] 中国应该做好介入的准备，要有介入的姿态与印巴各方保持低调的接触与交流。在力促印巴能够公平合理解决问题的同时，也要努力使其理解中国在相关问题上的关切。当然，这种介入要见机行事，有礼有节。[3] 这或许算是一种潜在"有限合作者"的角色。第二，在间接涉我问题上，比如印巴越境恐怖主义问题、经贸发展谈判、毒品走私问题，以及在非涉我问题上，比如塞·克里克湾划界问题、民间交往问题、

---

[1] 赵干成，《南亚国际格局的塑造与中国的抉择》，载《南亚研究》，2010年第1期，第34页。
[2] 直接涉我性的问题除了克什米尔领土划分、锡亚琴冰川问题，另外印巴水资源争端问题也逐渐有了涉我性。印巴八大问题之一的乌拉尔大坝问题现在逐步扩大为印巴水资源争端问题。这一议题的扩大以及双方争端的深入也逐步牵扯到中国。这包括两方面：第一，印度指责中国帮助巴基斯坦在有争议地区开发水力资源。第二，印巴，主要是印度大放厥词，指责中国在一些共有河流上游建坝截水，影响其水文环境。
[3] 比如，2019年，在印度宣布废除印控克什米尔地区特殊地位，设立所谓"拉达克中央直辖区"危害我国领土安全利益时，我国动员联合国安理会讨论克什米尔问题，并支持巴基斯坦反对莫迪政府的决定，呼吁双方通过双边和平谈判解决争端。

信任措施建设问题，中国可以灵活定位。鉴于印度的强烈反对，在间接涉我问题上，中国目前最好的战略就是以经验性的劝解方式尽量进行调和。在一些非涉我性问题上，中国的选择余地更大。但是出于大国责任以及拓宽中国外交的考虑，中国也应该努力促进印巴在这些问题上的公正合理解决。因此，中国在在这方面的角色可界定为"劝和者"。

因此可以说，出于国内、地区甚至是全球形式的考虑，在某些时候某些问题上中国仍需要担任局外人角色，比如印巴宗教矛盾、印巴贸易问题、民间交往问题等。但是，我们必须从印巴和平进程中预判到形势的变化。随着形势的发展，中国将来作为"劝和者"以及"有限合作者"角色的必要性和可能性都在增加。中国应该积极地应对这些变化，提早预案，以在维护国家利益和发挥大国责任方面取得双重成果。

3. 完善并调整可操作层面的具体政策，及时制定相应预案

2012年以来，中国外交战略进行了再布局，10年来，中国积极实践了"北固、南下、东稳、西进"的周边战略。[①] 南亚特别是印巴属于中国周边战略重要的一环，排在东北亚、东南亚之后，居第三位。因此，在此战略规划和部署下，中国的印巴政策应该有新的调整，"中国将受益于它与南亚主要邻国关系的健康发展，同时也将从战略高度继续致力于南亚地区的稳定和安全"。[②]

中国印巴政策的调整应该集中在四点。第一，应明确并坚持印巴平衡与劝和的政策。要向印巴双方展示中国南亚政策的原则是真诚发展不针对第三国的友好合作政策，主张通过对话和平解决争端。第二，要让印巴明确，中国发展与之的"平衡"关系不同于"平行"关系，避免印巴用狭隘的"绝对平均主义"思维看待中国与另外一方的任何外交举动。[③]第三，要吸取美国多年在印巴争端中"调停"而效果不佳的教训，避免以"调停者"单重角色出现在印巴关系当中，应根据涉我程度的不同以及国际社会的导向而有所选择。第四，可探索构建中—印—巴三角良性互动关系，在"维护南亚和平与稳定""推进南亚经济社会发展与共同应对发展中的挑战""共同应对各种非传统安全""警惕外部势力在南亚的战略意图"等方面寻求重大利益切合点，构建三方合作机制，推进印巴超越"安全困境"，加快构建基于发展基础上的新型和平模式。

---

① 该战略的具体内涵可参见张超哲的《中国周边安全态势及应对》，http://www.qstheory.cn/laigao/2014-11/30/c_1113461161.htm，登录时间：2022年8月16日。
② 张力，《中国的南亚外交与克什米尔问题》，载《南亚研究季刊》，2006年第1期，第47页。
③ 平衡战略的5大基本内涵可参见薛勇的《中印巴三角关系与中国的南亚政策》，载《南亚研究季刊》，2007年第1期，第41页。

同时，中方应研判印巴冲突加剧的可能，以"服务中国周边战略、维护南亚地区稳定、实现印巴平衡"为宗旨，制定应变方案。比如，印巴有关克什米尔争端划界以及水资源争端问题，中国的应对之策可以是积极关注，在劝和的同时，针对可能涉我的情况，提前表明中方立场，参与制定有关解决方案。在印巴爆发武装冲突及战争的情况下，中方的应变之策可以是采取积极中立，维护印巴战略相对平衡。在世界其他大国图谋拉拢南亚实现对我战略包围的情况下，中方的应对之策可以是积极争取南亚各国，发挥南亚友好国家的支点作用（比如巴基斯坦、斯里兰卡、尼泊尔），寻求突围。

"朋友可以选择，但是邻居不能选择"。作为南亚的邻居，作为印巴的邻居，中国不应该、也不可能完全置身事外。尤其是面对南亚复杂的地区形势变化以及中国与印巴有着不同利益的事实，中国需要关注印巴和平问题，从中把握涉我的潜在问题，并进行涉我性分析。中国需要促进和维护一切有利于南亚区域稳定与和平的结构和框架，因此必须在南亚发挥一种恒久的均衡与稳定作用。因此，以"维护国家利益、发挥大国作用"为目的，我国应顺势完善并调整南亚政策，明确自身综合、多重的角色定位。

第二节　中国"一带一路"倡议与印巴和平进程关联性解读

中国"一带一路"倡议的提出具有深刻的国际国内背景。经过9年的实践发展，多数国家对该倡议的理念、原则、目标、主体框架表示认同和接受。截至2022年4月，中国已与149个国家、32个国际组织签署200多份共建"一带一路"合作文件。南亚是我国"一带一路"推进的重点示范地区，中国"一带一路"倡议在南亚、在印巴的具体呈现形式主要是中巴经济走廊、孟中印缅经济走廊建设，但"两廊"建设推进成效具有巨大差异，主要原因在于印巴对二者的不同认知。中国"一带一路"倡议在南亚的推进实施与印巴有直接关系，与印巴和平进程存在较大程度的关联性。从理论上看，中国"一带一路"倡议与印巴和平进程的正相关性较强，但实际上，由于印巴特别是印方对中国"一带一路"倡议的认知偏见，"一带一路"倡议对印巴和平进程的促进作用尚未得到充分发挥，却在一定程度上被印度拿来作为阻碍印巴和平进程的借口。

未来如何转变印度态度，推动中国"一带一路"倡议与印巴和平进程二者实现较强的正相关性，将是一篇可做可为的大文章。

一、中国"一带一路"倡议提出的背景

2013年9—10月，国家主席习近平出访中亚和东南亚国家期间，先后提出了共建"丝绸之路经济带"和"21世纪海上丝绸之路"（以下简称"一带一路"）的重大倡议，标志着中国外交以"一带一路"建设为重要基点，开启了新纪元，踏上了新征程。2015年3月，国务院授权发布了《推动共建丝绸之路经济带和21世纪海上丝绸之路的愿景与行动》，对"一带一路"建设进行了操作层面的系统设计。此后，中国领导人以"一带一路"为外交基点开展世界"巡回演说"，讲好丝路故事，共商丝路建设举措，并陆续出台《共建"一带一路"：理念实践与中国的贡献》《推动丝绸之路经济带和21世纪海上丝绸之路能源合作愿景与行动》《共建"一带一路"倡议：进展、贡献与展望》《西部陆海新通道总体规划》等系列重要文件。9年来，"一带一路"从"构想"走向"行动"，从"谋划"走到"实施"，成为国家外交重大优先发展选择，成为新时期中国外交的重要基点，引起国际社会广泛关注和沿线国家及地区的积极响应。2017年和2019年，中方成功举办了2次"一带一路"国际合作高峰论坛。特别是第二次高峰论坛，38个国家的元首和政府首脑以及联合国秘书长和国际货币基金组织总裁共40位领导人出席圆桌峰会，来自150个国家、92个国际组织的6000余名外宾参加了论坛。[1]这标志着"一带一路"建设已经客观地成为国际社会广泛共识、共同主张、共建战略、共享行动。

1. 中国"一带一路"倡议的主要内容及顶层框架

中国"一带一路"倡议的核心理念集中体现在丝路精神之中，即和平合作、开放包容、互学互鉴、互利共赢。[2]核心要义是在"一带一路"建设国际合作框架内，各方秉持共商、共建、共享原则，携手应对世界经济面临的挑战，开创发展新机遇，谋求发展新动力，拓展发展新空间，实现优势互补、互利共赢，不断朝着人类命运共同体方向迈进。[3]建设目标是要把"一带一路"建设成为和平之路、繁荣之路、开放之路、绿

---

[1] 《王毅谈第二届"一带一路"国际合作高峰论坛成果》，中国国务院官网，http://www.gov.cn/guowuyuan/2019-04/29/content_5387258.htm，登录时间：2022年8月10日。
[2] 《习近平2017年5月14日在"一带一路"国际合作高峰论坛开幕式上的演讲》，新华网，http://www.xinhuanet.com/world/2017-05/14/c_1120969677.htm，登录时间：2022年8月10日。
[3] 《习近平2017年5月15日在"一带一路"国际合作高峰论坛圆桌峰会上的开幕辞》，人民网，http://politics.people.com.cn/GB/n1/2017/0516/c1001-29277113.html，登录时间：2022年8月10日。

色之路、创新之路、文明之路。① 为此，中国政府高规格成立推进"一带一路"建设工作领导小组及其办公室，组长由中共中央政治局常委担任，办公室设在国家发展改革委，办公室主任由国家发展改革委主任担任。

"一带一路"顶层框架包括方向框架和主体框架。方向框架有5大方向，丝绸之路经济带上有3个，分别是从中国西北、东北经中亚、俄罗斯至欧洲、波罗的海方向，从中国西北经中亚、西亚至波斯湾、地中海方向，从中国西南经中南半岛至印度洋方向；21世纪海上丝绸之路上有2个，分别是从中国沿海港口过南海，经马六甲海峡到印度洋，延伸至欧洲方向；从中国沿海港口过南海，向南太平洋方向延伸。主体框架可以简单用"六廊""六路""多国""多港"8个字概括。其中"六廊"指的是六大国际经济合作走廊：中巴经济走廊、孟中印缅经济走廊、新亚欧大陆桥、中蒙俄经济走廊、中国—中亚—西亚经济走廊、中国—中南半岛经济走廊；"六路"指的是公路、铁路、航运、航空、管道、空间综合信息网络，是基础设施互联互通的主要内容；"多国"是指一批先期合作国家，争取示范效应，体现合作成果；"多港"是指共建一批重要港口和节点城市，繁荣海上合作。②

2. 中国"一带一路"倡议提出的背景及国际社会的认知反应

2013年中国"一带一路"倡议的提出有着深刻的国际国内背景。一开始，国际社会特别是西方对该倡议的认知存在差异甚至偏见。不过，经过9年的实践发展，多数国家对该倡议欢迎并接受。

（1）提出的国内外背景。③ 就国际和地区形势来讲，第一，中国经济持续繁荣发展，具有广阔的海内外市场。国际社会对中国经济的需求日益增强，对中国进一步扩大开放的期待更加急迫。第二，美国加快战略强势东移，印日加强东亚合作，呼应美国压缩中国东亚战略空间。中国通过丝绸之路经济带建设"西出"可以实现战略"再平衡"；通过21世纪海上丝绸之路建设，可以突破美日等对我亚太海上围堵。第三，2013年前后，中美俄的中南亚博弈之势加剧，中国以"丝绸之路经济带"建设为抓手的"向西开放"政策遭遇美国的"新丝绸之路"（The New

---

① 《习近平2018年9月3日在2018年中非合作论坛北京峰会开幕式上的主旨讲话》，新华网，http://www.xinhuanet.com/politics/2018-09/03/c_1123373881.htm，登录时间：2022年8月10日。
② 由中国一带一路网消息整理而来，https://www.yidaiyilu.gov.cn/info/iList.jsp?tm_id=540，登录时间：2022年8月10日。
③ 此部分参考了张超哲等发表在《南亚研究季刊》2014年第2期《中巴经济走廊建设：机遇与挑战》一文，第80-81页的内容。

Silk Road)、俄罗斯的"欧亚联盟"计划（Eurasian Union）以及印度的"南北通道走廊"（North-South Transport Corridor）设想，竞争态势明显。①第四，2013年开始，国际全球化开始受阻，逆全球化趋势开始加剧，国际能源、资源供应出现波动，消费大国综合竞争加剧。就国内因素来讲，一是中国深化改革开放的需要，"一带一路"建设可以加快互联互通，推动中国经济发展创造二次奇迹。二是中国西部边疆地区安全和东部海上安全出现新形势，需要扩大与周边国家合作，营造集体安全。

（2）国际社会对中国"一带一路"倡议的认知。自中国提出"一带一路"倡议后，国际社会对其内涵进行了热议。有的认为中国"一带一路"倡议是中国极具战略性、全局性和创新性的重大外交布局，目的是要建立一个对中国更有利的国际环境；有的认为中国"一带一路"倡议目的是加强中国与沿线国家经贸合作，促进地区繁荣发展；有的认为中国"一带一路"倡议主要是加强区域合作，促进地区安全与发展；有的认为中国"一带一路"倡议主要是为了打击"三股势力"，促进地区和平与稳定；还有的认为中国"一带一路"倡议主要是为了文化交流与发展。有国内学者将上述概括为外交战略说、经贸发展说、区域合作说、和平稳定说、文化交流说等"五种学说"。②不过，以上观点并不是孤立存在的，只是各有侧重而已。不管哪种观点，其背后始终隐藏着一个深层次的共识，那就是：中国"一带一路"倡议存在很强的外溢性和发展性，这对国际社会既是机遇，但也存在很多不确定性。

印巴对中国"一带一路"倡议的看法截然不同。巴基斯坦从一开始就支持中国"一带一路"倡议，并在该倡议下，促成中巴启动建设中巴经济走廊，成为中国"一带一路"建设的旗舰项目。巴基斯坦大力支持该倡议的原因在于：第一，中巴世代友好，历来就有相互支持的传统。第二，也是最重要的一点，2013年6月擅长打经济牌的纳瓦兹·谢里夫再次就任总理，他认为中国"一带一路"倡议正好切合其实现"亚洲之虎梦"（Asian Tiger Dream）的口号，认为二者是高度契合、同向共荣的，于是上任后高规格推动了中巴经济走廊建设。

---

① 详见高飞的《中国的"西进"战略与中美俄在中亚的博弈》，载《外交评论》，2013年第5期，第39-50页及Zahid Ali Khan，"China's Gwadar and India's Chahbahar: An Analysis of Sino-India Geo-strategic Economic Competition"，Strategic Studies, p. 100, http://www.issi.org.pk/publication-files/1379479541_87064200.pdf，登录时间：2022年8月16日。
② 吴素霞，《国外政要学者媒体视域中的"一带一路"战略》，载《毛泽东邓小平理论研究》，2016年第3期，第84-86页。

印度国内则更多地集中在对中国"一带一路"倡议的意图特别是在南亚板块的意图进行极端的猜测。达丽特·辛格（Daulet Singh）将印度国内的观点分为地缘政治、新现实主义、马汉主义、新自由主义四派。[1]总的来看，印度方面主要从经济、战略、安全、文化等传统视角对我国"一带一路"倡议进行解读。比如，有的侧重从经济视角认为，进入新时代的中国需要打造开放型经济发展格局2.0版，通过资本、人员、技术、产能输出来维持新经济形态的高增长；有的侧重从战略的角度认为，"一带一路"是中国实现中华民族伟大复兴大战略的重要组成部分，要通过施加经济、政治、文化、安全等影响来主导周边；有的侧重从安全的角度认为，"一带一路"是中国破解"马六甲困境"、降低周边对中国军事力量特别是海上军事力量崛起担忧、确保海上运输安全的重大安全举措；有的侧重从文化的角度认为，"一带一路"是中国实现中华文化复兴的重大抓手，试图通过与沿线国家开展多层次的人文交流与合作，展示中国国家"软实力""吸引力""向心力"，扩大中华文明影响范围。[2]

印度对中国"一带一路"倡议的态度是一个逐渐演变的过程，大概经历了4个时期。一是评估观望期（2013年9月—2014年5月），二是对冲反对期（2014年5月—2017年8月），三是转型对话期（2017年8月—2019年8月），四是反对制衡期（2019年8月至今）。[3]也就是说，截至目前，印度不但没有加入中国"一带一路"倡议，而且对其批评力度加大，反制措施越来越多。

总的来说，"一带一路"倡议的提出虽然是我国应对国内外形势变化之举，但发展至今，已经成为我国参与全球开放合作、改善全球经济治理体系、促进全球共同发展繁荣、推动构建人类命运共同体的中国方案，是全球最受欢迎的全球公共产品，也是目前前景最好的国际合作平台。[4]国际社会对中国"一带一路"倡议的认知越来越中性、客观，接受程度越来越高，特别是发展中国家加入的愿望越来越强烈。

---

[1] Zorawar Daulet Singh, "Indian Perceptions of China's Maritime Silk Road Idea", *Journal of Defence Studies*, Vol. 8, No. 4, 2014, pp. 133-148.
[2] 关于四个视角的解读具体分析可参见张超哲等发表在《南亚研究季刊》2018年第1期的《印度对中国"一带一路"倡议的态度演变、动因及应对》一文，第86-87页。
[3] 前三个时期的具体分析可参见张超哲等发表在《南亚研究季刊》2018年第1期的《印度对中国"一带一路"倡议的态度演变、动因及应对》一文，第88-90页。
[4] 习近平2018年8月27日出席推进"一带一路"建设工作5周年座谈会并发表重要讲话，国务院官网，http://www.gov.cn/xinwen/2018-08/27/content_5316913.htm，登录时间：2022年8月10日。

二、中国"一带一路"倡议在印巴推进情况

南亚是我国"一带一路"倡议推进的重点示范地区,中国"一带一路"倡议在南亚、在印巴的具体呈现形式主要是中巴经济走廊、孟中印缅经济走廊建设。中国"一带一路"倡议在印巴推进情况主要体现在"两廊"建设方面。

1. 中巴经济走廊建设情况

中巴经济走廊建设首先由中国国务院总理李克强2013年5月访问巴基斯坦期间提出并明确载入《联合声明》当中。其实,这是我国在巴方此前呼吁建设中巴贸易能源通道基础上,[①] 提出的公路、铁路、管道、光缆"四位一体"的综合性工程,迅速得到巴方的积极回应,并于2015年4月正式启动,预计总工程费将达到450亿美元,计划于2030年完工。

中巴经济走廊起点在喀什,终点在巴基斯坦瓜达尔港,全长3000公里,北接"丝绸之路经济带"、南连"21世纪海上丝绸之路",是贯通南北丝路关键枢纽,是一条包括公路、铁路、油气和光缆通道在内的贸易走廊,也是"一带一路"的重要组成部分。中巴经济走廊项目共分东、中、西三线,经过巴基斯坦国内各派协调确定以西线为优先路线。中巴经济走廊西线起始于瓜达尔(Gwadar),经俾路支省的图尔伯德(Turbat)、本杰古尔(Panjgur)、纳格(Nag)、巴斯玛(Basima)、索拉巴(Sorab)、卡拉特(Qalat)、奎塔(Quetta)、基拉赛福拉(Qilla Saifullah)、兹霍布(Zhob)进入开伯尔—普赫图赫瓦省的德拉伊斯梅尔汗(Dera Ismail Khan)、哈桑·阿布达(Hassan Abdal),最后到达伊斯兰堡(Islamabad)。东线方案出喀喇昆仑公路的曼瑟拉(Mansehra),经伊斯兰堡(Islamabad)进旁遮普省(Punjab),过拉合尔(Lahore)直至木尔坦(Multan),沿木尔坦—海德拉巴(Hyderabad)和海德拉巴—卡拉奇(Karachi)M-9高速公路前进,至瓜达尔港的沿海高速N-10到达瓜达尔港。其中,在建的是东西两线,中线暂时搁置。

建设9年来,中巴经济走廊取得重大成果,比如喀喇昆仑公路升级改造项目、中巴跨境光缆、拉合尔轨道交通橙线项目、卡洛特水电站、苏吉吉纳里水电站项目实现大坝二期截流等。[②] 中巴经济走廊第一阶段

---

① 2006年2月,时任巴基斯坦总统穆沙拉夫访华期间,在中国社科院演讲中提出了"中巴贸易和能源走廊"的设想,但并没有载入当年的《联合声明》。7年来,双方学术界对此有不少讨论,不过该构想一直未能载入双方发表的正式文件当中。
② 《中巴经济走廊这九年:"一带一路"标志性工程逐步完善,诠释新时代的中巴情谊》,21世纪经济报道网站, https://m.21jingji.com/article/20220415/herald/87594433f2564083aa73a76a4e7813c7_zaker.html,登录时间:2022年8月16日。

（2015—2021年），主要集中在能源和基建领域，比如，截至2021年9月，中巴经济走廊第一阶段的22个优先项目已基本完成，当中有一半属于能源项目。2022年中巴经济走廊进入第二阶段，发展重点也逐渐转向产业领域和扩大两国的农业合作。概括来讲，截至目前，中巴经济走廊推进情况可以归纳为4个方面。

一是合作机制更加多元。2013年设立的中巴经济走廊远景规划联合合作委员会已召开10次会议。其下设的联委会秘书处和远景规划、安保、能源、交通基础设施、瓜达尔港、产业合作、社会民生、农业、科技、国际合作协调、农业、科技、信息技术产业等工作组围绕中巴经济走廊建设不定期举行会议。例如，2021年9月23日，中巴经济走廊联合合作委员会（以下简称"联委会"）第十次会议以视频会议形式召开，对走廊建设第一阶段取得的丰硕成果表示满意，对高质量推进第二阶段走廊建设进行谋划，就在巴中方项目和人员的安全保障工作交换了意见，签署了会议纪要等5份合作文件，并宣布签署了3份企业间合作协议。[①]2022年7月21日，中巴经济走廊国际合作协调工作组第三次会议以视频方式召开，双方同意根据既有共识推进第三方合作，包括向阿富汗延伸；继续深化媒体合作，讲好"走廊故事"；创新和扩大智库合作，为走廊发展提供更多民意和智力支撑。[②]

二是能源基建有序推进。比如，能源方面，塔尔水电项目工程进度稳步推进，科哈拉、帕坦等水电项目成功签署购电协议。2017年7月，萨希瓦尔全面建成并实现投产发电。[③]2018年4月，卡西姆港燃煤电站正式进入商业运行。[④]2020年11月，默蒂亚里—拉合尔高压直流输电项目全线贯通，还包括默蒂亚里和拉合尔两个换流。交通领域，2018年1月，巴基斯坦瓜达尔港自由区正式开园，瓜达尔港升级完善持续推进。2020年7月，"中巴友谊路"二期升级改造项目全线通车。2020年10月，巴基斯坦拉合尔轨道交通橙线项目正式开通运营，将巴基斯坦带入了"城铁时代"。2020年12月，巴基斯坦南北交通大动脉PKM高速公路苏库

---

① 《中巴经济走廊联合合作委员会第十次会议成功召开》，中国新闻网，http://www.jl.chinanews.com.cn/hyhc/2021-09-24/171685.html，登录时间：2022年8月16日。
② 《中巴经济走廊国际合作协调工作组第三次会议成功召开》，中国外交部官网，http://switzerlandemb.fmprc.gov.cn/web/wjbxw_new/202207/t20220721_10725721.shtml，登录时间：2022年8月16日。
③ 《萨希瓦尔电站投产发电》，国家能源局。http://www.nea.gov.cn/2017-07/05/c_136419132.htm，登录时间：2022年8月16日。
④ 《卡西姆港燃煤电站正式进入商业运行》，中国电建网，http://pr.powerchina.cn/g163/s920/t6764.aspx，登录时间：2022年8月16日。

第九章　中国"一带一路"倡议与印巴和平的关联性

尔至木尔坦段正式交付巴方。①

三是合作领域取得突破。在2021年之前的第一阶段，中巴经济走廊建设重点是能源和基建项目合作。第二阶段，双方将重点放在农业、科技和旅游领域，特别注重社会经济发展和脱贫。随着合作深化，双方合作领域也将逐步拓展。

四是经济特区稳步推进。中巴经济走廊下多个经济特区正在建设中。例如，2019年4月28日，中巴签署《拉沙卡伊特别经济区项目特许经营协议》，2020年9月14日，中巴签署《拉沙卡伊特别经济区项目开发协议》，标志着中巴经济走廊框架下产业与园区合作的优先启动项目拉沙卡伊特别经济区项目即将进入实质性建设阶段。2021年5月28日举行了开工仪式，标志着中巴经济走廊框架下实施的首个产业园区进入全面建设阶段。拉沙卡伊特别经济区项目将为两国产业合作发挥示范和引领作用，助力中巴经济走廊第二阶段的高质量发展。2022年6月15日，夏巴兹·谢里夫就任总理2个月后，视察了拉沙卡伊特别经济区，再次承诺将在规定时间内完成项目建设。

2. 孟中印缅经济走廊建设情况

孟中印缅经济走廊建设是2013年李克强总理访问南亚期间与中巴经济走廊建设一并提出的。不过，孟中印缅合作设想是在1999年孟中印缅地区经济合作与发展会议上提出了的。② 孟中印缅经济走廊北起昆明，途经缅甸、印度和孟加拉国直达印度洋，连接东亚、南亚、东南亚三大区域，沟通太平洋、印度洋两大海域，区位优势独特。③ 孟中印缅经济走廊建设提出后的前两年，即2013—2014年，印方是比较积极的，孟中印缅经济走廊政府间工作组召开了两次会议，积极推进走廊建设。但随着2014年莫迪上台提出"孟不印尼"与"环孟加拉湾多领域经济技术合作"后，孟中印缅经济走廊长时间被印方搁置。直到2018年4月，习近平与莫迪在武汉举行非正式会晤，双方同意在孟中印缅合作框架下加快经济合作。④ 2018年6月，在上海合作组织青岛峰会期间，中印领导人再次举行双边会晤，就加强孟中印缅经济走廊在内的地区互联互通合作内容达成了共识。但随着中印关系波折不断以及新冠病毒疫情持续

---

① 《通车！中巴经济走廊最大交通基础设施项目正式移交》，中国"一带一路"网，https://www.yidaiyilu.gov.cn/xwzx/hwxw/158839.htm，登录时间：2022年8月16日。
② 王领、陈珊，《孟中印缅经济走廊的贸易效率及潜力研究——基于随机前沿引力模型分析》，载《亚太经济》，2019年第4期，第47页。
③ 蔡昉、皮特·诺兰，《"一带一路"手册》，中国社会科学出版社，2018年。
④ 姚遥、贺先青，《孟中印缅经济走廊建设的现状及前景》，载《现代国际关系》，2018年第8期，第49页。

冲击等因素影响,孟中印缅经济走廊建设又陷入停滞。总体而言,该走廊建设还处于初步研究阶段,未能取得实质进展。

3. 中巴经济走廊与孟中印缅经济走廊建设推进成效不一的原因

"两廊"建设推进情况存在巨大差距,主要原因在于印巴双方对走廊建设的认知存在巨大差异。

巴基斯坦对于中巴经济走廊抱有较高的期望,认为走廊建设能够在社会经济和基础设施领域带来革命性的改革,而且能给科学和技术部门带来进步。[1] 巴基斯坦学者艾贾兹·胡赛(Ejaz Hussai)表示:"经济走廊有利于相互联系,也是开辟经济发展和繁荣的新途径,可以吸引投资,从而加快一个区域的经济发展。"[2] 真纳大学副校长穆罕默德·阿里在采访中对中巴经济走廊表示了充分肯定,认为中巴经济走廊能给巴基斯坦带来稳定、和平和经济繁荣。[3] 同时,也有学者认为经济走廊将有助于解决影响其边界稳定的问题,并防止种族冲突。[4]

印度学者和决策层对于孟中印缅经济走廊整体态度是"顾虑重重,有意延宕"。主要存在4个方面的顾虑:一是对印度东北部地区的政治安全敏感性存在顾虑,[5] 认为孟中印缅经济走廊在客观上会推进中国影响力向孟加拉国和印度东北部延伸。[6] 二是对印度在南亚的话语权存在顾虑,认为走廊会削弱印度在南亚事务中的话语权。三是对中印分歧、中巴关系,尤其是其中的领土问题存在顾虑,认为走廊建设会进一步加强中巴关系,增加中方和巴方在与印度谈判解决分歧中的筹码。四是对经济收益存在顾虑,认为中方会在走廊建设中获取绝大多数收益,印方会被边缘化。因此,印度对孟中印缅经济走廊建设非常敏感且抗拒。2015年中方将其纳入"一带一路"倡议的一部分,这在印度引起较大的争议。[7] 在第三次孟中印缅经济走廊联合工作组会议前,印方出现了抵制孟中印缅经济走廊的言论,提出了孟不印尼经济走廊、印缅泰经济走

---

[1] Muhammad Ramzan Kolachi, Ishrat Afshan Abbasi, Amir Jan, "China-Pakistan Economic Corridor: Opportunities and Challenges for Pakistan", *Asia Pacific*, Volume 36, 2018.
[2] Ejaz Hussain, "China-Pakistan Economic Corridor: Will It Sustain Itself?", *Fudan Journal of the Humanities & Social Sciences*, 2016.
[3] 法瓦·阿斯拉姆,《科研和教育:"一带一路"倡议和中巴经济走廊的核心内容——与穆罕默德·阿里》,载《英国研究》,2020年,第135页。
[4] MUHAMMAD IBRAR, JiAning Mi, MuHammad Rafiq, ArOdh Lal Karn, *The China-Pakistan Economic Corridor: Security Challenges*, 2016, 2nd Asia-Pacific Management and Engineering Conference (APME 2016).
[5] 刘晓伟,《"一带一路"倡议下次区域合作机制化限度研究》,载《南亚研究》,2019年第1期,第113页。
[6] 尹响、易鑫,《孟中印缅经济走廊陆海交通基础设施联通研究》,载《南亚季刊研究》,2018年第1期,第43页。
[7] 王延中、方素梅、吴晓黎等,《印度对"一带一路"倡议态度的调查与分析》,载《世界民族》,2019年第5期,第16页。

廊等一批新的区域合作等。①

三、中国"一带一路"倡议与印巴和平进程关联性分析

如前文所述，目前，中国"一带一路"倡议在南亚的显在表现形式是中巴经济走廊建议和孟中印缅经济走廊建议。将来，中尼印经济走廊、跨喜马拉雅大通道建设也可能被纳入这一倡议之内。②中方从一开始就积极寻求"一带一路"倡议与沿线国家战略的对接，并在实践中取得了系列互赢成果。中方强调"一带一路"倡议能够与巴基斯坦"亚洲之虎梦""愿景2025"等战略实现对接，强调只要印度提出的"季风计划""香料之路""棉花路线""南北通道走廊"以及印日谋划推进的"亚非经济走廊"是开放包容的，中方都表示欢迎，并积极寻求"一带一路"倡议与之对接。③鉴于中国"一带一路"倡议在南亚的推进实施与印巴有直接关系，"一带一路"是一条和平之路、繁荣之路、开放之路、绿色之路、创新之路、文明之路，因此，"一带一路"倡议与印巴和平进程存在较大程度上的关联性。从理论上看，"一带一路"倡议与印巴和平进程的正相关性较强，双方积极参与"一带一路"在南亚的建设将会较大推进双方和平进程。但实际中，由于印巴特别是印方对中国"一带一路"倡议的认知偏见，由于印度敌视"一带一路"倡议，由于巴方对印度的参与具有一定程度的排他性倾向，中国"一带一路"倡议对印巴和平进程的促进作用尚未得到充分发挥，却在一定程度上被印度拿来作为阻碍印巴和平进程的借口。

1. 理论上的强相关性分析

如前文所述，无论是中巴经济走廊、还是孟中印缅经济走廊、中尼印经济走廊以及近年来学界大力倡议的跨喜马拉雅大通道建设，其本质是共商、共建、共享的，公共产品属性很强。比如，对包括印巴、中亚内陆5国在内的周边国家来讲，"中巴经济走廊建设项目之一的瓜达

---

① 黄德凯、李博一、朱力轲，《孟中印缅经济走廊建设的现状、挑战及前景——以地缘政治权力结构为分析视角》，载《南亚季刊研究》，2019年第2期，第101页。
② 跨喜马拉雅研究目前还处在学术界讨论和拓展范畴，相关研究机构和研究会议越来越多。其中，跨喜马拉雅大通道研究比较成熟，也比较紧迫，当务之急可以从加快建设中尼（泊尔）铁路为抓手，经西藏日喀则、尼泊尔吉隆口岸进入尼泊尔，为大通道建设打下坚实基础。
③ "季风计划"是"季风：海上航线与文化景观"的简称，该计划的提出，很大程度上就是基于与中国文化博弈的考虑，因为"季风计划"的目标在于重塑印度洋沿岸国家的文化联系，整合印度洋沿岸地区各具特色的文化自然遗产，重新定义"文化景观"的内涵，建立多个国际性世界文化遗产品牌项目；其实质是以过去印度洋"海上香料之路"为外壳，以"共同的过去、多样的现在、美好的未来"为主题，以重振这条航线为口号，以曾经的文化与宗教渊源为认同，打造和推介印度文化软实力，抵消中国文化价值观在沿岸国家的输入，具体分析可参见张超哲等发表在《南亚研究季刊》2018年第1期的《印度对中国"一带一路"倡议的态度演变、动因及应对》一文，第87-88页。

尔港作为连接海洋和陆地的新丝绸之路中心,将成为一扇重要的出海大门";①"中巴经济走廊可使盛产资源能源的海湾地区、非洲国家极大受益（走廊通道可缩短这些地区国家出口中国商品8000公里）……也为印度提供更加便利的通道"。② 其实,印度有识之士也建议印度应积极参与中巴经济走廊建设当中。③ 再如,孟中印缅经济走廊建设将重点覆盖中国西南、印度东部、缅甸、孟加拉国等欠发达区域,通过四国延伸带动南亚、东南亚、东亚等亚洲经济最重要的三块区域的联动发展,其中,对促进解决长期困扰印度东北部的贫穷和离心问题有较大益处。又如,南亚大通道建设,主要以基础设施建设为牵引,涉及喜马拉雅区域多个国家,中国作为基建供应大国,区域国家特别是印度作为基建需求强国,在此领域合作可各取所需,在设施联通上取得先期收获,进一步推进政策沟通、贸易畅通、资金融通、民心相通,从而夯实跨喜马拉雅区域命运共同体的民意基础。④

理论上,"一带一路"倡议可以为印巴和平谈判提供更多交流平台。中巴经济走廊、孟中印缅经济走廊、中尼印经济走廊以及未来的跨喜马拉雅大通道建设,都需要参与方建立相应的次区域合作机制来推进。如中巴经济走廊建设,中巴设有联委会,并在其下设有秘书处和远景规划、安保、能源、交通基础设施、瓜达尔港、产业合作、社会民生、农业、科技、国际合作协调、农业、科技、信息技术产业等13个工作组。孟中印缅经济走廊一开始也设立了工作组并召开了2次会议。中尼印经济走廊因印度的抵制一直没有提上正式日程,跨喜马拉雅大通道建设还只是学术界的构想。如果印巴都能以发展界定利益,从内部界定安全,搁置争议,共同参与"一带一路"倡议,那么印巴双方可以在中巴经济走廊、孟中印缅经济走廊、中尼印经济走廊以及跨喜马拉雅大通道建设的各种机制中进一步加强沟通交流,机制内的成员国家也可以起到很好的撮合调解作用。

理论上,"一带一路"倡议可以为印巴拓展合作赋予更多新的内容。印巴双方因历史恩怨,官方合作领域极其狭窄,当前几乎处于关停状态。而"一带一路"倡议下的中巴经济走廊、孟中印缅经济走廊、中尼印经

---

① Robert D. Kaplan, "Pakistan's Fatal Shore", *The Atlantic Monthly*, May 2009, p. 72.
② Shahid Javed Burki, " China's 'Look-West' Policy: A New Link with Pakistan", *ISAS Brief*, No. 239, 20 August 2013, http://www.isas.nus.edu.sg/Attachments/PublisherAttachment/ISAS_Brief_No_293_-_China's_'Look-West'_Policy_A_New_Link_with_Pakistan_20082013172936.pdf, 登录时间: 2022年8月16日。
③ Asif Ezdi, "From Kashgar to Gwadar", *The News*, July 15, 2013, http://www.thenews.com.pk/Todays-News-9-189971-From-Kashgar-to-Gwadar, 登录时间: 2022年8月16日。
④ 成锡忠,《站在治藏方略与国际地区新格局交汇点把握西部稳定与发展》,昆仑策网,http://www.kunlunce.com/gcjy/zhilijianyan/2021-10-18/155879.html, 登录时间: 2022年8月16日。

第九章 中国"一带一路"倡议与印巴和平的关联性

济走廊以及未来的跨喜马拉雅大通道建设,合作领域涉及方方面面,从交通基础设施、能源开发合作到投资和商贸流通、产业合作、经济特区以及人文交流等。"一带一路"倡议是发展的倡议,主要是促进经济发展和人文交流,多方参与的"一带一路"倡议,可以为印巴合作带来新的契机,丰富合作内容,特别是中巴经济走廊、孟中印缅经济走廊、中尼印经济走廊以及未来的跨喜马拉雅大通道建设聚焦经济,聚焦发展,聚焦改善民生,较少涉及高级政治和安全话题,容易为双方所接受并得到推进。同时,"一带一路"倡议下多方合作的成效更容易为印巴双方拓展合作带来刺激和借鉴,为印巴主动深化合作提供动力。

理论上,"一带一路"倡议可以增强我国调解印巴纠纷的意愿和能力。多方参与下的"一带一路"倡议,将会是多赢的结果。其中,中国作为倡议方,无论意愿上还是实力上,都将有参与方认可的较强的话语权。无论是出于道义,还是出于维护"一带一路"倡议在南亚的可持续实施,还是出于维护我国西部安全需要,中方都有更强的意愿和能力,借助"一带一路"倡议在南亚推进的各类平台发挥调解作用,当然,这种调解仍是建立在共建共商共享基础上的,是集体呼吁的行为,而不是自我主观的行为。

可见,"一带一路"倡议在南亚推进的依托——中巴经济走廊、孟中印缅经济走廊、中尼印经济走廊以及未来的跨喜马拉雅大通道建设,都是向域内所有国家开放的,并不能从其名称来武断认为"两廊"建设是排他性的,其实随着阿富汗或者印度加入中巴经济走廊的话,其称谓也并不是不能因势调整。无论从理念上,还是从建设安排上,"一带一路"倡议在南亚的推进都有印巴的重要位置,中巴经济走廊、孟中印缅经济走廊、中尼印经济走廊以及未来的跨喜马拉雅大通道建设都欢迎印巴及域内国家的共同参与。随着印巴参与到"两廊一道"建设中,印巴双方势必会增加交流与合作,在"一带一路"倡议框架内获取大量发展利益,这将有利于印巴矛盾的解决,切实提高印巴和平质量,这也将是印巴发展型和平模式的升级版。所以说,在这个分析视角上,"一带一路"倡议在南亚的推进将与印巴和平进程同向同行,同频共振,具有非常强的正相关性。可惜,印巴双方特别是印度一方并不是从这个角度看待中国"一带一路"倡议在南亚的推进情况。中国"一带一路"倡议在南亚的推进与印巴和平进程理论上的正相关性尚未在现实中表现出来,至少没有充分表现出来。目前,"一带一路"倡议在南亚的推进与印巴和平进程在现实中表现出的是一种弱相关性。

2. 现实中弱相关性的实质

印度历来对中巴合作存在猜忌，对中国崛起存在恐惧，因此对"一带一路"倡议的态度，经过评估观望期、对冲反对期、转型对话期后，来到了大家不想看到的反对制衡期。在这一战略认知下，印度错误地认为中国借"一带一路"倡议之名在谋中巴强化全面合作、积极介入南亚、介入印度洋之实，这将给印度战略布局构成挑战，所以错误地认为"一带一路"倡议在南亚地区的推进不仅不是机遇，反而是挑战，不利于南亚地区和平，更不利于印巴关系的进一步改善。现实中，"一带一路"倡议在南亚的推进对印巴和平进程的促进作用还没有明显显现，在印度眼里，可能具有更多负面作用。

印度抵制"一带一路"倡议，现实割裂该倡议对印巴和平进程的正向促进作用的主要考虑有四点。①

第一，维护所谓"主权"的考虑。中巴经济走廊经过巴控克什米尔地区。印度认为，克什米尔地区最终归属至今未确定，不承认中巴有关巴控克什米尔边界线，严重抗议中巴在巴控克区的任何合作。印度认为，中"一带一路"倡议忽视了印度对克什米尔地区所谓"主权"利益的关切。印度的逻辑是：不承认"一带一路"倡议就是不承认中巴经济走廊，不承认中巴经济走廊就是反对中巴在印巴争议的克什米尔地区进行任何合作，也就达到了对克什米尔声称主权的政治宣誓目的。其实中方已多次在第一时间就阐明"一带一路"倡议不涉及政治和外交，不影响中方在具体问题上的原有立场，包括克什米尔问题等。

第二，维护所谓"安全"的考虑。从全球层面来说，印度认为中方借"一带一路"倡议应对美国战略东移、全球力量战略调整的国际局势；从地区层面来看，印度认为中方借此冲破周边不利态势，寻求对己高度依赖的周边范围。印度认为，中国通过21世纪海上丝绸之路与南亚斯里兰卡、孟加拉国的合作，通过中巴经济走廊、孟中印缅经济走廊、中印尼经济走廊、以及未来的跨喜马拉雅大通道等项目建设对印度形成了"全包围"。② 印度将"一带一路"倡议在南亚板块的设计定性为与印度在南亚进行竞争的手段。

---

① 此部分内容借鉴并丰富了张超哲等发表在《南亚研究季刊》2018年第1期的《印度对中国"一带一路"倡议的态度演变、动因及应对》一文，第91页的内容。
② Abhijit Singh, "Gwadar: A New 'Pearl' or a Step in China's 'March West'", *World Politics Review*, February 11, 2013, http://www.worldpoliticsreview.com/articles/12707/gwadar-a-new-pearl-or-a-step-in-chinas-march-west 及 B. Raman, Pakistan Inducts China into Balochistan to Counter Indi, February1, 2013, http://www.rediff.com/news/column/pak-inducts-china-into-balochistan-to-counter-india/20130201.htm, 登录时间：2022年8月16日。

第三，维护所谓"发展"的考虑。随着经济体量的日益增大，中印能源资源对外依存度越来越高，[①]海外市场竞争加剧也属正常的国际贸易的一部分。但印度只看到中印激烈竞争的一面，认为"一带一路"倡议在南亚地区的推进，就是综合利用政治、经济、外交、文化等各种手段抢占南亚市场，挤压印度发展空间。12年前，印度就对穆沙拉夫的"中巴贸易能源通道"构想大肆渲染，今天，对中巴经济走廊进行无端警惕和指责，都是出于这种片面的考虑。

第四，维护所谓"平等"地位的考虑。尽管中方多次阐述"一带一路"倡议坚持共商共建共享原则，但印度始终认为"一带一路"倡议由中国发起，担忧该倡议会成为中方行使单边主义的工具，将中巴经济走廊、孟中印缅经济走廊、中印尼经济走廊及未来跨喜马拉雅大通道建设项目置于"一带一路"名义之下，印度将丧失平等的地位，没有话语权，这与其追求平等大国地位的目标是相悖的，因为印度从独立以来就始终认为，"印度以它现在所处的地位是不能在世界上扮演二等角色的，要么做一个有声有色的大国，要么销声匿迹"。其实这是根深蒂固的长期"被殖民心态"和"大国沙文主义"在作祟。印度国内其实也有理性的声音认为，"一带一路"倡议并非中国的"独奏曲"，而是合作的"交响乐"，双方有很多重叠利益，印度不需要加入遏制中国的战略。[②]但这种理性声音太少太弱。

总之，理论上，中国"一带一路"倡议在南亚的推进与印巴和平进程具有强大的正相关性，但现实是，这种促进作用不但没有显现，反倒被印度"逢源"式利用，取其利己之"实"，反其共享之"名"，人为割裂了"一带一路"倡议在南亚的推进与印巴和平进程二者之间的关系，一定程度上还将该倡议作为印方阻碍印巴和平进程的借口。不过，随着国际格局重构、中印在竞合中崛起，未来如何转变这种非正常区域合作

[①] 以原油为例，2000年以来，中国原油对外依存度逐年增高，2020年达到历史之最，为73.6%；2021年我国原油进口量和原油对外依存度20年来首次出现下降，原油进口量为5.13亿吨，同比下降5.3%，但对外依存度仍高达72%。同样，作为发展中的大国，印度原油对外依存度更高，2018—2019财年原油对外依存度从上个财年的82.9%上升至83.7%，2019—2020财年为85%，尽管2020—2021财年主要因新冠疫情原因进口量和进口金额都有所下降，但随着2022年国际油价大涨以及国内需求旺盛原油，印度2021—2022财年石油对外依赖度将高达85.1%。参见《中国原油对外依存度20年来首次下降》，搜狐网，http://news.sohu.com/a/524395960_117460；《印度原油对外依存度升至83.7%》，中国自然资源部，http://geoglobal.mnr.gov.cn/zx/kysc/kcpmy/201905/t20190510_7139658.htm；《油价突破100美元后，印度石油支出或突破1150亿，对外依赖度85%？》，https://baijiahao.baidu.com/s?id=1726114560307649597&wfr=spider&for=pc，登录时间：2022年8月16日。

[②] Shyam Saran, "India Must Join China's Silk Route Initiative", Hindustan Times, Feb. 9, 2015, http://www.hindustantimes.com/analysis/india-must-join-china-s-silk-route-initiative/aritcle-132798，登录时间：2022年8月16日。

状态，促进印度转变态度，推动中国"一带一路"倡议与印巴和平进程二者实现正相关，将是一个很宏大、很有意义、并且也是非常有可能实现的外交课题。

结　语

超越安全：实现从恐怖型和平、核威慑型和平到发展型和平的跨越

1947年印巴分治75年以来，尽管双方始终处于"安全困境"当中，但战争和军事冲突时间总计不过3.5年，印巴维护了71.5年的和平状态。印巴关系总体是和平的，尽管和平的水平和层次比较低，战争和冲突更多地吸引了国际眼球。以国际和地区为视角，印巴和平呈现"冷""热"两种状态。国际格局中，印巴和平关系先后被淹没在美苏两极对抗和大国外交角逐态势之下，未能成为国际层面的主要议题，是一种较"冷"的状态。但在地区层面，因为南亚地缘战略重要性以及印巴和平进程的动态发展，曾引起个别大国以及周边国家的高度重视甚至积极介入，印巴和平问题始终是地区互动的热门议题。

印巴营造71.5年的和平关系经历了3个阶段，70余年间通过6种方式探索构建了3种和平模式。冷战时期，印巴通过问题解决式的方式，开展了英印遗产分配和河水资源分配的谈判，实现了财产"分家"以及和平"分水"。通过战争方式暂时压制住了双方的矛盾，战后谈判及安排暂时缓和了双边关系。不过，整体看，冷战时期，两种方式都是建立在印巴比拼硬实力基础之上的，印巴和平状态是以武力为后盾或者直接以战争为手段换来的。冷战时期的印巴和平关系是一种恐怖型的和平模式，该模式尽管维持了42年的和平状态，但印巴全面战争也都发生在这一时期，和平质量很低。

后冷战时期，印巴通过对话方式，成功开启了1997年的缓和以及1999年初的巴士外交，签订了印巴和平关系史上具有重要意义的《马累声明》及《拉合尔宣言》，为新世纪印巴全面对话打下了良好基础。通过冲突协调方式，比较成功地缓和了1998年印巴核危机、1999年卡吉

尔冲突以及 2001—2002 年百万大军边境对峙紧张局势，避免了印巴第四次全面战争的爆发。冷战后的 10 年间，印巴通过这两种方式维护了印巴总体和平状态。不过应该看到，这两种方式的产生都是建立在冷战后印巴大力发展核能基础之上的。其间，几次危机的产生及化解也多少掺杂着"核"的因素。冷战后的 10 年，印巴双方探索并实践了相互核威慑型的和平模式，实现了 10 年"丑陋的和平"。

21 世纪以来，印巴通过全面对话机制，以八大议题谈判框架努力推进实现印巴更高水平的和平。以 2001 年阿格拉峰会以及 2003 年瓦杰帕伊"友谊之手"为前奏，印巴通过全面对话的方式开启了新世纪印巴和平进程的谈判。2004—2013 年的 10 年间，除了孟买袭击案暂时中断了全面对话外，印巴前后共开展了 7 轮全面和谈。双方开始试行以多元主义和平观指导印巴和谈，以发展界定利益、以内部界定安全，逐步引入领域分析、层次分析，以构建区域安全复合体的模式逐渐探索构建发展型和平模式。不过 2008 年孟买袭击案之后的 2 轮对话没有实质进展，2008—2013 年，印巴处于"摸着石头过河"期，双方并没有蹚过这段"河"。随着 2014 年印度莫迪以强硬姿态上台执政，近 8 年来，印巴以"试探+接触"以及"冲突+对立"为手段，构建了冷对峙式的和平状态，以此延续着冰冷的印巴发展型和平模式框架。不过应该承认，新千年至今的 20 余年，印巴双方通过全面对话机制以及当前的冷对峙方式，确保了双方未发生第四次印巴战争，这是印巴发展型和平模式的成果。但是，也应该看到，发展型和平模式才刚刚起步，还不够成型，其机制化建设还相当缓慢，容易受到很多不确定因素的影响，比如，当前主要受印度强势领导人的影响最大。不过，长波段来看，印巴会重回发展型和平探索之路，因为该种模式具有较强的生命力。一旦该种模式运行成熟，其维护和平的功效将远远大于前两种模式。

总之，从历史长波段的角度来看，印巴要最终消除争端、实现更高水平的和平，必须超越安全，从恐怖型和平、核威慑型和平模式真正跨越到发展型和平模式。

首先，印巴双方应该摆脱二元对立思维，超越安全、修正认知，认清和平与安全的关系，摆正和平与安全的顺序。因为没有非和平的安全状态。安全是双方更高层次的和平状态，是相对于威胁和恐惧而言，是可以单方独享的。印巴仍然存在战争和冲突的现实表明，印巴双边当务之急不是消除单方的威胁和恐惧，而是实现共享的非战状态，即和平状态。因为，印巴双方只有实现非战状态，才有资格谈安全。不然，安全

结　语

指向的是消除己方的威胁和恐惧，这样会加剧双方的对抗和冲突，印巴将永无宁日，天天生活在"威胁"当中。

其次，印巴双方要实现从恐怖型和平、核威慑型和平到发展型和平的全面跨越。当前，尽管印巴双方在积极构建多元主义和平观指导下的发展型和平模式，但不可否认的是，该过程中仍然有"恐怖"与核威慑的影子，且容易受领导人执政风格的影响。印巴仍然无法完全摆脱二元对立思维，在发展双边关系中自觉不自觉地利用"恐怖"、核威慑等硬性手段以图博弈成功。印巴应该摒弃"恐怖"手段和核威慑手段来维护和平，因为恐怖型和平的"内容"是干瘪的，该手段只能制造"虚假的和平"，矛盾只能是被压制，不能被公平解决；而核威慑型和平风险太大、变数太多，一招不慎，印巴双方都可能回到"原始时代"，共同衰弱。只有基于发展基础之上的和平才能更加永久、牢固。因为发展型和平模式下，双方以发展界定利益，从内部界定安全，双方公开将矛盾与分歧摆到桌面，努力通过和平谈判方式，正视现实向前看。

总之，世界之变、时代之变、历史之变正以前所未有的方式展开，和平、发展、合作、共赢的历史潮流不可阻挡，但和平赤字、发展赤字、安全赤字、治理赤字加重。[①]这在南亚、在印巴表现更加充分。因此，印巴和平的未来只能是：超越安全，以多元主义为视角，使用综合安全分析框架和复合安全理论来指导印巴探索构建基于发展基础之上的更高水平的和平，全面实现从恐怖型和平、威慑型和平到发展型和平的跨越。否则，印巴只有做着轮回性的无用功，永远受困在南亚。

中国作为崛起中的大国和印巴邻国，作为致力于构建"和平共处、总体稳定、均衡发展"大国关系格局和坚持"亲诚惠容和与邻为善、以邻为伴"周边外交方针的国家，[②]通过积极研判南亚涉我情况、得出启示、明确角色定位，调整制定新时期南亚政策，可以在维护国家利益和承担大国责任之间实现平衡，可以为印巴和平、南亚稳定起到积极作用。

---

① 习近平，《高举中国特色社会主义伟大旗帜为全面建设社会主义现代化国家而团结奋斗——在中国共产党第二十次全国代表大会上的报告》，载《人民日报》，2022年10月26日，第1—5版；以及人民网，http://cpc.people.com.cn/n1/2022/1026/c64094-32551700.html，登录时间：2022年10月26日。

② 习近平，《高举中国特色社会主义伟大旗帜为全面建设社会主义现代化国家而团结奋斗——在中国共产党第二十次全国代表大会上的报告》，载《人民日报》，2022年10月26日，第1—5版；；以及人民网，http://cpc.people.com.cn/n1/2022/1026/c64094-32551700.html，登录时间：2022年10月26日。

附　录

附录1：《内阁使团备忘录》[①]

一、英国首相在下院发表声明之前，英国政府已向各王公们保证，就英国国王而言，他不愿意在没有得到王公们的同意下，改变与王公间因条约保障的关系和权利以及——或许是协商的结果，都不会被无理地拒绝。王公议会主席此后还证实，众土邦和印度国内其他人一样，都享有要求印度尽快获得自己的完全地位的愿望。陛下政府现在已经宣布，如果英属印度的续任政府要求独立，英国政府将不会为此设置任何障碍。这些宣告的结果是，所有与印度未来有关的土邦，都希望在英联邦之内或之外实现独立。代表团来此就是为了帮助解决横亘在印度实现这一理想之路上的困难。

二、在过渡时期，即在新的宪政机制——英属印度在此结构下取得独立或者完全自治——开始运行之前，英国在印度的最高权力仍将运行。但是，在任何情况下，英国政府都不能也不会把最高权力直接转移给某个印度政府。

三、同时，在印度的新宪政体系中，印度土邦将具有重要的地位，而且众土邦已经告知陛下政府，他们期望为建立这一新体系作出贡献——他们自己的利益和印度整体的利益都迫使他们这样做，并在完成时在其中取得相应的地位。为了促进实现此目的，他们无疑将竭尽所能地加强自己的地位，以确保自己的行政权力符合这一最高标准。如果在国家现有办法之内不能完全实现这些标准，他们将无疑会作出一些相应的安排，

[①] 该备忘录又称《内阁使团在1946年5月12日提交给王公议院主席阁下关于土邦的条约和最高权力的备忘录》。英文原文请参见：Bishwa Nath Pandey, *The Indian Nationalist Movement, 1885-1947: Select Documents*(Vol. 2), London: Macmillan Press, 1979, pp. 642-643. 附录内容除特别说明外，皆由笔者翻译，限于翻译水平，部分内容存在理解不准确的地方，仅供学术参考，在此一并说明。

以便组织或者加入某些足够大的符合新宪政体系要求的行政单位。在此规划过程中，如果迄今还没有行动的各土邦政府，应该采取积极的步骤，通过代议制的方式，使自己和本邦的公众保持密切联系，以加强土邦的地位。

四、在过渡时期，众土邦有必要与英属印度就如何处理共同关注的未来可能遇到的问题进行协商，尤其是在经济和财政领域。无论这些土邦是否愿意加入新的印度宪政体系，这样的协商将是必要的，并将花费相当一段时间。而且，由于某些协商直到新体系开始运行时也不能达成一致，为了避免出现管理上的困难，将有必要在这些土邦与那些可能组成续任政府的机构之间达成谅解，以便在新的协议达成之前，现有的安排能够继续处理共同关注的问题。在这一问题上，只要有需要，英国政府和国王代表就将提供支持。

五、当一个或更多个新的完全自治或者独立的政府在英属印度形成时，陛下政府的权力将不再能使它们履行对最高权力的义务。而且，他们也不能期望英国军队会为此目的而继续留在印度。因此，作为一个合理的结果，和考虑到出于众印度土邦的利益而向他们表述过的意愿，陛下政府将终止行使最高权力的权利。这意味着众土邦与英王之间关系的权利将不复存在，所有众土邦以前交付最高权力的权利都回归它们自己。众土邦与英王之间的政治安排也将结束。此一空缺将由以下方式填补：土邦与英属印度的继任政府结成联邦关系，如果这也不能实现，就与它或它们缔结特别的政治安排。

附录2：蒙巴顿全印广播电台讲话
（1947年6月3日）[①]

以下是总督蒙巴顿勋爵昨天就权力移交给印度人一事向印度人民所作的广播：

今晚将向你们宣读一份声明，关于英王陛下政府将权力移交给印度的最终决定。但在此之前，我想向印度人民传达一条私人信息，并简要介绍我与各政党领导人进行讨论的情况，这些讨论促成了我在最近访问伦敦期间向国王陛下政府提出如下建议。

---

① "Broadcast by Viceroy Events Leading to Decision", https://www.nationalarchives.gov.uk/education/resources/indian-independence/mountbatten-radio-broadcast/，登陆时间：2022年9月28日。

自 3 月底抵达印度以来，我几乎每天都与尽可能多的社区和利益相关方的领导人和代表进行磋商。我想说，我非常感谢他们向我提供的所有信息和有用的建议。过去几周，我所看到或听到的任何东西都没有动摇我的坚定观点，即如果印度各群体之间有合理的善意，统一印度将是解决问题的最佳方案。

一百多年来，你们四亿人生活在一起，这个国家一直作为一个单一的实体进行管理。印度内部的通信、国防、邮政和货币都是统一的，有完整的一体化的政治经济基础，内部之间没有关税和关税壁垒。我最大的希望是，内部群体差异不会破坏这一点。

因此，在我的所有讨论中，我的第一个方针是敦促各方政治领导人毫无保留地接受 1946 年 5 月 16 日的内阁使团方案。在我看来，该方案提供了最佳安排，这可以满足印度所有群体的利益。令我深感遗憾的是，你们未能就内阁使团方案或任何其他维护印度统一的方案达成一致。其实，印度目前并不存在代表多数群体利益的地方政府强迫另一个群体违背他们生活意愿的问题。若一旦有此情况发生，唯一替代的办法就只有分治。

当穆斯林联盟要求分割印度时，国大党使用同样的理由要求分割某些省份。在我看来，这个论点似乎是无懈可击的。事实上，任何一方都不愿意离开其群体接受另一方群体占多数的政府的控制。当然，我与印度人民一样，也同样反对分割省份，原因也是一样的。正如我觉察到印度应该有超越族群差异的觉醒一样，我觉得旁遮普和孟加拉也应该有意识地唤起民众对省份的忠诚。所以我觉得印度人民自己决定分治问题是至关重要的。

让他们自己决定是否希望英国将权力移交给一个或两个政府的程序，将在向你们宣读的声明中阐述。但有一两点我想补充说明。

有必要准确了解旁遮普人民的意愿。孟加拉邦、部分阿萨姆邦地区，在穆斯林占多数的地区和其他地区之间应该划定边界。但我想明确指出，最终边界划定将由边界委员会完成，最终边界几乎肯定不会与临时边界相同。

我们仔细考虑了锡克教徒的立场。这个勇敢的群体约占旁遮普人口的 1/8，但他们分布如此之广，以至于该省的任何分割都不可避免地将他们分开。我们所有关心锡克教徒群体利益的人都非常遗憾地认为，他们自己所希望的旁遮普分治，对他们群体最终都会或多或少地造成分割。分割程度如何，最终由边界委员会来确定。但可以肯定的是，他们作为利益相关方，当然将派代表参与谈判。

　　整个计划可能并不完美：但与所有计划一样，它的成功将取决于执行时的善意程度。我一直认为，一旦决定了以何种方式移交权力，就应尽早进行移交。但两难的是，如果我们要等到大家就全印度的宪法结构达成一致的话，我们就必须等待很长时间。如果决定分治，我们在制宪会议完成工作之前就移交权力，我们将经历一段没有宪法的国家治理。

　　我提出解决这一困境的办法是，英王陛下政府应在作出必要安排后立即将权力移交给英属印度的一个或两个政府，每个政府都具有自治领地位。我希望这将在未来几个月内实现。我高兴地宣布，英王陛下政府已接受这项建议，并已准备立法，准备提交议会。按照这个决定，印度办事处的职能将不再需要履行，因此将设立一些其他机制来处理英王陛下政府与印度之间的未来关系。

　　我想强调，这项立法不会对印度作为一个整体或两个新国家的权力施加任何限制，如果存在分治，这两个新的国家将自行决定彼此和英联邦其他成员国之间的关系。

　　因此，现在可以做出权力移交的安排，这种安排比我们最乐观的人想象得都可能提前了几个月。让英属印度人民自己尽快决定自己的未来，这是英王陛下政府宣布的政策。

　　我没有提到印度各邦，因为英王陛下政府的新决定已经涉及这些邦的权力移交。

　　如果要以和平和有序的方式进行权力移交，我们每个人都有义务，都必须竭尽全力去完成这项任务。现在不是争吵的时候，过去几个月的混乱甚至是无法无天的状况无论如何都不应该继续下去。正如谚语所说，千万不要忘记我们苦苦寻找的食物多么有限。所有人都一致同意并始终期望的是：我们不能容忍任何暴力。

　　无论印度人民的决定如何，我相信任何可能被要求留任一段时间的英国官员都将尽其所能帮助执行这项决定。英王陛下和他的政府请我向你们所有在印度的人转达他们对你们未来的真诚祝愿，并保证他们将继续保持善意。

　　我对印度的未来充满信心，并为在这一重要时刻与大家在一起感到自豪。愿在甘地、真纳呼吁的和平友好精神指引下，你们的决定能得到明智的指导和严格的执行。

附录3：蒙巴顿方案要点[①]

1. 英属印度分为印度联邦和巴基斯坦两个自治领。

2. 制宪会议制定的宪法不适用于穆斯林占多数的地区（因为这些地区将成为巴基斯坦）。穆斯林占多数的地区单独成立制宪会议的问题将由这些省份自行决定。

3. 根据该计划，孟加拉邦和旁遮普省的立法议会开会投票并赞成分治。因此，决定按照宗教划分这两个省。

4. 信德省立法议会将决定是否加入印度制宪议会。其自行决定加入巴基斯坦。

5. 西北边境省（NWFP）将举行公民投票，以决定加入哪个自治领。西北边境省希望加入巴基斯坦，而汗·阿卜杜勒·加法尔·汗抵制并拒绝公投。

6. 权力移交的日期是1947年8月15日。

7. 为了确定两国之间的国际边界，成立了由西里尔·拉德克利夫（Sir Cyril Radcliffe）爵士担任主席的边界委员会。委员会将把孟加拉邦和旁遮普划分到两个新的国家。

8. 土邦王国可以选择保持独立，也可以选择加入印度或巴基斯坦。英国对这些土邦王国的宗主权终止。

9. 英国君主将不再使用"印度皇帝"的头衔。

10. 自治领建立后，英国议会无法在新自治领的领土上颁布任何法律。

11. 在新宪法生效之前，总督将可以同意各自治领制宪会议以英王陛下名义通过任何法律。总督将被任命为宪法首脑。

附录4：1947年印度独立法案[②]
载于《乔治六世10—11年》，第30章
（10& 11 GEO. 6. CH. 30.）

本法案规定在英属印度建立两个独立的自治领，本法案中的条款取

[①] "Mountbatten Plan", https://old.amu.ac.in/emp/studym/99998291.pdf, 登陆时间：2022年9月14日。

[②] Indian Independence Act (1947), https://www.cvce.eu/obj/indian_independence_act_1947-en-b95cc09b-eb90-400d-848d-266e2346a603.html, 登录时间：2022年10月9日。

代《1935年印度政府法》中适用于这些自治领之外的某些条款,并对建立新自治领的相关事宜做出了规定。

(1947年7月18日)

由伟大的英王陛下颁布,经目前议会中的上议院神职议员、世俗议员和下议院的建议和同意,并经其授权,颁布如下:

1. 新自治领

(1)自1947年8月15日起,在英属印度建立两个独立的自治领,分别称为印度和巴基斯坦。

(2)在本法案下文中,上述两个自治领称为"新自治领",1947年8月15日称为"指定日期"。

2. 新自治领领土

(1)根据本节第(3)和(4)小节的规定,印度的领土属于英王陛下主权下的领土,即在指定日期之前属于英属印度内的领土,但本节第(2)小节提及的巴基斯坦领土除外。

(2)根据本节第(3)和(4)小节的规定,巴基斯坦的领土应为下列范围:

(a)在指定日期当日,包括东孟加拉省和西旁遮普省的地区,这些地区由以下两部分构成。

(b)在本法令通过之日包括信德省和行政官管理的英属俾路支省的领地;和

(c)无论在本法案通过之前或之后,只要在指定日期前,如果总督宣布,在本法案通过之日,在他的授权下,在西北边境省正在举行或最近已经举行的公民投票中,大多数有效选票支持该省代表参加巴基斯坦制宪会议,则在本法通过之日,上述领土都属于该省。

(3)本节中的任何内容都不得阻止任何地区在任何时候被任意一个新自治领纳入或排除,但是,如果出现下列情况:

(a)未经自治领同意,不属于本节第(1)款或第(2)款规定的领土部分的区域不得被纳入该自治领内;而且

(b)未经自治领同意,构成上述第(1)款或第(2)款规定的领土一部分的区域,或在指定日期之后被纳入任一自治领的区域,不得排除在该自治领之外。

(4)在不影响本节第(3)款条文通用性的情况下,不得将本节的

任何规定解释为阻止印度各邦加入任何一个新自治领。

3. 孟加拉和阿萨姆邦

（1）自指定日期起：

（a）根据《1935年印度政府法》组建的孟加拉省将不复存在；

（b）设立两个新的省，分别为东孟加拉省和西孟加拉省。

（2）无论在本法通过之前或之后，只要在指定日期之前，如果总督宣布，在本法案通过之日，在他的授权下，在锡尔赫特区正在举行或最近已经举行的公民投票中，大多数有效选票支持该地区成为新的东孟加拉省的一部分，那么从该日起，根据本节第（3）款的规定，阿萨姆邦的一部分应构成新的东孟加拉省的一部分。

（3）前述新省份的边界，以及在本节第（2）款中提到的在指定日期之后，阿萨姆邦的边界，均应在指定日期前后，由总督任命或将任命的边界委员会裁决，但在确定边界之前：

（a）本法案附表一中规定的孟加拉地区，以及本节第（2）款中提到的锡尔赫特区的阿萨姆区，应被视为新的东孟加拉省的地区；

（b）本法案通过之日，孟加拉省的其余领土应被视为新的西孟加拉省的地区；和

（c）在本条第（2）款所述的情况下，锡尔赫特区应排除在阿萨姆邦之外。

（4）在本节中，就边界委员会而言，"裁决"指的是该委员会主席在委员会程序结束时向总督提出的报告中所做的决定。

4. 旁遮普

（1）自指定日期起：

（a）根据《1935年印度政府法》组建的旁遮普省将不复存在；和

（b）将设立两个新的省，分别为西旁遮普省和东旁遮普省。

（2）前述新省份的边界，均应在指定日期前后，由总督任命或将任命的边界委员会裁决，但在确定边界之前：

（a）本法案附表二中规定的地区应被视为将被纳入新的西旁遮普省的地区；和

（b）在本法案通过之日，旁遮普省的其余领土应被视为新的东旁遮普省的地区。

（3）在本节中，就边界委员会而言，"裁决"指的是该委员会主席在委员会程序结束时向总督提出的报告中所做的决定。

5. 新自治领总督

每个新自治领都将有一名总督，由英王陛下任命，代表英王陛下管理自治领。除非新自治领的立法机关做出相反的规定，否则可由同一人担任两个新自治领的总督。

6. 新自治领的立法

（1）每个新自治领的立法机关都有权力为该自治领制定法律，包括具有域外效力的法律。

（2）新自治领立法机关制定的法律和法规，均不得因违反英国法律、本法案或英国议会任何现有或未来法案，或根据任何该法案制定的任何命令、规则或条例而无效或不起作用。各自治领立法机关的权力包括废除或修改任何此类的法案、命令、条例或规定，只要它是自治领法律的一部分。

（3）每位新自治领的总督均有权以英王陛下的名义，批准该自治领立法机构的任何法律，以及与以下事项有关的任何法案：否决英王陛下提出的法律，保留符合英王陛下意愿的法律，或暂停实施法律，直至英王陛下提出的法律不再适用为止。这适用于任何一个新自治领的立法机关。

（4）英国议会在指定日当天或之后通过的任何法案，不得作为该自治领法律的一部分延伸或被视为延伸至该新自治领，除非该领土立法机关的法律将该法案延伸至新自治领。

（5）根据在指定日之前通过的任何法案，在指定日当天或之后在议会上发出的命令，以及英国大臣或其他当局在指定日当天或之后根据任何该法案发出的命令、规则或其他文书，均不得延伸或被视为延伸至该新自治领，作为该领土法律的一部分。

（6）本节第（1）款所称权力，适用于制定限制自治领立法机关未来权力的法律。

7. 设立新自治领的结果

（1）自指定日期起：

（a）英国政府对在该日之前属于英属印度领土的政府不再负责；

（b）英国政府对印度各邦的宗主权失效，随之而来的是，英国政府与印度各邦统治者之间在本法案通过之日生效的所有条约和协定，在该日对印度各邦可行使的所有职能，在该日对印度各邦或其统治者的所有义务，以及英国政府在该日对印度各邦或其统治者的所有权力、权利、

由英王陛下在该日通过条约、授予、使用、默许或其他方式在印度各邦或与印度各邦有关的地方行使的权力或管辖权均失效；而且

（c）在本法案通过之日，英王陛下与在自治领任何掌权者之间签订的条约或协定也已失效，英王陛下在该日对任何此类人士或部落地区存在的任何义务也已失效，以及英王陛下在该日通过条约、授予、使用、默许或其他方式在部落地区或与之相关的所有权力、权利、权威或管辖权也已失效；

无论本款（b）或（c）有何种规定，本款所指的任何此类协定中有关海关、过境和通讯、邮政和电报或其他类似事项的规定，应尽可能继续有效，直至有关规定被印度联邦的统治者或个人废止为止。一方面在部落地区拥有权力，另一方面由自治领或省或有关的其他部分拥有权力，或者被后来的协定所取代。

（2）在此，英国议会同意删去皇家文体和头衔中的"印度皇帝"和"印度的皇帝"的字样，并同意英王陛下为此发布加盖国玺的皇家公告。

8. 关于每个新自治领的政府的临时规定

（1）对于每个新自治领，为了制定自治领宪法，自治领立法机关的权力，首先应由该自治领制宪议会行使，本法中提及自治领立法机关时，应据此解释。

（2）除非自治领的制宪会议根据本节第（1）款制定的法律作出其他规定，否则每个新自治领和所有省份及其他地区应尽可能按照《1935年政府印度法》进行管理；该法案的规定、议会的命令、规则和根据该法案制定的其他文书，应在适用范围内，并受该法案的约束。总督对后续法案的省略、添加、修改和变更，在下列情况下生效：

鉴于：

（a）上述规定应适用于每个新自治领，不得将本款任何规定解释为在指定日期或指定日期之后，继续维持两个新自治领共有中央政府或立法机构；

（b）不得将本款任何规定解释为在指定日期或指定日期之后，英国政府对新自治领或任何省或其他地区的事务的任何形式的控制继续有效；

（c）上述规定中要求总督或总督就任何事宜酌情行事或行使其个人判断的部分，自指定之日起失效；

（d）自指定日期起，不得根据《1935年印度政府法》保留任何省

级法案以示英王陛下之意，英王陛下不得据此否定任何省级法案；

（e）根据本法案，联邦立法机关或印度立法机关在各自治领中有效的权力，除该自治领的制宪会议根据本条第（I）款可行使的权力外，首先应由该自治领的制宪会议行使权力。

（3）《1935年印度政府法》的任何条款，如根据本节第（2）款和其中提及的规定，适用于任何一个新的自治领，并限制该自治领立法机关的权力，除非直到该自治领的制宪会议根据本节第（1）款的规定或依据法律制定的其他规定，否则该条款应具有与自治领的立法机关限制该立法机关未来权力的法律具有相同的效力。

9. 使本法生效的规定

（1）总督应通过命令制定出他认为必要或权宜的规定来：

（a）使本法的条款有效实施；

（b）在新自治领之间和根据本法案设立的新省之间，划分总督议会或根据本法案将不复存在的相关省的权力、权利、财产、职责和责任；

（c）对《1935年印度政府法》，以及议会的命令、规则和据此制定的其他文书在应用于新自治领时作删减、增补、改编和修订；

（d）消除过渡到本法案有关的困难；

（e）授权总督在本法案通过至指定日期之间开展工作，但《1935年印度政府法》第九附表的规定除外；

（f）允许在指定日期之前代表任何一个新自治领签订协议和采取其他行动；

（g）授权继续代表新自治领，或上述两个或两个以上的新省份，继续开展以前代表整个英属印度或这些新省份的前省份开展的服务和活动；

（h）监管货币体系和与印度储备银行有关的任何事项；

（i）在与上述事项有关的情况下，改变新自治领的立法机关、法院或其他当局的宪法、权力或管辖权，并在其中建立新的立法机关、法院或其他机关是必要且适宜的。

（2）就各省份而言，本法案赋予总督的权力，也可由根据本法将不复存在的省份的省长行使；就《1935年印度政府法》而言，这些权力应被视为总督根据该法案行使其个人判断的事项。

（3）本条须视为自1947年6月3日起生效，总督或省长在该日或该日之后就任何事宜所作出的任何命令均应相应地生效，而根据本条作出的任何命令，可追溯至不早于上述日期的任何日期；

但任何人不得因使该等命令的任何条文可追溯至该命令制定前的任何日期而被视为犯罪。

（4）根据本条作出的任何命令，不论是在指定日期之前或之后，均具有效力：

（a）截至指定日期为止，在英属印度。

（b）在指定日期当日期或之后，在新的自治领或相关的自治领之内；和

（c）在英属印度以外，在新的自治领或相关的自治领以外（视属何情况而定），无论在指定日期之前、当日或之后，自治领的立法机关在指定日期当日或之后所享有的法律或立法权限相同，就各自治领而言，自治领立法机关具有相同废止及修订法律的权力。

（5）任何总督不得在指定日期之后根据本条发布命令，不得在1948年3月31日之后，根据该自治领的立法机关的任何法律所确定的更早日期之后作出命令。

（6）如果阿萨姆邦的一部分在指定日期成为新东孟加拉省的一部分，则上述的规定应生效，根据本法，阿萨姆邦在指定日期将不复存在，并在该日重新构成一个新的省份。

10. 国务大臣等

（1）本法案中关于维持《1935年印度政府法》的有效条款，不得继续维持该法案中有关国务大臣任命印度王室职位的条款，或该法案中有关保留职位的条款。

（2）每个人：

（a）已被国务大臣或国务大臣委员会委任为印度王室的公职人员，在任命之日后继续在新自治领或其他省份或政府任职；或

（b）在指定日期前被英王陛下任命为联邦法院法官或《1935年印度政府法》规定范围内的高等法院的法官，在指定日之后继续担任新自治领的法官，且有权从其不时任职的自治领和省或其不时担任法官的地方，或其不时担任法官的法院所服务的地方，获得与薪酬、休假和养恤金有关的同等条件，或与其任期有关的同等权利，或随情况变化而许可的类似权利，即该人在指定日期前有权享有的权利。

（3）本法案中的任何条款均不得解释为赋予任何人与家庭养老基金有关的权利和责任，这些权利和责任是根据《1935年印度政府法》第

273条赋予的。除由英王陛下在议会中发布的命令（无论是在本法案通过之前还是之后）以及由国务大臣或其他根据《1946年王室大臣法》（职能转移）在议会中发布的命令（无论是在本法案通过之前还是之后）所制定的规则（无论是在本法案通过之前还是之后）。

11.印度武装部队

（1）总督根据本法前述条款所下达的命令，应对印度武装部队在新自治领之间的划分作出规定，并对这些部队的指挥和管理作出规定，直至划分完成。

（2）自指定日起，任何不属于皇家军队的部队成员，均附属于或服务于陛下的印度部队：

（a）在不违反有关自治领立法机构的法律或总督根据本法前述条款发布的任何命令的情况下，他对印度武装部队拥有与其级别和职能相称的指挥和惩罚权力；但是

（b）在本法案通过之日生效的任何法律均不得使其以任何方式受制于有关印度军队的法律。

12.印度境内的英国军队

（1）本法案不影响英国政府在海军部、陆军委员会、空军委员会或任何其他"英国当局"在指定日或之后在新自治领或在指定日之前包括在印度领土上的军队（非印度军队）的管辖权或权力。

（2）《陆军法》适用于除印度军队外的部队，应在指定日期或之后生效：

（a）犹如英国的印度部队不包括"部队""陛下的部队"和"正规部队"等词一样；和

（b）根据本法案第三附录第一部分和第二部分中的规定进一步修改。

（3）在不违反本条第（2）款规定和自治领立法机关的法律的前提下，新自治领内的所有民政当局，以及如上所述，并在不违反前一节规定的前提下，新自治领内的所有服务机构，应在指定日期前，包括在自治领内以及印度境内的其他自治领内，就英王陛下的军事力量履行职责（非印度军队），在指定日期前由他们或与其相应的当局履行的相同职能，无论是根据《陆军法》还是其他法律，以及总督根据本法案的上述规定应作出规定的事项，应包括推动英王陛下的军事部队（非印度军队）从新自治领和上述其他领土撤离。

（4）本条第（2）和（3）款的规定应适用于英国的空军，而不是

印度空军，就其适用于英国的军事力量而言，须经必要的修改，且尤其在下列类似情况下：

(a) 对《陆军法》的提及由《空军法》取代；和

(b) 本法案附表三第二部分的参考文献替换为该附表第三部分的参考文献。

13. 海军

（1）在《海军纪律条例》适用于除印度海军以外的英王陛下的海军部队时，从指定日期起，提及英王陛下的海军和英王陛下的船只时，不应包括英王陛下的印度海军和船只。

（2）在指定日之前，在印度制定的任何法律将《海军纪律条例》适用于印度海军时，从指定日起，凡提及印度海军及其船只，均应被视为，仅是提及印度海军及其船只。

（3）在《海军纪律条例》第90B条中（在某些情况下，皇家海军和皇家海军陆战队的军官和士兵应服从陛下其他地区领土的船只和海军部队的法律和惯例），或"印度"一词无论该词在何处出现，均应自指定日起废止。

14. 关于国务卿和印度国内账目审计员的规定

（1）根据《1946年王室大臣法》（职能转移），国务卿或其他可由议会命令指派的大臣，现获授权暂时代表政府继续履行与付款和其他类似事项有关的职能，直至指定之日为止，国务卿代表根据《1935年印度政府法》成立或继续存在的政府。

（2）本条第（1）款所提述的职能，包括有关政府债务的管理及就政府债务支付款项的职能，以及与该等债务有关的任何法案应据此生效：

但本款不得将任何授权国务卿代表上述任何政府订立英镑贷款合同的法令，或将《1935年印度政府法》第315条中关于订立英镑贷款的对总督议会的禁令，解释为对任何新自治领的政府继续有效。

（3）自指定之日起，不得有任何《1935年印度政府法》第278条所规定的国务卿顾问，该条以及该法案中要求国务卿获得其顾问同意的任何条款，自该日起予以废止。

（4）现授权印度国内账目审计员暂时继续就本节第（1）款中提到的国务大臣或任何其他皇家部长的账目行使其职能。无论是对指定日期之前的活动，还是对指定日期之后的活动，都以同样的方式进行，就像他在这项法案通过前所做的那样。

15. 由国务大臣提起或针对国务大臣提起的法律诉讼

（1）无论本法案特别是前一节中有任何规定，除本法案的通过外，任何法令的任何规定授权国务卿在印度或其他地方就印度或印度任何部分的任何权利或责任提起法律诉讼的规定，均应在指定的日期停止生效。就国务卿而言，根据本法，在指定日因任何上述条款而悬而未决的任何法律程序应在指定日终止。

（2）根据本款规定，除通过本法案外，本应由国务卿就印度或印度任何地区的任何权利或责任提起的任何法律诉讼，应改为：

（a）在英国，由高级专员提起或针对高级专员提起诉讼；

（b）在其他诉讼中，由总督根据本法以前的规定或有关新自治领的法律命令指定的人提起或针对该等人提起的诉讼，

以及国务卿就紧接指定日期之前尚未解决的上述任何权利或责任提起的任何法律诉讼，应由高级专员或上述指定人员继续进行：

但在指定日后的任何时间，本款赋予的提起或继续诉讼的权利，可由或反对上述指定的高级专员或人士提起或继续诉讼；根据任何一个新自治领的立法机关的法律撤回该自治领，任何该等法律可作为法律通过之日未决的诉讼程序。

（3）在本节中，"高级专员"一词指的是，就每一个新自治领而言，任何可能暂时被授权在英国就该领土执行的职务，类似于在指定日期之前由《1935年印度政府法》第302条所述的高级专员就总督理事会执行的职务；而在紧接指定日期之前，任何法律程序如属向议会英王陛下提出的上诉，或向议会英王陛下提出的特别许可的请愿的主题，则就本条而言，应被视为在英国待定的法律程序。

16. 关于亚丁地区

（1）《1935年印度政府法》第2888条第（2）至（4）小节（授予英王陛下通过议会命令制定亚丁地区政府条款的权力）将停止生效，1887年和1945年《英国殖民地法》（授权英王陛下为这些法案中定义的英国殖民地制定法律和建立机构）将适用于亚丁地区。

（2）无论上述第（2）至（4）小节是否被废除，在本法案通过之日根据该法令生效的议会法令仍将继续有效，但上述议会法令、根据《1935年印度政府法》所制定的适用于亚丁地区的任何其他议会法令，以及适用于亚丁地区的任何法令或由上述议会法令就亚丁地区作出的有关亚丁地区的修订，均可被废除。根据1887年和1945年英国移民法的

权力撤销或修订。

（3）除非根据1887年和1945年《英国移民法》的权力对亚丁地区作出相反的规定，或根据该新自治领的立法机关的法律对该新自治领作出相反的规定，否则议会的上述命令和有关亚丁地区任何法院向在指定日期之后将在新自治领中的任何法院提出上诉的法令，对亚丁地区和有关领土继续有效，最后提及的法院应相应地行使其管辖权。

17. 离婚管辖权

（1）两处都没有法庭。各自治领应依据1926年和1940年《印度人和殖民地离婚管辖权法》，对任何有关婚姻解除令的程序或与之有关的程序具有管辖权，除非该程序是在指定日期之前提起的，但除上述规定外，并受英国议会的任何法令或有关新自治领立法机关的任何法律今后可能作出的任何相反规定的限制，新自治领内的所有法院在上述法案下应具有与未通过该法案时相同的管辖权。

（2）在1926年《印度与殖民地离婚管辖权法》第一节第（4）款规定的指定日期或之后为两个新行政区的法院制定的任何规则，不应由国务秘书经大法官同意制定，而应由有关自治领的法律所决定的权力机构制定。而上述分款及在紧接指定日期前生效的任何规则中，如要求大法官为任何该等法院的任何法官的任何目的提名而获得批准，则该分款及任何该等规则的任何部分均不再有效。

（3）本节第（1）款提及解除婚姻法令的诉讼，包括提及1937年《婚姻事由法》第8节所授权的关于推定婚姻死亡和解除婚姻的法令的诉讼。

（4）本条不影响新自治领以外的任何法院，1926年《印度和殖民离婚管辖权法案》第二节赋予的将该法案的某些条款适用于陛下领土的其他部分，如这些条款适用于印度，应视为该法案未通过时这些条款适用于印度的权力。

18. 有关现行法律的规定等

（1）在指定日期之前通过或制定的任何议会法案、议会法令、命令、规则、规章或其他文书，其作用不是作为英属印度或新自治领法律的一部分，其中提及印度或英属印度，无论措辞如何，不论名称是否，在上下文允许的情况下，除议会今后可另行规定的情况外，应被解释为或包括提及新自治领，根据情况和主题的需要，一起或分开考虑：

如果本款中的任何内容均不能被解释为继续使用，则本款所调整的任何条款的继续使用与本法除本款之外的任何条款不一致。

（2）除本节第（1）款的规定和本法任何其他明确规定外，根据《1935年印度政府法》第311条第（5）款制定的调整和修改议会法案的议会命令，除议会今后另有规定外，就所有法案而言，只要不是作为英属印度或新自治领法律的一部分而运作的，应继续有效。

（3）除本法另有明确规定外，英属印度的法律及其在指定日前存在的若干部分的法律，只要适用并经过必要的修改，应继续作为每一个新自治领及其若干部分的法律，直至该领土的立法机关或任何其他代表该领土有权力的立法机关或其他机关的法律作出其他规定为止。

（4）特此声明，陛下在通过本法案之前向总督和各省总督发布的指示文书自指定日起失效，本法案中的任何内容均不得被解释为《1935年印度政府法案》中有关此类指示文书的任何条款继续有效。

（5）自指定日起，任何规定如需英王陛下议会批准法院的任何规则，则不得适用于新自治领的任何法院。

19.相关解释等

（1）本法提及总督时，就在指定日期或之后作出的任何命令或作出的其他行为，应解释为：

（a）当命令或其他法令只涉及一个新自治领时，指该自治领总督；

（b）如该命令或其他法令涉及两个新自治领，且同一人为该两个自治领的总督，作为对该人的提法；

（c）在其他情况下，提及新自治领总督均为提及两者。

（2）本法中提及总督，就在指定日期之前作出的任何命令或其他法令而言，应被解释为《1935年印度政府法》中所指的印度总督，该法令或任何其他法令中要求提及总督应被解释为在议会中提及总督的部分，不适用于本法中提及总督。

（3）本法中提及的自治领制宪会议应解释为：

（a）关于印度，制宪会议的第一次会议是在1946年12月九日举行的，修改为：

（i）排除代表孟加拉、旁遮普、信德和英属俾路支省的成员；而且

（ii）如果看来西北边境省将成为巴基斯坦的一部分，但代表该省的成员除外；而且

（iii）加入代表西孟加拉邦和东旁遮普邦的成员；

（iv）如果在指定的那一天，阿萨姆邦的一部分似乎将成为新成立的东孟加拉省的一部分，但将代表阿萨姆邦的成员排除在外，而将代表

该省其余部分的选定成员纳入在内；

（b）就巴基斯坦而言，在本法案通过之日已成立或即将成立的大会，由总督授权，作为巴基斯坦的制宪会议：

但本款不得解释为影响印度各州的代表参加上述各次集会的程度，或阻止填补上述各次集会的临时空缺，或阻止该各次集会所在自治领边界上的部落地区的代表根据可能作出的安排参加上述各次集会。上述各大会的权力应扩大并应被认为始终扩大到就本但书所规定的事项作出规定。

（4）在本法案中，除上下文另有要求外，对《1935年印度政府法》的引用应包括对该法案进行修订或补充的任何法规的引用，特别是对1946年《印度（中央政府和立法机构）法案》的引用；

"印度"，指的是在指定日期之前存在的一种事务状态，或要不是通过本法案就会存在的一种事务状态，具有《1935年印度政府法》第311条赋予它的含义；

"印度军队"包括在指定日期之前存在的所有印度军队，以及任何一个新自治领的任何军队；

"养恤金"指就任何人而言，不论是否供款的任何种类的养恤金，并包括应付的退休金、应付的约满酬金，以及任何一笔或多笔以偿还公积金缴款（包括或不包括利息或其他附加物）方式应付的款项；

"省"是指行省；

"薪酬"包括休假薪酬、津贴及任何以实物提供的特权或设施的费用。

（5）本法案授予的任何作出命令的权力，包括撤销或更改先前在行使该权力时作出的任何命令的权力。

20. 简称

本法案可被称为《1947年印度独立法案》。

附表一：临时纳入新的东孟加拉省的孟加拉地区

吉大港专区：吉大港、诺阿卡里和蒂珀雷里。
达卡区：巴卡尔甘杰，达卡，福里德布尔和迈门辛。
总统府：杰索尔，穆尔什达巴德和纳迪亚区。
拉杰沙希：博格拉，纳基普，梅达，帕布纳，拉杰沙希，郎尔布。

附表二：临时纳入新的西旁遮普省的地区

拉合尔：古吉兰瓦拉，古尔达斯普尔，拉合尔，普拉和锡亚尔科特。

拉瓦尔品第：阿塔克，古吉拉特邦，杰赫勒姆河，明内利，拉瓦尔品第，沙帕尔。

木尔坦：德拉加济汗，吉航，莱雅普尔，蒙哥马利，木尔坦，穆扎法加尔。

附表三：英国军队相关的陆军法和空军法的修改

第一部分

陆军法的修改也适用于空军法。

1. 第41条（限制军事法庭的管辖权）不适用于在指定日期前包括在印度的任何新自治领或任何其他领土上所犯的罪行。

2. 在第43节（关于投诉），应删除"经印度总督会同行政局批准"字样。

3. 在第54条第(8)和(9)款（除其他事项外，要求某些判决由总督会同行政局确认）中，应省略"印度或"、"由总督或（视情况而定）"以及"在印度，由总督或（如果他已被审判）"字样。

4. 第73条第(3)款（该款规定军官的提名有权免除因开小差和欺诈入伍而接受军事法庭审判）中的"经总督批准"字样应予删除。

5. 第130条第(5)款赋予的权力（规定驱逐精神病患者）不得行使，除非得到新自治领部队指挥官的同意。

6. 在第132条第(2)款（该款与规管监狱及羁留所的规则有关）中，"及在印度为总督"及"总督"等字须予略去，但与指定日期前订立的规则有关者除外。

7. 在第134条第（一）款规定的情况下，应根据该条第(3)款的规定对所有案件进行调查。

8. 在第136节（涉及工资扣除）中，第(I)小节中的"印度或"和"印度立法机构的法律"以及整个第(2)小节应予以省略。

9. 在第137条第(4)款（关于从官员的普通工资中扣除刑事停薪）中，应省略"或在印度任职的官员的情况下，总督"字样、"印度或"字样以及"为印度或（视情况而定）"字样。

10. 在第175条第(12)款和第176条第(11)款（该法案适用于皇家印度部队的某些成员和某些其他人员）中，出现的"印度"一词应予以省略。

11. 第180条第(1)款（该款规定在军事法庭上惩处平民的不当行为）中，凡出现"印度或"字样，均应删除。

12. 在第 183 条关于降低军士军衔的规定中，出现"经总督批准"字样的地方均应予以省略。

第二部分

陆军法的修改。

第 184B 节（规定与印度空军的关系）将被省略。

第三部分

空军法案的修改。

1. 在第 179D 条（关于印度和缅甸空军的军官和飞行员的配属）中，"由印度空军委员会和总督或（视属何情况而定）"的字样以及"印度或"的字样，无论在何处出现，均须略去。

2. 在第 184B 条（该条规定了与印度和缅甸空军的关系）中，应省略"印度或"和"印度空军委员会和印度总督或（视情况而定）"。

3. 第 190 条第（4）款第（e）项（规定印度皇家空军军官是该法案意义上的军官）应删除。

附录 5：《1947 年印度独立法案》的主要条款[1]

1. 英国政府将于 1947 年 8 月 15 日离开印度。
2. 印度将于 1947 年 8 月 15 日独立出印度和巴基斯坦两个主权国家。
3. 英国政府先前在印度行使的权力将移交给这两个国家。
4. 旁遮普和孟加拉邦将被分割，其领土将由西里尔·拉德克利夫（Sir Cyril Radcliffe）领导的边界委员会划定。
5. 印度国务秘书办公室将被取消。
6. 每个自治领的总督将由英国女王根据自治领政府的建议任命。总督不能根据个人判断或自由裁量权行事，而只能作为宪法规定的国家元首行事。
7. 为了制定规章，每个自治领都有一个主权立法机构。英国议会制定的任何法律都不会自动适用于印度。
8. 英国女王不能否决自治领立法机构通过的法案。
9. 两个自治领都有自己的制宪会议，也将其作为立法机构。
10. 两个自治领的制宪会议制定的宪法，要尽可能接近 1935 年法案精神。

---

[1] "The Main Provisions of Indian Independence Act, 1947", https://old.amu.ac.in/emp/studym/99998291.pdf，登陆时间：2022 年 9 月 14 日。

11. 各省的省长将担任各省的宪法首脑。

12. 停止保留国务卿职位。那些在权力移交给两个自治领后想辞职的公务员将被允许辞职。

13. 1947年8月15日,英国结束对印度各州和部落地区的至高无上地位。在这种情况下,各地方权力不会直接转移到自治领政府,而是由各邦决定是否加入印度或巴基斯坦。

14. 印度独立之后,英国政府与印度的关系将通过联邦关系办公室开展。

15. 英国国王将放弃印度国王的头衔。

16. 巴基斯坦领土包括东孟加拉邦、巴基斯坦西部、信德省和英属俾路支省。如果西北边境省人民在公民投票中决定加入巴基斯坦,该领土也将加入巴基斯坦。

附录6:《查谟和克什米尔土邦的加入证书》[1]

鉴于1947年的《印度独立法》规定,从1947年8月15日起将建一个独立的人所周知的印度自治领,而《1935年印度政府法》也将通过总督法令形式进行删减、增加、改编或修正,以适用于印度自治领;并且,鉴于依总督修正过的《1935年印度政府法》规定,某个印度土邦通过其统治者签署《加入证书》的方式,该邦就可以加入印度自治领:因此,现在,我,尊贵和伟大的众罗之罗,查谟、克什米尔、纳勒什、塔特哈、图伯特和德夏迪帕什的斯里·哈里·辛格,查谟和克什米尔邦的统治者,行使着我对我所言之邦的主权,特此签署这份《加入证书》,以及:

1. 我特此宣布,我加入印度自治领是希望印度总督、印度自治领立法会、联邦法院、以及所有其他为着印度自治领而建立的自治领权力机构,由于我的这份《加入证书》,但只能遵从其条款并出于为自治领的目的,应该行使由《1935年印度政府法》(后文写作"该法")授予的与查谟和克什米尔邦(后文写作"本邦")相关的职能,就如该法在1947年8月15日及此后在印度自治领所起的作用一样。

2. 我借此承担作出相应努力的义务,以便由于我的这份《加入证书》,该法的细则能因此而在本邦内适用。

3. 我接受,职权表中所明细的问题作为印度自治领立法会今后为

---

[1] Lakhanpal, P.L., Essential Document and Notes on Kashmir Dispute, Delhi: International Books, 1965, 第57-59页,转引自习罡华的博士论文《地缘政治与1947—1974年的克什米尔冲突》,第83-84页。

本邦立法的职权范围。

4. 我特此宣布，我加入印度自治领是因为我确信，如果印度总督和本邦领导人达成一项协定，据此印度自治领立法会为本邦有关行政而立法规定的职能，所有部分都应由本邦领导人来执行，因此任何这样的协定都应被认为符合该证书的内容，并作相应解释，具有相应效果。

5. 我的这份《加入证书》的条款，不应该因为《1935年印度政府法》或1947年《印度独立法》的修正案而加以改变，除非这些修正案被我以该证书补充文件的方式接受，它方可被修改。

6. 本证书的所有内容都不会授权印度自治领立法会为本邦制定批准它被迫地放弃土地的任何法律，无论这是出于什么样的目的。但我在此承诺，如果印度自治领为了在本邦实行某部自治领法律，认为有必要获得任何土地，我会应其请求由他们付出一定代价来获得该地，或者如果土地属于我，再按照所达成协定的条款将土地转让给他们，或者因达不成协定，就由印度首席大法官任命一位仲裁者来做决定。

7. 本证书的所有内容都不应该被认为，它使我以某种方式承担接受任何印度未来宪法的义务，或者束缚我的抉择，迫使我参与任何未来宪法指导下成立的印度政府的安排。

8. 本证书的所有内容都不应该被认为，会影响我对本邦的继续统治，或者说，本证书并不影响我作为本邦领导人而继续保持我现在享有的权力、权职和权利，也不影响本邦目前所实行法律的效力。

9. 我特此宣布，我代表查谟和克什米尔邦的利益签署本证书，本证书中论及我或本邦领导人的所有内容，将被解释为适用于我的继承者和接班人。

附录7：《卡拉奇协议》[①]

（S/AC.12/TC.4，1949年7月29日）

引言

1949年7月18日至27日，在联合国印巴委员会停战分委员会的支

---

① 《卡拉奇协议》的原名为《印度和巴基斯坦军事代表关于在查谟和克什米尔建立停火线的协定》，原文见："Agreement Between Military Representatives Of India Andi Pakistan Regarding The Establishment Of A Cease-Fire Line In The State Of Jammu And'kashmir 登录时间：2022年9月19日。

持下，印度与巴基斯坦军事代表在卡拉奇举行会谈。

印度代表团的成员为：

S. M. Shrinagesh 中将

K. S. Thimayya 少将

S. H. F. J. Manekshaw 准将

观察员为：

H. M. Patel 先生

V. Sahay 先生

巴基斯坦代表团的成员为：

W. J. Cawthorn 少将

Nazir Ahmad 少将

M. Sher Khan 准将

观察员为：

M. Ayub 先生

A. A. Khan 先生

联合国印巴委员会停战分委员会的成员为：

主席：Hernando Samper 先生（哥伦比亚）

William. L. S. Williams 先生（美国）

Maurice Delvoie 中将（军事顾问）

Miguel A. Marin 先生（法律顾问）

一、考虑到：

（一）1949年7月2日，联合国印巴委员会分别给印巴两国政府签署了邀请函，邀请两国政府在联合国印巴委员会停战分委员会的支持下，分别派遣军事代表，在卡拉奇就在查谟和克什米尔建立停火线相关事宜进行会谈。印巴政府均接受了这一邀请；

（二）在该邀请函中，联合国印巴委员会声明，"本次会谈仅限于军事方面，政治问题不在会谈范围内"。同时，"将在没有任何偏见的条件下就停火协议进行谈判"；

（三）在该邀请函中，联合国印巴委员会进一步声明，"建立停火线是对敌对行动中止的补充，这与1948年8月13日决议第1部分相关条款契合，可被认为单独解决了该决议第II部分相关问题"；

（四）1949年7月7日，印巴政府在给联合国印巴委员会主席的回信中，分别接受了委员会关于在卡拉奇举行军事会议的邀请。

二、经双方政府授权，印巴双方代表团达成以下协议：

（一）在 1948 年 8 月 13 日决议第 1 部分相关条款基础上，作为中止 1949 年 1 月 1 日爆发的查谟和克什米尔敌对行动的补充，双方同意设立停火线；

（二）该停火线南起 Manawar，北至 Keran，并从 Keran 向东至冰川区域。具体如下：

1. 根据目前实际位置，双方达成协议，同意从 Manawar 到 Urusa（属印方）的杰赫勒姆河南岸一线为确定的停火线。如之前其他部分位置未达成一致的，则应按照如下位置进行约定：

在 Patrana 地区：Koel（属巴方）沿 Khuwala Kas 峡谷向北至 2276 点（属印方），然后至 Kirni（属印方）。

Khambha、Pir Satwan、3150 点和 3606 点属印方，自此延伸至 Bagla Gala 的实际位置，并延伸至 3300 点的实际位置。

在 Uri 以南地区，Pir Kanthi 和 Ledi Gali 属巴方。

2. 从杰赫勒姆河北岸 Urus 村对面一点（Nl 972109），向北沿着 Ballaseth Da Nar 峡谷（属巴方），一直到 Nl 973140，再向东北至 Chhota Kazinag（10657 点，属印方），再从那里至 Nm 010180，Nm037210 和 11825 点（Nm 025354，属巴方），直至 Thtmari Gali[双方共有，在 Gali 的任何一侧，哨所均设 500 码（1 码 =0.9144 米，译者注）]，从那里向东北经过 Burji Nar 的第一个"R"到 Gabdori 的北部，再从那里直向西到 9870 点的北部，再从那里沿着 Bijildhar 以北的空白线到 Batarast 以北，再从那里到 Sudpura 的正南，再从那里到 Kathakazinag 峡谷的正北，再从那里到它与 Grangnar 峡谷的交界处，再从那里沿着后者到 Kajnwala Pathpa（属印方），从那里穿过 Danna 山脊（按照实际位置）到 Richmar Gali（属印方），从那里往北到 Thanda Katha 峡谷，再往北至 Kishanganga 河。沿着 Kishanganga 河至 Jargi 和 Tarban 之间的一点（属巴方），自此至 Bankoran，再向东北至 Khori，再到 8930 号山头（在 9053 区域），从那里往北直至 10164 点（在 9057 区域），再到 10323 点（在 9161 区域），从那里往东北直至 Guthur，再到 Bhutpathra，再到 Nl 980707，从那里沿 Bugina 峡谷至该峡谷与 Kishanganga 河的交界处 4739 点。此后，沿着 Kishanganga 河到达 Keran，并向前延伸至 4996 点（Nl 975818）。

3. 从 4996 点沿着 Jamgar 峡谷（均属巴方）向东至 12124 点，再到 Katware，再到 6678 点，从那里向东北至 Sarian（11279 点），再到 11837 点、13090 点、12641 点，之后再次向东到 11142 点，再到

Dhakki，再到 11415 点、10301 点、7507 点、10685 点、8388 点，在那里向东南至 11812 点、13220 点（属印方）。后过河向东至 13449 点（Duhmat），再到 14586 点、13554 点，再到 Burzil 峡谷的 45 号界碑，再向东至 Ziankai（12909 点），再向东南至 1114 点、12216 点、12867点，向东至 11264 点，再到 Karo（14985 点）、14014 点、12089 点，之后沿着小路至 12879 点。再到 13647 点（Karobalgali，属双方共有），穿过 Reragah Chhish（15316 点），再到 15889 点、17392 点、16458 点，再到 Marpo La（双方共有），继续穿过 17561 点、17352 点、18400 点、16760 点，至 Dalunang（属印方）。

4. 从 Dalunang 向东，沿着 15495 点、Ishman、Manus、Gangam、Gunderman、13620 点、Junkar（17628 点）、Marmak、Natsara、Shangruth（17531 点）、Chorbat La（15700 点）、Chalunka（在 shyok 河边）、Khor 等依次连接起来的线段，向北直至冰川区域。停火线将由双方当地指挥官在联合国军事观察员的协助下，根据截至 1949 年 7 月 27 日的实际情况详细划分。

三、上述停火线应在一英寸地图上绘制（如有），然后由双方当地指挥官在联合国军事观察员的协助下在实地相互核查，以消除任何无主之地。如果当地指挥官无法达成协议，则此事应提交委员会军事顾问，由其作出最后决定。经核查后，军事顾问将向双方高级指挥官分发标明了最终停火线的地图。

四、双方军队不得在 Buraii、Nullah 地区从 Minimarg 以南至停火线的范围内驻扎或行动。这一地区的西部由东北方向的山脊所包围，从 Dedgai Kal 延伸至 13071 点，9447 点，13466 点，13463 点，在东部由 12470 点，11608 点，13004 点，13976 点，13450 点的山脊所包围。但巴方可在上述山脊的西部部署部队，以覆盖通往 Khambri Bai 走廊的通道。

五、在根据本协议可能采取的任何部署中，双方部队均应保持在离停火线至少 500 码的地方，但 Kishanganga 河构成停火线的地方除外。已明确属于一方的地点可由该方占领，但另一方的军队应保持 500 码的距离。

六、双方均可根据前文 "一" 至 "五" 中的规定，自由调整停火线后方的防御阵地，但在建造新的掩体和防御工事时不得使用电线或地雷。在停火线附近确定不涉及重大调整的地区，不得增加兵力或加强防御。

七、在 "六" 中所允许的行动进行时，任何一方不得再向查谟和克什米尔地区增派军事力量。

八、除经上文"一"至"七"修改的内容外,双方高级指挥官之间关于1949年1月1日停火线的军事协定应继续有效。

九、联合国印巴委员会将在其认为必要的地方派驻观察员。

十、双方代表团应将本协议提交各自政府批准。批准文件应于1949年7月31日以后交存联合国印巴委员会。

十一、自批准之日起,每一方应从现在确定的停火线以外撤出其占领地区,期限为30天。30天期限届满之前,除非经双方当地指挥官一致同意,一方不得进驻另一方根据本协定要接管的地区。

本文件一式三份,签署人在其中签字。

1949年7月27日签署于卡拉奇。

印度政府代表:S/ S. M. Shrinagesh.

巴基斯坦政府代表:S/ J. Cawthorn 少将.

联合国印巴委员会:S/ Hernando Samper, M. Delvoie.

附录8《印度宪法》第370条[①]

第一款 无论本宪法之规定如何:

(1)第238条之规定,不适用于查谟和克什米尔邦。

(2)国会为该邦制定法律之权力,应限于:

(a)凡在"联邦职权表"与"共同职权表"中之事项,经总统与该邦政府商议,由该邦加入印度自治领之约章所列举的自治领立法机关为该邦制定法律之事项者;与

(b)上述职权表中其他事项,经邦政府同意、由总统以命令列举者。

"邦政府"指总统目前所承认的查谟和克什米尔帮大君,按照该邦行政会议建议行使职权的人,该行政会议即据1948年3月5日由该邦王公宣告暂时成立者。

(3)第一条与本条之规定,应适用于该邦。

(4)本宪法之其他条款何者应适用于该邦,适用时应有何种例外与更改,总统得以命令列举之;

但有关(2)项(a)目所称该邦之加入自治领之约章所列举之事项

---

① 郭登皞等译,《印度宪法》,世界知识出版社,1951年,第136-137页。

之此类命令,除非经与邦政府商议,不得发布;

但对于前一但书所举事项以外其他事项之命令,除非经邦政府同意,不得发布。

第二款 倘(2)项(b)目或第一款(4)项第二项但书所指之邦政府同意,如在为制定该邦宪法之制宪会议召集以前,应送制宪会议采取决定。

第三款 无论本条以上各款作任何之规定,总统得以公告宣布本条应停止施行,或应按照其所规定之例外修改,自其规定之日起施行;但在总统发布此项告示时,必须根据第二款所指之邦制宪会议之建议。

附录9:《1960年印度河河水条约》[①]

序言

印度政府和巴基斯坦政府都希望实现对印度河水域系统的最完整和令人满意的利用。因此,有必要本着善意和友谊的精神,确定和划定彼此在使用这些水域方面的权利和义务,并本着合作精神解决今后可能出现的纠纷,双方决定缔结一项条约。为此,双方任命他们各自的全权代表:

印度政府:贾瓦哈拉尔·尼赫鲁总理,和

巴基斯坦政府:穆罕默德·阿尤布·汗总统;

他们在相互传达各自的全权证书后,确认其格式正确且适当,已同意以下条款和附件:

第一条

定义

在本条约中使用:

(1)"条款"和"附件"分别指本条约的每一条条款和附件,除另有说明外,对段落的引用是指本条或附件中提及的段落。

(2)河流"支流"一词是指任何地表河道,无论是连续流动还是间歇流动,以及任何名称,其自然河道中的水都将流入该河流,例如支流、激流、自然水道、人工水道。这一术语还包括任何支流、分支或辅助河道,

---

① "IndusWatersTreaty1960", https://www.internationalwaterlaw.org/documents/regionaldocs/IndusWatersTreaty1960.pdf,登录时间:2022年9月14日。本翻译不含附件A至H内容。

无论名称如何，其水在自然过程中将直接或以其他方式流入该地表河道。

（3）提到的"印度河""杰赫勒姆河""奇纳布河""拉维河""比阿斯河""苏特拉季河"范围包括其连接的湖泊（如果有的话）及其所有支流，但有以下规定：

（i）上述所有河流均不应被视为是一条支流；

（ii）奇纳布河应包括潘季纳德河；和

（iii）钱德拉河和巴加河将被确定为奇纳布河的支流。

（4）在印度河、杰赫勒姆河、奇纳布河、苏特拉季河、比阿斯河或拉维河之外提到的河流是指该河流的干流，不包括其支流，但包括该河流干流的所有渠道和小溪，以及构成主干本身一部分的连接湖。杰赫勒姆河应被视为延伸至维里纳格和杰布纳河至钱德拉河和巴加河的汇合处。

（5）"东部河流"一词是指苏特拉季河、比阿斯河和拉维河的合称。

（6）"西部河流"一词是指印度河、杰赫勒姆河和奇纳布河的合称。

（7）"河流"一词是指所有的河流，苏特拉季河、比阿斯河、拉维河、印度河、杰赫勒姆河和奇纳布河。

（8）"连接湖"一词指从任何河流接收水或向任何河流引水的任何湖泊；但任何偶尔和不定期地仅接收任何河流的溢流并仅返回全部或部分溢流的湖泊都不是连接湖。

（9）"农业用水"一词是指灌溉用水，但家庭花园和公共休闲花园灌溉除外。

（10）"家庭用水"一词是指将水用于下列用途：

（a）饮用、洗涤、淋浴、娱乐、卫生（包括污水、工业和其他废气的输送和稀释）、畜禽养殖和其他类似用途；

（b）家庭和市政用途（包括用作家庭花园和公共休闲花园）；

（c）工业用途（包括采矿、碾磨和其他类似用途）；

但该词不包括农业用途或水力发电用途。

（11）"非消耗性使用"是指任何控制或使用水用于航行、木材或其他财产的漂浮、防洪、捕鱼或鱼类养殖、野生动物或其他类似的用途，前提是除控制或使用中偶然发生渗漏和蒸发外，该水（在实际测量范围内体积未减少）留在或返回同一条河流或其支流；但该词不包括农业用水或水力发电用途。

（12）"过渡期"是指第二条第（6）款规定的起止时间。

（13）"银行"一词是指国际复兴开发银行。

（14）"专员"一词是指根据第八条第（1）款规定任命的委员中的任何一个，而"委员会"一词是指第八条第（3）款组成的常设印度河委员会。

（15）"干扰水域"一词是指：

（a）任何退出的行为；或

（b）任何人为阻碍水流导致水的日常流量（在实际测量范围内）发生变化；但如果这种阻碍仅是日流量中微不足道的和偶然的，例如，由桥墩或临时积水流入引起的波动不应被视为干扰水域。

（16）"生效日期"一词是指本条约依照第十二条的规定生效的日期，即1960年4月1日。

第二条

关于东部河流的规定

（1）东部河流的所有水域均可供印度不加限制地使用，本条另有明确规定的除外。

（2）除国内使用和非消耗性使用外，巴基斯坦有义务让其流动，并且不允许干扰苏特拉季河和拉维河流经巴基斯坦并尚未最终进入巴基斯坦境内时使用。最终的穿越点：（a）就苏特拉季干流而言，靠近苏莱曼克上游的新哈斯塔外滩，以及（b）在拉维河干流，位于B-R-B-D连接虹管上游约1.5英里处。

（3）除家庭用水、非消耗性用水和农业用水（如附件B所述）外，巴基斯坦有义务放水，并且不得允许与水域发生干扰（同时流入巴基斯坦）的任何支流，在这些支流最终进入巴基斯坦之前让其以自然方式汇入苏特拉季河干流或拉维河干流。

（4）在巴基斯坦境内的所有水域，支流在其自然流动的过程中，汇入苏特拉季河干流或拉维河干流，最终流入巴基斯坦应不受限制地供巴基斯坦使用；但本规定不得解释为给予巴基斯坦对印度在任何此类支流中任何主张或权利。如果巴基斯坦将任何此种支流的任何水，在该河流最终流入巴基斯坦后，于该条约生效之后汇入拉维河干流，输送到该过境点上游的拉维河干流，印度不得使用这些水；各方同意建立排放观测站并进行必要的观察，以确定巴基斯坦提供的可供巴基斯坦使用的水的成分，巴基斯坦同意支付建立上述排放观测站和进行上述观测的费用。

（5）将有一段过渡期，在此期间，印度应在附件H所规定的范围内

（i）限制其对农业用水的提取；

（ii）限制储备水的抽取；和

（iii）从东部河流向巴基斯坦运送货物。

（6）过渡期自1960年4月1日开始，至1970年3月31日结束，或者，如果根据附录H第8部分规定延长的，则以已延长的日期为准。在任何情况下，无论第四条第（1）款所述的替换是否已完成，过渡期应在不迟于1973年3月31日结束。

（7）如果过渡期延长至1970年3月31日以后，应适用第5条的规定。

（8）如果过渡期延长至1970年3月31日以后，在延长期间，应适用第五条（5）款的规定。

（9）在过渡期间，巴基斯坦应根据附件H的规定，不受限制使用与印度有关的东部河流。过渡期结束后，在此期间巴基斯坦无权要求印度释放东部河流的任何水域。如果有任何释放，巴基斯坦应享有权利不受限制地使用释放进入巴基斯坦的水源；但即使巴基斯坦可以使用这些水域，但不代表巴基斯坦有权利通过任何方式要求继续释放或使用这些水源。

第三条

关于西部河流的规定

（1）根据第（2）款的规定，印度有义务保证放行所有西部河流的水域，以供巴基斯坦无限制使用。

（2）印度有义务让西部河流所有水域自由流动，不允许干扰这些水域，但对于以下受限制的用途除外（除非在附录C第5段（e）（ii）项中的规定），就每条河流而言，印度河，杰赫勒姆河和奇纳布河，直到整个流域。

（a）家庭使用；

（b）非消耗性使用；

（c）农业用途，如附件C中所述；和

（d）附录D中规定的水力发电。

（3）巴基斯坦应不受限制地使用源自东部河流以外的所有水源，这些水源由巴基斯坦引流到拉维河或苏特拉季河，印度不得使用这些水。各缔约方同意建立流量观测站，并经委员会同意，开展观察以确定巴基斯坦在上述输水中可使用的水的成分。

（4）除附件 D 和 E 另有规定外，印度不得在西部河流中储存任何水或在其上建造任何蓄水工程。

第四条

关于东部河流、西部河流的规定

（1）巴基斯坦可尽其最大努力，在充分考虑到远期和经济的情况下，建造并投入使用灌溉运河，从西部河流和其他水源引入灌溉水源，但这些运河于 1947 年 8 月 15 日之前仍依赖于东部河流的供水。

（2）各方同意任何非消耗性使用均不得因此类用途而发生重大变化，任何通道的流动不能对另一方根据本条约规定在该通道上的使用造成损害。在执行任何防洪泄洪方案时，各方应尽可能避免对另一方造成任何实质性损害。印度在西部河流实施的任何此类计划均不应涉及任何用水或储存。第三条规定除外。

（3）本条约的任何规定均不应被解释为对任何一方实施排水、河道治理、土壤保护以防止侵蚀和疏浚，或清除石块以及来自河流水道的砂砾或沙子的计划具有阻止作用。为此规定：

（a）在执行上述任何方案时，每一方应尽可能避免对另一方造成任何实质性损害；

（b）印度在西部河流实施的任何该类方案均不应涉及第三条规定以外的任何用水或储存；

（c）除第（5）款和第七条第（1）（b）项规定外，印度在生效日期之后，不得采取任何行动增加任何进入巴基斯坦的自然或人工排水或排水渠的集水区面积，也不得改造或建设任何此种排水渠，以免给巴基斯坦境内造成物质破坏；和

（d）如果巴基斯坦希望在生效日期之后增加任何来自印度一方的自然或人工排水的集水区面积，或者，除非是紧急情况，向其境内灌入的水超过生效日期前接收的水量，巴基斯坦应在进行任何工程之前提前告知，以免损害从印度收到的排水的功效。

（4）巴基斯坦应保持下列部分排水系统的良好状态，其排水容量不低于生效日前的排水容量：

（i）胡迪亚拉水道

（ii）卡苏尔·娜拉

（iii）萨利姆沙布水道

(ⅳ）法兹尔卡水道

（5）如果印度认为有必要在巴基斯坦加深或拓宽第（4）款所述的任何水道，巴基斯坦同意将其作为一项公共利益的工作，印度需要支付加深或拓宽的费用。

（6）自生效日起，每一缔约方应尽其最大努力维护河流的自然水道，并尽可能避免任何阻碍通道内流动可能导致对另一方造成实质性损害。

（7）任何一方都不采取任何行动，将马德波普尔和拉合尔之间的拉维河干流，以及哈里克和苏莱曼克之间的苏特拉季河，从其在高岸之间的天然航道中分流。

（8）利用河的天然水道排放洪水或其他过量的水应是自由且不受任何一方的限制，任何一方不得就使用天然水道所造成的任何损害向另一方提出任何索赔。双方同意在切实可行的情况下，尽可能提前向另一方传达其所掌握的可能影响另一方的水库异常排放和洪水的任何信息。

（9）任一方在操作其蓄水池、堰坝和灌溉渠时都要提前告知对方，保证其液压系统的正常运行，以尽可能避免对另一方造成物质损害。

（10）各方声明其打算在切实可行的情况下尽可能防止对河流水域的不当污染，以免在生效日后被注入的水域产生不利影响，并同意采取一切合理措施，确保在任何污水或工业废物被允许流入河流之前，在必要时以不会对这些用途产生实质性影响的方式对其进行处理。

（11）双方同意在可行的情况下采取适当措施，对漂流或顺流而下的木材和其他财产进行管理，并归还给所有者，但其须支付适当费用。

（12）根据第二（2）条、第二（3）条和第三（2）条的规定将水用于工业目的的用水量不得超过：

（a）对于在生效日已知的工业过程，遵照现有使用量；

（b）在生效日尚不可知的工业过程；

（ⅰ）在类似或可计量的工业过程中，按现有使用量执行。

（ⅱ）如果在生效日没有任何与新工艺类似或以任何方式可与之相比的工业工艺，其使用量不得对另一方产生实质性不利影响为前提。

（13）根据第二（3）条和第三（2）条的规定，将收回供家庭使用的部分水随后适用于农业用途的，应分别作为附件B和附件C中规定的农业用途的一部分计算；各方应尽其最大努力（直接或通过其支流之一）将从该河流中抽取的用于工业目的的所有水返回到同一条河流中，且不得在取用的工业过程中消耗或用于其他一些家庭用途。

（14）如果任何一方在开发或利用河流期间放弃了对该河流水的使用，该方不得因放弃使用而获得其他任何权利作为补偿，不能通过其他任何方式重新要求使用。

（15）除本条约另有规定外，本条约的任何规定均不得被解释为影响对任何河流或河床或河岸的水的现有领土权利，或影响根据地方自治法律规定的对该河流或河床或河岸的现有财产权。

第五条

财务规定

（1）考虑到第四条第（1）款所指的开凿运河系统的目的是从西部河流和其他来源进行引流替换，1947年8月15日前巴基斯坦灌溉运河依赖于东部河流的供水，印度同意对这些工程支付62,060,000英镑的固定捐款。无论任何货币的票面价值发生任何变化，这一英镑金额将保持不变。

（2）第（1）款规定的62 060 000英镑应在每年11月1日分10次等额分期支付。第一期支付时间为1960年11月1日，若条约在该日之前尚未生效，则在条约生效后一个月内支付。

（3）第（2）规定的每期款项均应支付给银行，作为银行设立和管理的印度河流域发展基金的信贷，款项应以英镑或印度与银行随时商定的其他货币支付。

（4）第（3）款规定的付款不得扣除或抵销印度对巴基斯坦任何金融债权，该债权不是根据本条约规定产生的；但本规定不能免除巴基斯坦以其他方式偿还巴基斯坦欠印度债务的必要性。

（5）如应巴方要求，根据第二条第6款和附件H第8部分的规定延长过渡期，银行应立即从印度河流域发展基金中向印度支付下表所列的适当数额：

累计延长过渡期限	支付印度（单位：英镑）
一年	3 125 000
两年	6 406 250
三年	9 850 000

（6）第四条第（1）款和第五条第（1）款的规定不应被解释为授予印度任何权力参与巴基斯坦根据第四条第（1）款做出的有关运河系统的决定或由印度承担责任或印度就此类工程所达成的协议承担任何责任。

（7）除本条约特别规定的付款外，任何一方均无权要求为遵守本条约规定而支付任何费用或对另一方依据本条约获得水资源收取任何费用。

第六条

数据交换

（1）双方应定期交换下列有关河流的流入和利用的数据：

（a）每日（或按观测或估计以较低频率）在所有观测地点测量和排放与河流流量的数据。

（b）水库每日取水或放水的量。

（c）由政府或政府机构在所有运河的源头每日取水量（在本文以下称为运河），包括连接运河。

（d）每天从所有运河包括连接运河中流失水量。

（e）每天从连接运河运送的货物量。

这些数据应由每一方每月在收集并制表后立即传送给另一方，但不得迟于相关月份结束后的三个月。如果任何一方认为因业务目的需对方提供必要的数据，则可提出请求，每日提供或以较低的频率间隔提供。如果一方要求通过电报、电话、无线电等方式提供上述任何一种数据，则应向另一方支付传输费用。

（2）除本条第（1）款规定的数据外，如任一方要求提供与河流水文、与河流相连的运河或水库作业或本条约任何规定有关的任何数据，则该数据应由另一方在可获得的前提下提供。

第七条

未来的合作

（1）双方认识到印度河水充分开发利用符合双方的共同利益，为此，双方声明，愿经双方协议，尽最大可能开展合作。特别是：

（a）每一方，在其认为可行的范围内，并经另一方同意支付所需费用，应另一方的请求，在河流流域内建立或安装水文观测站和相关的气象观测站，并互通观测获得的数据。

（b）每一方在其认为可行的范围内并在另一方同意支付应承担的费用的情况下，应另一方的要求，实施与另一方的运河工程相关的可能需要的运河工程。

（c）应任何一方的要求，双方可经相互协议在河流上进行工程合作。

在每种情况下，正式的安排应由双方商定。

（2）如果任何一方计划进行的工程会对任何河流的水域造成干扰，在其看来会对另一方产生重大影响，则该方应将其计划通知另一方，并应提供可能获得的与工程有关的数据，使另一方能够了解工程的性质、规模和影响。如果一项工程会对任何一条河流的水域造成干扰，但规划方认为不会对另一方产生实质性影响，规划方根据要求应向另一方提供有关该工程的性质、规模和影响的可靠数据（如果有的话）。

第八条

常设印度河委员会

（1）印巴双方应各自设立一个印度河水管理专员的常设职位，并应在出现空缺时任命一名通常在水文学和用水领域称职的高级工程师担任该职位。除非任何一方政府决定直接与另一方政府讨论任何特定问题，否则每一专员将是其政府的代表，负责处理本条约范围内的所有纠纷事项，并保持经常的沟通渠道，负责执行与本条约有关的所有事项，特别是关于：

（a）提供或交换本条约所规定的信息或数据；和

（b）发出任何通知或对条约规定的任何通知做出回应。

（2）每名专员的身份及其对其政府的职责由该国政府决定。

（3）两名专员共同组成常设印度河委员会。

（4）委员会的宗旨和职能应是为执行本条约而建立和维持合作安排，促进缔约双方在开发河流水域方面的合作，特别是：

（a）研究并向两国政府报告可由两国政府联合提交委员会的与河流水域开发有关的任何问题；如由一国政府单独提交，另一国政府专员应在此之前获得其政府的授权，根据授权采取行动；

（b）根据第九条第（1）款的规定，尽一切努力迅速解决用水产生的任何问题；

（c）每5年对河流进行一次全面巡视检查；

（d）应任何一位专员的要求，立即对他认为必要的河流上的工程或工地进行巡视检查；和

（e）在过渡期间，采取为实施附件H条款可能必要的步骤。

（5）委员会应至少每年定期举行一次会议，轮流在印度和巴基斯坦举行。该定期年度会议应在11月或在各委员同意的其他月份举行。

在任何一位委员提出要求时，委员会代表团也应举行会议。

（6）为确保委员在委员会中履行职责，各国政府同意给予对方政府专员与会员国代表在该委员会的主要机构和附属机构中享有《联合国特权与豁免公约》第四条第 11、12 和 13 规定的特权和豁免权。这些特权和豁免权授予委员并非是为了个人利益，而是为了保障委员在处理与委员会有关的情况时独立行使其职能；因此，专员在任何情况下不仅有权也有义务放弃委员的豁免，如果政府认为豁免会阻碍司法进程，在不损害豁免所定的目的的情况下放弃豁免。

（7）为进行第（4）（c）和（d）款所规定的视察，各专员需委派两名顾问或助理，向他们提供相应的便利。

（8）缔约委员会应在每年 6 月 1 日前向印度和巴基斯坦政府各提交一份截止日期为每年 3 月 31 日的年度工作报告，并可在其认为适当的时间向两国政府提交其他报告。

（9）各国政府应负担其专员及其普通工作人员的费用。与第七条第（1）款规定的工作人员有关的任何特殊人员的费用应按该条的规定计算。

（10）委员会应制定自己的工作规则。

第九条

分歧和争议的解决

（1）当事各方之间发生的关于本条约的解释或适用的任何问题，如果可能违反本条约，应首先由委员会审查，委员会将努力协商解决该问题。

（2）如果委员会未能就第（1）款所述的任何问题达成协议，则将视为产生了分歧，并应按以下方式处理：

（a）任何专员认为属于附件 F 第 1 部分规定的任何分歧，应在任何专员的请求下，由一名符合附件 F 第 2 部分规定的中立专家处理；

（b）如果分歧不属于第（2）(a)条的规定范围内，或者如果中立专家根据附件 F 第 7 段的规定通知委员会，在他看来，该分歧或其中的一部分应被视为争议，则该争议将被视为已产生，并应按照第（3）、（4）和（5）条的规定予以解决；

在此前提下，经委员会同意，任何分歧均可由中立专家根据附件 F 第 2 部分的规定处理，或被视为应根据第（3）、（4）和（5）条的规定解决的争议，或可以委员会商定的任何其他方式解决。

（3）一旦根据本条及本条后各款提到的争端发生，委员会应任何一方委员的要求，尽早向两国政府报告该事实。在切实可行的情况下，在报告中说明本委员会意见一致和有争议的事项以及各专员对这些事项的意见及其理由。

（4）任何一方政府在收到第（3）段所提述的报告后，或如果认为委员会对本报告作了不适当的删减，可邀请另一方政府以协商方式解决该争议。这样做时该国政府应说明其谈判者的姓名，并说明其愿意在另一方政府指明的时间和地点与另一方政府任命的谈判者会面。为协助这些谈判，两国政府同意招收一名或多名他们可接受的调解员。

（5）应设立仲裁法院解决附件 G 中的争议

（a）双方达成一致；或

（b）在任何一方的要求下，如果在根据第（4）段开始谈判后，其认为该争议不可能通过谈判或调解解决；或

（c）在任何一方的要求下，如果在另一方政府收到第（4）款所述的邀请后一个月期满后，该方认为另一方政府对谈判进行了不适当的延迟。

（6）第（3）款、第（4）款和第（5）款的规定在由中立专家处理的过程中不适用于任何分歧。

第十条

紧急条款

如果在 1965 年 3 月 31 日之前，由于不可控的原因，世界爆发大规模国际困难，无法从国外获得在 1973 年 3 月 31 日前完成第四条第（1）款中所述的运河工程所需的材料和设备，巴基斯坦可向世界银行提出请求，并与印度政府协商后，世界银行将依据以下两个方面进行判断：

（a）不友好的结果将是，巴基斯坦无法及时获得必须从国外采购的材料和设备，无法在 1973 年 3 月 31 日前完成运河替换工程

（b）自条约生效之日起，巴基斯坦确实已采取了一切合理步骤获得上述材料和设备，并利用巴基斯坦境内外可获得的材料和设备能源，以适当的努力和一切合理的速度推进了运河工程建设

世界银行应公正客观给出判断并通知各方。在不损害第十二条第（3）款和第（4）款规定的情况下，双方承诺，在收到通知后，将立即共同协商，并在协商中争取银行的斡旋，共同研究对修改本条约条款。

第十一条

一般规定

（1）明确理解为：

（a）本条约仅就河流水的使用及其附带事项对各方关于水的权利和义务做出规定；和

（b）本条约所载的任何条款，以及因执行本条约而产生的任何条款，均应被解释为构成承认或放弃（无论默许、暗示或以其他方式）任何一方的任何权利或主张，但明文规定的权利或主张除外。

缔约各方同意，除本条约明确承认或放弃的权利或主张外，不得援引本条约、本条约所载任何内容或因执行本条约而产生的授权，以支持自己的任何权利或主张，或对另一方的任何权利或主张提出争议。

（2）本条约的任何规定均不得被双方解释为以任何方式确立任何一般原则、法律或任何先例。

（3）各方在本条约款项下的权利和义务不受关于印度河流域发展基金协议中所载的任何条款的影响。

第十二条

最后条款

（1）本条约由序言、本条约各条款和附件A至H组成，可统称为《1960年印度河河水条约》

（2）本条约应经双方政府批准，批准书自双方交换批准书之日起生效，并自1960年4月1日起追溯生效。

（3）本条约各项规定可不时由两国政府为此目的而缔结的经正式批准的条约加以修改。

（4）本条约的条款，或根据第（3）款的规定修改的条款，应继续有效，直至两国政府为此目的而缔结的经正式批准的条约终止为止。

特此证明，两国全权代表签署本条约并在此加盖公章，以昭信守。

本条约于1960年9月19日于卡拉奇以英语一式三份签订。

印度政府：贾瓦哈拉尔·尼赫鲁

巴基斯坦政府：穆罕默德·阿尤布·汗

菲尔德·马歇尔，H.P.，H.J.

附录10：《塔什干宣言》[①]

印度总理和巴基斯坦总统在塔什干举行会谈并讨论了当前印巴双边关系，兹在此宣布他们坚决要恢复两国之间的正常、和平关系并促进两国人民之间的谅解和友好关系。他们认为实现这些目标对两国6亿人民的幸福生活具有十分重要意义。

一、印度总理和巴基斯坦总统一致同意，双方将遵照联合国宪章，尽全力实现印巴睦邻友好关系。他们重申，根据宪章精神，双方有义务不使用武力而是通过和平手段来解决争端。他们认为，两国之间继续保持紧张关系不符合地区尤其是印巴次大陆的和平利益，也不符合印巴两国人民的利益。正基于此，双方讨论了查谟和克什米尔问题，表明了各自立场。

二、印度总理和巴基斯坦总统一致同意，两国一切武装人员最迟不晚于1966年2月25日都撤至1965年8月5日之前所占据的阵地，双方将在停火线上遵守停火规定。

三、印度总理和巴基斯坦总统一致同意，双方关系将建立在互不干涉内政的原则基础上。

四、印度总理和巴基斯坦总统一致同意，双方将劝阻任何反对另一国的宣传，而将鼓励促进两国友好关系发展的宣传报道。

五、印度总理和巴基斯坦总统一致同意，印度驻巴基斯坦高级专员和巴基斯坦驻印度高级专员将尽快返回他们的岗位，并将恢复两国外交使团的正常工作。两国政府将遵守1961年关于外交关系的维也纳公约。

六、印度总理和巴基斯坦总统一致同意考虑恢复印巴两国之间的经济和贸易关系、交通运输以及文化交流，并采取措施来执行印巴之间现有的协定。

七、印度总理和巴基斯坦总统一致同意，他们指示各自的有关部门执行遣返战俘规定。

八、印度总理和巴基斯坦总统一致同意，双方将继续讨论有关驱逐难民和非法移民的问题。他们还一致同意，双方将创造条件，防止人口外流。他们进而同意讨论双方归还在冲突中接管的财产和资产问题。

九、印度总理和巴基斯坦总统一致同意，双方将继续举行最高级和其他级别会谈讨论同两国直接有关的问题。双方认识到有必要成立印巴

---

① 本文引自《参考消息》，1966年1月11日版。

联合机构。这些机构将向它们的政府提出报告,以便决定应该采取什么样的进一步措施。

印度总理和巴基斯坦总统表示对苏联各领导人、苏联政府和苏联部长会议主席个人深为感谢和感激,因为他们采取了建设性的友好而高贵的行动促成了这次会谈,这次会谈取得了双方都满意的结果。

他们还向乌兹别克政府和友好的人民表示真诚的感谢,因为他们给予了十分热情的接待和殷勤的款待。

他们邀请苏联部长会议主席作为本宣言的见证人。

附录11:《西姆拉协议》[①]

一、印度政府和巴基斯坦政府决定:两国结束迄今为止损害它们的关系的任何冲突和对抗,为促进友好与和谐的关系以及建立次大陆的持久和平而努力,从而使两国今后可以把它们的资源和力量用于增进它们人民的福利这一紧迫任务。为实现这一目的,印度政府和巴基斯坦政府商定如下:

1. 两国关系应以联合国宪章的原则和宗旨为指导。

2. 两国决心通过双边谈判以和平手段或以它们共同商定的其他任何和平手段解决它们的分歧。在两国之间的任何一个问题得到最终解决之前,任何一方不得单方面改变局势,双方都应防止组织、帮助或鼓励任何有害于维持和平与和谐的关系之行为。

3. 它们之间实现和解、睦邻和持久和平的先决条件是两国保证在平等互利基础上和平共处、尊重彼此的领土完整和主权,以及互不干涉内政。

4. 在过去25年间困扰两国关系的那些基本问题和冲突的根源应通过和平手段加以解决。

5. 它们应始终尊重彼此的国家统一、领土完整、政治独立和主权平等。

6. 根据联合国宪章,它们将不对彼此的领土完整或政治独立以武力相威胁或者使用武力。

二、两国政府将采取它们力所能及的一切步骤来防止针对对方的敌对宣传。两国将鼓励传播有助于发展两国间友好关系的情况。

三、为了一步一步地逐渐恢复两国关系和使两国关系正常化,双方商定:

[①] 本文引自《参考消息》,1972年7月5日版。

1. 应采取步骤以恢复联络—邮递、电报、海上联系、包括过境站在内的陆上联系，以及包括过境飞行在内的空中联系。

2. 应采取适当步骤来促进对方国家国民的旅行便利条件。

3. 将尽可能地恢复贸易以及在经济和其他商业领域间的合作。

4. 将促进科学和文化领域中的交流。在这方面，两国代表团将不时地举行会晤，以制订必要细节。

四、为了启动建立持久和平进程，两国政府商定：

1. 印度部队和巴基斯坦部队应当撤回国际边界的各自一侧。

2. 在查谟和克什米尔，1971年12月17日停火造成的控制线应在不损害任何一方得到承认的立场的情况下得到双方尊重。任何一方不应不顾双方的分歧和法律上的解释而单方面谋求改变这条控制线。双方进一步保证不以武力相威胁或者使用武力以侵犯这条线。

3. 撤军应自本协定生效时开始，30天以内完成撤军。

五、本协定有待两国按照各自宪法规定的程序予以批准，将自交换批准文件之日起生效。

六、两国政府商定，它们的首脑将在今后对双方都方便的时候再次举行会晤，在再次举行会晤以前，双方代表将进行会晤以进一步讨论建立持久和平和使关系正常化的方式和安排，包括遣返战俘和被拘留的文职人员、最终解决包括查谟和克什米尔问题以及恢复外交关系等在内的问题。

附录12：《克什米尔协定》[①]

一、克什米尔邦是印度联邦的组成单元，它和联邦的关系应继续由印度宪法第370条指导。

二、剩余立法权（即克什米尔加入印度时签订的《职权表》所列之外的立法权—笔者注）应继续保留给邦里；但联邦议会仍然有权制定法律以防下列行为发生：否认、质疑、或分裂印度主权和领土完整；或者招致印度联邦部分领土被分割的行为，或分割印度联邦部分领土的行为；侮辱印度的国旗、国歌和宪法的行为。

三、已经修改过的运用于查谟和克什米尔邦的任何印度宪法条款，根据总统依宪法第370条的法令，可以再次更改或撤销，任何这方面的

---

① 1974年11月13日，谢赫·阿卜杜拉与印度时任总理英·甘地签署此协定，参见：Usha Sharma, Political Development in Jammu, Kashmir And Ladakh, New Delhi: Radha Publications, 2001, p. 299-301.

单独建议应根据其自身条件进行考虑；但没有修改过的运用于查谟和克什米尔的印度宪法条款不能修改。

四、考虑到要确保查谟和克什米尔邦以适合该邦特殊情况的方式，在下列问题上拥有自己立法的自由：福利标准、文化问题、社会安定、属人法和程序法，双方同意邦政府可以审查1953年之后联邦议会制定或者扩展到查谟和克什米尔邦与合作条目相关的任何问题的法律，他们还可以根据自己的意见决定这些法律是否需要修改或撤销。因此，应该根据印度宪法第254条采取适当步骤以做准备。总统所批准的这一法律应予以相应理解和考虑。在将来，联邦议会根据印度宪法第254条第2款的附款制定法律时，应采取相同的方法。所有运用于查谟和克什米尔邦的这类法律都应该咨询邦政府的意见，并且邦政府的观点应予最充分考虑。

五、作为一项根据印度宪法第368条规定的相应安排，为适用于查谟和克什米尔邦而对那项条款所做的适当修改应该根据总统法令进行，以达到如下效果：

任何法律都不是由查谟和克什米尔邦的立法会议制定的，以求在与下述问题相关的查谟和克什米尔邦宪法的任何条文的影响内所做修改效果应该发挥作用，除非法律正供总统考虑，得到他的赞成，这些问题是：

（1）邦长的任命、权力、职责、任务、特权和罢免，以及

（2）与选举问题相关的下列问题：也就是印度选举委员会对选举的监督、指导和控制；无歧视选举名单的合法性，成人选举和立法会的构成；这些问题具体列在查谟和克什米尔邦宪法的第138、139、140和50节。

六、由于在邦长和首席部长的专门称谓问题上没能达成一致，因此该问题移交给Principals处理。

附录13：印度就核试验给克林顿的信[1]

尊敬的总统先生：

你可能已经知道了在印度进行的地下核试验。在这封信中，我将给您解释这些测试的根本原因。

---

[1] "Nuclear Anxiety; Indian's Letter to Clinton On the Nuclear Testing", *The New York Times*, May 13, 1998, https://www.nytimes.com/1998/05/13/world/nuclear-anxiety-indian-s-letter-to-clinton-on-the-nuclear-testing.html，登录时间：2022年9月13日。

我对印度过去几年面临的日渐恶化的安全环境,尤其是核安全环境深感担忧。我们边界上有一个公开的核武器国家,一个 1962 年对印度进行了"武装侵略"的国家(这是印方对 1962 年中印边界战争的错误指控——译者注)。尽管我们与该国的关系在过去 10 年左右有所改善,但因边界问题尚未解决,依然笼罩着不信任的气氛。该国在物质上帮助了我们的另一个邻国成为一个秘密的核武器国家,这更增强了这种不信任。在这个令人痛苦的邻居手中,过去 50 年,我们遭受了 3 次侵略。过去的 10 年中,我国的一些地区,特别是旁遮普和查谟 & 克什米尔,一直是由它资助的恐怖主义和好战行为的受害者。幸运的是,印度人民对国家民主制度的信仰以及他们的爱国主义使印度能够对抗由国外援助和煽动的恐怖分子和好战分子的活动。

这一系列试验数量有限,不会对任何与印度没有敌意的国家构成危险。我们珍视我们与贵国以及与您个人的友谊与合作。我们希望您能理解我们对国家安全的担忧。

我向您保证,印度将继续在多边或双边框架内与贵国合作,以促进核裁军事业。我们致力于参与非歧视性和可核查的全球裁军行动,我们加入了关于生物武器和化学武器的两项公约便是最充分的证明。特别是我们准备参加将在日内瓦举行的裁军谈判会议,将积极参加关于缔结一项裂变材料禁产条约的谈判。

谨随函附上今天我们向新闻界发表的声明,供您参考。最后,我谨向贵国和您本人致以最崇高的敬意。

谨上,A.B. 瓦杰帕伊

附录 14:《拉合尔宣言》[①]

印度共和国总理和巴基斯坦伊斯兰共和国总理——

1. 对两国之间的和平与稳定、对两国人民的进步和繁荣有着共同的向往。

2. 深信持久和平与发展和谐友好合作关系符合两国人民的切身利益,并使他们能够倾力建设更加美好的未来。

3. 认识到两国安全环境中核因素使其更加有责任避免两国之间发生

---

① "Lahore Declaration", https://peacemaker.un.org/sites/peacemaker.un.org/files/IN%20PK_990221_The%20Lahore%20Declaration.pdf, 登录时间:2022 年 8 月 16 日。(限于翻译水平,该宣言部分条款翻译肯定存在理解不准确的地方,仅供学术参考。)

冲突。

4. 致力于联合国宪章和全世界所普遍接受的和平共处原则。

5. 重申两国决心不折不扣地执行西姆拉协议。

6. 致力于普遍核裁军和防止核扩散的目标。

7. 确信双方一致同意的加强信任措施建设对改善安全环境具有重要意义。

8. 回顾了双方在1998年9月23日达成的一致意见，认为和平与安全的环境符合双方的最高国家利益，为此，必须解决包括查谟和克什米尔在内的所有悬而未决的问题。

一致同意他们各自的政府

1. 将加快努力解决包括查谟和克什米尔在内的所有问题。

2. 将互不干预或干涉内政。

3. 将加快双方复合的和一体化的对话程序，以使双方一致同意的议事日程早日取得积极成果。

4. 将立即采取措施减少意外使用或未经授权使用核武器的风险，而且要讨论旨在完善核武器和常规武器领域内的加强信任措施建设的概念和理论，以防发生冲突。

5. 重申他们致力于实现南盟发展目标，并将努力协调，实现南盟有关2000年和2000年以后的规划，通过促进经济的增长、社会的进步和文化的发展来提高南亚人民的福利，并改善南亚人民生活质量。

6. 重申他们谴责各种形式的恐怖主义，决心与恐怖主义的威胁作斗争。

7. 将促进所有人权和基本自由的保护。

1999年2月21日于拉合尔签署

参考文献

ALI.国际水法在解决印巴水冲突中的应用[D].赣州：江西理工大学，2020.

阿拉纳.伟大领袖真纳[M].北京：商务印书馆，1983.

安高乐."9·11"之后的美国国家安全观及反恐[D].成都：四川大学，2014.

巴布尔.巴布尔回忆录[M].王治来，译.北京：商务印书馆，2009.

巴蒂.中国的和平崛起与南亚[M].陈继东，晏世经，等译.成都：巴蜀书社，2012.

巴拉什.积极和平：和平与冲突研究[M].刘成，译.南京：南京出版社，2007.

巴鲁.印度崛起的战略影响[M].黄少卿，译.北京：中信出版社，2008.

布热津斯基.大棋局：美国的首要地位及其地缘战略[M].中国国际问题研究所，译.上海：上海人民出版社，2007.

布托.东方的女儿：贝·布托自传[M].江亦丽，皋锋，王正，译.南京：译林出版社，2008.

布赞，汉森.国际安全研究的演化[M].余潇枫，译.杭州：浙江大学出版社，2011.

布赞.人、国家与恐惧：后冷战时代的国际安全研究议程[M].闫健，李剑，译.北京：中央编译出版社，2009.

曹永胜.南亚大象：印度军事战略发展与现状[M].北京：解放军出版社，2002.

常利锋.第二次印巴战争对印巴美三角关系的影响[D].郑州：郑州大学，2004.

陈纯如.印巴复谈协商过程分析[J].问题与研究，2009（4）.

陈峰君.印度社会与文化[M].北京：北京大学出版社，2013.

陈洪. 冷战后美国与南亚安全合作——均势的视角 [D]. 长沙：国防科技大学，2010.

陈继东. 印巴关系：难解之结 [J]. 南亚研究，2002（1）.

陈继东. 印巴核对抗及其双边关系的发展态势 [J]. 国际观察，2002（3）.

陈继东. 印巴关系新进展及其前景 [J]. 和平与发展，2005（1）.

陈继东. 当代印度对外关系研究 [M]. 成都：巴蜀出版社，2005.

陈继东. 印巴关系发展态势述评 [J]. 南亚研究季刊，2007（3）.

陈继东. 印巴关系研究 [M]. 成都：巴蜀书社，2010.

陈继东. 巴基斯坦对外关系研究 [M]. 成都：巴蜀书社，2017.

陈利君. "中巴关系现状与发展趋势"国际研讨会论文集 [C]. 昆明：云南人民出版社，2013.

陈先才. 西方国际危机管理三种理论模式之比较 [J]. 河南大学学报（社会科学版），2006（6）.

陈小萍. 印巴恢复和平进程：动因与制约 [J]. 南亚研究季刊，2010（4）.

陈延琪. 印巴分立：克什米尔冲突的滥觞 [M]. 乌鲁木齐：新疆人民出版社，2003.

陈尧. 发展型国家模式及其转型 [J]. 江苏社会科学，2006（3）.

陈义禄. 印巴总理启动"和解大巴" [J]. 当代亚太，1999（4）.

谌焕义. 英国工党与印巴分治 [M]. 北京：社会科学文献出版社，2004.

成晓河. 第二次印巴战争中中国对巴基斯坦的支援 [J]. 外交评论，2012（3）.

程建军. 印巴经贸四十年 [J]. 南亚研究季刊，1989（2）.

程瑞声. 关于印巴和平进程的思考 [J]. 亚非纵横，2005（2）.

程瑞声. 南亚的热点：克什米尔 [M]. 北京：国际文化出版公司，2007.

崔建树. 历史学与国际关系研究 [J]. 国际政治研究，2007（1）.

戴维. 安全与战略 [M]. 王忠菊，译. 北京：社会科学文献出版社，2011.

刀书林. 印巴首脑会晤与南亚局势 [J]. 现代国际关系，2001（8）.

杜健. 南亚核风暴及其影响 [J]. 世界经济与政治，1998（7）.

杜幼康. 在核战争边缘上徘徊：1990年印巴核危机揭秘（中）[J]. 国际展望，1994（3）.

杜幼康."一带一路"与南亚地区国际合作前瞻[J].人民论坛·学术前沿,2017(8).

范·埃弗拉.战争的原因[M].何曜,译.上海:上海人民出版社,2007.

范名兴.印巴全面对话任重道远[J].南亚研究季刊,2007(3).

方连庆.国际关系史(战后卷)[M].北京:北京大学出版社,2006.

冯智政.美国欲解印巴关系死结[J].南风窗,2010(23).

傅小强.印巴发展关系的动因及面临的困难[J].国际资料信息,1999(4).

高彪.冷战后中国的南亚战略研究[D].济南:山东大学,2013.

高哈.阿尤布·汗:巴基斯坦首位军人统治者[M].邓俊秉,译.北京:世界知识出版社,2002.

管银凤.南亚问题研究[M].北京:时事出版社,2018.

郭瑞晓.新时期中国与巴基斯坦关系面临的挑战与发展[D].青岛:青岛大学,2012.

郭树勇.建构主义与国际政治[M].北京:长征出版社,2001.

海运,李静杰.叶利钦时代的俄罗斯——外交卷[M].北京:人民出版社,2001.

韩洪文.20世纪的和平研究[J].华东师范大学学报(哲学社会科学),2000(3).

韩晓青.20世纪60年代初期巴基斯坦积极推动中巴边界谈判之动因分析[J].南亚研究,2010(4).

亨廷顿.文明的冲突[M].周琪,译.北京:新华出版社,2002.

胡高辰.核均势视角下的印巴常规冲突研究[J].南亚研究,2021(1).

胡国松.布托时期巴基斯坦的对外政策[J].南亚研究季刊,1992(2).

胡克琼.安全两难与冷战后的印巴关系[D].石家庄:河北师范大学,2007.

胡仕胜.克什米尔争端之原委[J].国际资料信息,2001(11).

胡烨.复燃的冰川——印巴战争1965[M].北京:中国长安出版社,2019.

胡志勇.冷战时期南亚国际关系[M].北京:新华出版社,2009.

胡志勇.冷战后印度对外关系调整、发展及影响[J].南亚研究季刊,2010(2).

华尔兹.国际政治理论[M].信强,译.上海:上海人民出版社,

2003.

黄胜．冷战后印巴冲突与大国因素［D］．乌鲁木齐：新疆大学，2008．

黄想平．浅析中国政府在中印边界争端中的危机处理［J］．当代中国史研究，2006（1）．

黄正多．古杰拉尔主义及其对印度外交的影响［J］．南亚研究季刊，2006（4）．

霍尔斯蒂．和平与战争：1648——1989年的武装冲突与国际秩序［M］．王浦劬，等译．北京：北京大学出版社，2005．

基欧汉，奈．权力与相互依存［M］．3版．门洪华，译．北京：北京大学出版社，2002．

基辛格．大外交［M］．顾淑馨，林添贵，译．北京：人民出版社，2010．

姜述贤．印巴关系由对抗走向缓和［J］．南亚研究季刊，2005（1）．

蒋凯．南亚安全与印巴关系［J］．和平与发展，1997（4）．

蒋颖．巴控克什米尔地方派系研究［D］．南充：西华师范大学，2021

金永丽，宋丽萍.新世界史（第4辑）：新时代的南亚史研究[M].北京：社会科学文献出版社，2020.

卡克．布托死牢中的笔记[M].安启光，赵常谦，译.北京：新华出版社，1980．

卡普兰．季风：印度洋与美国权力的未来［M］．吴兆礼，毛悦，译．北京：社会科学文献出版社，2013．

科亨．大象和孔雀——解读印度大战略［M］．刘满贵，译．北京：新华出版社，2002．

库拉金．国际安全［M］．纽菊生，雷晓菊，译．武汉：武汉大学出版社，2009．

兰江，冯韧．"911"事件后的美印巴关系研究［M］．成都：四川大学出版社，2015．

兰克．回顾与展望：美国和平学的起源于发展［J］．南京大学学报，2005（2）．

蓝建学．新时期印度外交与中印关系［J］．国际问题研究，2015（3）．

李丹．美国危机处理中的多元政治趋势［J］．河北学刊，2010（4）．

李东伟．印巴锡亚琴冰川争端刍议［J］．国际资料信息，2002（8）．

李敬臣.印巴第三轮会谈发表联合声明印巴和平艰难前行[J].《瞭望》新闻周刊，2006（4）．

李莉.孟买恐怖袭击及其影响[J].现代国际关系,2008(12).

李群英.印巴和平对话进程中的美国因素[J].中国政法大学学报,2011(4).

李慎明.战争、和平与社会主义[M].北京:社会科学文献出版社,2000.

李同成.中国外交官笔下的中外政要[M].太原:山西人民出版社,2003.

李万(Rizwan Naseer).中巴友好关系与印美战略同盟:1998—2012年南亚均势的案例分析[D].吉林:吉林大学,2013.

李文云.克什米尔:印巴难解之结[J].人民论坛,2001(9).

李晓妮.美国对巴基斯坦政策研究:1941—1957[M].长春:吉林大学出版社,2010.

李云霞.印度在南亚区域合作联盟中的主导地位及其影响[J].东南亚南亚研究,2013(2).

梁建斌.周边国家要闻——印巴关系出现缓和[J].国际资料信息,1997(6).

林承节.殖民统治时期的印度史[M].北京:北京大学出版社,2004.

林民旺.印度对"一带一路"的认知及中国的政策选择[J].世界经济与政治,2015(5).

刘成.和平学[M].南京:南京出版社,2006.

刘红良.印度与巴基斯坦关系的新进展及前景解析[D].成都:四川大学,2006.

刘红良.核威慑效应的生成及印巴核威慑的稳定性[J].南亚研究季刊,2011(3).

刘红良.冷战后印巴安全关系研究[D].成都:四川大学,2013.

刘红良.试析莫迪执政以来的印巴关系与"单边解耦"[J].南亚研究,2018(2).

刘江永.国际格局演变与中国周边安全[J].世界经济与政治,2013(6).

刘津坤.冷战后影响巴基斯坦安全的若干因素[J].南亚研究季刊,1995(4).

刘莉.英国的"分而治之"政策与印巴分治[J].南亚研究季刊,2003(3).

刘胜湘.西方国际安全理论主要流派述评[J].国外社会科学,2005

(3).

刘思伟.水资源与南亚地区安全[J].南亚研究,2010(2).

刘艺.印巴关系缓和:原因与趋势[J].当代亚太,2004(3).

楼春豪.俄印关系的新变化及其前景[J].现代国际关系,2021(4).

卢昌鸿.俄罗斯战略东进:任重而道远[J].延边大学学报(社会科学版),2014(1).

卢光盛.地缘政治视野下的西南周边安全与区域合作研究[M].北京:人民出版社,2012.

陆水林.巴基斯坦[M].重庆:重庆出版社,2004.

吕昭义.中印边界问题、印巴领土纠纷研究[M].北京:人民出版社,2013.

马德宝.现代战争与和平基本问题研究[M].北京:国防大学出版社,2002.

马加力.印巴关系回暖的背后[J].现代国际关系,2004(2).

马加力.崛起中的巨象:关注印度[M].济南:山东大学出版社,2010.

马利克.巴基斯坦史[M].张文涛,译.北京:中国大百科全书出版社,2010.

马荣升.美国南亚战略建构下的克什米尔政策[J].国际论坛,2005(7)

马缨.影响克什米尔问题的因素在变化——印巴关系新缓和的原因[J].南亚研究,2004(2).

马缨.当代印度外交[M].上海:上海世纪出版集团,2007.

毛悦.大国梦想:印度经济改革与增长的深层动力[D].北京:中国社会科学院,2011.

芈岚.尼泊尔、印度水资源政治关系研究[D].北京:外交学院,2009.

摩根索.国家间政治:权力斗争与和平[M].徐昕,郝望,李保平,译.北京:北京大学出版社,2006.

穆沙拉夫.在火线上——穆沙拉夫回忆录[M].张春祥,译.南京:译林出版社,2006.

南方.77天杀戮:克什米尔士兵的残酷回忆[J].重庆与世界,2002(3).

尼赫鲁.印度的发现[M].齐文,译.北京:世界知识出版社,2018.

培伦．印度通史 [M]．哈尔滨：黑龙江人民出版社，1990.

钱乘旦．巴基斯坦、孟加拉——面对种族和宗教的冲突 [M]．成都：四川人民出版社，2002.

乔伯承．印巴缘何打不起来 [J]．亚非纵横，2002（3）.

秦亚青．全球治理失灵与秩序理念的重建 [J]．世界经济与政治，2013（4）.

荣鹰．印巴关系中的宗教和民族因素初探 [J]．国际问题研究，2006（2）.

荣鹰．印巴和平进程演变及前景 [J]．当代世界，2010（1）.

入江昭.20世纪的战争与和平 [M].李静阁，译.北京：世界知识出版社，2005.

申德尔．孟加拉国史 [M]．李腾，译．上海：东方出版中心，2011.

沈宏．巴基斯坦的战略选择与战略困境 [J]．外交评论，2011（5）.

石婷婷．卡吉尔冲突及大国反应 [D]．郑州：郑州大学，2012

时佳希．国体·政体·认同——巴基斯坦国家构建进程研究（1947—1988）[D]．吉林：吉林大学，2020.

时殷宏．美苏冷战史：机理、特征和意义 [J]．南开学报（哲学社会科学版），2005（3）.

宋德星．印巴国家理念的对立与外交战略冲突 [J]．世界经济与政治论坛，2001（3）.

宋德星．世界政治中印度和平崛起的现实与前景 [J]．南亚研究，2010（1）.

宋海啸．印度对外政策决策 [M]．北京：世界知识出版社，2011.

孙鸽．试论第三次印巴战争的起因与结局 [J]．世界政治资料，1982（2）.

孙建波．论印巴克什米尔争端的历史成因 [J]．河南师范大学学报（哲社版），2008（1）.

孙建波．克什米尔问题：历史与现实 [M]．昆明：云南人民出版社，2011.

孙士海．南亚的政治、国际关系及安全 [M]．北京：中国社会科学出版社，1998.

孙士海．印度的发展及其对外战略 [M]．北京：中国社会科学出版社，2000.

孙叔林．印巴核军备竞赛不可取 [J]．南亚研究季刊，1998（2）.

唐璐．从印巴拉合尔高峰会谈到格尔吉尔（卡吉尔）冲突——巴前外交秘书尼亚兹·奈克披露的一段外交斡旋内幕[J]．亚非纵横，2001（2）．

唐孟生．巴基斯坦与印度政治制度比较[J]．南亚研究，2001（2）．

陶亮．理想主义与地区权力政治：冷战时期印度对外政策[D]．昆明：云南大学，2012．

田民洲．印度军情内幕[M]．北京：新华出版社，2002．

田源．印巴核爆冲击波[M]．北京：昆仑出版社，1998．

汪长明．克什米尔问题：困境与出路[D]．湘潭：湘潭大学，2009．

汪长明．印巴分治与英国在克什米尔问题上的角色[J]．中共天津市委党校学报，2010（5）．

王琛．美国与克什米尔问题（1947—1953）[J]．历史教学，2005（1）．

王东．印巴关系的变化与克什米尔问题[J]．南亚研究季刊，2004（2）．

王国强．印巴关系持续紧张给南亚造成严重影响[J]．和平与发展，1999（4）．

王昊．冷战时期美国队印度援助政策研究[D]．上海：华东师范大学，2008．

王鸿余．坚冰已被打破——析今年初以来的印巴关系[J]．国际展望，1997（13）．

王娟娟．特朗普执政以来美国南亚战略的实施、未来走向及对策建议[J]．南亚研究季刊，2020（1）．

王兰芳．马克思恩格斯和平思想论析[J]．山东师范大学学报，2010（3）．

王联．卡吉尔冲突尘埃落定之后[J]．当代世界，1999（8）．

王苏礼．美国与1971年南亚危机[D]．郑州：郑州大学，2007．

王苏礼．中国对印度与巴基斯坦的外交政策[D]．北京：中共中央党校，2010．

王希．巴基斯坦国父真纳政治思想初探[J]．南亚研究，2011（4）．

王晓建．圣雄·甘地与印巴分治[D]．武汉：华中师范大学，2009．

王逸舟．全球化时代的国际安全[M]．上海：上海人民出版社，1999．

乌小花．当代世界和平进程中的民族问题[M]．北京：中央民族大学出版社，2006．

吴瑕．俄罗斯与印度关系研究[D]．北京：中国社会科学院，2003．

吴永年．独立后印度国内政局的演变与外交政策走向[J]．复旦学报

（社科版），2003（5）.

吴永年. 21世纪印度外交新论［M］. 上海：上海译文出版社，2004.

吴永年. 南亚问题面面观［M］. 北京：时事出版社，2015.

吴兆礼. 锡亚琴背后的印巴困局［J］. 世界知识，2012（9）.

吴志成. 全球和平赤字治理与中国的责任担当［J］. 国家安全研究，2022（1）.

希尔，卡赞斯坦. 超越范式：世界政治研究中的分析折中主义［M］. 秦亚青，季玲，译. 上海：上海人民出版社，2013.

习罡华. 地缘政治与1947—1974年的克什米尔冲突［D］. 北京：北京大学，2008.

夏立平. 论印度的核政策与核战略［J］. 南亚研究，2007（2）.

肖敬民. 印巴核危机综述［J］. 重庆与世界，1999（2）.

肖天亮. 战争控制问题研究［M］. 北京：国防大学出版社，2002.

谢许潭. 美国与巴基斯坦反恐合作研究［D］. 北京：中共中央党校，2010.

徐辉. 国际危机管理理论与案例解析［M］. 北京：国防大学出版社，2011.

徐长伟. 恐怖主义让印巴同"病"相连［J］. 环球军事，2009（189）.

闫健. 巴里·布赞的安全理论解读［J］. 当代世界与社会主义，2009（4）.

阎学通. 和平的性质——和平≠安全［J］. 世界经济与政治，2002（8）.

阎学通，徐进. 国际安全理论经典导读［M］. 北京：北京大学出版社，2009.

杨翠柏. 南亚政治发展与宪政研究［M］. 成都：巴蜀书社，2010.

杨公素. 沧桑90年：一个外交特使的回忆［M］. 海口：海南出版社，1995.

杨建平. 核因素致使印巴不战也难和［J］. 党政干部学刊，2002（5）.

杨洁勉. 后冷战时期的中美关系：危机管理的理论实践［M］. 上海：上海人民出版社，2004.

杨思灵. 印度的"印太战略"：从战略模糊到结盟化［J］. 南亚东南亚研究，2021（6）.

杨焰婵. 南亚地缘政治历史演变研究［M］. 北京：中国社会科学出版社，2017.

杨勇. 巴基斯坦对外政策对外决策研究［D］. 成都：四川大学，2014.

杨震."印太战略"框架下的印日海洋安全合作[J].南亚研究季刊,2020（3）.

姚洪越.21世纪前期的世界和平关系研究[M].北京：知识产权出版社,2009.

姚远梅.困境与反应：英国与印巴克什米尔争端1947-1948[M].上海：上海三联书店,2013.

易如成.命运之使者——穆沙拉夫[M].北京：世界知识出版社,2003.

殷永林.印度对外贸易发展的新特点[J].云南大学学报（社会科学版）,2005（3）.

余潇枫.共享安全：非传统安全研究的中国视域[J].国际安全研究,2014（1）.

袁传伟.国外关于印巴分治几个问题综述[J].史学集刊,1983（4）.

原狄.中国对南亚安全的影响及其制约因素——以印巴卡吉尔冲突为实例[J].南亚研究季刊,2001（3）.

曾祥裕.略论巴基斯坦的地缘安全结构[J].南亚研究季刊,2008（2）.

曾祥裕.巴基斯坦对外政策研究：1980—1992[M].成都：巴蜀书社,2010.

张超哲.新世纪印巴和平进程研究[D].成都：四川大学,2011.

张超哲.修而不复的巴美关系[J].南亚研究季刊,2013（2）.

张超哲.中巴经济走廊建设：机遇与挑战[J].南亚研究季刊,2014（2）.

张贵洪.超越均势：论后冷战时期的美国南亚安全战略[D].上海：复旦大学,2003.

张贵洪.超越均势：冷战后的美国南亚安全战略[M].杭州：浙江大学出版社,2007.

张骥.世界主要国家国家安全委员会[M].北京：时事出版社,2014.

张静.印度莫迪政府大周边外交政策研究[D].长沙：国防科技大学,2017.

张力.中国的南亚外交与克什米尔问题[J].南亚研究季刊,2006（1）.

张丽.总体国家安全观的时代特色[J].理论界,2014（9）.

张利军.布什政府对巴基斯坦政策及美巴关系前景[J].国际问题研究,2005（4）.

张敏秋.中印关系研究（1947—2003）[M].北京：北京大学出版社,

2004.

张深远. 西方国际政治中的和平学说评析[J]. 学术论坛, 2010（8）.

张文木. 南亚——大国利益新的交汇点[J].《瞭望》新闻周刊, 1998（5-6）.

张馨玉. 巴基斯坦核力量及其核战略综述[J]. 国外核新闻, 2021（4）.

张也白. 评八十年代美苏关系的发展[J]. 美国研究, 1987（1）.

张忠祥. 尼赫鲁外交研究[M]. 北京: 中国社会科学出版社, 2002.

章根节. 印度的核战略[D]. 上海: 复旦大学, 2007.

赵伯乐. 当代南亚国际关系[M]. 北京: 中国社会科学出版社, 2003.

赵德喜. 印巴对抗何时休[M]. 郑州: 中原农民出版社, 2000.

赵干城. 印度: 大国地位与大国外交[M]. 上海: 上海人民出版社, 2009.

赵恒. 印度核政策研究[D]. 上海: 复旦大学, 2004.

赵坤鹏. 尼赫鲁的南亚战略及其对印度外交的影响[D]. 石家庄: 河北师范大学, 2011

赵蔚文. 印美关系爱恨录——半个多世纪的回顾与展望[M]. 北京: 时事出版社, 2003.

郑端耀. 国际关系新古典现实主义理论[J]. 问题与研究, 2005（1）.

郑瑞祥. 印度的崛起与中印关系[M]. 北京: 当代世界出版社, 2006.

郑先武. 安全研究: 一种"多元主义"视角——巴里·布赞安全研究透析[J]. 国际政治研究, 2006（4）.

钟飞腾. 发展型安全: 中国的一项大战略[J]. 外交评论, 2013（6）.

周广健, 吴如华, 郭小涛. 南亚风云——印巴三次战争始末[M]. 北京: 世界知识出版社, 1997.

周学梅. 核威慑的条件——兼论南亚核威慑的前景[J]. 世界经济与政治, 1999（4）.

AHMAD S. The nuclear subcontinent: bringing stability to south Asia[J/OL]. Foreign affairs, 1999 (July /August), http://www. Foreignaffairs.com/articles /55222/shamshad-ahmad/the-nuclear-subcontinent-bringing-stability-to-south-asia.

AHMED K. The musharraf years, vol 1: political development in Pakistan,1999-2008[M]. Lahore: Maktaba Jadeed Press, 2010.

AKHTER S. India Pakistan peace process: challenges and prospects[M]. Biis: Bngladesh, 2008.

ARBAB M. Framing Pakistan-US relations in Obama's secnd trem: role of the Pakistan diaspora[J/OL]. ISSI Report, http://www.issi.org.pk/publication-files/1357534599_91973343.pdf.

ASGHAR R. Its leap forward says president[N]. Dawn, 2004-01-09.

BAKHTIAR I, MALIK I. Reality checkpoint on the road to peace[J]. The herald, 2001 (8).

BHUTTO B. Foreign policy in perspective[M]. Lahore: Agha Amir Hossain, 1978

BOKHARI S. Indo-Pak "new peace"[J/OL]. ISYP journal on science and world affairs, 2005, 1(2), http://www.scienceandworldaffairs.org/PDFs/Bokhari_Vol1.pdf.

BURKE J. Pakistan intelligence services' aided Mumbai terror attacks[EB/OL].(2010-10-18).http://www.guardian.co.uk/world/2010/oct/18/pakistan-isi-mumbai-terror-attacks.

BURKI S J. Pakistan under the military: eleven years of Zia ul-Haq[M]. Colorado: Vestview Press, 1991.

BUZAN B. The United States and the great powers : world politics in the twenty-first century[M]. Cambridge: Polity, 2004.

BUZAN B. WÆVER O. Regions and powers: the structure of international security[M]. Cambridge: Cambridge University Press, 2003.

DASGUPTA C. War and diplomacy in kashmir, 1947-48[M]. New Delhi: Sage Publications, 2002.

DE BIENCOURT A. India and Pakistan: in the shadow of Afghanistan[J]. Foreign Affairs, 1983(2).

DIXIT J N. India: foreign policy and its neighbours[M]. New Delhi: Gyan Publishing House, 2001.

ENSLEY C W. Dangerous liaisons: is the U.S.-Pakistan alliance a cause of Indo-Pakistani conflict?[D]. Washington, DC: Georgetown University, 2011.

EZDI A. From Kashgar to Gwadar[N]. The news, 2013-07-15.

GANGULY S. Conflict unending: India-Pakistan tensions since 1947[M]. New York: Columbia University Press, 2001.

GISHKORI Z. Indo-Pak composite dialogue: no movement on Sir Creek talks[EB/OL]. (2011-05-22). http://tribune.com.pk/story/173672/indo-pak-composite-dialogue-no-movement-on-sir-creek-talks/.

HARIHARAN C R. Building a meaningful strategic relationship with China[EB/OL]. http://www.southasiaanalysis.org/papers41/paper4005.html.

HARRISON S S, KREISBERG P H, KUX D. India & Pakistan: The fifty years[M]. Cambridge: Woodrow Wilson Center Press and Cambridge University Press, 1999.

HARSHE R. India-Pakistan conflict over Kashmir[J]. South Asian survey, 2005(1).

HINGORANI R C. Nehru's foreign policy[M]. New Delhi: Oxford & IBH Pub., 1989.

HUQUE M. Quest for stability: the role of the United States in the India-Pakistan conflict, 1947-1971[D]. Houston: University of Houston, 1988.

HUSSAIN E. China-Pakistan economic corridor: will it sustain itself? [J]. Fudan journal of the humanities & social sciences, 2016.

HUSSAIN M, HUSSAIN A. Pakistan: problems of governance[M]. New Delhi: Konark Publishers Pvt Ltd, 1994.

HUSSAIN M. Pakistan's politics: the zia years[M]. New Delhi: Konark Publishers Pvt Ltd, 1991.

HUSSAIN R, The India-Pakistan peace process[J]. Defense & security analysis, 2006(4).

JALALZAI M K. The foreign policy of Pakistan: Kashmir, Afghanistan and internal security threats (1947-2004) Ariana Publications, 2003.

JONES K. India and Pakistan to pursue composite dialogue[EB/OL]. (2004-01-30). http://www.countercurrents.org.

JONES W H M. Experience of independence—India and Pakistan[J]. Political quarterly, 1958(3).

JOSHI M. The troubled waters of Sir Creek: Gujarat CM's demand for a freeze on the disputed creek complicates issue[EB/OL]. (2012-12-16). http://indiatoday.intoday.in/story/sir-creek-boundary/1/237992.html.

KANT J. India and Pakistan: prospects of war and peace[J]. India quarterly, 2002(2).

KENNEDY C H. Bureaucracy in Pakistan[M]. Karachi: Oxford University Press, 1987.

KHAN M A. Kashmir dispute: a search for solutions (1947-2003) [D]. Karachi: University of Karachi, 2008.

KHAN R A. Pakistan-India peace process: an assessment[J]. IPRI journal, 2009, 9(1).

KHAN R. Pakistan: a dream gone sour[M]. Karachi: Oxford University Press, 1997.

KHAN R. The American papers (secret and a confidential): India-Pakistan-Bangladesh documents, 1965-1973[M]. New York: Oxford University Press, 1999.

KHAN Z A. China's Gwadar and India's Chahbahar: an analysis of Sino-India geo-strategic economic competition[J/OL]. Strategic studies, http://www.issi.org.pk/publication-files/1379479541_87064200.pdf.

KOLACHI M R, Abbasi I A, JAN A. China-Pakistan economic corridor: opportunities and challenges for Pakistanl[J]. Asia Pacific, 2018(36).

KOLOTOV V N. Russia's views of the secruty situation in east Asia[J/OL]. Brookings, 2012(September), http://www.brookings.edu/research/opinions/2012/09/07-russia-east-asia-kolotov

KUX D. India-Pakistan negotiations: is past still prologue? [M]. Washington, DC: United States Institute of Peace Press, 2006.

LAKHANPAL P L. Essential document and notes on Kashmir dispute[M]. Delhi: International Books, 1965.

LAMB A. Kashmir: a disputed legacy (1846-1990) [M]. Hertingforbury: Roxford Books, 1991.

MAHDI N, Pakistan's foreign policy, 1971-1981: the Search for Security[M]. Lahore: Ferozsons (Pvt.) Ltd, 1999.

MALIK H. Dilemmas of national security and cooperation in India and Pakistan[M]. New York: St.Martin's Press, 1993.

MATTO A, KAK K, JACOB H. India & Pakistan: pathways ahead[M]. New Delhi: KW Publishers Pvt Ltd, 2007.

MICHAEL W. The story of India[M]. Longdon:BBC Books, 2008.

MIGLANI S. Zardari says India is not a threat to Pakistan[EB/OL]. http://blogs.reuters.com/pakistan/2008/10/05/zardari-says-india-is-not-a-threat-to-pakistan/.

MISRA A. India-Pakistan talks 2004: nuclear confidence building measures

(NCCBMs) and Kashmir[J]. Strategic analysis, 2004, 28(2).

MOHAN C R. SAARC reality check: China just tore up India's Monroe Doctrine[N]. The Indian express, 2005-11-14.

MUNI S D. India-Pakistan composite dialogue: towards a "grand reconciliation" [J]. ISAS brief, 2008(67).

NAQVI J. Musharraf's four-stage Kashmir peace plan[N]. Dawn, 2006-12-06.

NISAR S. Cost of conflict between India and Pakistan 2004[J]. http://www.stategicforesight.com/cost_conflict/pg20_21.html.

PANDEY B N. The Indian nationalist movement, 1885-1947: select documents (Vol.2) [M]. London: Macmillan Press, 1979.

PAUL T V. The India-Pakistan conflict: an enduring rivalry[M]. New Delhi: Cambridge University Press, 2006.

RAJAIN A. Nuclear deterrence in southern Asia[M]. New Delhi: Sage Publications India Pvt. Ltd., 2005.

RAZA R. Zulfikar Ali Bhutto and Pakistan: 1967-1977[M]. Karachi: Oxford University Press, 1997.

SAJJAD M W, HAFEEZ M, FIRDOUS K. The search for peace—Pakistan and India[J]. Reflections, ISSI, 2010(7).

SAJJAD W. The search for peace—Pakistan and India[J]. Strategic studies, 2010(1).

SATTAR A. Pakistan's foreign policy 1947-2005: a concise history[M]. Oxford : Oxford University Press, 2007.

SATTAR N O. Pakistan's nuclear posture: deterrence in a regional setting[D]. Indiana: University of Notre Dame, 2000.

SHARIF S. The Indo-Pakistan peace process and the Kashmir issue[J]. Contemporary review，2004(1661).

SHARMA R. Chinese military assistance to Pakistan and its implications to India[EB/OL].(2010-08-24). Paper No. 3996, http://www.southasiaanalysis.org/papers40/paper3996.html.

SHARMA U. Political development in Jammu, Kashmir and Ladakh[M]. New Delhi: Radha Publications, 2001.

SHEIKH I, YOUSAF K. Budget 2014: govt announces 700bn defence budget[EB/OL].(2014-06-03).http://tribune.com.pk/story/716913/

budget-2014-defence-budget-increasing-at-diminishing-rate/.

SHEIKH K M. A Simple & exbaustive study of foreign policy of Pakistan[M]. Lahore: Publishers Emporium, 2002.

SIKKA P. India's national polices: a vision of a new world[M]. New Delhi: Uppal Publishing House, 2009.

SINGH J. Against nuclear apartheid[J/OL]. Foreign affairs (September / October, 1998), http://www.foreignaffairs.com/ articles/54391/jaswant-singh/against-nuclear-apartheid.

SINGH S. Pakistan under third military president[M]. Jammu: Gujral Printers, 1989.

SYED A M. The twin era of Pakistan: democracy and dictatorship[M]. New York: Vantage Press, 1992.

THAKUR R. India after nonalignment[J]. Foreign Affairs, 1992(Spring).

TYSON A S. Gates is pessimistic on Pakistan support[N]. Washington post, 2008-09-24.

VAN SCHENDEL W. A history of Bangladesh[M]. Cambridge: Cambridge University Press, 2009.

VOLLK J. The India-Pakistan relations from an Indian perspective[EB/OL]. http://www.boell-pakistan.org/downloads/India-Pakistan_Relations_Indian_Perspective.pdf.

WALTZ K. Theory of international politics[M]. New York: McGraw-Hill, 1979.

WIRSING R G. India, Pakistan, and Kashmir dispute: on regional conflict and its resolution[M]. New York: St. Martin's Press, 1998.

YUSUF M. India-Pakistan equation[J/OL]. http://dawn.com/2012/09/10/india-pakistan-equation/.

ZAHRA-MALIK M. Snail's pace in snail's space[EB/OL]. http://www.thenews.com.pk/Todays-News-9-131372-Snails-pace-in-snails-space.

ZISSIS C. Terrot groups in India[EB/OL]. (2008-11-27) . http://www.cfr.org/publication/12773/terror_group_in_india.html.

后　记

　　本书是在2022年下半年向全国哲学社会科学工作办公室提交的结题报告的基础上写成的，是2019年国家社科基金后期资助项目《印巴和平进程研究》（19FGJB013）的最终成果。因此，该书所使用的相关数据和资料截止时间是2022年。本书乃是本人学术独著的首作，今日能够最终出版问世，实属不易，感慨良多。因为5年来，日常行政工作或专项抽调工作把学术研究的时间打得零碎不堪，把向专家请教、向同行学习、向同门交流的机会压得少之又少。该书最终能够付梓，感恩之情难表，万语千言仅寄几声感谢。

　　衷心感谢我的硕士生、博士生导师陈继东教授。从2008年拜入陈老师门下在四川大学南亚研究所修读国际关系专业硕士，到2012年继续追随陈老师修读世界史（南亚方向）博士，再到2019年支持我申报国家社科基金后期资助项目，直到今天支持我出版个人专著，16年无私传授，16载风雨前行。陈老师渊博的学识、严谨的治学态度、磊落的处世哲学、丰富的人生阅历注定将影响我的一生。

　　诚挚感谢邱永辉教授、荣鹰教授。虽与二位前辈相熟较晚，但能在四川大学国际关系学院一起共事，时常得到两位专家面对面的指导，在该书付梓前与二位前辈再次交流并允作序，实乃我学术人生幸事，快乐为学的新起点。邱老师、荣老师专业的视角、独到的见解、诚恳的建议、谦卑的人格令我深受感动，是我一生学习的榜样。

　　在课题研究中，我有幸得到很多其他老师、专家和朋友的指导、帮助与鼓励。特别感谢国家社科基金后期资助项目结题三位匿名评审专家的宝贵修改意见。感谢唐孟生老师、吕昭仪老师、杜幼康老师、杨翠萍老师、李涛老师、张力老师、张立老师、杨文武老师、钱峰老师、张家栋老师、楼春豪老师、蓝建学老师、林民旺老师、章节根老师等学界专家们多次非常有价值的交流和建议，感谢刘思伟、杜芳、沈予加、王娟娟、肖建美、雷鸣等同事们提供的各种帮助，感谢王俭平、党梓予、袁梓芯等师弟师妹们在资料搜集方面作出的贡献。

  该书中一些内容和观点受到阎学通教授、孙士海教授、江亦丽参赞、郑先武教授、刘红良教授等很多业内学者成果的深度启发，文中正文或注释也有说明，其他无法一一枚举，在此对相关专家学者一并表示衷心的感谢。

  本书的顺利出版得到了四川大学出版社侯宏虹社长、张宏辉总编、张建全副总编的关心和支持，责任编辑刘畅老师为全书的编辑审核校对付出了大量心血。向各位老师表示崇高的敬意。

  感谢我的爸爸张俊湖、妈妈张爱珍、妻子贾贞超的无私付出，感谢我的女儿张敏行和儿子张华实在写作过程中带来的快乐，没有他们朴实无华的爱，没有他们无声的付出，没有他们真情的理解支持，本书不可能出版。

  本书若有何可取之处，应归功于以上各位的支持和指导，而其不足之处应由我个人负责。学术之路漫漫而修远，吾将上下而求索。望学界能以包容提携之心鼓励后辈学人进一步精进学术研究之道。

张超哲
2024 年 11 月于四川大学望江校区文科楼